JN435635

치매의 이해와
장기요양기관의 운영과 실제

- 주야간보호 중심(데이케어)

치매의 이해와
장기요양기관의 운영과 실제
- 주야간보호 중심(데이케어)

사회복지법인 행복창조

KNOWLEDGE COMMUNITY 공동체

머리말

노인장기요양보험제도의 시행은 우리나라 사회복지에 있어 가장 큰 전환점 중 하나로 볼 수 있다. 지금까지의 사회복지 관점을 완전히 바꾸는 새로운 도전이었기 때문이다. 그러나 제도 시행 후 10여 년이 지난 지금, 당초 추구했던 가치가 얼마나 실현되었는지 의구심을 가질 수밖에 없다. 이 제도를 도입하면서 표방했던 명분과 기대에 대한 문제점을 살펴보고자 한다.

첫째, 노인장기요양보험제도는 국가와 행정부의 사무를 위임받은 시설의 일방적이고 획일적인 서비스를 지양하고 서비스의 선택권과 결정권을 이용자에게 부여하고자 하였다. 이는 곧 서비스 이용에 따른 책임 역시 이용자가 지는 '이용자 중심의 복지 가치'를 제도적으로 구현하겠다는 시도로 볼 수 있었다. 그러나 이용자 중심의 복지서비스를 논하기에는 여전히 서비스의 다양성과 질적 담보는 미진한 상태에 머물고 있다.

둘째, 온전히 가족이 짊어지고 있던 돌봄의 어려움을 사회공동체가 함께 해결해야 한다는 사회적 돌봄의 관점을 확대하고자 하였다. 그러나 돌봄의 사회화라는 거창한 구호에 비해 가족의 희생은 지금도 크게 줄어들었다고 볼 수 없다.

셋째, 양질의 일자리를 만들어 여성의 사회진출을 지원하고, 인구 사회학적으로 줄어드는 노동력을 확보하여 국가경쟁력을 강화하고자 하였다. 그러나 이는 오히려 일자리를 찾는 젊은이들에게 꿈을 심어주기보다 돌봄노동은 어렵고 힘든 일이라는 인식만 각인시키고 말았다.

넷째, 국가의 힘만으로는 해결할 수 없는 돌봄과 복지의 문제를 비영리법인뿐만 아니라 기업이나 개인도 경영마인드를 가지고 참여할 수 있는 길을 열어주고자 하였다. 이는 노인의 돌봄문제를 자유시장주의의 관점에서 다양한 주체를 참여시켜 활력을 불어넣고, 서비스의 질을 향상시키려고 했다는 점에서 획기적인 패러다임의 전환이라고도 할 수 있다. 그러나 이마저도 합의되지 않은 공공성만을 강조한 나머지, 민간의 장점을 전혀 살리지 못하는 방향으로 흐르고 있다.

위에서 살펴보았듯이 하나의 제도가 만들어질 때 그 제도가 목적으로 하는 가치가 온전히 실현된다는 것이 얼마나 어려운 과제인가를 유추해 볼 수 있다. 그럼에도 불구하고 노인장기요양보험제도가 한국 사회복지의 전반에 끼친 영향은 매우 크다고 볼 수 있다. 노인장기요양보험제도가 가져온 변화의 흐름은 미래의 돌봄을 포함한 복지의 전반적인 문제를 어떻게 해결해 가야 할 것인가에 대한 의미 있는 질문을 던져주었다고 생각한다.

최근 우리 사회는 초 저출산과 고령화 등 다양한 사회문제가 급속하게 나타나고 있으며, 그 문제의 강도는 점점 복잡해지고 다변화된 모습으로 드러나고 있다. 특히 초고령사회로의 진입이 얼마 남지 않은 시점에서 한국의 노인 돌봄문제는 그 심각성이 날로 심화하고 있다. 이러한 문제를 해결하기 위해 정부는 커뮤니티케어, 맞춤돌봄, 치매국가책임제 등 다양한 시도를 전개하고 있다. 그러나 아무리 명분 좋은 제도라 하더라도 사회복지의 궁극적인 목표인 '인간의 진정한 자립과 존엄성 유지와 지속 가능한 문제 해결'이 전제되지 않는다면 국가적 낭비를 불러오기 마련이다. 국민의 삶의 질과 직결되는 돌봄에 관한 정책이라면 그것이 지향하는 목적과 목표를 분명히 하고, 그것을 구현하기 위한 구체적인 실천방법이 체계적으로 구축되어야 한다.

특히 치매와 같은 중증질환은 본인뿐만 아니라 가족 모두에게 미치는 영향이 이루 말할 수 없을 정도로 크다. 가족 중 누군가가 치매에 걸리면 24시간 케어를 해야 하는 상황에서 당황할 수밖에 없고, 끝이 보이지 않는 돌봄 속에서 수발자의 신체적·정서적 희생은 감내하기 어려울 정도로 클 수밖에 없다. 현장에서 경험하는 것이지만 치매 어르신을 모시는 가족들을 보면 행복한 모습을 찾아보기 어려울 정도이다.

장기적인 요양이 필요한 치매나 중증 질환을 앓고 있는 사람들이 편안한 여생을 보내며, 가족들도 부담 없이 일상의 삶을 유지하여 돌봄에 참여할 수 있도록 환경을 조성하는 것은 매우 중요한 일이다.

이러한 문제의식을 같이하는 사회복지법인 행복창조의 장기요양시설 전문가들이 뜻을 모아 제도에서 간과되고 있는 세세한 부분을 찾아 현장의 장점을 살릴 수 있는 부분은 없을까 하는 주제로 토론을 하게 되었다. 그 결과 치매에 대한 이해 부족이나 케어의 어려움으로 고통받는 가족들에게 도움이 되고, 돌봄시설을 운영하려는 사람과 현재 시설을 운영하고 있는 사람들이 보다 질 높은 서비스를 제공할 수 있도록 돕는 안내서의 필요성을 깨닫게 되었다. 그래서 오랫동안 현장의 실천가로 일한 경험을 살려 누구라도 쉽게 이해하고 현장에서 실질적으로 도움이 되는 안내서를 발간하기에 이르렀다.

이 책은 현장 경험을 바탕으로 한 치매에 대한 이해와 주야간보호기관(데이케어)에서 실제 진행했던 프로그램의 사례, 치매노인의 문제행동에 관한 개념과 실제 사례를 소개하고 있다. 아울러 현재 주야간보호기관 운영의 실제 가이드가 되는 양식과 작성 방법 등을 구체적으로 제시하였다.

본인이 태어나 자란 곳, 정든 지역에서 가족과 이웃과 함께 울고 웃으며 노후를 보낼 수 있다면, 이보다 더 좋은 행복은 없을 것이다. 그러한 사회와 지역을 만들어 가는 것은 우리 모두의 책임이라고 생각한다. 이 작은 책자가 그 여정에 조금이나마 도움이 되기를 간절히 소망한다.

마지막으로 현장의 실무를 책임지면서 책을 쓰기까지 매우 힘든 시간을 보냈을 집필진에게 감사와 격려의 말씀을 드린다.

이 책을 사랑해 주시는 분들에게도 고마움을 전하며, 혹시 이해하기 어렵거나 부족한 부분이 있다면 그것은 모두 감수자의 수학 부족이라고 생각한다.

언제든지 기탄없는 조언과 가르침을 부탁드린다.

감수자 김 현 훈

CONTENTS

CONTENTS

차 례

CONTENTS

PART 01

치매의 이해

01 CHAPTER 치매에 대한 이해

제 1 절 치매란?

1. 치매의 정의

치매는 정상적으로 일상생활을 유지하다가 다양한 원인에 의해 뇌기능이 손상되면서 기억력, 말하는 능력, 판단력, 생각하는 능력 등의 인지기능이 지속적으로 나빠져 일상생활을 제대로 할 수 없는 상태가 되는 것이다.

치매는 일반적으로 한 가지 질병을 가리키는 말이 아니며 인지장애의 증상이 다양하게 나타나 일상생활에 어려움이 생기는 모든 경우를 말한다.

치매는 노화로 나이 든 사람에게만 생기는 것이 아니라 중, 장년층에게도 생길 수 있다.

주변에서 흔히 볼 수 있듯이 나이가 들어감에 따라 가벼운 건망증이 생기는 것은 정상이지만 이에 반해 치매는 빠르고 심하게 기억력이 나빠지는 경우가 해당된다.

2. 치매는 얼마나 많이 발생하고 있는가?

치매는 누구나 걸릴 수 있다.

지금까지 65세 이상 노인 10명 중 1명 꼴로 치매에 걸리는 것으로 보고되고 있다.

나이가 들수록 치매에 걸릴 확률이 높아지며, 80대가 되면 10명 중 3명이, 85세 이후에는 5명 중 1명이 치매에 걸릴 수 있다.

3. 치매의 위험 요인은 무엇인가?

고혈압, 당뇨, 고지혈증과 같은 만성질환은 혈관을 손상시켜 치매의 위험을 높인다.

우울증과 과도한 스트레스 등의 정신적인 질환도 뇌기능을 저하시켜 치매의 위험요인으로 작용한다.

운동부족, 음주, 흡연, 비만, 사회적 활동 부족 등과 같은 생활습관은 뇌세포 손상뿐만이 아니라 다른 신체질환의 원인이 되며 치매 위험요인이 되기도 한다.

4. 치매는 어떻게 진행되는가?

초기 (1~3년)	• 일상생활에 있어 약간의 주변 도움이 필요한 상태 • 오래된 일은 비교적 잘 기억하지만 최근 일이나 대화내용을 기억하는 데 어려움을 느낌 • 시간지남력 장애(시간관념 흐려짐), 공간지남력은 대체로 유지 • 가벼운 언어 장애(적절한 단어 선택 어려움)를 보임 • 일상생활이나 사회활동 참여를 회피하려 함 • 성격이나 기분의 변화(우울, 짜증)를 보임
중기 (2~10년)	• 일상생활에 있어 상당한 정도의 도움이 필요한 상태 • 최근 기억은 금방 소실되며 오래된 기억도 저하되기 시작함 • 시간지남력과 공간지남력 장애(길을 잃음)가 나타남 • 언어 표현력 및 이해력 저하를 보임 • 정신행동증상(초조, 망상, 수면장애, 난폭행동, 배회 등)이 나타남
말기 (8년~12년)	• 거의 전적으로 주변의 도움에 의존하여 생활하는 상태 • 기억의 많은 부분이 소실됨 • 가족, 가까운 사람을 알아보지 못함 • 언어 표현이나 이해력이 매우 제한됨 • 정신행동증상은 계속 보임 • 신체 및 운동증상(대소변 실금, 보행장애 등)으로 점차 거동이 어려움

5. 치매는 완치가 가능한 질병인가?

치매는 서서히 진행되는 질환으로 처음에는 가벼운 기억력 장애와 혼동으로 시작되지만 나중에는 심각한 인지기능 저하가 나타난다.

치매는 인지 장애뿐 아니라 성격, 감정 및 행동의 변화를 일으키고 이로 인해 사람이 변했다는 느낌을 가지게 한다.

치매 어르신의 증상은 개인마다 다르고 매일매일 다르게 나타날 수 있으며 장기적으로 보면 점차 악화되는 경과를 보인다.

치매는 증상이 나타난 후 평균적인 기대 수명은 6~12년이지만 적극적인 치료를 하면 치매가 진행되는 것을 늦출 수 있다.

모든 치매가 완치되는 것은 아니지만 완치가 가능한 치매도 있으며 호르몬 변화, 뇌종양, 뇌 외상 등으로 인한 경우 빨리 발견하여 적절한 치료를 받으면 완치될 가능성이 있다.

뇌졸중, 당뇨병, 고혈압 등 대부분의 만성질병은 완치보다 꾸준히 관리하는 질병이며 치매도 마찬가지로 치매노인의 남아있는 기능을 최대한 유지하고, 합병증과 사고를 예방하면서 진행이 천천히 되도록 노력하는 방법이 필요하다.

6. 치매를 치료하는 약은 어떤 것이 있나요?

기억력 문제를 포함한 인지기능이상과 정신행동증상(우울, 불안, 망상, 환각, 문제행동 등)이 치료의 대상이 될 수 있다.

1) 인지기능 치료제

약성분	사용시기	제형	부작용
도네페질	경증, 중등도, 중증	경구용	오심, 구토, 설사, 어지러움
리바스티그민	경증, 중등도	경구용, 패취	오심, 구토, 설사, 어지러움
메만틴	중등도, 중증	경구용	오심, 구토, 설사, 어지러움

2) 정신행동증상 치료제

치매로 인한 우울증, 환각, 망상, 초조, 불안 등 정신행동증상 중 일부는 심한 경우 약물치료가 도움이 될 수 있다.

약물의 효과가 복용 후 바로 나타나지 않고 며칠이 걸릴 수 있다.

정신행동증상 치료제는 증상이 좋아지면 일정기간 유지 후 중단할 수 있다.

손 떨림, 뻣뻣함 등의 파킨슨증상이나 졸리는 부작용이 나타날 수 있어 보호자가 잘 살펴야 한다.

7. 치매를 치료하는 약을 꼭 먹어야 하나요?

치매치료약은 빨리 복용하기 시작할수록 치매 진행을 지연시키는 효과가 크다.

약을 복용하다가 중단하게 되면 급속도로 병이 나빠지게 되고 증상이 심해지기 때문에 약 복용을 포함한 포괄적이고 체계적인 치료관리가 중요하다고 할 수 있다.

8. 약물치료 외에 어떤 것이 도움이 되나요?

주변 환경을 편안하며 안정적으로 유지하는 것이 사고를 예방하고 정신행동증상을 줄이는 데 도움이 된다.

동반된 신체적 질병을 잘 관리해 합병증을 예방하는 것이 도움이 된다.

규칙적이고 일상적인 일과를 유지하는 것이 도움이 된다. 다양한 활동으로 하루 일과를 채우는 것이 좋다.

제 2 절 치매의 종류와 증상

1. 치매의 종류

1) 알츠하이머형 치매

알츠하이머형 치매는 이러한 병을 최초로 보고한 오스트레일리아의 정신과 의사 알츠하이머의 이름을 따서 지어진 명칭이다. 원인은 불명확하나 신경세포가 파괴되어 뇌 전체가 위축되고 그 결과 치매가 생긴다고 한다. 발병 시기가 확실치 않고 서서히 진행되는 것이 특징이다. 이는 노년치매라고 불리기도 한다.

치매는 가벼운 단계로부터 중간단계 그리고 중한 단계로 진행된다. 알츠하이머형 치매를 3단계로 구분하여 살펴보자.

(1) 초기 : 건망기

몇 번이고 같은 것을 묻기도 하고 체험한 사실을 전혀 기억하지 못하는 것이 특징이다. 또한 간단한 계산을 하지 못한다.

(2) 중기 : 혼란기

건망증이 더 심화되고 판단력이 저하되며 밤・낮 구별을 하지 못하게 된다. 또한 집에 돌아오는 길을 잊어버리기도 하고 배회 등의 문제가 나타난다.

(3) 말기 : 치매기

말을 제대로 할 수 없게 되고 타인으로부터 들은 이야기를 충분히 이해하지 못한다. 가족의 얼굴도 구별하지 못하고 자기 집의 화장실도 모른다. 배설기능이 제대로 되지 못해 실금 횟수가 늘고 낮에 꾸벅꾸벅 조는 때가 많다. 체력이 쇠퇴해 감에 따라 면역기능도 저하되고 폐렴 등에 걸리기 쉽게 된다.

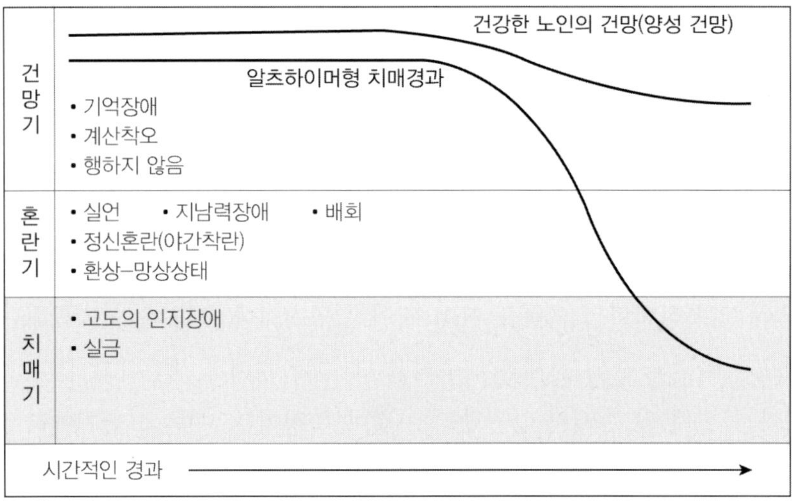

┃그림 1-1┃ 알츠하이머형 치매의 단계와 경과

2) 뇌혈관성 치매

뇌혈관성 치매는 뇌졸중(뇌출혈, 뇌경색 등을 말한다)에 의해 뇌조직 일부분에 혈이 통하지 않게 됨으로써 신경세포가 파괴되어 나타나게 된다. 주된 특징의 하나는 발병시기가 확실하다는 점이다. 신체의 오른쪽이나 왼쪽에 마비가 오고 운동장애로 인해 휠체어 생활을 하기도 하고 누워서 생활하는 상태가 되는 경우가 많이 있다. 뇌혈관성 치매를 예방하기 위해서는 고혈압이나 동맥경화, 심장병, 당뇨병 등의 성인병을 예방하는 것이 무엇보다도 중요하다.

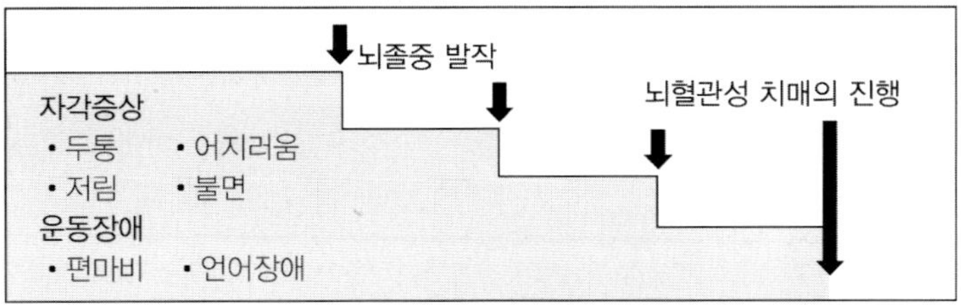

▌그림 1-2▐ 뇌혈관성 치매

2. 치매의 원인

치매는 여러 가지 원인에 의한 뇌 손상으로 기억력, 지능, 언어 등 여러 인지기능의 장애가 생겨 예전 수준의 일상생활을 유지할 수 없는 상태를 총괄하는 말로서, 그 자체가 하나의 질환을 의미하는 것은 아니다. 치매는 주로 노년기에 많이 생기며 심장병, 암, 뇌졸중에 이어 4대 주요 사망 원인으로 불릴 정도로 중요한 신경 질환이다.

치매를 유발하는 질환은 80~90개 정도로 다양한데 그중에서 가장 중요한 3대 원인 질환은 알츠하이머병, 혈관성 치매, 루이체 치매이다.

알츠하이머병은 전체 치매 원인의 50% 이상을 차지하며 뇌 속에 과다하게 쌓인 베타 아밀로이드라는 단백질이 대뇌 신경세포를 죽게 해 걸리는 질환이다. 혈관성 치매는 뇌졸중 후에 발병하는 치매이며, 루이체 치매는 뇌 신경세포에서 발달하는 비정상적인 단백질 덩어리(루이체)로 인해 운동장애, 인지장애, 우울증 등의 증상이 나타나는 퇴행성 치매이다.

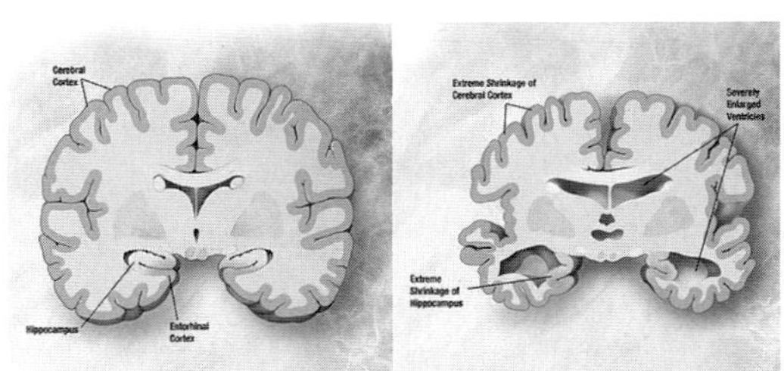

일반인의 뇌(왼쪽)와 알츠하이머병 환자의 뇌(오른쪽)

▌그림 1-3▐ 치매의 뇌

출처 : 에듀윌 시사상식(2018년 8월호).

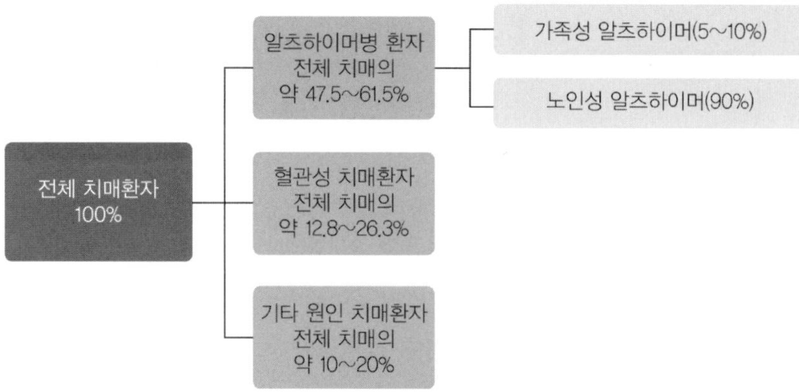

❙그림 1-4❙ 주요 치매의 원인과 분류

출처 : http://cafe.daum.net/daayo/KcBw/49

직계 자녀에게 유전되는 확률이 50% 이상이라는 유전이론, 대사이상 이론, 면역이론, 뇌신경 자극물질의 감소이론, 바이러스 이론 등이 있다.

1) 노년치매

70세 이후에 발병하는 경우가 많고 원인은 불분명하나 뇌위축에 이르는 병으로 일반적으로 알츠하이머형 치매라고도 한다. 노년치매의 뇌위축 정도는 건강한 노인의 뇌와 비교되고, 육안으로도 대뇌피질의 위축, 뇌실의 확대를 알 수 있으며, 증상은 진행성이고, 내용은 다양하며, 본인의 자각이 없고, 일상생활에 적응이 곤란하게 되기까지는 1~2년이 걸린다.

2) 뇌혈관성 치매

뇌의 혈관장애 결과 치매의 주원인은 뇌경색과 뇌출혈이며, 뇌졸중 발작 이후에 보여지는 증상이 노망이다. 뇌혈관장애의 발작을 계기로 손발의 마비, 보행장애, 언어장애 등 신경증상을 동반하며, 신체합병증으로 고혈압, 당뇨병, 동맥경화, 심질환이 있고 일상생활동작능력은 신체적 장애를 가져오는 경우가 많다.

3) 뇌동맥경화증

뇌 그 자체는 병이 아니나 동맥경화에 의한 혈액순환의 장애로 인해 생기는 치매는 뇌동맥경화증 중 한 가지 증상이며, 머리가 무겁고, 두통, 어지러움, 사지가 저리고, 불안, 초조, 우울, 끈기가 없는 것 등의 의욕장애, 기억장애, 노이로제의 증상을 보이기도 한다.

4) 경막하혈종

뇌의 표면에 있는 정맥의 파열로 생기는 혈종으로, 노인에게는 이유불분명의 혈종이 생기고 치매증상을 나타낸다.

5) 초로기 치매

노년 초기에 발병하는 원인불명의 치매로 40대, 50대에 나타나고 노년치매와 비교해 볼 때 치매의 진행이 빠르고 보행장애, 발작 등 신경증상이 특징이다.

6) 정상압수두증

보행장애, 치매 변실금의 증상과 뇌실이 크게 비어 있는 것이 특징이고, 이 병의 일부분은 수술에 의해 증상이 개선될 수 있다는 보고가 있으며, 치료 가능한 병의 일종이다.

7) 알코올성 치매

장기간 음주를 하게 되면 뇌의 기질성 병변이 발생하고 치매를 포함한 여러 가지 정신신경증상이 나타난다. 알코올성 치매의 합병증으로는 간장애, 고혈압, 심질환, 다발성신경염, 당뇨병 등이 있다.

8) 진행마비

신경매독의 일종으로 뇌 그 자체가 침해되며, 매독 감염 후 10~20년 사이에 발병하는 경우가 많다. 연령적으로는 40대에 많이 생기나, 최근 진행마비는 감소 추세로 나타났다.

참고 경도 인지기능 장애(최소인지기능장애)

1. 경도 인지장애란?

경도 인지기능 장애는 정상노화에서 알츠하이머병으로 진행하는 과정 사이에 놓여 있는 단계로, 정상 노화와는 구별되는 병적인 상태를 의미합니다. 경도 인지 장애는 치매의 전 단계로 생각되고 있습니다.

2. 경도 인지장애의 진단

임상적으로 알츠하이머병은 현재 진단 기준이 마련되어 있고, 이 진단 기준에 따라 치매 환자를 진단하였을 때, 대부분 환자들의 뇌 조직학적인 형태가 알츠하이머병에 합당하고, 기능적인 뇌영상 검사를 시행하면 측두엽과 두정엽에 혈류나 대사가 떨어지는 알츠하이머병에 합당한 소견을 보인다고 이미 밝혀져 있습니다. 그러나 임상적으로 기억력의 저하를 동반한 치매의 전 단계인 경도 인지장애는 아직까지는 그 진단 기준이 모호합니다.

현재 주로 쓰이는 경도 인지장애의 진단 기준은 피터슨(Petersen) 등이 제시한 기준이며, 다음의 5가지 조건을 만족시키는 경우로 하고 있습니다.

- 환자나 보호자에 의한 기억력 저하 호소
- 동일 연령이나 교육 수준에 비하여 기억력이 떨어져 있음
- 전반적인 인지기능은 유지함
- 일상생활에 이상이 없음
- DSM-Ⅳ 등의 치매의 진단기준에 맞지 않음

3. 경도 인지장애에서 치매로 전환되는 환자들의 특징

기억장애, 특히 언어성 삽화 기억이나 지연 회상이 가장 중요한 소견으로 알려져 있습니다. 하지만 정상 노인에서도 흔히 나타나는 증상이라는 점에서 문제가 제기되고 있습니다. 최근에는 기억력보다는 문제해결 능력이나 판단력 등의 알츠하이머병의 전환을 더 잘 예측한다는 보고들도 있습니다. 다른 연구에서는 언어 능력이나 시공간 지각력의 장애가 치매로 진행하는 군에서 더 잘 나타났다는 보고도 있습니다.

출처 : https://blog.naver.com/esther

3. 치료 가능성이 있는 치매

치료 가능한 가역성 치매는 전체 치매의 10~20% 정도로, 어느 정도의 호전과 더 이상의 악화를 막을 수 있는 혈관성 치매까지 포함하면 40% 이상이 증상 악화의 지연이 가능하다.

4. 경한 치매, 중증의 치매와 고도의 치매

1) 경한 치매

① 일상대화나 사물의 이해는 대체로 가능하나, 그 내용이 부족
② 사회적인 일 등에 흥미나 관심이 저하
③ 생활지도, 가끔 돌봄이 필요한 지적 쇠퇴

2) 중증의 치매

① 간단한 일상대화 가능
② 익숙지 못한 환경에서는 일시적으로 분간 못함
③ 자주 돌봄이 필요함

3) 고도의 치매

① 단순한 일상대화도 곤란
② 항상 돌봄이 필요함

5. 치매의 증상

1) 인지기능 장애

① 기억력 장애
② 지남력 장애
③ 주의력 장애
④ 언어장애
⑤ 실인증
⑥ 실행증
⑦ 시공간 장애
⑧ 수행능력 장애

2) 정신증상

① 정신병적 증상(망상과 환각)
② 정서장애
③ 행동장애

6. 치매노인의 심리상태

① 만성적 불쾌감
② 불안 상태
③ 우울
④ 혼란
⑤ 감정변화
⑥ 피해의식
⑦ 작화
⑧ 과거와 현실의 혼돈

7. 치매노인을 돌보면서 받는 스트레스

① 정신없는 노인을 지켜야 하는 것
② 간병하는 가족이 전혀 외출을 할 수 없다는 것
③ 노인이 사리 판단, 분별력이 없어 전혀 대화가 안 된다는 것

④ 1초도 노인에게 눈을 뗄 수 없다는 것
⑤ 기본적인 먹고 자고 생각하는 모든 것이 마비가 되고 모든 가족의 리듬이 깨어진 것

제 3 절 치매문제행동의 개념과 분류

1. 문제행동의 개념

문제행동이란 타인이 공감하거나 이해하기 곤란한 것으로, 다른 사람이 보기에 좋지 않은 행동을 말한다. 이러한 문제행동은 본인 자신뿐만 아니라 간호자에게도 악영향을 끼치게 된다.

문제행동은 치매환자의 절반 이상에게서 나타나는데, 문제행동이 생기는 원인에는 지적 기능(기억력, 지남력, 계산력, 이해력, 판단력 등)의 저하뿐만 아니라, 다른 정신증상(환각, 망상 등), 신체상태, 환자가 처해 있는 사회・가족 환경과 심리적 증상 등 여러 가지 원인이 복합적으로 관련되어 있다.

문제행동의 교정을 위해 약물치료가 병행되기도 하지만, 환각이나 망상 등의 일부 정신증상을 제외하고는 커다란 효과를 기대하기 어렵다. 이것은 보다 중요한 가족・사회적인 환경 조성과 환자 심리 이해가 등한시되어 적절한 대응을 하지 못하기 때문이다.

2. 문제행동의 빈도와 장애유형

서울시 치매노인종합상담센터의 상담내용을 분석한 결과에 의하면 간호자가 치매환자를 보호할 때 가장 힘들어하는 문제행동은 〈표 1-1〉과 같다.

인지장애는 지남력 장애, 정신장애는 우울증, 일상생활 수행장애는 실금,

언애장애는 혼잣말 그리고 행동장애는 배회가 간호자를 가장 어렵게 하는 문제행동으로 나타났다. 일반적으로 치매환자의 기억력장애, 망상, 반복된 말, 주야전도 등도 간호자가 자주 호소하는 문제행동이다.

〈표 1-1〉 치매증상의 문제행동 빈도

문제행동 내용			%	건
인지장애	기억력		9.9	478
	판단력		6.3	305
	지남력		15.1	729
정신장애	망상(도둑, 피해, 질투, 버림받음)		4.4	212
	환각		2.3	108
	우울증		4.5	217
	불안		2.1	101
	섬망		0.5	24
	성적 이상행동		0.6	28
일상생활 수행장애	세수, 목욕, 옷입기, 가사		6.5	315
	실금		10.9	527
	식사	과식	2.8	133
		거식	0.9	45
		이식	0.3	15
		편식	0.1	3
언어장애	반복		4.1	197
	작화증		3.4	162
	언어폭력(욕설)		2.2	106
	혼잣말		4.6	221
	고성		1.4	76
	실어증		2.1	102
행동장애	배회		7.2	347
	흥분, 폭력		3.4	162
	수집행동		2.0	96
	수면장애		0.4	19
	주야전도		4.3	205
	거부(목욕, 보호자, 진료 복약)		1.6	75

〈표 1-2〉 인지장애 분류

구분	내용
기억력	• 방금 했던 말을 기억하지 못한다. • 새로운 것을 기억하지 못한다. • 남의 말을 잘 전하지 못한다. • 많은 것을 물어보면 어쩔 줄 모른다. • 자기 물건을 둔 곳을 잊어버린다. • 자기 집 주소를 모른다. • 자기 나이를 모른다. • 가족들의 이름을 모른다. • 과거를 현재처럼 이야기한다. • 고인이 살아 계신 것처럼 이야기한다.
지남력	• 가족이나 친지를 잘 모른다. • 아들을 남편이라고 한다. • 며느리에게 아주머니라고 한다. • 오늘이 몇 월 며칠인지 모른다. • 계절에 맞지 않는 옷을 입는다. • 현재 계절을 모른다. • 지금 몇 시인지 모른다. • 자신이 있는 곳을 모른다. • 길을 잃어 헤맨다.
판단력	• 남의 집 초인종을 누른다. • 내 것과 남의 것을 구별하지 못한다. • 급하게 서두르면 혼란해한다. • 더러워진 옷을 벗지 않는다. • 자신이 잘못한 것을 모른다. • 시장을 혼자 보러 가지 못한다. • 일을 신속하게 처리하지 못한다. • 상황에 맞지 않는 행동을 한다. • 이웃사람과 친해지지 못한다. • 사회적인 일에 무관심하다. • 반상회 같은 것에 관심이 없다. • 발병 전 취미에 흥미가 없다. • 관혼상제 의식을 제대로 모른다. • 내 집을 남의 집으로 생각한다. • TV 내용을 현실로 착각한다. • 거울을 보고 이야기한다.
계산능력	• 돈 관리를 못한다. • 계산을 못한다.

〈표 1-3〉 정신장애 분류

구분	내용
망 상	• 주위 사람들을 의심한다. • 물건을 도둑맞았다고 소동을 피운다. • 자신의 재산이나 돈을 속여서 가져갔다고 주장한다. • 자신이 가족들로부터 피해를 받는다고 생각한다. • 자신이 잘못한 일을 남이 했다고 한다. • 먹는 음식에 독을 넣었다고 한다. • 약을 드리면 자신을 죽이려 한다며 의심하여 먹지 않으려 한다. • 배우자나 며느리가 바람을 피운다고 주장한다. • 가족이 자신을 버릴 것이라고 생각한다.
환 각 (시력과 청력의 이상)	• 아무것도 안 들리는데 사람의 목소리나 기타 다른 소리가 들린다고 한다. • 보이지 않는 물건이 보인다고 호소한다. • 누가 왔다 갔다고 이야기한다. • 귀신이 붙었다며 물건을 밖으로 던진다. • 아무 냄새도 나지 않는데 냄새가 난다고 한다.
불 안	• 어쩔 줄 몰라 서성댄다. • 정서가 불안정하다. • 불안해서 아무 일도 하지 못한다. • 식사할 때 안정하지 못한다. • 이유 없이 화낸다. • 이유 없이 운다. • 수시로 집에 가야 한다고 말한다. • 집밖을 두려워하여 손자들도 밖에 나가지 못하도록 한다. • 보따리를 싸서 가지고 다닌다.
우울증	• 늘 잠만 자려 한다. • 무엇이든 하려는 의욕이 없다. • 죽겠다(자살하겠다)고 이야기한다. • 자신이 쓸데없는 사람이라고 혼자 생각한다. • 몸이 아프다고 항상 호소한다. • 낮에 멍하게 있다. • 낯선 사람을 만나기를 거부한다.
섬 망	• 야간에 갑자기 큰 소리를 지르고 소동을 피운다. • 흥분하여 밖으로 뛰쳐나가려 한다. • 공포감에 사로잡혀 식구들을 깨운다.
성적 이상행동	• 집안에서 옷을 벗은 채 다닌다. • 배우자가 아닌 이성의 몸을 만지려 한다. • 성기를 밖에 노출시키거나 이성의 보호자에게 만지라고 한다. • 성행위를 하자고 이야기한다. • 목욕하는 것을 훔쳐본다. • 자위행위를 한다.

〈표 1-4〉 일상생활 수행장애 분류

세수 목욕 옷입기 가사	• 이불을 펼 수 없다. • 옷을 입을 때 도와주어야 하고, 혼자 입을 수 없다. • 옷의 안과 밖을 구별하지 못한다. • 세탁을 할 수 없다. • 다리미를 사용하지 못 한다. • 식기를 닦을 수 없다. • 걸레를 잘 짜지 못한다. • 조리도구 사용방법을 모른다. • 혼자서 목욕할 때 일부만 씻는다. • 버스나 전철을 혼자 탈 수 없다. • 밥을 지을 수 없다. • 손자를 돌볼 수 없다. • 세탁기 사용방법을 모른다. • 교통신호를 분간하지 못한다. • 수돗물을 쓰고 잠그지 않는다.	• 빨래를 널지 못한다. • 혼자 목욕을 할 수 없다. • 방 청소를 할 수 없다. • 머리를 혼자 감을 수 없다. • 문을 잘 잠그지 못한다. • 아침이 되어도 잠옷을 벗지 않으려 한다. • 마른 빨래를 구별하지 못한다. • 글씨를 쓸 수 없다. • 세수를 할 수 없다. • 물건 구매를 할 수 없다. • 잠을 잘 때 잠옷으로 갈아입지 않는다. • 방을 정리정돈 할 수 없다. • 전화를 잘 받을 수 없다. • 가스레인지를 함부로 켜 놓는다.
식 사	• 늘 먹을 것만을 찾는다. • 수시로 부엌을 드나들고 냉장고 문을 연다. • 먹어서는 안 될 물건을 먹는다. • 편식을 한다. • 삼키는 데 어려움이 있다. • 변을 먹는다. • 음식을 먹지 않으려 한다.	
위생관리	• 배변 후 휴지를 사용하지 않는다. • 팬티를 벗지 않고 배설해 버린다. • 화장실에서 사용했던 휴지를 아무 데나 버린다. • 배변 후 물을 내려보내지 못한다. • 대변과 소변을 구별하지 못한다. • 화장실 이외의 장소에서 배설행위를 한다.	• 화장실에 다다르지 못하고 배설한다. • 남의 그릇에 손을 넣는다. • 음식을 손으로 집어먹는다. • 화장실을 모른다. • 식기 속에 손을 넣는다. • 식사할 때 도움이 필요하다.

〈표 1-5〉 언어장애 분류

반 복	• 반복해서 같은 말을 물어본다. • 계속 먹을 것을 달라고 이야기한다.
작화증	• 없는 말을 만들어 한다. • 가족이 밥을 주지 않는다고 이야기하고 다닌다. • 다른 사람들에게 가족이 자신을 학대한다고 말한다.
혼잣말	• 앞뒤가 맞지 않는 무의미한 말을 혼자 중얼거린다.

언어폭력	• 가족에게 욕설을 한다. • 특정한 사람을 험담한다. • 고함을 지르며 악을 쓴다.
실어증	• 말의 의미를 이해하지 못하고 엉뚱한 대답을 한다. • 전하고 싶은 말을 제대로 표현하지 못한다. • 말하는 것이 두서가 없다. • 언어를 잃어버려 말을 하지 못하고 소리만 낸다.

〈표 1-6〉 행동장애 분류

배 회	• 돌보는 사람이 없으면 밖에 나가 배회한다. • 옛날 집을 찾아가겠다며 나가서 길을 잃는다. • 하루 종일 서성거린다.
흥분, 폭력	• 타인에게 폭력을 휘두른다. • 참을성이 없다. • 아무 때나 폭력을 휘두른다. • 가족에게 폭력을 쓴다. • 칼이나 예리한 물건을 휘두른다. • 돌보는 사람을 꼬집고 깨문다.
수집행동	• 밖에서 쓰레기를 주워 온다. • 집안의 물건을 자기 방에 감춰 둔다. • 먹을 것을 구석에 숨긴다. • 돈만 보면 숨긴다.
수면장애	• 밤에 일어나 무슨 일을 하려고 한다. • 밤중에 몇 번이고 눈을 뜬다. • 밤과 낮이 바뀐다. • 좀처럼 잠들지 못한다. • 밤에 일어나 식구들을 깨우고 소란스럽게 한다. • 며칠씩 잠을 자지 않는다. • 깊이 잠들지 않고 잠깐씩 깜박깜박 존다.
반복행동	• 하루 종일 스위치를 켰다 껐다 한다. • 손을 가만히 두지 않고 늘 무엇인가를 만진다. • 옷을 자르고 다시 꿰매기를 반복한다. • 수시로 화장실을 들락거린다.
거부행동	• 돌보는 사람에게 화를 낸다. • 돌보는 사람을 의심한다. • 병원에 가기를 거부한다. • 약 복용을 거부한다. • 목욕하기를 거부한다.

〈표 1-7〉 신체장애 분류

보 행	• 구부정한 자세로 종종걸음을 친다. • 걸을 때 무엇이건 붙잡고 의지하려 한다. • 걸을 때 중심을 잡지 못하고 한쪽으로 기울어진다. • 하체에 힘이 없어 팔로 짚고 엉덩이로 밀고 다닌다. • 걷기보다 기어 다닌다. • 대부분 누워 지낸다.
시 력	• 백내장이 있다. • 녹내장이 있다. • 야간에 헛것을 본다.
청 력	• 청력이 약하다. • 청력의 이상으로 실제로 들리지 않는 소리를 들었다고 한다. • 상대방의 말을 못 알아듣고 자기 마음대로 판단하여 반응한다. • 청력이 약하여 자신도 말할 때 매우 큰 소리로 한다.
편마비	• 한쪽 수족을 사용하는 데 불편하다. • 보행이나 이동 시 보조기가 필요하다.

제 4 절 치매문제행동별 대처방법

1. 인지장애의 대처방법

1) 기억력 장애

(1) 방금 했던 말을 기억하지 못하고 새로운 것을 기억하지 못한다

치매노인의 기억력은 연속적이지 못하고 그 순간이 지나면 다 잊어버리는 경우가 많다. 그러므로 노인이 기억하지 못하는 것을 반복해서 묻는 것은 무의미하다. 자꾸 노인이 기억하지 못하는 것을 묻게 되면 오히려 노인이 그 사실을 은폐하려고 꾸며대서 이야기하는 작화 현상이 일어나게 될 수도 있다. 노인이 기억하지 못한다는 것을 보호자가 인지하였다면 그대로 수용하고 넘어가는 것이 현명하다.

(2) 남의 말을 잘 전하지 못한다

치매노인은 이해력, 기억력, 언어표현력이 떨어진다. 그러므로 다른 사람의 말을 제대로 이해하지 못하거나, 이해했더라도 금방 잊어버리거나, 적당히 표현할 언어구사능력이 떨어지는 치매노인은 말을 제대로 전달하지 못하게 된다. 특히 상대와 대면하지 않고 이야기하는 전화상의 대화내용은 더 전달하지 못한다. 간호자가 노인의 이야기에서 이상한 점을 발견하면 직접 그 상대방에게 확인해 보는 것이 좋다.

(3) 많은 걸 물어보면 어쩔 줄 모른다

치매노인의 인지능력은 매우 제한적이므로, 짧고 간단하게 표현하는 것이 좋다. 그리고 지시사항은 반복하여 같은 문장을 써 주는 것이 좋다.

(4) 자기 물건 둔 곳을 잊어버린다

치매노인은 기억력이 떨어지는 한편 자신의 것에 대한 애착이 강하므로 돈, 귀중품, 사소한 물건이나 음식 등을 깊숙이 넣어 두고는 나중에 찾지 못하는 일이 자주 생길 수 있다. 보호자는 노인의 행동을 평상시 관찰해 두었다가, 자주 물건을 두는 곳을 기억하여 노인이 자기 물건을 찾을 때 함께 찾아보도록 하여 스스로 노인이 그 물건을 발견하도록 한다. 그리고 글자를 읽을 줄 안다면, 자주 두는 곳을 적어서 잘 보이는 곳에 붙여 두도록 한다. 집안을 잘 정리하여 노인의 물건을 보관할 장소를 미리 마련해 두는 것도 좋다.

(5) 자기 집 주소를 모른다

이런 경우 외출하였다 실종될 우려가 있으므로, 팔찌 등을 활용하여 평상시에 착용하도록 하고, 이웃들에게 노인의 치매 사실을 알리고 협조를 구한다. 쉽게 기억할 수 있는 주위 지명을 수시로 확인해 물어보고, 현재 주소를 모르고 예전 것을 잘 기억한다면, 그 예전 주소지 이웃들에게 혹시 노인을 발견하면 가족들에게 연락해 주도록 부탁한다. 최근에는 복지용구 대여로 GPS를 신청하여 어르신의 몸에 부착하여 배회 시 문제행동을 미리 예방하도록 한다.

(6) 자기 나이를 모른다

치매노인은 시간에 대한 지남력이 떨어지므로 현재 자신의 나이를 잘 모르고 훨씬 적은 나이라고 이야기하거나, 더 많은 나이를 대기도 한다. 아침이면 지남력 훈련(날짜, 계절, 나이 등)을 하는 것이 좋다.

(7) 가족들의 이름을 모른다

가족의 얼굴은 알아보지만 이름은 잊어버리는 수도 있다. 가족사진을 잘 보이는 곳에 두고 가끔씩 가족의 이름을 하나하나 회상시켜 본다.

(8) 과거를 현재처럼 이야기한다

치매노인은 최근 기억이 많이 상실되므로, 현재는 잘 모르지만 과거는 생생하게 이야기하는 경우가 많다. 과거 이야기를 할 때는 일단 수용하고 대화 내용은 즐거웠을 때나 자랑스러웠던 시기에 초점을 맞추도록 하며, 노인의 이야기를 경청하고, 공감해 주거나, 지지해 준다.

2) 지남력 장애

지남력(指南力)이란 흔히 시간, 장소, 사람에 대한 분별력을 말한다. 그래서 지남력 장애는 통상 시간, 장소, 사람에 대한 지남력으로 구분된다. 장애는 대체적으로 순서대로 오고, 호전될 때에는 역순을 따른다.

(1) 가족이나 친지를 잘 모른다

치매노인의 방이나 거실에 가족과 친지 사진을 걸어 두고 치매노인과의 관계를 써 두어 반복해서 확인하도록 한다. 최근 기억은 유지하기 어렵지만 이미 등록되어 있는 기억들은 반복해서 확인시키면 비교적 오랫동안 유지될 수 있다.

(2) 아들을 남편이라고 한다

남편을 일찍 여읜 치매노인에게서 볼 수 있는 증상으로, 아들을 남편으로 여기고 아들내외 방을 기웃거리거나 며느리를 미워하고 아들이 한 이부자리에 있어주기를 요구하기도 한다. 이때 간호자는 젊은 시절 기억 속에서 살고 있는 치매노인의 심경을 이해하고 따뜻한 말과 적당한 스킨십으로 안정을 찾도록 유도하고 이러한 현상이 계속될 경우에는 가족 간 불화의 원인이 될 수 있으므로 치매노인을 단기간 보호시설에 요양시키는 등 치매노인의 관심이 다른 것으로 바뀔 수 있도록 환경을 바꾸어 본다.

(3) 며느리에게 아주머니라고 한다

사람에 대한 분별을 못하고 기억이 나지 않으므로 며느리를 다른 사람으로 여기는 것이 당연하다. 며느리를 파출부로 착각하거나 이웃사람으로 여겨서 존칭어를 사용하기도 한다. 간호자는 이러한 치매노인의 기억상태를 수용하고 친절히 보살펴야 한다.

(4) 오늘이 몇 월 며칠인지 모른다

일일 달력이나 날짜 표시 밴드를 사용하여 그날그날 날짜를 확인시킨다.

(5) 계절에 맞지 않는 옷을 입는다

계절에 맞게 옷장 정리를 해두고 갈아입을 옷을 미리 챙겨두는 것도 좋지만 치매노인이 입고 싶은 옷을 입을 수 있도록 좋아하는 옷을 여러 벌 준비해 둔다.

(6) 현재 계절을 모른다

사계절 풍경 사진이 있는 달력을 비치해 두고 계절을 대표하는 화초로 방을 장식하거나 과일을 대접하여 현재 계절을 느끼도록 한다.

(7) 지금 몇 시인지 모른다

밤낮이 바뀐 치매노인의 시간개념은 자신이 잠에서 깨어났을 때가 아침이고 잠들 때가 밤인 것이다. 목소리로 시각을 알리는 알람시계를 준비하여 시각을 확인시켜 준다.

(8) 자신이 있는 곳을 모른다

주로 치매 초기에서 중기로 진행될 때 흔히 나타나는 것으로 치매노인이 사실을 수긍하기도 하므로 인내심을 가지고 장소를 정확하고 친절하게 알려준다.

(9) 길을 잃어 헤맨다

개인정보를 기입한 쪽지를 주머니에 넣어 두거나 옷에 이름을 새겨 둔다. 이 방법은 옷이 바뀔 때마다 확인하고 새겨야 하는 번거로움이 있으므로 치매노인 지문등록을 하여 (경찰서에) 도움을 받는다.

(10) 남의 집 초인종을 누른다

장소 지남력이 없는 치매노인은 특히 야간에 화장실을 찾아 대문 밖으로 나갔다가 다른 집 초인종을 누르는 일이 있다. 사전에 반상회에 참석하여 집안에 치매노인이 있음을 이해시키고 이웃에게 도움을 요청해 둔다.

참고 **치매노인 지문등록 제도란?**

2018년 3월부터는 경찰서뿐 아니라 전국 256개 치매안심센터에서 치매노인 지문 사전등록이 가능하다. 또한 경찰청은 치매노인 지문 등록을 위해 직접 찾아가지 않아도 스마트폰 앱을 통해 등록할 수 있는 방안을 마련하였다.

지문등록은 간편하게 이뤄지지만, 실제 치매노인 실종이 발생했을 때 평균 1시간 내 찾을 수 있다는 점에서 그 효과는 이미 검증됐다.

치매노인 사전지문등록은 경찰청, 치매안심센터, 스마트폰 앱 등을 통해 간편하게 등록할 수 있는 만큼 정책 홍보와 더불어 환자와 보호자들의 관심이 필요한 제도이다.

실종 치매 노인의 조속한 발견과 복귀를 위해 실종노인상담지원센터를 중심으로 협력체계를 구축하여 실종노인 발견을 위한 수색 및 수사, 인식표 배부, 사전지문등록제도 등의 서비스를 제공하고 있다.

■ 인식표 발급

- 치매 등으로 인해 실종이 염려되는 노인을 돌보는 가족 또는 본인은 '배회가능 어르신 인식표'를 무료로 발급받을 수 있다.
- 인식표 발급 신청
  - 인식표를 배부받고자 하는 사람은 발급대상자의 주민등록상 주소지 치매안심센터에 '배회가능 어르신 인식표 신청서'를 제출하여 신청한다.
  - 신청을 받은 치매안심센터는 인식표 및 보호자 보관용 실종대응카드를 제작하여 인식표 발급대상자, 발급대상자의 가족(대상자와 가족의 관계가 확인되는 가족관계증명서 또는 주민등록등·초본에 명시된 자) 및 신청자(가족 외 보호자)의 신분증 확인 후 직접 전달된다.

■ 치매 노인 지문 등 사전등록제

- 지문 등 사전등록제는 치매 노인의 실종을 예방하고 실종 시 신속히 찾기 위해 경찰에 미리 치매환자의 지문, 사진, 이름, 연락처 등을 등록해 놓는 제도이다.
- 등록 방법
  - 보호자가 인터넷(안전 Dream, www.safe182.go.kr)에서 직접 등록하거나, 관할 지역 경찰관서에 치매환자를 모시고 직접 방문해 언제든지 등록할 수 있다.

■ 배회감지기(GPS)

- "배회감지기(GPS)"란 위치추적장치(GPS)가 탑재되어 있어 치매 노인이 보호자를 이탈한 경우 보호자가 5분 단위로 노인의 위치를 실시간 조회할 수 있고, 보호자가 설정해놓은 안심지역 3곳을 이탈할 경우 가족에게 알림 메시지를 전송하여 미연에 사고를 방지할 수 있는 장치를 말한다.

• 이용 대상자 및 신청 방법
  - 노인장기요양서비스 재가급여 수급자로서, 치매증상이 있거나 배회 등 문제행동을 보이는 노인이 이용할 수 있다.
  - 배회감지기는 수급자나 가족이 장기요양급여 인정서와 복지용구 급여 확인서를 가지고 복지용구사업소에 방문하여 신청 가능하다.

2. 정신장애의 대처방법

정신장애 중 환각, 망상, 수면장애의 대처법에 대해서 살펴보면 다음과 같다.

1) 환 각

환각이란 실제로는 존재하지 않는 대상을 있다고 보는 것을 말한다. 치매 환자에게 보이는 환각은 단편적이며, 보다 일상적인 내용의 것이 많다.

(1) 환각의 원인

대다수가 의식장애에 따른 것이다.

(2) 환각의 종류

환각에서는 환청이 많고 이어서 환시가 나타난다.

① **환청** : 욕설을 하거나 환자의 행동이나 생각에 말을 하는 소리가 들리는 것을 말한다. 또한 그 소리에 따라 야간에 배회를 하기도 한다.

② **환시** : 죽은 사람(배우자나 아는 사람일 때가 많고 개미, 쥐, 뱀 등)이 보이는 것을 말한다. 또한 모르는 사람이 방에서 보일 경우, 돈을 훔쳐 갔다거나 반대로 친절하게 차나 식사 대접을 하는 경우도 볼 수 있다.

③ **체감 환각** : 혈액의 흐름이나 배 속에 생긴 가스덩어리를 머리에 떠올리고 "뇌가 녹아서 흘러나온다", "입 속에 유리가 있다"는 등 기묘한 체감을 호소하는 경우도 있다. 또한 특수한 것으로는 "체내에 벌레가 기

어 다니고 있다", "피부의 표면에 벌레가 있다"는 등 몸의 일부의 이상을 호소할 때도 있다. 이것은 피부 기생충 망상증이라고 불린다. 이외에도 기타로 입안에 이상한 지속성의 감각을 느끼고 신음을 하는 환각 증상을 구강 내 체감 이상이라고 부른다.

(3) 환각에의 대응

① 노인의 호소를 절대로 부정하지 말 것

타인(환자 이외의 사람)이 보이거나, 들리지 않는 환상의 것이라도 노인 자신에게는 실제로 보이거나 들리고 있다. 절대로 거짓말을 하고 있는 것이 아니니 황당무계한 일이라고 부정하는 일이 없어야 한다.

부정하는 경우 노인은 반발을 하게 되어 아무 말도 하지 않거나 부정하는 사람을 멀리하게 된다. 우선 보이거나 들리는 것을 인정해 주는 것이 노인을 안심하게 하는 것이다.

예 할아버지께서는 그 사람이 보이지요?

② 말의 앞뒤를 이어준다

정신이 없어서 말에 조리가 없고, 이내 잊어버리고 같은 말을 반복할 때가 많다. 간호자는 그 말을 처음 듣는 자세로 노인의 호소에 진지한 마음으로 경청하는 태도를 취할 필요가 있다. 다시 '고뇌'하고 있는 노인에게 문제를 해결할 수 있도록 같이 협력하는 자세를 보여주어야 한다.

예 이상한 사람이 방에 들어오지 못하게 문단속을 해야 해요.

③ 조명에 유의한다

야간 조명이 어둡거나 낮에 어두운 방에 노인을 있게 하면 착시나 환시를 일으킬 수 있다. 착시(예 벽의 얼룩이 사람으로 보이게 하는)는 시력의 저하나 물질이 확실하게 보이지 않을 때 일어난다. 환시는 낮과 밤이 바뀌거나 잠이 덜 깨어 꿈을 꾸는 상태에서 일어나는 경우가 많다. 특히 자다가 용변으로 일어났을 때나 완전하게 잠에서 깨어나지 못한 상태에서 주위가 어두울 때 많이 일어난다. 환시가 보일 경우 방의 조명을 그대로 두고 잠들게 한다. 조명이 지나치게 밝아도 불면이나 환각을 일으킬 수 있다.

2) 망 상

망상이란 확실하게 잘못된 판단이나 생각을 말한다. 본인은 그것을 올바른 일이라고 확신하고 있기 때문에 타인이 그것을 부정해도 인정하지 않는다.

(1) 망상의 원인

노인의 망상은 정신분열증과 같이 그 성립과정을 이해할 수 없는 것과는 달리 환자의 성격이나 과거의 체험, 감정의 상태 등에서 어느 정도 이해할 수 있다.

(2) 망상의 내용

① 물건을 잃어버렸다고 생각하는 망상

지갑, 통장이나 인감, 보석 등의 귀중품과 안경이나 의치 등의 신변의 물품을 둔 자리를 잊어버리거나 간수하지 못해서 생기는 망상을 말한다.

노인이 잃어버리는 것에 대한 자각이 없고, 직접 간호하는 가까운 사람을 의심하기 때문에 가정 불화의 원인이 되기도 한다.

② 질투망상

자기 배우자가 이성과 관계를 가지고 있다는 망상을 말한다. 노인 본인의 불안정감이 배우자에게 투영된 경우가 많고 또한 이전에 그와 비슷한 체험을 가졌을 때의 경우가 특히 많다.

③ 피해망상

타인으로부터 학대를 받고 있다고 생각하는 것을 말한다. 난청이나 시력의 저하가 원인이 되는 경우가 많다.

④ 빈곤망상

경제적으로 어렵고 돈이 없다고 생각하는 망상을 말한다. 우울증에서 보이는 일이 많다.

(3) 망상에의 대응

말하는 것을 부정하지 말고 또 설득하지 않는 것이 중요하다. 그렇지 않으면 불신감이 강해져 거부반응을 일으킬 수 있다.

① 물건을 빼앗겼다고 생각하는 망상

㉠ 물품이 없어졌다는 사실을 받아들이고 같이 찾는다. 단, 어디까지나 도와준다는 행동을 하고 노인 자신이 찾도록 한다. 찾더라도 노인의 물품에 손을 대지 않는 것이 좋다. 이는 '의심을 받았기 때문에 찾아주는 척하고 원래의 자리에 가져다 두었다'는 생각을 하지 않도록 하기 위함이다.

㉡ 노인을 잘 관찰하고 정돈해 두는 장소를 기억해 두는 일도 중요하다.

㉢ 노인 방의 가구를 필요한 것만 두고 노인이 사용하는 장소를 한정한다.

㉣ 가족의 권리로서 귀금속이나 연금, 증서 등의 중요한 물품은 가족이 보관하고 있다는 보관증을 기재하여 보관한다.

② 질투망상

㉠ 배우자가 될 수 있는 한 같이 있으면서 어려움을 도와준다.

㉡ 폭력이나 흥분한 경우, 오랜 기간 계속될 경우는 정신과 전문의의 투약을 받는 것이 좋다.

③ 피해망상

㉠ 증상이 강한 경우는 정신과 전문의의 약물 투약을 받는 것이 좋다.

㉡ 망상을 발견한 직원은 가까이 가지 않거나 다른 사람이 간호하는 것이 좋다.

④ 빈곤망상

증상이 심할 경우는 약물 투여를 받는 것이 좋다.

3) 수면장애

수면장애는 제대로 잠을 잘 수 없는 상태를 말한다.

(1) 수면장애의 원인

① 신체적 요인

㉠ 수면 시 무호흡 증후군

㉡ 동통이나 가려움 등의 신체의 불쾌감

㉢ 호흡 곤란이나 부정맥 등의 신체질환

② 약물

㉠ 커피나 알코올 등을 복용했을 때

③ 정신적 요인에 따른 것

㉠ 정신장애, 특히 우울증

㉡ 걱정이나 고뇌

④ 환경적 요인

㉠ 물리적인 것 : 공사나 자동차 등의 소음이나 진동으로 잠들지 못한다.

㉡ 습도 : 열대야로 잠들지 못한다.

(2) 수면장애의 유형

야간의 수면에서 다음과 같은 증상을 보일 때를 말한다.

① 잠들기가 힘들고 오래도록 잠들지 않는다(입면 장애).

② 중간에 자주 잠에서 깨게 된다(중도 각성).

③ 아침 일찍 잠에서 깨고 그 후 잠들지 않는다(상조 각성).

④ 깊은 잠을 못 잔다(숙면 장애).

(3) 수면장애에의 대응

① 낮 프로그램 및 활동 시 다양한 활동을 하고 각성, 수면 리듬을 만든다.

② 생리적 욕구를 채워줌으로써 잠을 잘 수 있도록 한다.

③ 잠들기 전에 흥분상태를 가라앉히기 위해 옆에 있으면서 안정시켜 주고 하체를 따뜻하게 해준다.

④ 중증의 경우나 우울증에는 약물치료가 필요하다.

〈표 1-8〉 수면장애에 대한 대응

수면장애에 대한 대응	남성	여성	중증	중중증	경증	VD	AD
1. 낮 동안의 대응							
① 말을 건다	◉	◉	×	◉	◉	◉	◉
② 레크리에이션 활동을 유도한다	◉	◉	×	◉	◉	◉	○
③ 가벼운 운동을 시킨다	◉	◉	×	◉	◉	◉	○
④ 산책을 시킨다	◉	◉	○	◉	◉	◉	○
⑤ 가벼운 작업을 시킨다	◉	◉	○	◉	◉	◉	○
2. 잠들기 전의 대응							
① 배설의 준비를 한다	○	◉	○	◉	◉	◉	○
② 간식을 먹게 한다	○	○	○	○	○	○	×
③ 잠들 때까지 옆에 있는다	○	○	○	○	○	○	×
④ 족욕을 한다	×	○	○	○	○	○	×

◉ : 효과적　○ : 약간 효과적　× : 약간 악화　VD : 뇌혈관성 치매　AD : 알츠하이머성 치매

3. 행동장애의 대처방법

행동장애에는 폭력행위, 흥분, 파괴행위－기물파손, 자해행위, 탈의－파의행위, 부르짖음·괴성·고성 등이 있다.

공통된 대처법으로, 우선 간호자가 안정된 대응을 하여 치매노인의 기분

을 가라앉힌다. 장소를 옮겨서 편안한 개인실에 격리하는 것도 효과적이다. 또한 산책을 함께 가거나 하여 치매노인의 기분전환을 도모하는 것도 중요하다. 그래도 증상이 완화되지 않을 때에는 약물을 사용하는 경우도 있다.

1) 폭력행위

폭력행위란 감정의 배후에 욕구불만이 있어서, 그 불만을 참지 못하고 난폭하게 되는 것을 말한다. 이는 그러한 행위를 통하여 자신의 기분을 표현하거나 발산시키기 위함이다.

(1) 폭력행위의 원인

① **욕구불만** : 자신의 욕구와 희망이 이루어지지 않거나, 타인이 이해해 주지 않는 경우

② 자신만의 안전한 장소(침대나 본인이 자주 앉는 의자 등)가 침해당할 경우

③ 치매노인에 대해서 명령, 비난, 부당한 취급을 하는 간호자나 타인에 대한 반응

④ 망상(예 물건을 훔쳤다고 타인을 책망하는 일 등)

⑤ 다른 사람이나 간호자의 주의를 끌기 위한 행동

(2) 폭력행위에의 대응방법

① 복지시설과 주간보호시설 등에서의 대응

- 간호자가 안정된 대응을 한다.
- 입소자끼리의 갈등상황에서는 한쪽에 잘못이 있더라도, 치우치지 말고 공평한 입장을 취하는 것이 중요하다.
- 호소에 귀를 기울이고(경청), 무엇 때문에 고민하고 있는지를 살펴서 난폭한 행위를 일으키는 상황을 분석한다.
- 자극을 줄이고, 가능한 한 빨리 흥분을 진정시킨다. 장소를 옮겨서

편안한 개인실에 격리하는 것도 효과적이다.

- 기분이 좋아지는 다른 것에 관심이 가도록 별도의 활동을 권유한다.

② 가정 내에서의 대응

제3자, 특히 의료관계자나 복지담당자와 상담하는 것이 필요하다.

〈표 1-9〉 폭력에 대한 대응

폭력에 대한 대응	남성	여성	치매의 정도			VD	AD
			중증	보통	경증		
① 욕구와 희망을 들어준다	◉	◉	◉	◉	◉	◉	◉
② 생활에 활기를 갖도록 한다	○	◉	◉	◉	◉	◉	◉
③ 도검류를 치운다	◉	○	◉	◉	◉	◉	◉

◉ : 효과적　○ : 약간 효과적　VD : 뇌혈관성 치매　AD : 알츠하이머형 치매

2) 흥 분

(1) 흥분에의 대응

① 자신의 요구가 통하지 않거나, 자신의 생각대로 일이 이루어지지 않았을 때 비난하지 말고, 흥분이 가라앉기를 기다린다. 또한 장소를 옮겨서 기분전환을 도모하는 것도 중요하다. 일시적으로 자극이 없는 개인실에 격리하는 것도 좋을 것이다.

② 이유 없이, 사소한 일에도 화내는 일이 빈번한 경우에는 운동부족이 원인일 가능성이 있기 때문에, 체력에 맞춰서 운동을 시킨다. 치료되지 않는 경우에는 정신안정제를 사용하는 경우도 있다. 일시적인 억제에는 수면제의 투여도 효과적이다(이 부분은 반드시 의사와 상의하여 진행한다).

③ 그 외에 효과적인 대응은 다음과 같다.

- 인형 등을 안겨서 안심시킨다.
- 직원이 마음을 가라앉히고, 갈등을 보이는 양쪽을 진정시킨다.
- 배경에 환각이 있는 경우, 그것에 대처한다.
- 주위의 입소자의 언동이 원인인 경우, 그것에 대처한다.

3) 파괴행위 - 기물파손

(1) 파괴행위 – 기물파손에의 대응

① 자신의 요구가 통하지 않을 때 등의 상황에서 물건을 부수는 일이 종종 있다. 즉시 현장을 수습하고, 흥분이 진정될 때까지 편안한 개인실에 격리하는 것이 필요하다.

② 증상이 심할 경우에는, 정신안정제의 사용을 고려한다.

4) 자해행위

(1) 자해행위에의 대응

자해란 자신의 얼굴이나 손발을 때리거나, 신체 일부를 피가 날 정도로 할퀴는 행위를 말한다. 자해에 대한 대응은 다음과 같다.

① 산책이나 별도의 편안한 방으로 이동시키는 등, 장소를 옮겨서 기분전환을 도모한다.

② 부득이한 경우에는 손과 발을 구속해서라도 행위 그 자체를 중지시킨다.

③ 중증인 경우에는, 정신안정제의 사용을 고려한다. 가능성은 적지만, 관심 있는 활동을 통해서 행위 자체를 잊게 만든다.

5) 탈의(脫衣) - 파의(破衣)행위

(1) 탈의 – 파의행위에의 대응

① 어떠한 상황에서 탈의・파의행위가 일어나는지를 살핀다. 또한 징조가 나타나면, 기분전환을 도모할 목적으로 산책을 함께 가거나, 놀러갈 것을 권유하도록 한다.

② 벗기 어려운 의복이나 쉽게 파손되지 않는 의복을 입히도록 한다,

③ 중증일 때에는, 약물을 사용한다.

6) 부르짖음 · 괴성 · 고성

(1) 부르짖음 · 괴성 · 고성에의 대응

① 시간이나 시기에 기복이 있는 경우
  ㉠ 적당한 운동을 시킨다.
  ㉡ 중증인 경우 정신안정제의 사용을 고려한다.

② 바라던 물건이 입수되지 않거나, 자신의 요구가 통하지 않을 경우
  ㉠ 어떠한 요구를 어떠한 시간과 장소에서 하고 있는지를 조사할 필요가 있다.
  ㉡ 별도의 표현수단이나 전달방법을 취할 수 있도록 지도한다.

7) 배 회

배회란, 목적 없이 옥내 · 외를 이동하거나 외출하는 것을 말한다.

① 배(徘) : 목표를 정하지 않고 좌우로 방황하는 것을 의미한다.

② 회(徊) : 빙빙 돌아다니는 모습을 말한다.

배회에는 여러 가지 원인이 있으므로, 배회에 대한 대처법은 그 원인에 따라 달라져야 한다.

예를 들면, 인지장애(認知障碍)로 인한 행동에 대해서는 말을 걸어서 배회에 대한 행동을 잊게 하거나 본인의 방 앞에 이름표나 표시를 알기 쉽게 해 놓도록 하며, 욕구에 따른 행동에 대해서는 집단행동이나 차를 마시고 산책 등을 권유하여 기분전환을 도모하는 등 여러 가지 방법이 있다.

배회는 억지로 중지시키는 것이 아니라, 안전을 확보할 수 있는 경우에는 자유로이 배회시키고, 가능한 한 말을 걸어서 커뮤니케이션을 도모하는 것이 중요하다.

(1) 배회의 원인

① 인지장애로 인한 행동

소재의식장애(자신이 현재 있는 장소나 시간을 모름) 때문에 상황을 정확히 인식할 수 없어서 당혹하거나 혼란스러워 일어나는 것이다.

② 욕구로 인한 행동

가족이나 간호자, 음식물, 화장실 등을 찾아서 방황하는 것이다.

③ 충동적인 행동

불안이나 초조, 충동에 이끌려서, 간호자의 제지도 듣지 않고 무작정 걷는 것이다.

④ 반복적인 행동

목적 없이, 동일한 장소를 반복해서 계속 걸으며 맴도는 것이다.

⑤ 목적 없는 행동

여유롭고 한가로움을 갖기 위해서 목적 없이 어슬렁거리며 돌아다니는 것이다.

⑥ 정신증상(환시・망상)에 기인한 행동

이상한 소리에 이끌리어 그대로 행동하는 것이다. '아는 사람이 차 한 잔하자고 부른다'는 등의 말을 하면서 배회한다.

(2) 배회에의 대응

① 인지장애에 대한 행동

말을 걸어서 걷는 것을 멈추게 하거나, 본인의 방 앞에 이름표나 표시를 해둔다.

② 욕구로 인한 행동

집단활동이나 다과회에 참여할 것을 권유하는 등 커뮤니케이션을 도모하고, 산책을 함께 가는 것도 효과적이다.

③ 충동적인 행동

배회공간을 확보하고, 위험이 없으면 주의하여 지켜보는 것만으로 충분하다. 그리고 때때로 말을 걸어서 걷는 것을 멈추게 하거나, 음료나 다과를 권유하여 체력소모를 막는다.

④ 반복적인 행동

말을 걸어서 걷는 것을 멈추게 한다. 위험이 없으면 주의하여 지켜보는 것만으로 충분하다.

⑤ 목적 없는 행동

집단 활동이나 다과회에 참여할 것을 권유하는 등 집단에 녹아 들어가게 한다.

⑥ 정신증상(환시·망상)에 기인한 행동

약물치료가 효과적이다.

8) 방 황

방황은 인지장애로 인하여 나타나는 경우가 많기 때문에, 배회에 포함하여 설명하기도 한다. 방황은 분명한 목표를 정하지 못하고 어찌할 바를 몰라 갈팡질팡하거나, 이리저리 정처없이 헤매며 다니는 것을 말합니다.

(1) 대응

방이나 화장실에 그림이나 마크를 설치하여 혼란을 피할 수 있다.

(2) 시설 측의 대응(간호자 측)

① 의복이나 소지품(수첩, 팔찌)에 이름을 써두는 대응법이 많다.

② 배회감지기를 미리 준비하여 행방불명 시 환자를 찾을 때 도움이 되도록 한다.

③ 병원 외부로의 무단이탈을 대비하기 위해서 출입구의 개폐에 대한 대

책을 강구하는 경우도 있다. 카드 식 문, 센서의 설치, 엘리베이터를 통한 출입, 문에 종 달기 등의 대안을 가지고 있는 시설이 있다.

이상에서 보는 바와 같이 치매노인의 문제행동으로 인지기능 장애, 정신장애, 언어장애, 그리고 행동장애에 대한 접근방법을 제시하여 보았다. 본 센터에서 치매가족에 대해 수시로 상담한 내용을 보면 치매노인을 모시고 있는 가족이 노인을 보호하는 데 가장 곤란한 이유는 점점 심해지는 문제행동 때문이라고 하였다. 치매가족은 치매에 대한 사전 지식이 부족한 상태에서 예측하지 못한 치매노인의 문제행동에 대응하는 데에 많은 고충이 따를 수밖에 없다.

상담을 통해 제시한 보호방법의 효과성을 확인하고 적절한 대응방법을 제시하고자 하였는데 치매노인의 양상이 개인의 성격과 삶의 배경에 따라 조금씩 다르기 때문에 같은 대응방법이 어느 노인에게는 효과적이었지만 다른 노인에게 부적절하기도 하였다.

그래서 치매가족의 보호 사례와 치매 관련 시설의 간호자들의 간호 사례를 수집하고자 노력하였지만 그다지 효과가 없었던 방법들도 있었다. 최대한으로 치매노인에게 적절한 대응방법을 찾을 수 있는 자료가 되고자 하였으므로 제시한 대응방법들을 단계적으로 실시해 보고 치매노인에게 가장 효과적인 대응방법을 찾는 지침서가 되었으면 한다.

4. 치매문제행동별 대처방법

치매의 공통적인 임상적 증상으로는 초기의 단기 기억력 감퇴가 주로 나타나며 이로 인하여 새로운 정보를 습득하는 능력을 잃게 되는 '기억력 감퇴', 실어증이 특징인 '언어의 장애', 환자가 익숙한 거리에서 길을 잃거나 심하게는 방이나 화장실 등을 찾아가지 못하는 '시공간 능력의 장애', '실행능력 장애' 등 행동 및 인격의 장애를 가져올 수 있다.

따라서 가족이나 보호자들은 치매노인들이 문제행동을 일으켰을 경우 그 대처방안이 매우 중요하다고 볼 수 있는데, 문제행동별 대처방법은 다음과 같다.

1) 반복행동

① 노인들이 다른 곳에 신경을 쓰도록 유도한다(적당한 일, 음악 감상, 사진 등).
② 자주 물어보는 질문에 대해서는 미리 대답을 정해 놓는다.
③ 노인의 성향에 따라 안심할 수 있도록 따뜻하게 포옹해 주는 것도 좋다.

2) 의존적인 행동

치매노인은 대개의 경우 의존적인 심리상태가 되어 하루 종일 간호자를 따라 다니는 경우가 있다. 이러한 행동은 조절하기 무척 어려울 뿐만 아니라 간호자의 사생활마저도 침해받게 된다. 이 증상은 간호하는 사람이 자신의 곁을 떠나 안 돌아올까 하는 불안한 심리를 가지고 있기 때문에 생기는 행동이다.
① 노인에게 관심을 끌 만한 것을 주도록 한다.
② 다른 사람이 대신 돌보는 시간을 마련해 간호자의 사생활을 지켜나가도록 한다.

3) 도둑, 뒤짐, 쌓아둠

치매노인들은 자신이 무엇인가를 잃어버렸다며 찾으러 돌아다닌다. 노인 자신을 정확한 사람으로 인식하고, 자신이 그 물건을 어딘가에 잘못 두었을 리가 없으며 반드시 누군가가 훔쳐갔다고 간주한다.

그러므로 이것을 찾으러 남의 물건을 뒤지고, 자기 것으로 간주되는 것을 가져온다. 노인은 자신의 물건과 남의 물건을 구별할 능력이 없으며, 남의 물건을 자기 것이라고 우기기도 한다. 남에 방에 들어가 자기 침대라고 떼를 쓰는 경우도 그 예이다. 흔히 자신을 돌보는 사람이나, 기관의 경우 방을 같이 쓰는 노인을 범인으로 지목한다.

① 예방이 가장 좋은 전략이다. 노인에게 자기 물건이 담긴 서랍을 주고 만지작거리게 함으로써 안정된 분위기를 조성한다.
② 노인의 행위에 대해 침착하고 융통성 있게 대처한다. 도덕적 훈계나 합리적인 설명을 하려고 하지 않는다. 이는 노인을 당황시키고 격노하게 만든다.
③ 허락받지 않은 남의 방에 들어가 있는 경우라면, 노인이 원하는 것을 집도록 하고, 산책을 유도하여 기분전환을 한 후 물건을 받아 제자리에 놓는다.
④ 노인이 물건을 숨겨 놓는 장소를 알아둔다. 흔히 노인은 같은 장소에 훔친 물건을 숨겨 놓는다.
⑤ 노인이 훔친 물건은 가능한 한 노인이 알지 못하게 주인에게 돌려준다.
⑥ 남의 방 또는 공간에 들어가지 않도록 노인의 공간에 이름을 명시하는 등 표시를 한다.

4) 망 상

잘못된 믿음이 고정되고 지속적으로 나타나는 현상을 망상이라고 한다. 이러한 믿음은 노인에게 놀라움이나 좌절을 안겨주며, 가족들을 당황시킨다. 예를 들면, 자신이 감옥에 갇혀 있고 부당하게 재판을 받게 된다고 믿거나, 혹은 내일 출장을 떠나야 하는데 준비가 덜 되었다며 염려한다. 또는 돈을 도난당했다고 느끼는 도둑맞은 피해망상이나, 배우자가 바람을 핀다고 생각하는 질투망상이 많다. 이런 노인의 망상은 가족에게 분노, 반발의 감정적 반응을 일으키기 쉬우며, 노인과 가족 간의 관계를 악화시키는 결과를 초래하므로 이에 대한 이해가 요구된다.

① 노인의 망상이 노인을 어느 정도 괴롭히는지를 판단한다. 그 증상이 노인을 흥분시키거나 좌절시키는 것이 아니라면 그냥 노인의 망상대로 행동해 줄 수 있다.

② 노인에게 그 망상이 틀린 것이라는 설명을 하지 말고, 노인이 두려워하는 망상 상황에서 도와줄 것을 약속한다.

③ 때로는 선의의 거짓말이 효과가 있다. 예를 들어, 출장에 대한 망상을 가진 노인에게는 옛 동료가 모든 준비가 되어 있다고 전화를 걸어주면 노인은 안심하게 된다.

5) 환 각

환각이란 타인에게 경험되지 않는 시각, 청각, 느낌 등의 감각적 경험을 지칭한다.

① 증세가 심각하지 않을 경우는 그대로 환각현상을 인정하고 노인을 기다리게 한 후 자신이 그 문제를 해결하고 왔다고 안심시킨다.

② 수면과 식사에 장애를 느낄 경우는 항정신제를 투여할 수 있다.

③ 노인에게 환각을 본 장소나 물체를 물어본다. 그리고 환각을 일으키는 환경을 가능한 한 제거한다(예 창문의 빛은 눈, 폭풍을 연상시킬 수 있고, 어두운 구석은 무서운 환각을 초래할 수 있다).

6) 부부관계

치매 자체는 보통 성관계에 영향을 끼치지는 않지만 노인마다 약간의 차이는 있다. 어떤 노인의 경우에는 부드럽게 쓰다듬어 주거나 안아주는 정도로 만족할 수도 있고, 또 다른 경우에는 좀 더 가까운 관계를 맺을 수도 있다.

노인이 예전과 같은 반응을 보이지 않거나 성에 대한 관심을 잃어버리는 경우가 있지만 어떤 부부는 치매와는 관계없이 원만한 성관계가 이루어지기도 한다.

반대로 지나치게 성관계를 요구하는 경우에는 상대방이 원하지도 않는 행동을 요구하기도 해서 각각 다른 방을 쓰게 되고 점점 거부 반응을 일으키게 되기도 한다.

이런 경우는 전문가의 도움을 받는다. 전문가는 이러한 증상들을 충분히 이해하고 도움을 줄 수 있으므로 두려워하지 말고 의논하는 것이 좋다.

7) 성적 이상행동

치매노인들은 성적으로 이상한 행동을 보이는 경우가 있다. 사람들 앞에서 옷을 벗는다든가 자신의 성기를 만지는 행동을 하기도 한다.

① 노인은 병 때문에 이런 행동을 하게 되는 것이므로 너무 과민반응을 보이지 않는 것이 좋다.

② 다른 행동에 집중할 수 있도록 유도한다.

③ 치매환자가 다른 사람의 사랑과 관심을 받고 있다는 것을 느끼게 할 필요가 있다. 따라서 환자를 가볍게 안아주거나 손을 잡는 등 가벼운 신체접촉이나 환자가 좋아하는 적절한 방법으로 애정을 표현하도록 한다. 함께 시간을 보낼 수 있는 다양한 방법을 찾아본다.

④ 산책할 때에 손을 잡거나 등을 부드럽게 문질러 주는 등 가벼운 신체접촉을 해준다.

⑤ 성욕 증가는 뇌손상에 의한 것일 수 있으므로 증상이 반복되거나 심한 경우 치매노인이 당황하지 않도록 침착하게 사태를 파악한 후에 담당의사와 상의하여 약물치료를 받도록 한다(https://www.nid.or.kr/info/guide-list4.aspx?gubun=0410).

8) 배 회

치매노인의 배회는 경우에 따라 매우 위험한 결과를 초래하며 보호자의 스트레스의 큰 원인 중 하나이다. 노인은 가만히 앉아 있으려 하지 않으며 계속 돌아다니고, 피곤해져도 쉬지 않는다. 노인들은 집안에서 배회할 뿐만 아니라 집 밖으로 나가려고 하며 간혹 길을 잃어버리기도 한다.

이렇게 혼자 배회하는 노인들은 무엇보다도 안전하게 돌보는 것이 가장 중요하다.

① 노인의 몸에 집주소, 이름, 전화번호를 명기한 목걸이나 팔찌를 착용시킨다.
② 출입문에 소리가 나는 것을 달아 놓아 노인이 나가는 것을 알 수 있도록 한다.
③ 노인이 어느 때 나가고 싶어 하는지를 파악한다. 흔히 노인들은 외출용 신발, 가방, 외투 등을 보면 떠나고 싶은 충동을 느낄 수 있다.
④ 무작정 배회를 막거나 도로 끌고 오는 것은 노인의 파국적 반응을 유도하게 된다. 같이 걷다가 점차적으로 데려오는 것이 효과적이다.
⑤ 노인을 찾았을 때에는 화를 내지 말고 조용히 집에 데리고 들어오도록 한다.
⑥ 노인의 최근 사진을 찍어 두면 찾을 때 도움이 된다.
⑦ 배회에는 특수한 프로그램으로 소풍, 노래 부르기, 먼 곳까지의 산책 등이 효과적이다.

9) 폭력, 공격행동

치매노인들은 때로 매우 화를 내거나 폭력적인 행동을 한다. 이러한 증상에는 여러 가지 이유가 있을 수 있으나 자신이 사회적 판단을 할 수 없게 되었을 때 싫다는 의사 표시일 수도 있고, 일어난 상황을 이해하려고 하거나, 판단 능력을 상실했을 경우 나타날 수 있다. 이러한 공격적인 행동들 때문에 간호자들은 노인을 돌보는 데 어려움을 겪게 된다. 이러한 경우 반드시 1m 이상 떨어져 대화를 나눈다.

① 겁내거나 놀라지 말고 차분히 대처해야 한다.

② 넓은 공간을 제공해 준다.
③ 노인이 난폭한 행동을 하는 이유를 알아내어 이런 일이 일어나지 않도록 미리 주의한다.
④ 지나치게 폭력적인 행동을 할 경우에는 의사나 다른 기관의 도움을 받는다.

10) 우울증, 불안

치매노인들은 현실적으로 우울한 경우가 많다. 대부분 무엇인가 제대로 되고 있지 않다는 것과 익숙한 것들을 제대로 못하고 실수가 많아지는 것을 느낄 수 있어 우울증에 빠져 움츠러들게 된다. 이러한 우울증으로 인해 일상생활에 지장을 초래하고 입맛도 없어지게 된다.

① 조기진단을 받고 상담원, 심리학자, 정신과 의사들의 도움을 받는다.
② 우울증에서 빨리 벗어나도록 강요하지 말고 치매노인이 어떤 상황에서 자신을 가치 없이 느끼는지 잘 살펴보고, 가치 있는 사람이라는 것을 말해준다.
③ 주위에서 노인을 더 따뜻하게 대해준다.
④ 직원, 종교기관의 장 혹은 가족 등 노인과 소중한 관계의 사람은 치매 초기의 우울증을 많이 감소시킨다. 그를 제일 편하게 만드는 사람과 자주 대화하고 시간을 보낼 수 있도록 권유한다.
⑤ 절대로 노인의 죽고 싶어 하는 심정에 동의하지 않는다.

11) 목욕, 위생

치매노인들은 목욕하는 것을 잊어버리거나 아예 필요성을 느끼지 못하는 경우도 있다. 이런 상황에서는 노인의 자존심이 상하지 않도록 설득하는 것이 중요하다.

① 목욕하는 것이 매우 즐거운 일이며, 기분 좋은 일이라는 것을 알려준다.

② 자신 스스로 할 수 있도록 동기를 부여한다.
③ 노인이 목욕하는 것을 싫어할 경우 다른 사람이 시도해 본다.
④ 화장실을 미리 본 후 목욕을 시도해 본다.

12) 화장실 사용과 대소변 실금

치매노인들은 화장실 가는 것을 잊고 그냥 실수하는 경우도 있는데 이럴 때 수치심을 느끼지 않도록 간호자가 조용히 처리해 준다.
① 쉽게 벗을 수 있는 옷을 입힌다.
② 침대 옆에 변기를 준비해 둔다.
③ 화장실 문을 항상 열어 둔다.

13) 인물오인(人物誤認)

치매노인은 곧잘 사람을 구별하지 못한다. 어떤 때는 가족도 알아보지 못해 사람을 분별하지 못하고 가족을 혼란시키는 경우가 있다. 이것은 치매노인의 젊었을 때 가족관계나 체험 등을 반영하는 예가 많이 있다. 혹 노인이 인물오인을 하더라도 옛날을 회상하는 이야기를 들어줌으로써 공감해 주고, 노인이 편안한 기분이 되도록 배려해 주는 것이 좋다.

14) 식 사

치매노인들은 자신이 식사를 했는지조차 기억하지 못할 수 있고, 식기를 사용하는 방법도 잊어버릴 수도 있으며, 치매 말기 노인들은 씹거나 삼키는데 어려움이 있을 수 있으므로 도와주어야 한다.
① 노인들에게 식사하는 방법을 자세히 가르쳐 준다. 예를 들어, 국, 반찬을 먹지 않고 밥만 드시는 경우가 있으며, 생선 등 가시를 발라드려야 하는 경우도 있으므로 식사하는 모습을 자세히 관찰한 후 대응하도록 한다.

② 서두르지 말고 천천히 먹도록 해야 한다.

③ 노인이 음식을 넘기지 못할 때에는 의사와 상담해 보는 것이 좋다.

④ 한 번에 조금씩 먹도록 한다.

⑤ **과식**(過食) : 금방 먹고 나서도 재촉하는 경우 "지금 금방 잡수셨잖아요"라고 이야기해도 인지하지 못한다. "지금 만들고 있으니까 기다리세요"라고 하거나 "지금 곧 장보러 다녀올게요"라고 하며 밖으로 나가본다. 또는 가정에서 먹고 나서 금방 치우지 말고 지금 금방 먹었다고 자연히 알게 하는 방법도 효과적이다. 또한 일기에 아침, 점심, 저녁을 먹었다는 것을 노인 자신이 직접 기록하도록 하여 보여주면 납득하는 경우가 있다.

⑥ **이식**(異食) : 무엇이든지 입속에 넣으려고 할 수 있으므로, 노인의 눈에 띄지 않도록 잘 넣어 두는 것도 잊어서는 안 되며, 예를 들어 담배꽁초, 동전, 장난감, 비누, 건전지 등을 먹었을 경우 침착하게 토하게 하는 것이 중요하다.

⑦ **거식**(拒食) : 과식이나 이식과는 반대로 먹을 것을 전혀 입에 넣지 않는 경우가 있다. 이러한 때는 여러 가지 이유가 있다. 예를 들어, 몸이 안 좋다거나, 먹는 것이라는 것을 모르기도 하고, 먹는 방법을 잊어버리기도 하는 등의 경우이다. 또한 간호하는 사람을 무서워해서 독이 들어있다고 생각해 경계하는 경우가 있다. 가능한 한 즐거운 분위기를 만들고 자존심을 상하지 않도록 기분을 풀어드리면서 무엇이 원인이 되는지 잘 알아보는 것이 좋다.

15) 운 전

기본적으로 치매노인들이 운전을 하는 것은 위험하다. 왜냐하면 이들은 순간적인 판단능력이나 반사작용이 느리기 때문이다.

① 우선 노인과 조용히 의논해 본다.

② 가능한 한 대중교통을 이용한다.
③ 노인과 이러한 대화를 할 수 없을 때는 의사와 상의하도록 한다.

16) 의복 갈아입기

치매노인들은 옷 입는 방법을 잊어버리거나 옷을 갈아입을 필요성을 못 느끼는 경우가 있다. 치매노인들은 계절이나 상황에 맞지 않는 옷차림으로 사람들을 당황하게 만들기도 한다.

① 입는 순서대로 옷을 놓아둔다.
② 옷 입는 방법을 반복해서 가르쳐 준다.
③ 신발은 미끄러지지 않는 소재를 선택하여 낙상을 예방한다.

17) 안절부절못하는 경우

① 조용히 부드럽게 대한다.
② 안절부절못하는 원인이 무엇인지 체크한다. 예를 들어, 통증이나 화장실이 가고 싶은지 여부를 알아본다.
③ 노인을 산책시키거나 할 일을 정해준다.
④ 카페인이 있는 음식 또는 담배는 삼가도록 한다.
⑤ 약물의 사용을 의사와 상담한다.
⑥ 노인의 주변에서 일어나고 있는 일이나 상황을 단순하게 만든다.

18) 기억장애

① 숫자가 크게 표시된 시계를 마련한다.
② 큰 글자로 된 달력을 마련한다.
③ 하루 일과를 적어 두는 게시판을 마련한다.
④ 열쇠나 안경 같이 자주 쓰는 물건의 두는 장소를 정해둔다.

19) 대화가 어려울 경우

① 노인의 행동을 이해할 수 없다면, 그 행동 속에 숨어 있는 의미가 무엇인지 이해하도록 노력한다.

② 노인에게 차분히 천천히 말하도록 요청한다. 사투리를 쓰는 경우 대화의 깊이를 더하거나 또는 관계의 깊이를 더하기 위해 사투리를 사용하여 말할 수도 있다.

③ 말을 더듬는 것을 비난하지 않는다.

④ 차분히 기운을 북돋워 준다.

⑤ 짧고 간단한 말로 말해준다.

⑥ 큰 소리로 말하지 않는다.

⑦ 노인의 몸을 다독여 준다(시계방향으로 쓰다듬어 주는 것이 더 좋다).

20) 밤에 나타나는 문제행동

① 불을 켜둔다.

② 낮 시간을 잘 계획하여 노인이 저녁에 할 일을 줄인다.

③ 조용한 환경을 만든다.

④ 낮에 충분히 일거리를 마련하여 열심히 낮 동안 활동을 하도록 유도한다.

⑤ 노인에게 지금 노인이 어디에 있고 무슨 일이 일어나고 있는지 말해준다.

21) 의 심

치매노인들은 자신의 경험과 주위 환경을 이해하는 데 점점 더 어려움을 겪는다. 자신이 물건을 어디에 놓았는지 생각나지 않는다는 것을 받아들이기 힘들어하고 설명할 수 없는 일들이 주변에서 일어나는 것 때문에 고민한다. 그래서 문제는 본인이 아니라 자신이 지배할 수 없는 곳에서 생긴다고 믿고 자존심을 지키려고 하기 때문에 의심이 많아진다.

① 무엇을 훔쳤다는 의심은 매우 흔한 일이다.
② 노인과 이 문제로 논쟁하지 않는다.
③ 물건이 없어졌다는 노인의 주장에 동의하고 잃어버린 물건을 찾도록 도와준다.
④ 함께 물건이 어디 있는지 목록을 만든다.
⑤ 노인이 물건을 숨기기 좋아하는 장소를 알아둔다.

22) 시각장애

치매노인들은 여러 가지 시각장애를 일으킬 수 있다. 눈에 보이는 물체가 무엇인지 정확하게 이해할 수 없게 되고, 뇌장애로 인해 자신이 본 물체를 정확하게 감지할 수 없다. 또한 거리감각도 변하여 안전상의 문제를 일으킨다.

① 복도나 벽의 색은 노인이 잘 구분할 수 있도록 한다. 복도의 색을 무색으로 하면 시각적인 혼란을 방지할 수 있다.
② 접시나 식탁 색도 구별할 수 있도록 한다.
③ 계단 모서리에는 계단을 확실히 구분할 수 있도록 색깔 테이프를 붙여 놓는다.
④ 화장실이나 목욕탕 등 자주 사용하는 문에 크게 쓴 글자나 그림을 달아 놓는다.
⑤ 집안에서 기르는 애완동물은 노인이 걸려 넘어질 수 있으므로 조심한다.

23) 취각장애

① 냄새를 맡는 기능이 저하되므로 냉장고에는 상하거나 오래된 식품을 두지 않는다.

② 매연감지기를 부착하고 자주 작동 점검을 한다. 노인은 연기의 냄새를 맡지 못하고, 맡는다고 할지라도 위험하다는 것을 알지 못한다.

24) 촉각장애

① 뇌기능이 장애를 일으켜서 피부감각이 둔해진다. 그러므로 더위나 추위, 불쾌감 등을 인식하지 못하거나 이해할 수 없을 수도 있다.
② 온도, 판단능력을 상실하므로 물의 온도를 40℃ 정도로 조정한다.
③ 부엌의 수도꼭지가 온수나 냉수로 구분되어 있을 경우, 뜨거운 물은 빨간색으로, 찬물은 파란색으로 구분해 놓는 것이 좋다. 물의 온도가 조절되는 수도꼭지로 바꾸는 것도 좋다.
④ 오븐이나 토스터, 다리미 등 전기기구는 "뜨겁다", "만지지 말 것" 등 표시를 해두고 노인이 혼자 쓰지 못하도록 한다. 사용하지 않을 때에는 플러그를 빼놓는다.

25) 미각장애

① 의치를 사용하는 노인의 경우 계속해서 의치를 빼려고 한다면 입안을 검사해 보고 의치가 잘 맞는지 확인해 본다.
② 노인이 소금이나 설탕, 고춧가루 등 조미료를 필요 이상으로 사용하려고 하면 노인의 손에 닿지 않는 곳에 둔다.
③ 약장은 잠가두고 치약, 향수, 로션, 샴푸, 비누 등을 노인이 먹을 수 있으므로 감추거나 자물쇠로 잠근다.
④ 냉장고를 함부로 열 경우에는 자물쇠로 채워 둔다.
⑤ 노인의 식도에 이물질이 막힐 수 있으므로 응급처치법을 습득해 둔다.

26) 청각장애

① 보통 청력이 있다 하더라도 정확하게 이해할 수 있는 능력이 상실되는 경우가 대부분이다.
② 집 안에서 라디오나 텔레비전을 동시에 켜 놓지 않고 너무 큰 소리로 틀지 않는다.
③ 외부 소음에 주의한다. 필요한 경우 창문을 잠근다.
④ 노인이 보청기를 사용했을 경우 보청기의 건전지를 자주 살펴본다.
⑤ 사람이 많이 모였을 때 흥분하는 경우 집에 많은 손님을 초대하지 않는다.

27) 치매노인에게 냄새가 날 경우

토마토 주스를 넣은 목욕물은 계속되는 몸 냄새를 없애준다. 집안에 스며든 환자의 몸 냄새는 가습기나 냉방장치에 섬유유연제 등을 넣음으로써 없앨 수 있다.

제 5 절 치매노인과의 효과적인 의사소통

1. 치매노인과의 의사소통에 영향을 주는 요인

① 감각기능의 변화 : 시력과 청력 기능 감소
② 환경으로부터의 자극 : 텔레비전이나 라디오 소리, 핸드폰 소리, 쇼핑센터의 시끄러운 소리

2. 의사소통의 원칙

① 노인의 신체적 상태를 파악한다. 배가 고픈 것인지, 옷이 편안한지, 졸린지 등을 파악한다.

② 항상 존중하고 관심을 가진다.

③ 노인이 납득할 수 있도록 대화한다. "조금 전에 함께 잡수셨잖아요"보다는 "이제부터 밥을 지어 드릴게요" 등 관심을 다른 곳으로 돌리는 등으로 대응한다.

④ 노인의 속도에 맞춘다. 빠른 템포로 말하지 않으며, 목소리는 낮은 톤으로 천천히, 차분히, 상냥하고, 예의 바르게 대한다.

⑤ 반복설명을 한다. 상대방의 말뜻을 이해하지 못하는 경우, '왜'라는 질문보다는 '네', '아니요'라고 답할 수 있게 함축되게 질문한다.

⑥ 어린아이 대하듯 하지 않는다. 노인에게 명령하거나, '하지 마세요' 등의 부정형 말투보다는 긍정형 말투로 대한다.

⑦ 노인을 인격적으로 대한다. 심각한 언어장애가 있다 하더라도 담당자의 말을 이해할 수 없다고 생각하지 말며, 간혹 노인이 담당자를 믿지 않는다 해도 담당자는 인간의 존엄성을 존중하는 태도로 노인을 대한다.

⑧ 간단한 단어 및 알아들을 수 있는 말을 사용한다.

⑨ 노인에게는 한 번에 한 가지씩 일을 하도록 요구한다.

⑩ 가까운 곳에서 얼굴을 마주보고 말한다. 1m 이내에서 대화를 하도록 한다.

⑪ 항상 현실을 알려준다. 노인의 이름을 부르고 "저는 ○○○예요"라고 자신이 누구인지 밝히고 하루의 일과 및 현재 상황을 알려준다.

⑫ 일상적인 어휘를 사용한다. 유행어와 외래어를 삼가고 고향의 사투리를 사용하는 등으로 과거를 회상하도록 한다.

3. 비언어적 의사소통의 방법

비언어적 의사소통은 말하는 사람의 태도, 목소리, 말하는 속도, 손이나 얼굴표정 등이 포함되며, 신체적 접촉, 눈빛으로 대화를 나누도록 노력한다.

제 6 절 치매노인 간호 및 대응방법

1. 치매노인 간호 및 대응방법

① 노인이 주장하는 것은 일단 수용하는 자세를 보여야 한다.
② 대화는 노인이 알아들을 수 있는 언어로 간결하고 정확히 하여야 한다.
③ 과거를 회상시켜 적응기능을 높이며, 매일 신문을 읽게 하고 텔레비전을 시청하여 정신기능을 유지하도록 하여야 한다.
④ 배회를 억제하면 더 난폭해지므로 가능한 한 운동 등을 통해 요구를 들어주어야 한다.
⑤ 변실금, 요실금을 하더라도 아직 노인은 감정이 남아 있으므로 비난하지 말고 감싸주면서 도와준다. 2시간마다 배뇨를 유도하며, 배변을 잘 닦아주면서 피부가 손상되지 않게 해야 한다.
⑥ 다른 신체적 문제가 있는지 자주 살펴보아야 한다.
⑦ 음식을 거부하는 경우는 기분을 풀어주면서 원인을 알아내야 한다.
⑧ 식사습관을 유지시켜 주어야 하며, 음식물의 기도삽입에 주의를 기울이고 적절한 영양을 유지할 수 있도록 한다.
⑨ 규칙적인 생활을 유도하고 수면은 가능한 한 주야의 리듬을 유지하고 충분한 수면을 취해야 한다.

⑩ 생활환경은 익숙한 것으로 안전성을 고려하며 방은 밝게 하여 두려움을 없애주어야 한다.

⑪ 사고를 일으킬 수 있는 물건(예 성냥, 가스 불, 칼, 포크, 석유, 유리컵, 바늘 등)은 눈에 띄지 않는 곳에 두어 사고를 예방한다.

⑫ 치매노인과 이야기할 때 적어도 1m 이내 거리에서 이야기하는 것이 필요하다.

⑬ 현대 용어 중에는 노인이 이해하지 못하는 말이 많이 있다. 치매노인은 최근의 말은 기억하지 못하나 자신이 자란 지방의 말 등은 잘 기억하고 있다. 그러므로 치매노인이 비교적 잘 기억하고 있는 옛이야기에 귀를 기울여 그 이야기 속에서 서로의 말을 이해하는 데 도움이 되는 이야기를 찾아내는 것이 중요하다.

⑭ 남아 있는 잔존기능을 잘 활용한다. 예를 들어, 여성의 경우 청소, 그릇 닦기, 빨래 개기, 남성의 경우는 정원청소, 잡초뽑기, 나무를 돌보는 일 등 할 수 있는 일을 계속 하게 하는 것이 중요하다.

⑮ 치매상태가 심해짐에 따라 현실생활하는 데 혼란이 눈에 띄게 나타난다. 현실을 부정하면 도리어 흥분하여 손을 쓸 수 없게 되는 경우가 있으므로 치매노인의 언동은 한번 받아주고 난 후에 현실을 알게 하는 것이 효과가 있다.

2. 재 활

재활의 어원은 '할 수 있다'라는 라틴어에서 유래되어 '다시 능력을 찾는다'라는 건강의 재통합과정을 의미한다. 다시 말하면 '구조된 생명을 살 가치가 있는 생명으로 만들어 주는 것'이 재활의 기본이다.

■ 재활간호는 기능 위주

병 때문에	재활간호가
걷지 못하면	걷게 해준다.
말을 못하면	말을 할 수 있게 해준다.
혼자 밥을 먹을 수 없으면	밥을 먹을 수 있게 해준다.
혼자 세수·목욕을 못하면	세수를 할 수 있게 해준다.
혼자 옷을 입을 수 없으면	옷을 입을 수 있게 해준다.
혼자 대·소변 관리를 할 수 없으면	스스로 처리하게 해준다.

3. 치매노인의 재활간호

치매노인은 모든 기능을 상실한 것이 아니기 때문에 남아 있는 기능을 자극하여 건강한 뇌신경 세포의 활성화를 기해야 한다. 즉, 신체적, 감각적, 물리적 자극과 환경을 통해 신체적 수행능력을 높이고 현실감을 자극하여야 한다. 치매노인을 아무 자극 없이 그대로 방치하면 더욱 퇴화되므로 노인의 자발성을 높이고 기억을 되살리며 타인과 교류를 가질 수 있는 놀이, 오락 등을 실시하는 것이 좋다.

4. 현실감 증진과 지남력 훈련

① 요일 물어보기는 시간, 장소 및 사람에 대한 지남력을 증진시키는 구조적 기법이며 주의할 점은 지남력이 심하지 않거나 비교적 젊은 노인에게 사용해야 한다. 이는 인지기능장애, 위축, 고립감을 예방할 수 있다. 단순한 용어와 사고를 훈련하는 것이다.

② 커다란 시계, 때를 알 수 있도록 도와주는 날짜들이 표시된 달력이 포함된다. 일의 순서대로 적은 활동목록을 알림판에 붙이거나 큰 글씨 표기, 자주 지시사항을 반복하거나 적당한 순서로 써 놓아야 한다.

③ 일상의 비품들은 항상 같은 장소에 두어야 한다.
④ 가족사진이나 앨범을 둔다.

5. 일상생활 수행능력 동작 훈련

일반적으로 일상생활 동작 훈련을 할 수 있는 영역을 자세히 살펴보도록 하겠다.

1) 옷 입고 벗기

① 옷을 입을 때에는 먼저 불완전한 팔과 다리를 집어넣고 다른 쪽을 넣는다.
② 옷을 벗을 때에는 먼저 건강한 손과 다리부터 벗는다.
③ 바지를 입고 벗는 것은 침상에서 할 수 있다.

2) 구강위생

(1) 양치하는 올바른 방법

① 부드러운 칫솔을 사용한다.
② 칫솔은 45도 각도로 잇몸에 가만히 갖다 대고, 둥글게 돌리면서 칫솔질을 한다.

(2) 구강 케어

노인이 구강을 헹구어 낼 수 없거나 앉아 있을 수 없다면 케어제공자가 그들을 위해 구강케어를 해주어야 한다.

(3) 의치 케어

① 대야에 물을 받아 의치를 닦는다.

② 깨끗한 물이 든 잔에 의치를 보관한다.

③ 입에 넣기 전에 의치를 물에 적신다.

④ 혼자서 의치를 맞추려고 시도하지 않는다.

⑤ 단단한 음식은 먹지 않는다.

⑥ 씹기가 어렵거나 치아에 들러붙는 음식은 먹지 않는다.

(4) 배변 케어

① 대소변의 실금(失禁, incontinence)

㉠ 골반기저 운동

- 골반기저근육을 강화시킨다.
- 효과가 나타나는 데 몇 주, 몇 달이 걸리므로 포기하지 말고 연습하도록 한다.
- 이 운동을 하는 동안에 복부, 엉덩이, 허벅지, 예민한 부분의 안쪽은 닫지 않도록 한다.

㉡ 실금에 대처하는 방법

- 노인이 화장실을 규칙적으로 이용하도록 상기시켜야 한다.
- 필요하다면 소변기를 변기로 사용하거나 이동변기의자를 침대 옆에 둘 수 있다.
- 다른 선택의 여지가 없을 때에만 기저귀를 사용해야 한다.
- 요실금이 있는 남성에게 외부 카테터는 또 다른 하나의 선택사항이다.

② 외부 카테터

㉠ 카테터는 매일 바꾸어 주어야 한다.

㉡ 카테터를 바꿀 때, 생식기를 닦아야 한다.

㉢ 카테터를 소변 수집 주머니에 연결하기 전에 다시 한번 배출구가 견고하게 잘 닫혀 있는지 점검한다.

㉣ 소변 수집 주머니에 연결된 카테터나 관이 굽지 않도록 한다.

㉤ 소변 수집 주머니는 소변 카테터보다 낮게 놓아야 한다.

㉥ 적어도 매 8시간마다 소변 수집 주머니를 비워주어야 한다.

③ 세척 절차

㉠ 세척을 위한 용품

따뜻한 물 한 바가지, 급수를 위한 뜨거운 물, 쓰레기 봉지, 목욕수건 2개, 작은 수건 2개, 휴지, 솜, 비누, 모이스쳐 로션, 일회용 장갑

㉡ 절차

- 먼저 환자의 아랫부분을 닦기 위하여 휴지를 사용한다.
- 솜을 깨끗한 물로 적셔서 다시 닦는다.
- 수건에 비누를 묻혀서 엉덩이를 깨끗이 한다.
- 깨끗한 물로 헹군다.
- 수건으로 말린다.
- 약간의 로션을 손바닥에서 따뜻하게 하여 비벼서 부위를 마사지한다.

(5) 식이

① 음식

㉠ 균형 있는 음식 섭취

노인을 위한 일일메뉴는 대한영양사협회에서 제공하는 가장 좋은 기본지침이 있다.

- **1~2잔의 우유** : 칼슘과 단백질을 제공, 저지방이나 탈지유를 선택하는 것이 가장 좋다.
- **2~3개의 과일** : 비타민 C와 섬유질을 제공한다.
- **3~6그릇의 곡류** : 적정열량을 제공하며 곡류에서 통밀 시리얼 죽, 통밀 빵, 붉은 쌀, 정제되지 않은 쌀은 섬유질 섭취를 높여준다.
- **4~6온스의 생선, 살코기, 콩 제품, 달걀** : 단백질과 철분을 제공한다.
- **6온스나 그 이상의 야채** : 무기질, 섬유질, 다양한 비타민을 제공한다.

- 6잔 이상의 맑은 물(수프, 물, 우유) : 매일 몸에 필요한 양을 공급한다.
  ※ 1온스는 28.34g으로 계산

ⓛ 노인들에게 적절하지 않은 음식

- 지방이 많이 들어 있는 육류(베이컨, 돼지갈비, 닭 날개)
- 콜레스테롤이 높은 음식(오징어, 낙지, 게살, 달걀노른자, 내장)
- 저장용이나 짠 음식들(햄, 소시지, 저장용 소시지, 절인 생선, 저장 두부, 절인 달걀, 저장 야채, 절인 과일 등)
- 맥주, 탄산 음료수, 단 음식 등

(6) 질식 위험

① 삼킬 때의 어려움

- 식사할 때에 질식하거나 기침할 수 있다.
- 삼킨 후에도 음식의 잔재물이 입안에 있다면 먹는 동안에 질식이나 기침이 있을 수 있다.
- 먹는 것을 거부하고 무엇인가가 목에 걸린 것같이 느낀다고 호소하면 열이나 폐렴일 수 있다.

② 식사할 때

- 똑바로 앉아서 머리를 뒤로 젖히지 않도록 한다.
- 먹으면서 동시에 이야기하지 않도록 한다.
- 너무 빨리 먹거나 한번에 너무 많은 음식을 먹지 않도록 한다.
- 단단한 음식과 음료수를 동시에 삼키지 않도록 한다.
- 물을 마실 때는 적당한 크기의 컵을 사용한다.
- 만약 목에 걸리게 되면 잠시 쉬었다가 다시 먹도록 한다.
- 먹은 후에는 입을 헹군다.

③ 음식 준비

- 경단과 같이 둥글고 매끄럽거나 접착성이 있는 음식은 먹지 않는다.
- 생선이나 가금과 같은 단단한 음식을 먹기, 씹기, 삼키기가 어렵다면

작은 조각으로 자르고, 부드러워질 때까지 조리한다.

- 큰 알약은 갈아서 가루로 만든다.
- 필요하면 음식을 수프로 만든다.
- 액체류에 사레가 걸린다면 되직하게 하여 제공한다.

(7) 경관음식

① 경관음식을 위한 주의 사항

㉠ 의사나 영양사에 의해 처방받은 용액과 다른 물품들을 준비한다.

㉡ 소화력을 알아보고 튜브가 제자리에 있는지 확인한다.

㉢ 노인은 식후에 적어도 30분 이상은 앉아 있어야 하므로 30° 정도가 되도록 세워주어야 한다.

㉣ 다음과 같은 문제가 일어나면 급식을 즉시 중단하고 의사와 상의한다.

- 여전히 소화에 문제가 있을 때
- 용액이 짙은 갈색일 때
- 튜브가 제자리에 없을 때
- 급식하는 중에 환자가 이상 증상을 보일 때

② 실질적인 조언

㉠ 유동식은 따뜻해야 한다. 너무 뜨겁거나 차가우면 안 된다.

㉡ 음식은 위생적이어야 하고 용구는 깨끗해야 한다.

㉢ 한 번 먹을 만큼만 음식을 준비하고 남은 것은 버린다.

㉣ 의사가 처방한 유동식 용액을 마음대로 바꾸거나, 더하거나, 다른 것으로 대신하면 안 된다.

(8) 신체 케어

① 무릎관절 보호

㉠ 앉을 때 적당한 자세를 유지한다.

㉡ 의자의 높이와 깊이가 적당한 의자를 택한다.

㉢ 오랫동안 서 있다가 생기는 무릎의 무리를 피한다.

㉣ 쪼그리고 앉는 것을 피한다.

㉤ 무거운 짐을 나르지 않도록 한다.

② 신변의 위험들

㉠ 가정

- 바닥에 질질 끌리는 긴 옷은 입지 않는다.
- 신발을 신지 않고 양말만 신지 않게 한다.
- 타월을 바닥매트로 사용하는 대신 미끄럼 방지 깔개를 사용한다.
- 밤에는 침대 옆에 작은 불을 켜둔다.
- 통행하는 길을 깨끗하게 하고 바닥을 건조시킨다.
- 방에는 불을 켜놓는다.

㉡ 집 개조

- 슬리퍼/ 바닥 광택제를 사용하지 말고 미끄러지지 않는 타일을 사용한다.
- 집을 적합한 장소로 바꿀 때 높이를 편리하게 한다.
- 적절한 높이의 침대와 의자를 선택하고 쿠션으로 고정시킨다.
- 밝게 채색된 테이프를 가지고 출입구를 체크한다.
- 위험 경보시스템을 설치한다.

㉢ 욕실

- 샤워용 의자나 욕조대 위에 앉아서 목욕하되 작은 의자 위에서는 하지 않는다.
- 한쪽 다리로 욕조에 들어가거나 나오지 않는다.
- 미끄러지지 않는 매트를 사용하고 적당한 핸드레일을 설치한다.
- 욕실바닥을 건조하게 유지한다.
- 오른손잡이인 경우 화장실 의자는 오른쪽을 높게 한다(보통 오른쪽 손잡이로 건강한 손의 힘을 활용).

㉣ 옥외

- 에스컬레이터를 탈 때에는 손잡이를 붙잡는다.
- 한쪽 벽에 가까이 붙어서 걷고 선로를 붙잡는다.
- 옥외에서는 샌들을 신지 말고, 미끄럽지 않은 신발을 신는다.
- 사람들이 많이 있는 곳이나 바닥이 젖은 장소는 피한다.
- 안정되게 걸을 수 없다면 지팡이를 사용한다.

㉤ 이동과 들어올릴 때

- 힘을 가할 때는 무릎을 구부리고 바닥에 단단하게 두 발로 버티며 등을 똑바로 한다.
- 움직일 때에는 등을 뒤틀지 말고 발(발목)을 돌린다.
- 환자를 잡아당겨 일으킬 때, 당신 몸의 추진력을 이용한다.
- 언제든지 힘을 가할 수 있도록 가까이 있어야 한다.
- 한계를 넘지 않는다. 만약에 혼자 힘으로 감당하기에 노인이 너무 무겁거나 쇠약하다면 도움을 얻는다.
- 노인들을 부축하는 두 가지 방법 : 어깨 껴안기와 겨드랑이 잡기
  - 어깨 껴안기 : 앞에서 당신의 양손을 노인의 겨드랑이에 집어넣는다. 견갑골 위로 버틴다.
  - 겨드랑이 잡기 : 노인의 뒤에 서서 양손을 노인의 겨드랑이에 넣고 두 팔을 붙잡는다. 힘을 가할 때나 들어올리기 전에 몸에 기대어 살짝 눌러준다. 손만 잡아당기지 말아야 하는데, 이는 지렛대의 힘을 받기가 어렵고 그들을 다치게 할 수 있기 때문이다.
- 눕기 → 앉기 : 본 단계
  - 양 무릎을 구부린다.
  - 한쪽 면에서 몸 전체를 돌린다.
  - 침대 가장자리 밖으로 양다리를 가져간다.
  - 걸터 앉게 한다(목이 아닌 어깨로 지레의 작용을 적용).

- 휠체어 → 의자/ 옷장
  - 휠체어에서 의자로 이동할 때는 휠체어를 의자와 90도가 되도록 놓는다.
  - 의자와 휠체어가 마주보는 것을 피한다.
  - 의자와 휠체어를 나란히 놓지 않는다.
- 한 사람/ 두 사람이 원조할 때
  - 가능한 한 멀리 떨어져서 도와줄 때 노인이 움직이도록 용기를 준다.
  - 허리는 구부리지 않는다. 필요하다면 걸터앉는다.
  - 두 사람이 원조할 때는 두 사람이 동시에 힘을 가해야 한다.
  - 이동하기 전에 휠체어의 브레이크를 확인한다.
  - 팔걸이와 팔걸이에서 분리할 수 있는 휠체어는 더 쉽게 이동할 수 있다.
- 계단 오르내리기
  - 우선 힘이 있는 다리로 올라가고 내려올 때는 더 약한 다리로 먼저 내려온다. 한쪽보다 더 강한 부분은 위로, 더 약한 부분은 아래로 하는 것이 규칙이다.
  - 걸을 때 지팡이를 사용한다면 지탱할 수 있는 지팡이를 항상 앞에 놓아야 한다.
  - 팔로 밀지 말고 팔 아래에서 지탱해 주어야 한다.
- 운동할 때 주의할 점
  - 안정성이 가장 중요하다.
  - 절대로 너무 지나치게 강화하지 않는다.
  - 자연스럽고 부드럽게 호흡한다.
  - 만약 운동하다가 경련이 일어나면 즉시 멈춘다.

■ 다양한 운동법

1. 스트레칭 운동

각 운동은 10번씩 반복한다.

- 아래턱 들이밀기 : 목 근육을 이완하기 위한 것이다.
- 어깨 둥글리기 : 두 팔에 긴장을 풀고 어깨를 올릴 수 있는 한 높이 올려서 뒤쪽으로 힘을 주며 원위치로 한다. 이것은 어깨 근육을 이완시켜 준다.
- 스트레칭 : 무릎 위에 양손을 깍지 끼고 천천히 가슴으로 들어올리고 두 손은 모두 바깥으로 하여 위로 향해 올린다. 이것은 상체를 잡아당겨 준다.
- 왼쪽과 오른쪽 움직이기 : 무릎을 꿇고 팔을 교차하여 반대로 어깨에 손을 얹는다. 목과 등의 운동이다.
- 다리 운동 : 두 손으로 의자를 잡는다. 그리고 무릎을 똑바로 하고 발가락을 들여보낸다. 이것은 허벅지 근육을 강화한다.
- 발 접기 : 발가락을 안으로 들여보내고 뾰족하게 만든다. 이것은 발목에 운동이 된다.

2. 일어서서 하는 운동

10번씩 반복하고, 안정되게 서 있을 수 있는 노인에게 적합하다.

- 구부리기와 펴기 : 한 발을 다른 발 앞으로 내밀고 앞의 발을 약간 구부린다.
  ※ 주의 : 발꿈치는 바닥에서 편평하게 있어야 한다.
- 움직임 : 같은 지점으로 움직인다. 이것은 균형 감각을 향상시켜 준다.
- 두 발 버티기 : 두 다리를 벌려서 무릎을 구부리고 등을 똑바로 한다.
- 다리 흔들기 : 다리를 옆 바깥쪽으로 뻗고 더 낮게 한다. 이 운동은 허벅지 바깥근육을 위한 것으로, 걸을 때에 안정성을 더 높여준다.
- 까치발 : 두 다리를 벌리고 발끝으로 올라선다. 이것은 종아리 근육을 강화해 준다.

3. 앉아서 하는 운동

이 운동들은 특별히 견고하게 앉아 있을 수 있는 중풍 환자들에게 적합하다. 각 운동은 10번 반복한다.

※ 주의 : 어떤 움직임이라도 경련을 일으킨다면 일단 멈춘다.

- 팔들기 : 양손은 깍지를 끼고 머리 위로 올린다. 이 운동은 어깨를 위한 것이다.
- 뒤틀기 : 손을 꽉 쥐고 상체를 한쪽 방향으로 뒤튼다. 팔은 앞으로 똑바로 내민다.
- 걷기 : 두 다리를 교대로 들어올린다. 걷는 동안에 다리를 들어올리도록 도와준다.

- 일어서기와 앉기 : 양손은 깍지를 끼고 앞으로 내민다.

※ 주의 : 상체는 균형을 위해서 항상 약간 앞으로 기울인다. 균형을 잡는 데 약하거나 불완전한 사람들은 이 운동을 할 때 지지를 위해 보조의자를 사용할 수 있다.

4. 침상에서의 운동

이 운동은 중풍이나 장애노인에게 적합하다. 각 운동은 10번씩 반복하고, 경련이 오면 일단 중지한다.

- 팔 들기 : 양손은 깍지를 끼고 팔을 머리 위로 올렸다가 배 위로 천천히 다시 내린다. 이 운동은 어깨를 위한 것이다.
- 손 밀어내기 : 팔꿈치가 똑바로 될 때까지 내밀고 위쪽으로 가능한 한 많이 뻗는다. 이 운동은 팔꿈치와 어깨를 위한 것이다.
- 손목 돌리기 : 양손은 마주잡고 양 손목을 돌린다. 그리고 반대 방향으로 손목을 돌린다. 이것은 손목을 위한 운동이다.
- 반원 만들기 : 무릎을 구부리고 팔은 편평하게 침대 옆에 놓는다. 엉덩이를 침대에서 들어올린다. 이것은 허벅지, 엉덩이 등의 근육을 위한 운동이다.

※ 주의 : 이 운동 후에 계속해서 다른 운동을 하기 전에 잠시 휴식을 취하라.

- 뒤틀기 : 무릎을 구부리고 양쪽 무릎에 모두 힘을 주어 다리를 이리저리 흔든다. 이것은 등을 위한 운동이다.
- 무릎 벌리기 : 무릎을 구부리고 발을 함께 놓는다. 그리고 오므렸다 벌리고 다시 오므린다. 이 운동은 허벅지 안쪽 다리를 들어올리고 똑바로 편다. 이것은 허벅지 안쪽과 무릎을 위한 운동이다.

※ 주의 : 이 운동을 할 때 발은 침대에 평면으로 하고 있어야 하며 무릎은 이리저리 움직이지 않아야 한다.

■ **흉곽 물리치료**

침대에만 있는 환자나 폐에 만성 기관지염으로 고통받는 환자들은 가래를 많이 생성하며 배출하는 데 어려움을 겪는다. 가래를 몸에서 배출해 내기 위해 등 두드리기, 호흡 운동, 기침 등이 이루어지게 한다.

1. 복식호흡

- 등을 두드리려고 할 때는 환자를 옆으로 누이고 등에 타월을 두른다.
- 손바닥을 오므리고 손목을 이완시키고 리듬 있게 두드린다.

※ 주의 : 늑골을 느낄 수 없는 아래쪽으로 너무 내려가지 않는다.

• 한 쪽을 다 한 후 노인을 돌려서 다른 쪽을 한다. 각 한쪽을 약 10분 정도씩 한다.
• 가끔 한 번씩 깊은 호흡 운동을 하도록 도와준다. 그리고 가래를 배출하도록 격려한다.

2. 흉식호흡

기능항진을 막기 위해 다섯 번 깊은 호흡 후에 잠시 동안 휴식을 취하라.

• 복식호흡 : 복식호흡은 특히 만성 기관지염을 가진 노인에게 적합하다
  – 턱과 배에 집중하고 천천히 코를 통해서 숨을 쉰다. 복부는 공기로 가득해서 부풀게 한다.
  – 입을 통해 숨을 내쉰다. 길게 그리고 편안하게 배는 정상으로 돌아온다.
• 흉식호흡

  이것은 폐의 아랫부분을 부풀리게 한다. 옆으로 누워서 등을 두들겨 가래를 배출하는 데 도움을 준다.
  – 양쪽 손을 모두 가슴 아래 늑골이 있는 곳에 놓는다.
  – 숨을 들여 마시고 어깨를 이완시킨다. 당신의 손이 있는 부풀린 부분에 집중하라.
  – 입을 통해서 숨을 내쉰다.

(9) 기본 케어

① 발 관리

㉠ 발 문제

• 티눈과 굳은 살
- 혼자서 잘라내려고 하지 않는다.
- 티눈은 제거제나 티눈 고약을 사용하지 않는다.
- 의사나 영양사와 상의한다.

• 무좀 발
- 깨끗이 씻지 않고 잘 말리지 않아 발생한다.
- 환자가 다른 사람의 신발을 사용하면 그 결과로 감염된다.

㉡ 예방법

- 언제나 발을 깨끗이 씻고 잘 말려야 한다.
- 신발과 양말을 규칙적으로 갈아 신어야 한다.
- 다른 사람과 신발을 함께 사용하지 않아야 한다.

※ 주의 : 만약 무좀이 욱신거리면 의사와 상의해야 한다.

- 티눈이나 굳은살은 신발이나 양말이 너무 죄이거나 마찰이 생기기 때문에 생긴다. 따라서 적절한 크기의 신발이나 양말을 신는 것이 중요하다.

■ **자신에게 맞는 적당한 신발과 양말**

- 뾰족하거나 높은 신은 신지 않는다.
- 부드러운 가죽신은 통풍을 잘 되도록 해준다. 발가락과 신발 끝에 최소한 1cm 가량 공간이 있어야 한다.
- 손상을 피하기 위해서는 밖에서 샌들을 신지 않는다.
- 부드러운 면양말을 신어야 한다. 나일론 양말은 피한다.
- 혈액순환의 폐쇄를 피하기 위해 양말의 목은 너무 조이는 것은 선택하지 않는다.

② 손톱과 발톱 깎기

- 따뜻한 물에 손과 발을 담가 둔다.
- 손톱은 둥근 모양으로 잘라준다.
- 발톱은 똑바로 교차해서 잘라야 한다. 발톱은 너무 짧게 하지 말고 가장자리는 자르지 않는다.

③ 발 씻기

㉠ 준비물 : 작은 수건, 따뜻한 물, 비누, 75% 알코올, 모이스쳐 로션

㉡ 주의할 점

- 물을 너무 뜨겁게 하면 안 된다.
- 비나 솔로 발을 문지르지 않는다.
- 특히 발가락과 발가락 사이를 잘 말린다.

• 닦은 후에는 완전히 말린다. 피부가 건조하여 갈라지는 것을 방지하기 위하여 로션을 바른다.

㉢ 실제적인 조언

• 가려움이 있는 피부는 물에 담글 때 식초를 사용한다.
- 물과 식초를 6 : 1로 혼합한다.
- 15~20분 동안 담그고 있어야 한다.
- 헹구고 완전히 말린 후 로션을 바른다.

④ 간단한 발 평가

㉠ 목적 : 노인들 발의 혈액 순환과 감각이 좋은지 나쁜지 알아보는 것이다.

㉡ 감각

발의 감각을 평가하기 위하여 발가락을 만지고 어떤 발가락인지를 묻는다. 만약에 그들이 맞는 답을 한다면 감각은 정상이다.

※ 주의 : 묻는 말에 답하려고 할 때 발을 만지지 않도록 하라.

㉢ 혈액순환

• 혈액순환이 원활하지 않으면 다음과 같은 상태가 나타난다.
- 발의 색이 어둡고 청색일 때
- 발이 차가울 때
- 잠깐 부드럽게 누르고 나서 피부가 천천히 정상으로 돌아올 때
- 발에 털이 있는데 현재 빠지는 상태일 때

• 혈액순환 증진 방법
- 매일 산책하거나 걸어야 한다.
- 겨울에는 길고 따뜻한 양말을 신는다.
- 꽉 끼는 속옷은 입지 않는다.
- 혈관을 누르지 않기 위하여 다리를 꼬지 않는다.
- 앉거나 누울 때에는 베개를 이용하여 다리를 받쳐준다. 부종이 해소되도록 해준다.

- 다리를 올리는 적당한 각도는 45° 정도이며 약 1분간 유지한다. 그리고 다리를 낮춰주고 이를 여러 번 반복한다.

(10) 욕창 예방

① 욕창의 원인

욕창은 침대에 오래 누워있을 때 생기는 상처로 주로 신체의 혈액 순환이 원활하지 않기 때문에 생긴다.

- 침대에만 있거나 이동에 문제가 있을 때
- 약물의 영향이나 정신적 의식 저하로 인해 항상 졸음을 느낄 때
- 실금이 있을 때, 장이나 방광의 통제 기능 상실
- 환자가 너무 마르거나 뚱뚱할 때

② 욕창이 생기기 쉬운 부분

- 등뼈(미저골, coccyx)
- 어깨와 어깨 주변
- 양쪽 팔꿈치
- 발 뒤꿈치와 발목
- 머리 뒤와 귀
- 엉덩이와 고관절
- 무릎 안쪽

③ 예방법

㉠ 압박을 경감한다.

㉡ 잦은 자세 변경과 압박점을 마사지한다.

㉢ 피부의 마찰을 피하기 위해 각별한 피부 케어를 한다.

㉣ 환자의 신체적 활동을 증가한다.

㉤ 영양상태를 개선한다.

■ 일반적인 주의사항

- 자립적으로 할 수 있는 동작이 어느 정도인지 파악한다.
- 옆에서 잘 도와주면 중증치매도 어느 정도는 잘 수행한다.
- 기본동작을 자유롭게 할 수 있게 도와주는 것이 바람직하다.
- 신체의 청결, 식사하기, 세수하기, 의복 갈아입기(밤낮 구별하기), 입는 순서대로 같이 시행하면 도움이 된다.
- 한쪽 양말을 어떻게 신는지 보여줌으로써 그가 다른 한쪽을 해보도록 도울 수 있다.
- 실금 시 화장실 가기 훈련을 세운다.
- 한 번에 한 가지씩 시도하며, 목욕 시 비누, 수건, 목욕 가운을 순서대로 비치한다.

(11) 치매환자에게 필요한 용품

① 생활보조용품

- **앞치마** : 음식물을 자주 흘리는 경우 사용
- **타원죽병, 꼭지컵** : 흡입력이 약하거나 음식물 덩어리를 삼키지 못하는 경우 사용
- **식기** : 어떤 방식으로 잡아도 안전한 포크, 숟가락으로 스테인레스 스틸 부분은 다각도로 구부릴 수 있음
- **멜라민 스쿱접시** : 경사 있는 접시로 음식을 쉽게 떠먹을 수 있음
- **케어스텝** : 양말 및 슬리퍼 밑에 고무가 부착되어 미끄러지지 않음
- **구강 티슈**(tooth towels) : 칫솔질을 하지 못하는 경우 구강 청결을 유지시켜 줌

② 목욕 관련 용품

- **노린스 샴푸, 노린스 바디바스** : 물 없이도 청결을 유지시켜 줌
- **미끄럼 방지 매트** : 욕실 안에서 미끄러지지 않게 습판이 부착되어 있음
- **주택용 안전손잡이** : 목욕탕, 화장실, 현관 등 집안 구석구석 미끄러지기 쉬운 곳에 손잡이를 설치하여 사고를 예방

- 세발기 : 환자를 침상에 누인 채로 모발을 세척할 수 있는 용품
- 욕조 내 의자, 목욕의자 : 미끄럼 방지판이 붙어 있어 욕조나 목욕탕 안에서 미끄러지지 않음

③ 침대 관련 용품

- 실내복 내의, 환자복
  땀의 흡수력과 신축성이 뛰어나고 앞트임단추나 지퍼가 부착되어 있어 입고 벗기에 편리
- 욕창예방쿠션
  체중의 압력을 분산시켜 주는 것으로 베개, 쿠션, 매트 등이 있음
- 욕창파스, 파우더, 연고
  초기치료에 적합하나 무엇보다도 예방이 가장 중요

④ 배변보조, 실금용품

- 이동식 변기 : 실내에서 이동 가능한 변기
- 실금용 망사 팬티 : 장거리 여행 시 사용 편리
- 실금팬티 : 방수처리되어 충격에 의한 실금에 사용
- 팬티형, 패드형 기저귀 : 각각 장기환자와 단기환자에게 적합
- 슈퍼커버, 실버커버 : 배변이 새지 않도록 함

⑤ 보행보조용품

- 침대형, 흔들의자형 휠체어와 경량, 일반, 전동 휠체어가 있음

제 7 절 치매노인을 위한 건축환경

치매 증상이 점점 악화되면 일상생활 수행능력이 감퇴되면서 생각지도 못한 사고가 생길 위험성도 함께 증가된다. 게다가 가정에서는 주로 한 사람에 의해 간호가 이루어지기 때문에 주간호자의 어려움을 덜어주기 위한 환경적

인 뒷받침이나 내부 개조가 필요하다. 이러한 건축환경의 보강은 치매노인의 행동 퇴화를 고려하여 일어날 수 있는 사고를 미연에 방지함과 동시에 치매 증상이 더욱 악화되는 것을 방지하기 위한 것이다.

1. 치매노인을 위한 환경 구성의 요소

치매노인은 개개인이 매우 다른 증상이나 행동을 보이고 일상생활 능력도 개인차가 많기 때문에 간호자는 치매노인의 행동을 세심히 관찰하는 것이 중요하다. 치매노인의 환경을 돕기 위해서는 다음과 같이 세 가지 측면을 고려해야 한다.

첫째, 노인의 신체적인 능력의 저하로 인한 환경 개조의 필요성

둘째, 노인의 문제행동에 따른 위험요소를 방지하기 위한 방법

셋째, 노인의 저하된 인지능력을 보강하기 위한 방법

1) 치매노인의 신체적 능력 저하

노인의 신체적 능력은 개인에 따라 차이가 많기 때문에 개인적 특성을 고려하여 환경을 설정해야 한다.

(1) 신체가 비교적 건강한 치매노인(보행, 식사 등 일상적 활동 가능)

가정에서 노인을 돌볼 때, 가장 어려운 경우는 보행 및 일반적인 신체 기능은 양호하나 인지능력이 저하되어 있을 때이다. 배회 및 가출, 주방기구 사용 부주의로 인한 화재 등 각종 사고를 초래할 수 있기 때문이다. 또한 불안전한 보행 등으로 낙상, 골절 등의 사고도 빈번하다. 이러한 사고를 방지하기 위해서는 출입문, 부엌 등 위험 요소를 차단하고 미끄럼 방지 바닥재나 창문 안전 장치 등도 고려해야 한다.

(2) 와상 또는 신체적 능력이 극도로 저하된 치매노인 (보행 불능, 일상 생활 대부분 보조)

활동 반경이 작아 활동이 활발한 경우보다는 돌보기가 훨씬 용이하다. 휠체어 사용을 위한 배려가 필요하며 노인이 너무 좁은 공간에만 제한되지 않도록 하고 대소변 보조 등 신체 위생 관리 보조에 편리한 공간이 되도록 하여야 한다. 이를 위해서 전기 콘센트나 조명 기구 등을 점검하고, 휠체어 사용을 쉽게 하기 위해 바닥 문턱을 제거하거나 목욕실을 개조하는 등 주로 생활하는 곳(침실 등)의 위험 요소를 차단해야 한다.

2) 치매노인의 문제행동

(1) 치매노인의 문제행동 이유

환경 자극에 대한 대처 능력의 결여로 일어나는 것이 대부분이다. 환경 자극이란 노인의 주변 환경이 복잡하거나 소음이 많아 환자가 견디어 낼 수 있는 정도가 지나친 모든 것을 말한다. 이러한 경우 노인은 안절부절못하거나 폭력적으로 흥분하게 된다. 환경 자극은 치매 증상의 악화와 함께 환자의 환경 조절 능력이 저하될수록 더 많은 자극 또는 스트레스를 가하게 된다.

〈표 1-10〉 CF에 광고나온 요실금 팬티 등

문제행동	문제점 및 사고 가능성	대처방법
실금 및 실변	• 화장실을 구별하지 못함 • 성인용 기저귀 사용 경우 • 바닥에 실금하여 낙상의 위험성 있음	• 화장실 가까운 곳에 노인 침실을 두고 화장실을 알아보기 쉽게 문에 표시한다. • 글씨보다는 그림으로 표시하는 것이 효과적이다. • 기저귀 간병 시는 침대를 사용하는 것이 편리하며 환자가 낙상 가능성이 있는 경우는 매트리스만을 사용한다.
수집 및 불결 행위	• 환경의 위생에 주의 요함 • 대소변, 오물로 인한 벽지 등 가구 손상	• 쓰레기통 등을 눈에 뜨이지 않게 보관한다. • 청소가 쉬운 벽지 및 바닥재료를 사용하며 천으로 된 가구보다는 비닐, 인조 가죽으로 된 것을 사용한다.

이식 및 과식 행동	• 주위의 세제, 약물, 식물, 크레용들을 구별하지 못하고 먹음으써 생기는 사고 • 식사한 것을 잊고 계속 먹을 것을 찾음, 소화기질환과 설사 등 배변을 조절하지 못하므로 간병이 어려움	• 독성이 있는 세제, 비누 등은 잠글 수 있는 수납장을 마련하여 보관한다. • 화분, 꽃 장식품 등은 위험성이 없도록 한다. • 간호자가 없을 때 냉장고에 치매환자의 손이 닿지 않게 주방에 문을 설치하고 잠금 장치를 한다.
목욕 거부	• 목욕 시 거부 등 난폭한 행동으로 사고의 위험성 • 목욕탕에서 낙상으로 인한 골절, 기타 외상 • 온수에 의한 화상	• 목욕 환경이 가능한 한 따뜻한 분위기가 되도록 한다. • 목욕탕 바닥재는 미끄럼방지 타일 또는 고무 타일을 쓰도록 한다. • 수도꼭지는 온수의 온도를 조절할 수 있는(섭씨 40도 이상으로 돌릴 수 없는) 장치를 하도록 한다.

실제로 일반적인 가정에는 노인에게 위험할 수 있는 환경 자극 요소가 많다. 치매노인이 발병 전에는 손쉽게 조작했던 주방 기구나 욕실의 위생기기들은 더 이상 조작이 가능하지 않고 복잡한 환경은 노인에게 좌절감만 더해주어 스트레스가 쌓이다 보면 노인이 공격적인 행동이나 문제행동을 보이게 된다.

3) 치매노인의 스트레스 대처방법

정상적인 사람은 주위 환경의 스트레스에 대처능력을 지니고 있으나 치매노인의 경우는 정상적인 사람과 많은 차이를 보인다.

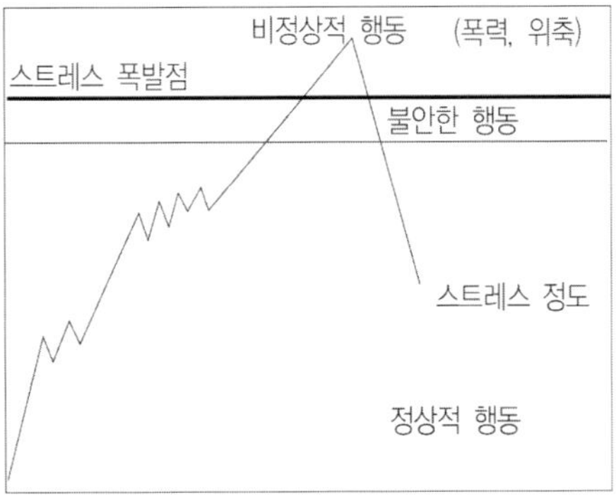

| 그림 1-5 | 정상인의 스트레스 대처 유형

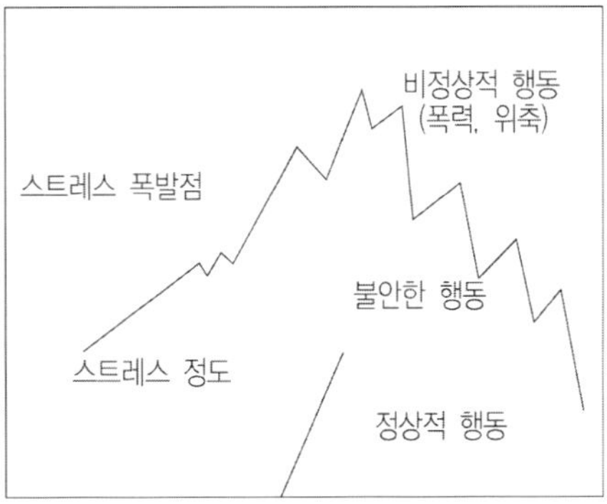

| 그림 1-6 | 치매환자의 스트레스 대처 유형

치매노인의 경우는 스트레스에 대한 폭발점이 정상인에 비해 많이 떨어지며 쉽게 불안한 행동을 보이며, 이러한 때에 스트레스를 적절히 줄여주지 않으면 문제행동을 일으키게 된다.

2. 치매노인의 문제행동에 대한 건축적 고려

1) 치매노인의 인지능력의 보강

치매노인은 인지력의 저하로 장소, 시간, 인물 등에 대한 판단능력을 잃게 된다. 따라서 일반 가정에서 노인의 공간이 독립되어 있지 않으면 노인이 자신을 더 쉽게 상실할 수 있다.

독립된 공간은 사용자의 기호와 취향을 반영하며 그 사람의 개인적인 애장품, 사진, 가구들을 잘 활용함으로써 환자의 과거 기억들을 떠올려 자신의 주체성을 확보할 수 있게 해준다.

(1) 독립화 방법

① 각 개개인에 적합한 물건을 사용한다(가구, 사진, 물건 등).

② 치매노인들은 수집벽이 있는 경우가 많으므로 다른 가족의 물건들을 잘 보관한다. 노인이 발병 전에 좋아하던 물건들을 장식하여 주고 손상 가능성이 있을 때는 장식장 등에 넣어서 보관한다.

③ 치매노인의 경우 최근의 기억보다는 과거의 기억을 많이 떠올리므로 젊은 시절의 기억 및 노인이 인지하는 사진 또는 물건을 이용한다.

(2) 소음의 조절

치매노인이 큰 소음이나 반복적인 소음을 접하게 되면 문제행동을 일으킬 수 있다. 따라서 소음 조절은 문제행동 발생 빈도를 줄이는 데 긍정적인 효과가 있다.

참고 **소음을 줄이는 방법**

① 노인이 부정적으로 반응하는 소음이 있을 경우 없앤다.
② 가정에서 청소, 세탁 등 가사 활동 시 나는 소음을 줄이도록 노력하며, 도로에 접해 있어 교통 소음이 많이 난다면 이중창을 설치하여 소음을 줄인다.
③ 노인에게 TV는 혼란 요소가 될 수도 있으므로 TV 시청 시간을 줄인다.
④ 노인에게 치료적 효과가 있는 음악을 틀어주는 것도 좋다.

3. 일반 가정에서 할 수 있는 개조방법

1) 현 관

① 문에 벨 또는 종을 달아서 치매노인이 나가면 소리가 나도록 한다.
② 현관문을 커튼으로 가리거나 문에 짙은 색의 비닐 테이프를 가로 줄무늬 패턴으로 붙여 놓으면 노인이 문을 인식하지 못하도록 하는 데 효과가 있다.
③ 현관문 손잡이에 어린이 보호 장치와 같이 쉽게 열리지 않는 덮개를 설치한다.
④ 휠체어 사용자의 경우는 현관턱에서 중심을 잃고 휠체어가 넘어지지 않도록 현관 부분에 받침대를 설치한다.

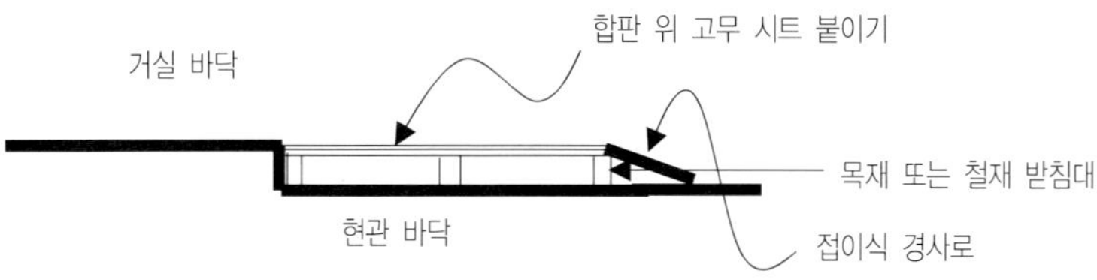

▌그림 1-7▌ 현관의 개조

2) 거실과 베란다

① 보행이 불편한 경우는 적절한 위치에 핸드레일 손잡이를 설치한다.

② 휠체어 노인의 경우는 가능한 한 문턱을 없애고 카펫 등 바퀴에 걸릴 가능성이 있는 것은 제거한다.

③ 배회가 심한 경우 거실에서 배회 시 가구 모서리나 위험한 물건에 걸리지 않도록 전깃줄 등 부상 위험성이 있는 물건들은 가능한 한 제거한다.

④ 거실에 면한 베란다는 특히 주의하여 관리해야 한다. 출입구를 분별하지 못하는 경우는 베란다에서 추락할 위험성이 있으므로 베란다 문이 10cm 이상 열리지 못하도록 창틀에 고무 패드를 설치하거나 열쇠 잠금 장치를 하도록 한다.

⑤ 치매노인이 외부에 잘 나갈 수 없는 경우 베란다에 높이 1.8m 이상의 안전 장치를 하고 노인이 일광욕을 하거나 외부 공기를 마실 수 있도록 한다.

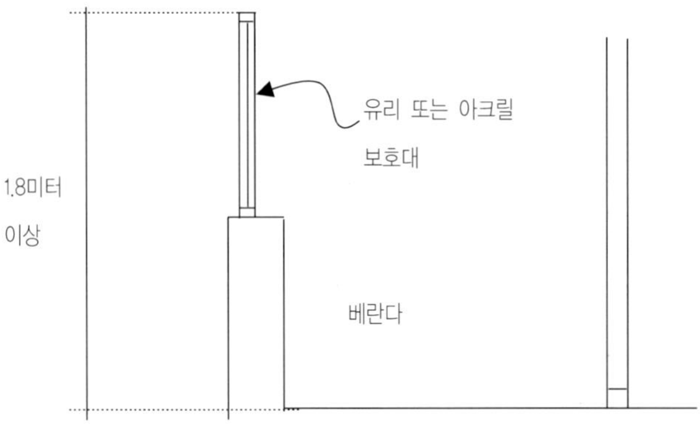

| 그림 1-8 | 거실과 베란다의 보호장치

3) 욕 실

가정에서 욕실은 가장 사고의 위험성이 많은 공간으로 세심한 주의가 요구된다. 치매노인의 경우 대부분 화장실 사용이나 세면, 위생에 다른 사람의 보조가 필요하다. 특히 야간에 가족이 모두 잠든 사이에 사고가 생길 수 있으므로 주의하도록 한다.

① 욕실 바닥은 미끄럽지 않게 한다. 타일의 경우는 미끄럼 방지용이 아니라면 그 위에 고무로 된 깔개를 깔아서 미끄러지지 않도록 한다. 고무시트는 낙상 시에도 충격을 줄여준다.

② 욕실 앞에 야간용 보조등을 설치하면 야간에 노인이 쉽게 인식할 수 있어 좋고 갈색의 변기는 변이 눈에 잘 띄지 않아 노인의 불결 행위를 줄이는 데 효과가 있다.

③ 욕실 내 감전 사고를 방지하기 위해 전기 콘센트가 눈에 띄지 않도록 하고 필요하다면 욕실장을 콘센트 위에 설치하고 안쪽으로 그 부분을 도려내어 사용한다.

④ 비누, 샴푸, 세제 및 각종 청소 용액 등은 먹거나 과다 사용하면 위험할 수 있으므로 잠금장치가 부착된 수납장에 보관한다.

4) 주 방

가정에서 주방은 위험 요인이 많은 곳이므로 그만큼 주의해야 한다. 가능한 한 주방과 거실 사이에 문을 설치하고 간호자의 부재 시에 노인이 혼자서 들어갈 수 없도록 하는 것이 바람직하다. 그러나 간호자가 있을 때에 가능한 한 위험 요소들이 노출되지 않도록 하면서 노인에게 쉬운 일이나 조리 시 거들게 하는 것은 좋은 회상 요법이 된다.

① 거실과 주방 사이에 문을 설치하거나, 1.1m 높이 정도의 반쪽 문을 설치하면 효과가 있다.

② 가스는 메인 밸브가 눈에 띄지 않는 곳에 설치한다.

③ 칼, 주방 세제 등 위험한 주방용품도 잠그어 보관한다.

④ 과식하는 노인은 간호자가 없을 때 냉장고의 음식을 절제 없이 먹을 수

있으므로 주의한다.

⑤ 주방의 수돗물을 계속 틀어 놓을 염려가 있을 경우에는 한번에 일정량의 물만 나오도록 고안된 장치를 설치하면 좋다.

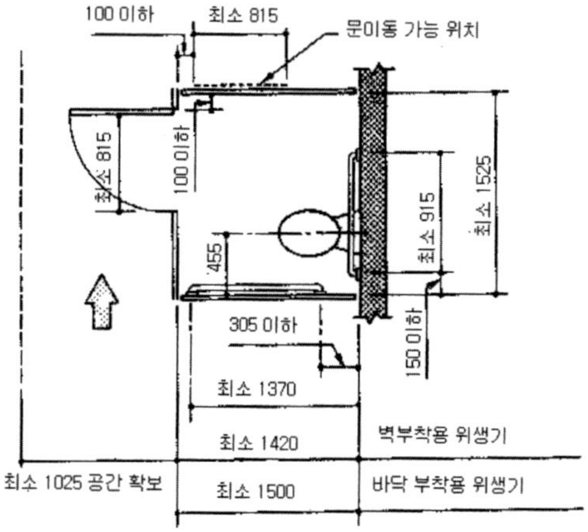

▌그림 1-9▐ 주방의 개조

5) 침 실

노인은 자신의 방을 찾지 못하고 배회하거나 다른 가족의 프라이버시를 침해하기 쉬운데 이러한 노인의 손상된 지남력을 강화시켜 주는 방법이 필요하다.

지남력을 키워주는 환경을 조성하기 위해서는 특정 장소(가령 환자가 자는 침실 등)에 인상적인 고정 표식을 설치하여 환자에게 그 장소에 대한 소속감이나 안정감을 주면 좋고 이러한 표식은 노인의 불안감을 감소시키는 효과도 발휘한다. 노인이 젊은 시절의 사진이나 좋아하는 그림, 색 혹은 소품 등을 적절히 활용하면 효과적이다.

참고 **길찾기 표식을 위한 지침**

① 거실은 노인의 특성에 적합한 표식을 하여 찾아가기 쉽게 하여야 하며 증상의 악화에 따라 적절한 조치를 하여야 한다.
② 각 방마다 색채나 색다른 분위기 조성으로 쉽게 구별할 수 있도록 한다. 색상 선택은 너무 자극적인 색보다는 따뜻한 느낌을 주면서 대비가 되는 색을 선택한다.
③ 표식은 직접적이고 알아보기 쉬워야 한다.
④ 표식의 문자는 노안에 적합하도록 크고 뚜렷하여야 한다.
⑤ 표식의 위치는 바닥에서 135cm 아래에 설치하여 휠체어 이용자도 알아보기 쉽게 한다.
⑥ 일부 치매노인들은 시선이 바닥으로만 향하므로 바닥에 표시하는 것이 효과적일 때도 있다.

6) 가 구

① 침대에 걸터앉았을 때 발이 바닥에 확실히 닿는 정도의 높이여야 한다.
② 가구는 짚었을 때 기울어지거나 바퀴가 달려서 쉽게 굴러가지 않아야 한다.
③ 다양한 형태의 의자 제공 : 딱딱한 의자, 푹신한 의자, 등받이가 높은 의자 등이 좋다. 의자는 요실금·변실금을 고려하여 세탁이 용이한 소재로 선택하는 것이 좋다.
④ 서랍장은 열기에 용이하며 서랍이 쉽게 이탈되지 않아야 한다.
⑤ 옷장은 안정감이 있어서 이용자가 상당한 힘을 주어도 앞으로 쓰러지지 않는 것을 선택하거나 옷장 바닥에 벽돌 등 무게가 나가는 것을 단단하게 부착하여 하중을 주어야 한다.
⑥ 옷 입는 순서를 모르거나 옷을 고르는 데 어려움이 있는 노인은 정리된 옷장을 모두 흐트려 놓거나 겉옷을 입는 실수를 할 수 있으므로, 옷장의 일부는 잠그어 두고 그 날 입을 옷을 순서대로 옷걸이에 걸어서 그 순서대로 입도록 배려하면 어느 정도 자립적으로 자신이 옷을 입을 수 있다.

제 8 절 치매노인의 영양

1. 치매노인에게 필요한 영양

1) 비타민 E

비타민 E는 대표적인 항산화 비타민으로서 알츠하이머형 치매의 치료효과에 도움이 된다는 것이 여러 연구에서 보고되고 있으며, 병의 속도를 늦추어 준다. 비타민 E는 땅콩, 아몬드 등 견과류와 면실유, 홍화유, 대두유 등에 많으며, 식물성 유지에 풍부하다.

2) 비타민 C와 β-카로틴

비타민 C와 β-카로틴 또한 대표적인 항산화 영양소이며, 비타민 C의 주된 급원 식품은 감귤류와 녹색채소로서 오렌지, 자몽, 귤, 토마토, 딸기, 풋고추 등에 많다. β-카로틴은 당근, 늙은 호박, 녹색 채소류, 옥수수, 토마토, 오렌지 등에 많이 함유되어 있다.

3) 콜린과 레시틴

콜린과 레시틴이 풍부한 식품의 섭취는 알츠하이머형 치매에 유용하다. 잡곡밥과 두부, 두유 등 콩 및 콩제품의 섭취를 증가시키는 것이 바람직하다.

4) 불포화지방산

뇌세포의 주된 물질로서 최근 두뇌기능과 관계하여 뇌혈관장애를 예방하는 효과가 있다. 불포화지방산은 정어리, 참치, 꽁치, 고등어와 같은 등 푸른 생선에 많다.

5) 수 분

생수나 보리차, 우유, 주스 등 마시는 것을 싫어하는 노인에게는 신선하고 수분이 많은 과일을 섭취하도록 유도한다.

6) 아 연

아연의 결핍은 뇌를 변화시켜 미각의 감퇴를 촉진시키므로 아연이 함유된 식품을 적절히 공급함으로써 미각의 감퇴를 예방할 수 있다. 아연이 풍부한 굴, 명태류, 견과류 등을 식사에 포함하여 제공하면 좋다. 그러나 약제 등을 이용한 고농도의 아연의 공급은 바람직하지 않다.

7) 마그네슘

마그네슘의 상대적 결핍은 치매와 연관이 있다. 마그네슘의 결핍은 식이 섭취 부족, 알루미늄과 같은 신경독성이 있는 금속의 과다한 섭취 등이 원인이 된다.

마그네슘은 엽록소의 구성 성분이기 때문에 식물성 식품에 풍부하게 함유되어 있고, 견과류, 대두, 전곡 등은 좋은 급원 식품이다.

8) 기타 미량영양소

티아민, 비타민 B6, 비타민 B12, 엽산 등의 식이 섭취가 심하게 결핍되었을 때 기억력을 포함한 뇌의 정신능력이 손상되었다는 보고가 있다.

제 9 절 치매평가 검사

1. 치매평가 검사의 구성

여기에 수록된 치매평가 검사는 임상 현장에서 치매노인의 진단과 추후 평가에 기본이 되는 다양한 영역의 도구들로 구성되어 있다. 소개된 평가도구 중에는 누구나 쉽게 실시할 수 있는 척도도 있지만, 해당 분야에 대한 전문적인 지식을 필요로 하는 검사도 있다. 여기에서는 큰 틀 안에서 전반적인 평가도구에 대해 간략하게 소개하겠다.

첫째, 치매선별검사 : 기억장애를 호소하는 노인에게 가장 먼저 시행하게 되는 쉽고 간단한 평가도구이다. 이를 통하여 치매가 의심되는 집단을 선별해 낼 수 있으며, 추가 평가가 필요한지의 여부를 결정하게 된다. 이에 해당하는 검사로서 단축형 삼성치매선별지(S-SDQ), 간이정신상태검사(K-MMSE, MMSE-K), 7분 선별검사(7MS) 등이 있다.

둘째, 종합적 인지기능 평가 : 종합적 인지기능 평가도구를 통하여 기억력, 언어능력, 행위능력(praxis), 시공간 구성능력, 전두엽기능 등의 다양한 인지기능을 평가한다. 이 검사를 통하여 인지기능 중 결함이 있는 영역의 수행성적을 정량화하고, 치매의 진행에 따른 인지기능의 변화와 약물치료 효과 등을 축적할 수 있다. 알츠하이머병 평가척도-인지영역 예비판(ADAS-Cog-K) 등이 있다.

셋째, 일상활동의 기능성 평가 : 일상활동에서의 기능상태를 평가한다. 사회생활을 영위하는 데 필요한 기술인 도구적 일상활동기능을 평가하는 도구로서 일상활동평가 - 복합(S-IADL)을 수록하였고, 자신의 육체를 돌보는 데 필요한 기술인 기초적인 일상활동기능을 평가하는 도구로서 일상활동평가 - 기초(S-ADL)가 있다.

넷째, 행동증상 평가 : 치매노인에게서 나타나는 정신과적인 증상과 행동증상을 평가한다. 여기서는 신경정신행동검사(NPI)와 이의 간편형(NPI-Q)이 있다. 신경정신행동검사는 치매노인에게서 흔히 볼 수 있는 열두 가지 행동증상들에 대하여 평가할 수 있도록 구성되어 있다.

다섯째, 치매단계 평가 : 치매의 심각도(severity)와 임상단계(staging)를 평가하는 검사이다. 여기서는 치매임상평가척도(CDR)와 전반적 퇴화척도(GDS)의 두 가지 도구를 제시한다. 치매임상평가척도는 치매노인의 심한 정도를 단계별로 평가하는데 국내외적으로 가장 널리 사용되고 있는 도구로서 총 다섯 등급(0, 0.5, 1, 2, 3)으로 치매증상의 심각도와 임상단계를 구분하고 있다. 전반적 퇴화척도는 총 일곱 단계로 치매증상의 심각도를 구분하고 있다.

여섯째, 삶의 질 평가 : 치매노인이 주관적으로 경험하는 삶의 만족도를 평가한다. 여기서는 치매노인 삶의 질 척도(GQOL-D)를 수록하였다.

일곱째, 치매노인의 가족 스트레스 평가 : 치매노인의 가족들이 느끼는 스트레스가 노인의 치료 경과와 삶의 질에 영향을 줄 수 있다는 점에서 치매 노인의 가족들이 경험하는 고통에도 관심이 높아지고 있다. 여기서는 치매 노인의 가족들이 겪는 주관적, 객관적 스트레스를 평가하는 부담조사(BI)와 기억 및 행동문제 점검-개정판(R-MBPC)을 제시하였다.

〈표 1-11〉에서는 치매평가 검사에 포함된 도구들의 주요 내용을 요약하였다.

〈표 1-11〉 평가도구들의 개발목적과 적용대상 및 소요시간

평가도구	개발목적	피검자	소요시간	특 징
단축형 삼성치매선별지 (S-SDQ)	치매환자 선별검사	보호자	5분 이내	설문지 형식의 치매선별검사 도구
간이정신상태검사 (K-MMSE,MMSE-K)	치매환자 선별검사	환자	5~10분	가장 널리 사용되는 치매선별검사 도구
7분 선별검사(7MS)	치매환자 선별검사	환자	10~15분	다양한 영역의 인지기능 평가를 통한 선별검사 도구

알츠하이머병 평가척도-인지영역 예비판(ADAS-Cog-K)	종합적 영역의 인지기능 평가	환자	30~40분	포괄적인 인지기능 영역의 객관적 평가
일상활동평가-복합(S-IADL)	도구적 일상생활 기능 평가	보호자	10~15분	사회생활 영위에 필요한 도구적 일상활동기능 평가
일상활동평가-기초(S-ADL)	일상생활 기능평가	보호자	5~10분	자신의 육체를 돌보는 데 필요한 기초적 일상활동기능 평가
신경정신행동검사(NPI)	행동장애 평가	보호자	약 15분	각종 행동증상에 대한 평가
신경정신행동검사-간편형(NPI-Q)	행동장애 평가	보호자	약 5분	각종 행동증상에 대한 질문지
치매임상평가척도(CDR)	치매 임상단계 평가	환자와 보호자	약 40분	반 구조화된 면담 형식으로 다양한 영역을 평가한 후 치매 수준 결정
전반적 퇴화척도(GDS)	치매 임상단계 평가	환자	즉시가능(환자상태의 파악이 요구됨)	치매 진단 후 환자의 임상 양상에 따른 치매단계 평가
치매노인 삶의 질 척도(GQOL-D)	치매환자의 삶의 질 평가	환자	5~7분	WHO 삶의 질 검사도구를 바탕으로 한 폭 넓은 영역에 걸친 삶의 질 평가
부담조사(BI)	가족의 주관적인 스트레스 평가	보호자	약 5분	치매환자의 부양과 관련된 보호자의 주관적 스트레스 평가
기억 및 행동문제 점검-개정판(R-MBPC)	가족의 객관적인 스트레스 평가	보호자	약 10분	치매환자의 행동상 문제와 이에 대한 보호자의 스트레스 정도 평가

2. 치매 간이평가 도구

I. 임상증상

1. 주 증상(환자의 가장 큰 변화 혹은 문제증상을 모두 기록하시오.)
   - 해당사항이 없는 경우는 6번으로 가시오.

2. 증상의 출현 시기

   현재로부터 □ 6개월 미만 □ 6~12개월 □ 1~2년
   □ 2년 이상 (____년 전)

3. 증상의 출현양상

   □ 서서히 □ 갑작스럽게

4. 증상의 진행양상

   □ 점차 악화 □ 악화된 상태로 유지
   □ 기타 ______________________

5. 치매증상으로 인하여 병원에서 진단을 받아 보았는가?

   □ 받음 □ 안 받음
   ☞ 진단결과상 치매가 있었는가? □ 예 □ 아니요

6. 관련 질병력 조사

구 분	과 거		현 재	
	유	무	유	무
① 심장질환				
② 고혈압				
③ 당 뇨				
④ 치료를 필요로 하는 두부손상				
⑤ 우울증을 포함한 정신질환				
⑥ 뇌졸중				
⑦ 사고, 수술 또는 기타질환				

⑦의 경우 구체적으로 기술하시오 ______________________

Ⅱ. Blessed 치매척도(일상생활능력)

1. 기억력과 일상생활 수행능력

왼쪽에는 최근 6개월 동안에 환자가 해당 항목의 일을 수행하는 능력이 그 장애가 생기기 이전의 상태에 비하여 감퇴된 정도를 평가한다.

각 항목의 평가 시 신체적 원인과 정신적 원인에 의한 장애를 모두 포함시킨다.

없다 0	어느 정도 있다 0.5	심하다 1	항 목
			• 집안일을 수행하는 능력
			• 적은 양의 돈 계산을 할 수 있는 능력
			• 몇 가지 항목들을 기억할 수 있는 능력 (예 가게에서 물건 살 항목들)
			• 집안의 통로를 찾을 수 있는 능력 (환자의 집 또는 다른 익숙한 장소들)
			• 익숙한 거리에서 길을 찾아올 수 있는 능력
			• 상황을 파악하거나 설명할 수 있는 능력
			• 최근의 일을 기억할 수 있는 능력 (0=없다, 0.5=가끔, 1=자주)
			• 과거 속에 살고 있는 경향 (0=없다, 0.5=가끔, 1=자주)

2. 습관

A. 식사

0 = 혼자서 도움 없이 먹을 수 있다

1 = 약간의 도움을 받아야 먹을 수 있다

2 = 많은 도움을 받아야 먹을 수 있다

3 = 다른 사람이 먹여줘야 한다

B. 의복착용

0 = 도움이 필요 없다

1 = 가끔씩 단추를 잘못 끼운다(예 약간의 도움이 필요하다)

2 = 잘못된 순서로 입고, 항목들을 기억하지 못하며, 많은 도움이 필요하다

3 = 옷을 입을 능력이 없다

C. 화장실

0 = 깨끗하게, 혼자서 화장실 사용을 한다

1 = 이따금씩의 실금으로 주의를 주는 것이 필요하다

2 = 빈번한 실금 또는 많은 도움이 필요하다

3 = 조절을 못하다

모든 항목의 총점(최대점 17) □□ . □

Ⅲ. MMSE-K 검사

1. 오늘은 년 월 일 요일 계절 5점 □

   5개 질문 각각의 정답에 대해 1점을 가산함. 날짜를 음력으로 대답하거나 년을 간지(갑자, 을축 등)로 대답해도 정답임

2. 당신의 주소는 시(도) 구(군) 동(면) 4점 □

   아파트의 호수는 동 호

   둘 다 맞으면 1점

   여기는 어떤 곳입니까? (예 학교, 시장, 집, 병원 등)

3. 여기는 무엇을 하는 곳입니까? 1점 □

   (예 거실, 주택, 가정집, 아파트, 노인정 등)

4. 물건 이름 세 가지(예 나무, 자동차, 모자) 3점 □

   기억력에 관한 검사라고 말하고 3개의 단어를 1초 간격으로 정확히 불러주고 따라하게 함. 첫째 시행에서 반복하는 것에 점수를 가산함. 3단어를

완전히 따라할 때까지 6회까지 반복함. 그래도 따라하지 못하면 5번은 수행하지 않음

5. 3분 내지 5분 뒤에 질문 4의 물건 이름들을 회상하기 3점 ☐

6. 100 − 7 = −7 = −7 = −7 = −7 = 5점 ☐
   또는 삼천리강산을 거꾸로 말하기
   100에서 7을 계속해서 5회 빼라고 함. 계산을 못하는 경우 삼천리강산을 거꾸로 말하게 하고 올바른 배열에 있는 글자의 수를 점수로 가산함. 93−80−73−63−56은 3점

7. 물건 이름 말하기(예 도장, 열쇠) 2점 ☐
   * 5번으로 가세요 (실제로 물건을 보여주고 이름을 맞히게 함)

8. 오른손으로 종이를 집어서 반으로 접어 무릎 위에 놓기
   종이 한 장을 피검자에게 주고 3단계 명령 3점 ☐

9. 5각형 2개를 겹쳐 그리기 1점 ☐
   5각이 분명한 2개의 도형과 이것들이 겹쳐져 4각의 도형을 만든 경우에 정답임

10. '간장 공장 공장장'을 따라하기(1번만 시행함) 1점 ☐

11. '옷을 왜 빨아(세탁)서 입습니까?' 질문 1점 ☐

12. '길에서 남의 주민등록증을 주웠을 때 어떻게 하면 쉽게 주인에게 되돌려 줄 수 있겠습니까?'라고 질문 1점 ☐
    우체국에 관계된 대답에만 점수를 가산함. 예를 들어 우체국, 우체통 등은 정답이고, 동사무소, 경찰서 등은 오답임

총점수 : / 30

판정 ① 확실한 치매 : 19점 이하
② 치매의심 : 20~23점
③ 정상 : 24점 이상

** 교정방법(무학인 경우)

1. 시간에 대한 지남력(1번)에 1점
2. 주의 집중 및 계산(6번)에 1점
3. 언어기능(7번)에 1점씩 가산하시오. (각 부문에서 만점을 넘지 않도록 함)

〈종합적 평가방법〉

1) 치매환자군

Ⅰ. 임상증상 부문에서 인지기능 장애의 증상이 지속된 기간이 6개월 이상
Ⅱ. Blessed 치매척도 점수 1.5 이상
Ⅲ. MMSE-K 점수 20점 미만
→ 상기한 점을 모두 만족시키는 경우는 간이평가 결과상 치매로 간주할 수 있으나 전문의의 확진을 필요로 한다.

2) 정상 노인군

Ⅰ. 임상증상 부문에서 인지기능 장애의 증상이 없음
Ⅱ. Blessed 치매척도 점수 1.0 미만(0 또는 0.5)
Ⅲ. MMSE-K 점수 25점 이상
→ 상기한 점을 모두 만족시키는 경우는 간이평가 결과상 정상으로 간주할 수 있다.

3) 치매 의심군

치매환자군의 Ⅰ번 또는 Ⅱ번에 해당되는 경우 외에는 치매가 불확실한 단계로서 전문의에게 진료의뢰가 요청된다.

■ MMSE-K 검사의 설명서

- 나이가 많은 경우 음력 몇 월이냐고 물어봐야 대답하는 경우도 있다.
- 치매가 심한 경우 요일, 계절이라는 말을 모르기 때문에 월, 화, 수, 목, 금, 토, 일요일, 또 봄, 여름, 가을, 겨울 중에 언제냐고 물어봐야 한다.
- 도시라는 말을 이해 못하는 환자가 있다. 이럴 때는 "여기가 부산입니까? 인천입니까?" 등 다른 도시 이름을 언급하여 정답을 이끌어 내도록 한다. 장소명도 "여기가 학교입니까? 교회입니까?"라고 물어본다.
- 기억등록을 시킬 때 비행기, 연필, 소나무를 일 초에 하나씩 불러주어야 한다.
  세 낱말을 불러주기 전에 "제가 지금부터 낱말을 불러드릴 테니 제가 다 한 다음 따라서 말씀하십시오"라고 말한다. 주의를 기울이는지 확인한 다음 세 낱말을 불러주고 첫 번째 대답에서의 낱말의 개수가 기억등록의 점수가 된다.
  첫 시행에서 세 단어를 모두 등록하지 못했을 때 모두 기억할 때까지 여섯 번 반복할 수 있다. 그러나 기억등록의 점수는 상기 언급한 대로 첫 번째 대답에서 말한 낱말 수로 산정한다. 환자가 3낱말을 다 하고 나면 "조금 후에 다시 여쭈어 볼 테니 꼭 기억하고 있으세요"라고 말한 뒤 연습할 기회를 주지 않고 바로 "100-7은 얼마죠?"라고 물어본다.
- 환자가 "93"이라고 대답하면 바로 "93에서 빼기 7은 뭐죠?"라고 묻는 대신 "거기서 7을 빼면 얼마입니까?"라고 말한다. 원칙상 "뺀 결과를 가지고 계속해서 7을 빼나가십시오"라고 해야 하지만 치매가 심한 경우 "거기서 7을 빼십시오"라고 해도 된다.
- 명령시행에서 3단계 명령을 분리하지 않고 전 문장을 다 불러주어야 한다.
  예를 들어, "종이를 뒤집은 다음"이라는 말에 환자가 종이를 뒤집고 "그 다음 반으로 접고"라는 말에 환자가 종이를 반으로 접는 식으로 진행하면 안 된다. 환자가 알아듣지 못했을 때 전 문장을 다시 반복할 수 있다.
- 읽기에서 소리 내어 읽게 하고 환자가 이해를 했는지 알아보기 위하여 "여기에 쓰여 있는 대로 행동해 보십시오"라고 한다.
- 쓰기에서는 "오늘의 기분이나 날씨에 대해서 써 보십시오" 또는 "의사나 간호사에게 하고 싶은 이야기를 문장으로 써 보십시오"라고 권한다.
  주어, 동사로 이루어져 있는 문장을 구성할 것을 권유하고 환자가 예를 들어 "고혈압"이라고만 쓴다면 이것은 1점이 되지 못한다.
- 오각형 베끼기에서 그대로 베끼지 못하면 0점이다. 예를 들어서 두 오각형이 떨어진 경우, 또는 오각형 대신 사각형이 맞물려 있는 경우 역시 0점이다.

3. 치매임상평가척도(CDR : Clinical Dementia Rating)

1) 사용목적

치매임상평가척도(CDR : Clinical Dementia Rating)는 기억력, 지남력, 판단력과 문제해결능력, 사회활동, 집안생활과 취미, 위생과 몸치장의 6가지 영역에 대한 평가에 기초하여 치매 임상단계를 5단계로 평정하도록 구성된 측정도구이다. CDR을 통해서 임상가는 환자의 치매 정도를 판단하고, 치료계획을 설정하며, 치료에 따른 변화를 평가해 볼 수도 있다. 단, CDR은 검사를 실시하는 데 시간이 많이 소요된다는 단점이 있다.

2) 적용대상

치매환자와 환자의 보호자

3) 소요시간

약 40분

4) 사용방법

본 도구는 반구조화된(semistructured) 면담 형식으로 이루어져 있다. 면담과 평가를 할 때 주의할 점은 치매가 아닌 신체적 또는 정신과적 문제로 인한 기능장애는 CDR에서 평가하는 기능장애에 포함하지 않는다는 것이다. 예를 들어서, 신체적인 질환이나 별도의 정신질환이 동반되는 치매환자에 대해서 CDR을 평가할 때에는 이로 인한 장애를 염두에 두고 치매로 인한 장애만을 평가하여야 한다.

CDR을 평가하기 위한 워크시트(worksheet)의 앞부분은 보호자를 대상으로 환자의 인지기능에 대한 6가지 영역에 대한 질문을 하도록 되어 있다. 평가자는 가능한 한 자세히 환자의 6가지 영역에 대한 기능을 파악하여 기록해야 한다. 뒷부분은 환자를 대상으로 한 질문으로 기억력, 지남력, 판단력 및 문제해결능력의 세 가지 영역만을 평가한다. 워크시트에 포함되지 않은 내용이더라도 환자의 인지장애로 인한 기능을 평가하는 데 중요한 것으로 판단되는 반응이 있다면 평가자는 이를 기록하여 기능평가에 반영해야 한다. 이처럼 CDR평가 중 기억력, 지남력, 문제해결능력 영역은 환자와 보호자 모두의 진술을 바탕으로 평가자가 비교 검토하여 CDR 점수를 결정하여야 한다. 그 외 사회활동, 집안생활과 취미, 위생과 몸치장 영역은 주로 보호자의 진술에 의거하여 영역별 CDR 점수를 결정한다. 이러한 과정을 통해서 검사자는 6가지 영역별로 환자의 기능장애 수준을 결정하며, 이를 바탕으로 하여 최종적인 전반적 CDR(global CDR)의 단계를 산정한다.

5) 채점 및 해석

(1) 전반적 치매임상평가척도(global CDR) 단계 산정의 요령

검사가 종료된 후, 6가지 영역별로 CDR을 평정한다. 6가지 영역별 평정이 완료되면, 검사자는 이를 종합하여 전반적 치매임상평가척도(global CDR) 단계를 결정한다. 전반적 CDR 단계를 결정할 때, 6가지 영역 중 〈기억력〉이 가장 중요한 판단기준이 된다. 각 영역에 따른 치매임상평가척도의 단계별 특징은 〈표 1-12〉에 제시하였고, 전반적 CDR 단계를 결정하는 요령은 〈표 1-13〉에 제시하였다.

〈표 1-12〉 치매임상평가척도(CDR : Clinical Dementia Rating)의 단계별 특징

구분	CDR 0	CDR 0.5	CDR 1	CDR 2	CDR 3	CDR 4	CDR 5
사회활동 Community Affairs	직장생활, 물건사기, 자원봉사, 사회활동 등에서 보통 수준의 독립적인 기능이 가능함	이와 같은 활동에 있어서의 장애가 의심되거나 약간의 장애가 있음	이와 같은 활동의 일부에 아직 참여하고 있고 언뜻 보기에는 정상활동을 수행하는 것처럼 보이나 사실상 독립적인 수행이 불가능함	집 밖에서 독립적인 활동을 할 수 없으나 외견상으로는 집 밖에서도 기능을 잘 할 수 있어 보임	집 밖에서의 독립적인 활동을 할 수 없고 외견상으로도 가정을 떠나 외부에서는 정상적 기능을 할 수 없어 보임	어떠한 사회적 상황에서도 의미 있는 참여를 할 수 없음	어떠한 활동에도 참여할 수 없음
집안생활과 취미 Home and Hobbies	집안생활, 취미생활, 지적인 관심이 잘 유지되어 있음	집안생활, 취미생활, 지적인 관심이 다소 손상되어 있음	집안생활에 경하지만 분명한 장애가 있고, 어려운 집안일은 포기한 상태임. 복잡한 취미, 흥미(예를 들어, 바둑)는 포기함	아주 간단한 집안일만 할 수 있고, 관심이나 흥미가 매우 제한됨	집안에서 의미 있는 기능 수행이 없음	어떠한 취미활동이나 집안일에도 의미 있는 참여를 할 수 없음	어떠한 활동에도 전혀 참여할 수 없음
위생 및 몸치장 Personal Care	정상	정상	가끔 개인 위생에 대한 권고가 필요함	옷 입기, 개인위생, 개인 소지품의 유지에 도움이 필요함	개인위생과 몸치장의 유지에 많은 도움이 필요하며, 자주 대소변의 실금이 있음	옷 입기나 식사를 하려는 시도는 있음. 도움 없이는 이동하지 못함	식사 시 먹여주어야 함. 누워서 지내는 상태임

Global CDR: CDR-Sum of Box:

〈표 1-13〉 전반적 치매임상평가도(global clinical dementia rating)의 단계별 평정기준

기억력 점수 = CDR점수	• 기억력 외 다섯 가지 영역 중 최소한 두 가지 영역이 기억력과 같은 점수일 때 • 한 개나 두 개 영역이 기억력 점수와 일치하고, 나머지 영역 점수는 기억력을 중심으로 양분되어 각각 두 개 이하씩 흩어져 있는 경우
기억력 점수가 0일 때	• CDR=0 : 다른 영역도 전부 0이거나 한 가지가 0.5인 경우 • CDR=0.5 : 위의 사항(CDR=0)에 해당되지 않는 모든 경우
기억력 점수가 0.5일 때	• CDR=1 : 나머지 영역 중 적어도 세 가지 이상이 CDR 1 이상인 경우 • CDR=0.5 : 위의 사항(CDR=1)에 해당되지 않는 모든 경우
기억력 점수가 1, 2, 3일 때	• 기억력을 제외한 다섯 가지 영역 중 세 가지 이상이 공통되는 영역일 때 공통 영역의 점수를 CDR 점수로 한다. • 만일 세 가지 영역의 점수가 기억력보다 크고(혹은 작고), 두 가지 영역은 기억력보다 점수가 작은(혹은 큰) 경우 기억력 점수를 전체 CDR점수로 한다.
기억력 외 5가지 영역이 기억력 점수보다 크든 작든 한쪽으로 치우친 경우	• 기억력 점수에 가장 가까운 점수를 CDR 점수로 한다(예 : 기억력과 한 가지 영역 3, 두 영역 2, 남은 두 영역 1일 때 CDR=2)
기억력 점수가 1이며 나머지 영역이 모두 0일 때	• CDR=0.5
기억력이 0.5 이상인 경우	• CDR=0이 될 수 없다.

(2) 전반적 치매임상평가척도의 단계별 해석

단계별 해석은 〈표 1-14〉에 제시되어 있다.

〈표 1-14〉 전반적 치매임상평가척도의 단계별 해석

치매임상평가척도 단계	해 석	전반적 퇴화 척도 단계
CDR 0	치매가 아님(Healthy)	GDS1
CDR 0.5	치매가 의심됨(Questionably demented)	GDS2~3
CDR 1	경도의 치매(Mild demented)	GDS4~5
CDR 2	중등도의 치매(Moderately demented)	GDS6
CDR 3	심한 치매(Severely demented)	GDS7

CDR = Clinical Dementia Rating scale : GDS = Global Deterioration Scale
출처 : 대한노인정신의학회 편(2003). 한국형 치매 평가검사. 학지사.

(3) CDR의 영역별 박스점수의 합(SB : Sum of Boxes)

치매임상평가척도의 6가지 영역별 박스점수(box score)를 더한 값으로, 총점의 범위는 0(치매가 아님)~18점(치매가 매우 심함)이며, 총점이 높을수록 치매의 정도가 심하다는 것을 반영한다. CDR의 영역별 박스점수의 합을 산정하는 예를 들면, 기억력 1, 지남력 0.5, 판단력과 문제해결능력 1, 사회활동 2, 집안생활 및 취미 1, 위생과 몸치장 1일 때의 CDR SB 는 1+0.5+1+2+1+1= 6.5로 계산된다.

〈표 1-15〉 치매임상평가척도 확장판(최성혜 등 번안)

	CDR 0	CDR 0.5	CDR 1	CDR 2	CDR 3	CDR 4	CDR 5
기억력 Memory	기억장애가 전혀 없거나 경미한 건망증이 때때로 나타남	경하지만 지속적인 건망증 : 사건의 부분적인 회상만 가능 : "양성 건망증"	중증도의 기억장애 : 최근 것에 대한 기억장애가 더 심함. 일상생활에 지장이 있음	심한 기억장애 : 과거에 반복적으로 많이 학습한 것만 기억. 새로운 정보는 금방 잊음	심한 기억장애 : 부분적이고 단편적인 사실만 보존됨	부분적인 사실조차도 보통 잊어버림. 난해하거나 부적절한 말을 사용하기 때문에 기억력을 검사하기 힘든 경우가 잦음	의미 있는 기억 기능이 전혀 없음. 이해력이 없거나 둔마한 경우가 잦음
지남력 Orientation	정상	시간에 대한 경미한 장애가 있는 것 외에는 정상	시간에 대해 중등도의 장애가 있음 : 사람과 장소에 대해 검사상으로 정상이지만 실생활에서 길찾기에 장애가 있을 수 있음	시간에 대한 지남력은 상실되어 있고 장소에 대한 지남력 역시 자주 손상됨	사람에 대한 지남력만 유지되고 있음	자신의 이름에 대해서만 때때로 반응함	자신에 대한 인식이 전혀 없음
판단력과 문제해결 능력 Judgement and Problem Solving	일상생활문제를 잘 해결하고 사업이나 재정문제도 잘 처리함 : 과거에 비해 판단력은 아직 좋음	문제해결능력, 유사성, 상이성 해석에 대한 경미한 장애	문제해결능력, 유사성, 상이성 해석에 대한 중등도의 장애 : 사회생활에 대한 판단력은 대부분 유지되어 있음	문제해결, 유사성, 상이성 해석에 심한 장애 : 사회생활에서의 판단력이 대부분 손상됨	판단이나 문제해결이 불가능함	단순한 지시나 명령에 대해서도 수행할 능력이 없음	문제에 대한 인식이나 주변 환경에 대한 이해가 전혀 없음

사회활동 Community Affairs	직장생활, 물건사기, 자원봉사, 사회활동 등에서 보통 수준의 독립적인 기능이 가능함	이와 같은 활동에 있어서의 장애가 의심되거나 약간의 장애가 있음	이와 같은 활동의 일부에 아직 참여하고 있고 언뜻 보기에는 정상활동을 수행하는 것처럼 보이나 사실상 독립적인 수행이 불가능함	집 밖에서 독립적인 활동을 할 수 없으나 외견상으로는 집 밖에서도 기능을 잘 할 수 있어 보임	집 밖에서의 독립적인 활동을 할 수 없고 외견상으로도 가정을 떠나 외부에서는 정상적 기능을 할 수 없어 보임	어떠한 사회적 상황에서도 의미 있는 참여를 할 수 없음	어떠한 활동에도 참여할 수 없음
집안생활과 취미 Home and Hobbies	집안생활, 취미생활, 지적인 관심이 잘 유지되어 있음	집안생활, 취미생활, 지적인 관심이 다소 손상되어 있음	집안생활에 경하지만 분명한 장애가 있고, 어려운 집안일은 포기한 상태임 복잡한 취미, 흥미(예 바둑)는 포기함	아주 간단한 집안일만 할 수 있고, 관심이나 흥미가 매우 제한됨	집안에서 의미 있는 기능수행이 없음	어떠한 취미활동이나 집안일에도 의미 있는 참여를 할 수 없음	어떠한 활동에도 전혀 참여할 수 없음
위생 및 몸치장 Personal Care	정상	정상	가끔 개인위생에 대한 권고가 필요함	옷 입기, 개인위생, 개인 소지품의 유지에 도움이 필요함	개인위생과 몸치장의 유지에 많은 도움이 필요하며, 자주 대소변의 실금이 있음	옷 입기나 식사를 하려는 시도는 있음. 도움 없이는 이동하지 못함	식사 시 먹여주어야 함. 누워서 지내는 상태임

4. 전반적 퇴화척도(GDS : Global Decoration Scale)

1) 사용목적

전반적 퇴화척도(GDS : Global Decoration Scale)는 치매가 의심되는 환자나 치매로 진단된 환자의 임상 양상 및 심각도를 7단계로 평정하도록 제작되었다. 이를 통해서 시간에 따른 환자의 변화(단계 변화)를 파악할 수 있어서 치료의 경과나 예후이므로 일부 환자의 경우 그 결과에 따라 다른 질환과 감별하는 데에도 유용하게 사용될 수 있다. 예를 들어서, 알츠하이머형 치매가 의심되는 환자를 초기에는 GDS 5단계로 평가하였으나, 수개월이 지나 재평가하였을 때 GDS 3단계로 평가되었다면 진단 자체를 재고할 수도 있을 것이다. 이

도구는 적용하기가 매우 간편하고 소요시간이 짧으며, 교육 수준이나 문화·사회·경제적 수준과 같은 다양한 변인들과 무관하게 사용할 수 있다는 장점이 있다. 단, 환자에 대하여 분명히 파악한 후에 GDS를 사용할 것을 권한다.

2) 적용대상

치매환자나 인지기능장애가 의심되는 환자

3) 소요시간

환자의 임상 양상 및 기능장애를 파악하여 곧바로 GDS의 단계를 결정

4) 실시방법

임상가는 GDS를 이용하기 전에 반드시 환자의 임상 양상, 인지기능장애의 정도와 일상활동의 장애 정도를 충분히 평가해야 한다. 이를 근거로 치매 정도에 가장 적합한 단계를 결정한다. 임상 양상과 기능에 따른 GDS 단계의 결정은 〈표 1-16〉에서 제시하고 있다. GDS는 단계에 따라서 다루고 있는 인지 영역과 기능이 다르므로 임상가는 이 점을 고려하여 가장 적합한 단계를 설정해야 한다.

〈표 1-16〉 전반적 퇴화척도(GDS)의 단계별 해석 및 치매임상평가척도(CDR)와의 비교

전반적 퇴화척도 단계	해 석	치매임상평가척도
GDS 1	인지장애 없음(No cognitive decline)	CDR 0
GDS 2	매우 경미한 인지장애(Very mild cognitive decline)	CDR 0.5
GDS 3	경미한 인지장애(Mild cognitive decline)	
GDS 4	중등도의 인지장애(Moderate cognitive decline)	CDR 1
GDS 5	초기 치매의 인지장애(Moderately severe cognitive decline)	
GDS 6	중기 치매의 인지장애(Severely cognitive decline)	CDR 2
GDS 7	말기 치매의 인지장애(Very cognitive decline)	CDR 3

GDS = Global Decoration Scale CDR = Clinical Dementia Rating scale

출처 : 대한노인정신의학회 편(2003). 한국형 치매 평가검사. 학지사.

5) 해 석

라이스버그 그룹(Reisberg et al., 1989)과 아이스도퍼 그룹(Eisdorfer et al., 1992)이 연구한 간이정신상태검사(MMSE) 점수별 GDS 단계는 <표 1-17>에서 제시하였다. 한편 단계별 특징은 <표 1-18>에서 제시하였다.

<표 1-17> 간이정신상태검사 점수별 GDS 단계

전반적 퇴화척도단계	MMSE 점수의 범위		
	Reisberg 등(1986)	Eisdorfer 등(1992)	최성혜 등(2002)
GDS1			26~30
GDS2	25~30	26~30	22~29
GDS3	20~27	21~25	20~28
GDS4	16~23	17~20	16~27
GDS5	10~19	11~16	11~24
GDS6	0~12	1~10	2~13
GDS7	0	0	0~2

GDS = Global Deterioration Scale

출처 : 대한노인정신의학회 편(2003). 한국형 치매 평가검사. 학지사.

6) 전반적 퇴화 척도

<표 1-18> 전반적 퇴화척도(GDS)

단 계	특 징
1 인지장애 없음 (No cognitive decline)	**임상적으로 정상** 환자는 기억장애를 호소하지 않고, 면담에서도 기억장애가 나타나지 않음
2 매우 경미한 인지장애 (Very mild cognitive decline)	**건망증기(phase of forgetfulness)** 이 단계에서 가장 흔하게 호소하는 양상은 (1) 자주 쓰는 물건을 어디에 두었는지 기억이 나지 않음 (2) 전부터 잘 알고 있던 사람의 이름이 기억나지 않는다고 표현함. 면담상에서 기억장애의 객관적인 증거는 없고, 직장이나 사회생활에 문제도 드러나지 않음. 환자는 이런 자신의 증상에 적절한 관심을 보임

3 경미한 인지장애 (Mild cognitive decline)	**분명한 기억장애를 보이는 가장 초기 단계(earliest clear-cut clinical deficit)** 숙련된 임상가의 자세한 면담에 의해서만 객관적인 기억장애가 관찰되는 단계로 집중력 저하가 두드러질 수 있음. 흔히 보이는 양상은 (1) 금방 소개받은 사람의 이름을 기억하기 어렵고, 책을 읽어도 전에 비하여 기억나는 내용이 적음 (2) 단어나 이름을 금방 떠올리지 못해서 가족이나 친구들이 알아차리기도 함 (3) 귀중품을 엉뚱한 곳에 두거나 잃어버릴 수 있으며, 처음 가는 낯선 곳에서는 길을 완전히 잃어버리기도 함 (4) 종종 환자는 이러한 사실을 부인하며, 약간의 불안을 보이기도 함. 특히 과거에는 가능했던 직업적, 사회적 기능을 수행해야 하는 상황에서는 기능 저하로 인하여 불안이 두드러질 수 있음
4 중등도의 인지장애 (Moderate cognitive decline)	**혼동이 심해진 단계(late confusional phase).** 주의 깊게 면담할 때 분명한 인지장애가 관찰됨 (1) 생활 중 최근 일들과 현재 멀어지는 세상사에 관한 지식이 감소함 (2) 자세한 면담에서는 과거 기억을 하지 못할 수도 있음 (3) 순차적 빼기(serial subtractions)에서 집중력 장애가 관찰됨 (4) 혼자서 여행하는 것과 금전관리에 어려움을 보임 (5) 더 이상 복잡한 일을 효율적이고 정확하게 수행할 수 없음 (6) 자신의 문제를 부정하는 것이 흔하고, 감정이 둔화되고 도전적 상황을 회피하는 경향을 보임 그러나 대개 다음 영역에는 장애가 없음 : (1) 시간이나 사람에 대한 지남력 (2) 잘 아는 사람과 낯선 사람을 구분하는 것 (3) 익숙한 길 다니기
5 초기 치매의 인지장애 (Moderately severe cognitive decline)	**초기 치매 단계(early dementia).** 이 단계에서는 일부 다른 사람의 도움이 반드시 필요함. 주된 양상은 (1) 자신의 현재 삶과 관련된 중요한 것들을 기억하지 못함(예 집 주소나 전화번호, 손자와 같은 가까운 가족의 이름 또는 자신이 졸업한 고등학교나 대학의 이름을 기억하지 못함) (2) 흔히 시간(날짜, 요일, 계절 등)이나 장소에 대한 일부 기억을 하지 못함 (3) 고등 교육(well-educated)을 받은 사람이 4씩 또는 20에서 2씩 거꾸로 빼는 것을 하지 못하기도 함 그러나 대개 다음 영역은 유지되고 있음 (1) 자신이나 타인에 관한 중요한 사실을 알고 있음 (2) 자신의 이름을 기억하며, 대개는 배우자와 자녀의 이름도 알고 있음 (3) 화장실 사용이나 식사에 도움을 필요로 하지는 않으나 시기에 적절한 옷을 선택하지 못하고 간혹 옷 입는 방법을 잊기도 함
6 중기 치매의 인지장애 (Severe cognitive decline	**중기치매 단계(middle phase of dementia)** (1) 종종 환자는 자신이 전적으로 의존하고 있는 배우자의 이름을 잊음 (2) 최근의 사건들이나 경험들을 거의 기억하지 못함 (3) 과거 기억을 일부 기억하나 매우 피상적임 (4) 일반적으로 주변 상황, 연도, 계절을 알지 못함 (5) '1부터 10까지' 혹은 거꾸로 '10부터 1까지' 세는 데 어려움이 있을 수 있음 (6) 일상생활(ADL)에 상당한 도움이 필요함(예 대소변 실금) (7) 외출 시 도움이 필요하지만, 때때로 익숙한 곳에 혼자 가기도 함 (8) 낮과 밤의 리듬이 자주 깨짐 (9) 성격과 감정의 변화가 나타나고 기복이 심함. 자극이 나타날 수 있는 행동문제로는 다음과 같은 증상들이 있음 : ① 망상적 행동(예 배우자가 부정하다고 믿음, 주위에 마치 사람이 있는 것처럼 얘기하거나 거울에 비친 자신과 얘기함) ② 강박적 증상(예 단순히 바닥을 계속 쓸어내는 행동) ③ 불안증, 초조함, 과거에 없었던 난폭한 행동 ④ 인지적 의지 상실증(cognitive abulia, 목적을 두고 행동을 결정할 만큼 충분한 사고능력이 없기 때문에 나타나는 의지의 상실) 그러나 거의 항상 자신의 이름을 기억하며, 잘 아는 사람과 낯선 사람을 구분할 수 있음

7 말기 치매의 인지장애 (Very severe cognitive decline)	**말기치매(late dementia)** (1) 모든 언어능력이 상실되어 말을 하지 못하고 웅얼거리는 정도임 (2) 요실금이 있고 화장실 사용과 식사에도 도움이 필요함 (3) 기본적인 정신 운동 능력(psychomotor skills)이 상실됨(예 걷기 불가능) (4) 뇌는 더 이상 신체에 적절한 전달을 하지 못하는 것처럼 보임 (5) 전반적인 피질성 또는 국소적 신경학적 징후나 증상들이 자주 나타남

5. 가족스트레스평가 : 부담조사(BI : Burden Interview)

1) 사용목적

부담조사(BI : Burden Interview)는 치매환자의 보호자들이 환자를 돌보는 일과 관련하여 경험하는 주관적인 스트레스를 측정하도록 고안되었다. 이는 환자를 돌보는 일에 대한 정서적인 반응에 초점을 맞추고 있다. 특히 보호자들이 경험할 수 있는 신체적, 경제적, 사회적 영역의 문제를 포괄적으로 다루고 있어서, 환자를 돌보는 일로 인한 부담이 생활에 미칠 수 있는 영향을 단일한 측정치로 표기할 필요가 있는 경우에 유용하다. 하지만 보호자의 정서적 상태를 나타내는 단일한 지표로서 본 질문지를 이해해서는 안 되며, 보호자의 전반적인 정서상태를 파악하기 위해서는 임상적 관찰과 더불어 추가적인 정신의학적인 측정도구들이 필요할 것이다.

2) 적용대상

치매환자의 가족 또는 간병인(이하 보호자)

3) 소요시간

약 5분

4) 사용방법

본 질문지는 보호자들이 치매환자를 돌보면서 경험할 수 있는 느낌을 묻는 총 22개의 문항으로 이루어져 있으며, 자필 형식의 자기보고식으로 실시된다. 보호자들은 각 문항에 대해서 얼마나 자주 그렇게 느끼는지를 "0 = 전혀 그렇지 않다", "1 = 아주 가끔 그렇다", "2 = 가끔 그렇다", "3 = 자주 그렇다", "4 = 거의 항상 그렇다"의 5점 척도로 표시하게 된다.

5) 채점 및 해석

각 문항에 대한 반응의 단순 합으로 총점을 계산하며, 총점의 범위는 0~88점이다. 점수가 높을수록 보호자가 경험하는 스트레스가 상대적으로 높다는 것을 의미한다(51점 이상 : 다소 높음, 69점 이상 : 매우 높음).

본 질문지는 개인적 부담과 역할부담 등 두 개의 하위척도로 이루어져 있다. 개인적 부담은 1, 4, 5, 8, 9, 14, 16, 17, 18, 19, 20, 21번의 12개 문항으로, 문항들에 대한 반응을 단순히 합하여 점수를 계산한다. 점수범위는 0~48점이며, 점수가 높을수록 보호자가 환자와의 직접적인 관계에서 상대적으로 높은 수준의 부담감을 경험한다는 것을 의미한다(27점 이상 : 높음, 36점 이상 : 매우 높음). 역할부담은 2, 3, 6, 11, 12, 13번의 6개 문항으로, 문항들에 대한 반응을 단순히 합하여 점수를 계산한다. 역할부담의 점수범위는 0~24점이며, 점수가 높을수록 환자를 돌보는 상황과 직접적으로 관련되지 않은 역할과 활동으로 인하여 상대적으로 높은 수준의 부담감을 경험한다는 것을 의미한다(16점 이상 : 높음, 23점 이상 : 매우 높음).

〈표 1-19〉 정상인과 치매 환자 보호자들에서의 부담조사 총점과 하위척도 점수분포

부담조사	문항번호	정상군 (N=118) 평균(표준편차)	치매환자군 (N=56) 평균(표준편차)	F
개인적 부담	1, 4, 5, 8, 9, 14, 16, 17, 18, 19, 20, 21	5.54(6.61)	17.80(8.76)	105.274(p<0.001)
역할부담	2, 3, 6, 11, 12, 13	3.49(3.97)	9.09(6.75)	65.275(p<0.001)
총점		9.83(11.78)	32.23(17.98)	96.393(p<0.001)

6) 부담조사

문 항	전혀 그렇지 않다	아주 가끔 그렇다	가끔 그렇다	자주 그렇다	거의 항상 그렇다
1. 환자가 필요 이상의 도움을 요구하신다고 느끼십니까?	⓪	①	②	③	④
2. 환자와 함께 보내는 시간 때문에 자신을 위한 시간은 충분하지 않다고 느끼십니까?	⓪	①	②	③	④
3. 환자를 돌보는 일과 직장이나 가정에서의 책임 사이에서 스트레스를 받습니까?	⓪	①	②	③	④
4. 환자의 행동 때문에 당황스럽습니까?	⓪	①	②	③	④
5. 환자와 함께 있으면 화가 납니까?	⓪	①	②	③	④
6. 가족이나 친구들과의 관계에 환자가 부정적인 영향을 미친다고 생각하십니까?	⓪	①	②	③	④
7. 환자의 미래가 어떻게 될지 걱정됩니까?	⓪	①	②	③	④
8. 환자가 자신에게 의존적이라고 느끼십니까?	⓪	①	②	③	④
9. 환자와 함께 있으면 긴장됩니까?	⓪	①	②	③	④
10. 환자를 돌보는 일 때문에 자신의 건강에 문제가 생겼다고 느끼십니까?	⓪	①	②	③	④
11. 환자 때문에 자신이 원하는 만큼 사생활을 갖지 못한다고 느끼십니까?	⓪	①	②	③	④
12. 환자를 돌보는 일 때문에 자신의 사회생활에 어려움이 있다고 느끼십니까?	⓪	①	②	③	④
13. 환자 때문에 자신의 친구들을 집으로 부르는 것이 불편하다고 느끼십니까?	⓪	①	②	③	④

14. 환자가 자신에게만 의존하려는 것처럼 보이며, 다른 사람보다 자신이 돌봐주기를 원하는 것 같아 느끼십니까?	⓪	①	②	③	④
15. 자신을 위해 쓰는 돈 이외에, 환자를 돌보는 데 필요한 돈이 충분하지 않다고 느끼십니까?	⓪	①	②	③	④
16. 더 오랫동안 환자를 돌볼 수 없을 것 같다고 느끼십니까?	⓪	①	②	③	④
17. 환자가 병든 이후, 자신의 생활을 통제할 수 없다고 느끼십니까?	⓪	①	②	③	④
18. 환자를 돌보는 일을 다른 사람에게 맡기기를 바라십니까?	⓪	①	②	③	④
19. 환자에게 무엇을 해 줘야 좋을지 모르겠다고 느끼십니까?	⓪	①	②	③	④
20. 환자에게 더 많은 것을 해 줘야 한다고 느끼십니까?	⓪	①	②	③	④
21. 환자를 돌보는 일을 더 잘할 수도 있었다고 느끼십니까?	⓪	①	②	③	④
문항	아주 조금	조금	보통	많이	아주 많이
22. 전반적으로, 환자를 돌보는 일을 얼마나 부담스럽게 느끼십니까?	⓪	①	②	③	④

02 CHAPTER

치매 주야간보호 이용노인을 위한 프로그램의 실제

제 1 절 치매노인을 위한 활동의 실제

치매노인의 일상은 좌절과 장애, 실패로 가득 차 있고 질병의 초기단계 동안에 기억과 대화 능력의 상실은 심각한 절망과 스트레스의 원인이 된다. 질병이 진행됨에 따라 실수는 친숙한 경험이 되고 자기존중의 감정과 성공을 위한 기회는 점차 제한한다.

이하의 프로그램은 아직 치매노인이 가지고 있는 기술을 사용하고 그의 능력을 하는 활동을 포함한다. 즉, 치매노인의 자기존중감을 강화하도록 돕는 단순한 활동을 제공한다. 특히 치매노인에게는 결점보다는 장점을 그리고 보호자는 치매노인의 잠재능력을 이용하도록 도와주는 역할을 해야 함을 강조해야 한다.

1. 활동의 특성

대부분의 알츠하이머 치매노인들은 그들의 기억력 상실과 단순한 활동에 있어서의 실패, 실수는 오직 그들의 실망만을 더하게 할 것이라는 것을 안다. 그러나 활동은 즐거움과 만족감을 주며 정신적 신체적으로 긴장감을 해소시키고 집단운동으로 집단의 응집력을 부여하며 승부의 만족감을 준다.

① **단순성** : 활동은 짧고 단순하여 언어적인 설명보다는 행동을 보여주는 것이 효과적이다.
② **지속성** : 치매노인은 주의 집중하는 시간이 감소하기 때문에 어떤 행동을 위한 최적의 시간은 20~30분 정도이다.
③ **융통성** : 접근함에 있어 창조성을 가지고 치매노인이 어떤 활동을 행하지 못해 절망하고 당황하게 된다면 다른 방법을 시도하거나 정지시킨다.
④ **활동의 수준** : 가능한 한 성인 수준의 활동을 유지하고 질병이 진행됨에 따라 어린이 그림책이나 게임 등을 응용하되 어린아이 취급은 금한다.

2. 음 악

치매노인을 위한 가장 성공적인 활동은 음악활동이다. 치매노인은 다른 사회적인 역할을 잊어버린 후에도 오래된 멜로디는 즐긴다.

기억력 상실을 가진 노인에게 노래를 부르는 것은 흥미를 유발할 수 있는 활동이다. 다른 활동과 달리 음악은 장기간의 주의집중 또는 근육운동의 조정을 필요로 하지 않기 때문이다. 위험한 물건을 사용하지 않기 때문에 음악은 안전한 활동이며 과거의 즐거움을 회상시키는 가치 있는 자원이 될 수 있다.

오래된 노래와 멜로디는 그것들과 관련된 감정을 일으키고 기억을 끌어내는 것뿐만 아니라 음악은 새로운 사고와 감정을 일으키는 데 도움이 된다.

1) 음악을 만드는 것

많은 치매노인들은 생의 초반에 기술을 습득했다면 악기를 연주하는 것이 아직 가능할 수도 있다. 매우 손상된 치매노인일지라도 이것은 가장 오랫동안 유지되는 즐거움의 자원이 될 수 있는 일생의 취미와 소일거리가 되기 때문이다. 만약 치매노인이 악기를 연주하는 능력을 가지고 있다면 가능한 한 즐길 수 있도록 충분한 기회를 제공한다. 장구나 풍금, 탬버린 등을 활용한다.

2) 음악을 듣는 것

음악을 듣는 것은 치매노인이 좀 더 쉽게 사고와 감정에 도달하도록 도울 수 있다. 치매노인이 좋아하는 음악 취향을 확인하게 되면 음악은 낮게 들으며 치매노인이 좋아하는 곡으로 선택하도록 한다.

예를 들어, 판소리나 민요모음곡 또는 과거 유행하던 전통가요를 노래 없이 반주만으로 편곡된 음원 등을 활용한다.

3) 싱어롱(sing along)

다 함께 노래하기는 치매노인을 즐겁게 할 수 있고 충분한 에너지를 발산시킬 수 있다.

좋아하는 노래를 부르면서 치매노인은 자신의 존재를 인지한다.

대부분의 사람들은 거의 한 곡 정도 애창곡을 가지고 있다. 비록 그들이 좋아하는 노래를 인지하지 못할지라도 보호자나 봉사자가 먼저 유도하고 노래를 부르면 그것에 열중하는 경우도 있다.

노래를 하는 것은 시간, 장소 그리고 사람에 대한 지남력의 증진을 돕는다.

치매주간보호소 이용노인의 경우 “봉숭아”, “도라지”, “아리랑” 등은 연령층에 관계없이 쉽게 따라 부르는 애창곡이다. 또는 “청춘을 돌려다오”, “두만강 푸른물에” 등의 가요무대의 노래들을 활용해 볼 수 있다.

4) 비디오 노래방

① 노인들이 예전에 알았거나 즐겨 부르시는 노래를 한 사람씩 선택하게 한다.

② 처음엔 봉사자와 함께 부르게 하고 잘 할 경우엔 혼자서 부르도록 유도한다.

③ 끝날 때마다 박수로 칭찬한다.

④ 앉아서 부르게 하지 않고 앞으로 나가 노래방 화면을 보고 부르도록 유도해 남 앞에 서는 자신감을 갖도록 한다.

결과 모든 치매노인들의 반응이 좋음. 배회가 심한 분은 자리에서 일어섰지만 밖으로 나가지 않고 주변을 빙빙 돌며 노래를 따라 불렀음. 간혹 어떤 분은 정확한 가사로 부르기도 하고 흥에 겨워 춤을 추는 분도 계셨음. 예전에 학습된 노래 가사는 비교적 노인들이 잘 기억하셨고 프로그램이 끝났을 때도 아주 아쉬워 하셨음.

5) 공놀이를 겸한 노래 부르기

탁자를 중심으로 둥글게 앉은 후 부드럽고 큰 공을 굴리다 공을 받아내지 못하고 떨어뜨린 사람은 벌칙으로 일어서서 노래를 부른다.

주로 잘하는 노래를 부르시고 잘 부르지 못하는 분도 일어서서 노래를 한다는 것에 무척 흐뭇해하심. 이 프로그램 시간엔 배회가 훨씬 적고 자신의 노래 순서를 은근히 기다리심.

3. 인지활동

노인의 근육상태를 증진시키고 활동의 영역을 유지시키기 위한 적당한 운동은 긴장과 불안을 덜도록 돕는다. 또한 신체적, 심리적으로 유익함을 주고 야간이상행동이 두드러지는 치매노인에게 저녁에 좀 더 잠이 잘 오도록 돕는 데 필요하다. 이러한 활동들은 또한 가족이 함께 모일 때 단순한 게임을 통하여 함께 시간을 나눔으로써 치매노인의 정서에 도움을 줄 수도 있다.

1) 인지력 향상을 위한 프로그램

① 낱말 만들기 : 자음과 모음이 각각 적혀 있는 카드를 준비한다. 준비가 되었으면 리더는 단어를 부르고 치매노인 개인이나 집단은 단어를 찾는다. (예 "저고리"-ㅈ, ㅓ, ㄱ, ㅗ, ㄹ, ㅣ)

다 찾은 사람이 큰 소리로 찾은 단어를 읽으면 승리하게 된다.

② 숫자 25 : 가로, 세로 5칸씩(25칸) 그려진 종이를 나누어 준다.

시작 신호와 함께 각 팀은 한 사람이 한 글자씩 부른 후 숫자를 지워 나간다.

가로, 세로 다섯 칸 모두 지워진 줄이 3줄이 나오면 자기 이름을 크게 외치게 하여 승패를 낸다.

글을 읽을 능력이 있는 치매노인에게 활용 가능한 프로그램이다.

2) 집중력을 위한 프로그램

① 고리 던지기 : 목표물과 어느 정도 떨어진 위치에서 고리를 목표 지점에 던져 많이 건 사람이 승리하게 하는 경기이다. 보통사람의 경우 2m 정도가 적당한 거리이나, 치매노인의 경우 보폭으로 한 발짝 반 정도의 거리에 목표물을 두어 고리가 많이 걸려 성취감을 주는 것이 좋다.

② 조각게임 : 눈을 가린 사람이 포즈를 취하고 있는 사람의 몸을 머리부터 발끝까지 더듬어 그 동작을 기억하고 있다가 자기팀 사람에게 동작을 전달해 주는 경기로, 취한 동작이 비슷한 팀에게 점수를 주는 경기이다. 비슷한 동작을 취하지 못하는 경우 눈을 가린 것을 풀고 본 대로 행동을 취하도록 하는 게임을 진행한다.

③ 모양 맞추기 : 플라스틱 또는 나무 모양의 도형이 판 안의 구멍에 같은 도형끼리 맞게 맞추는 게임이다.

그것들의 모양에 대해 이야기하면서 분위기를 고조시킬 수 있다.

(사각형, 삼각형, 원 등) 색깔도 또한 논의될 수 있다.

Shape Puzzle

3) 가정에서의 활동

① **어린아이와 함께** : 치매노인의 가정에 어린아이가 있을 경우 아이와 마주 앉아 그림본에 색칠하기 등을 할 수 있으며 아이가 치매노인을 위해 안마를 해주도록 하여 가족들로부터 인정받고 있다는 느낌을 받게 해준다.

② **가사를 도우며** : 치매노인의 잔존 신체기능을 활용하여 날씨가 화창한 오전 시간에 마른 걸레로 장롱 닦기, 고구마 줄기 다듬기, 콩나물 다듬기 등을 간호자와 함께 하도록 하거나 신발정리, 화분에 물주기 등을 하도록 유도한다.

4. 혼자 하는 활동들

혼자서 하는 활동(solo activities)들은 보호자의 참여가 거의 필요하지 않기 때문에 알츠하이머형 노인에게 적합하다. 이 활동은 보호자가 다른 일을 하는 동안 환자가 참여할 수 있는 이상적인 활동이다.

1) 독 서

① 만약 환자가 아직 읽는 것이 가능하다면 커다란 모양의 책과 잡지가 가장 적당하다.

② 주제는 너무 길거나 복잡해서는 안 된다.

③ 단순한 그림책이나 인기 있는 어린이 책의 그림을 보면서 많은 시간 만족을 느낀다.

2) TV

① 어떤 노인은 비록 이야기를 따라가는 데 어려움이 있더라도 TV를 보면서 즐길 수 있다.
② 성격변화가 나타나는 치매노인에게 액션 프로그램은 가장 피해야 하는 프로그램이다.
③ 적절하게 이용된다면 TV는 치매노인에게 유익함을 주고 유용한 자원이 될 수 있다.
④ 오락적 가치뿐만 아니라 TV는 예전의 흥미를 불러일으키는 많은 잠재적인 요소를 가지고 있다.

3) 실뜨개 놀이

① 실을 감거나 또는 뜨개질을 하는 것은 많은 치매노인에게 좋은 활동이다.
② 오래된 뜨개 옷을 푸는 것 또한 치매노인이 즐거움을 느끼는 활동이다.

4) 분류하는 것, 구분하는 것

① 크기, 색깔 또는 모양에 따라 단추를 분류하고 그것들을 자루 안에 넣는 것은 유용한 활동이 될 수 있다.
② 소재(예 금속, 플라스틱, 천, 콩)에 따라 분류할 수 있다(예 색깔구분, 모양별 구분, 짧고 긴 것 구분 등).
③ 세탁 전·후 옷들을 분류할 때 치매노인이 돕도록 격려한다.
④ 이 활동은 주의 깊게 지도, 감독되어야 한다.

5) 배합하는 것

① 하나의 사물을 2~4등분하여 배합 활동을 통해 맞추는 것이다.

② 두꺼운 마분지에 그림을 그리고 반으로 나누어 서로가 연결된 단순한 대상들을 짝지을 수 있다(예 수화기가 있는 전화, 자동차, 물고기 등).

6) 못박이판

① 못박이판 작업은 운동신경의 조절을 돕는다.
② 이용 가능한 못박이판은 종류가 매우 다양하다.
③ 이 게임을 위해 못은 크고 조정하기 쉬운 것들이어야 하며 못박이판 안에 정확히 맞는 것이어야 한다.
④ 어느 정도 박은 후 정지할 수 있도록 감독해야 하며 치매노인의 안정성에 특별한 배려가 필요하다.

7) 레크리에이션

레크리에이션은 노인의 사회성 발달을 돕고 창조적인 기능을 향상시키며, 건전한 감정 표현을 돕는다. 또한 자기 만족을 느낄 수 있도록 하고, 신체 순환증진으로 인한 배변활동이 수월해진다.

(1) 게임 Ⅰ

① 끈 잡아당기기 : 긴 끈의 양 끝에 한 사람씩 허리를 휘감고 일정한 간격을 두고 서서 잡아당겨 상대의 발이 움직이게 하는 것
② 공 차면서 반환점 돌기 : 20m의 거리에 두 개의 의자를 두고 발로 공을 차면서 반환점을 돌아와 다음 사람과 교대하는 것
게임을 한 가지 진행한 후 진 팀에서 벌칙을 줄 수 있음. 두 편으로 나누어 게임을 진행하며, 한 사람씩 나와 승부를 나눔
• 결과 : 끈을 잡아 당기기는 하되 상대방을 넘어 뜨리기 위하여 요령을 쓰진 않았음
공을 굴려서 반환점을 돌아야 하는데 공을 한 번 찬 후에 그냥 반환

점을 돌아오는 분들이 많았음. 또 어떤 분은 게임을 하는 것 같지 않게 아주 천천히 돌아오는 분도 계셨음. 그러나 대부분의 치매노인들이 재미있어 하시고 나와서 하라고 하면 주저없이 나와서 하셨음. 조금은 어리둥절해 하는 분들도 계셨지만 다같이 웃고 노래하는 과정에서 곧 익숙해지셨음

③ **댄스** : 호키포키 노래를 율동과 함께 함. 노래를 먼저 가르쳐 드리고 리더를 따라 율동을 하게 함

- **결과** : 노인들이 아주 좋아하며 재미있어 하심. 율동이 단순하여 따라하기 쉽고 빠른 박자의 노래여서 흥겨워하심. 배회하시던 분이나 몸이 불편하신 분들은 밖으로 나가기보다는 주변에 앉아 구경하신 경우가 더 많음

④ **윷놀이** : 두 팀으로 나눠 순번을 정한 뒤 한 사람씩 돌아가며 던지게 함. 잘 던지면 칭찬함

- **결과** : 어떤 분은 조심스럽게 잘 던지고 또 어떤 분은 씨를 뿌리듯 하나씩 던지고, 또 어떤 분은 조절이 잘 안되어 과격하게 던지기도 함. 하지만 대부분의 치매노인들은 아주 즐겁게 자기 차례를 기다리며 던짐. 특히 팀 대항이라서 그런지 별로 지루해 하지 않고 순서를 기다림

(2) 게임 Ⅱ

① **풍선 터뜨리기** : 두 팀으로 나눈 후 한 팀씩 일렬로 섬. 맨 끝 사람의 허리에 풍선을 매달고 나머지 사람은 앞 사람의 허리를 잡음. 두 팀이 마주보고 시작과 함께 꼬리에 붙은 풍선을 터트리기 위하여 서로 싸움을 벌임

- **결과** : 치매노인들이 재미있어 하지만 게임을 하다 상대편이 쫓아오니까 앞사람의 허리를 놓고 다른 곳으로 도망쳐 버리는 분이 계셔서 진행이 잘 안됐음. 또 약간은 거칠게 움직여야 하는 것이어서 치매노인들이 힘들어 하심

② **탑 쌓기** : 같은 모양의 나무조각을 가지고 쓰러질 때까지 쌓아 올리기

- **결과** : 어떤 분은 쓰러질 때까지 신중하게 쌓는 분이 있는가 하면 어느 정도 쌓고는 더 이상 쌓으면 쓰러진다고 쌓지 않으려는 분도 계셨음. 이 분의 평소 성격은 다른 사람을 잘 챙겨 주시면서 젊은 사람에게 야단을 잘 치는 분이셨음. 또 남을 아랑곳 않고 자신이 하고 싶은 노래를 자신의 나름대로 편곡해서 누가 중지해 줄 때까지 계속 부르시는 분이 있음. 대부분의 노인들이 아슬아슬하게 쌓을 때마다 성취감을 느끼시며 기뻐하시고 쓰러지는 것도 재미있어 하셨음.

8) 공 작

목적

- 치매노인에게 즐거운 활동을 제공하게 된다.
- 완성된 작품을 통해 성취감을 느끼게 된다.
- 오랜 시간 집중할 수 있다.
- 집단 상호 간에 적응력을 갖게 된다.

주의

- 치매 정도의 차이에 따라, 소질에 따라 작업이 선택되어야 한다.
- 충분히 크고 단순한 것이어야 한다.
- 빨리 완성되는 프로젝트여야 하며 추상적인 것은 피해야 한다.
- 성인들이 하는 작업이 선택되어야 한다.
- 시작 전에 이미 완성된 표본을 보여주는 것이 도움이 된다.
- 한 번에 한 단계씩 소개해야 한다.
- 표본을 보여준다 해도 비슷한 결과물이 항상 만들어진다고 보장할 수 없다.

(1) 벽화 만들기

각자에게 맞는 작업을 주고 완성된 것을 가져다가 미리 벽에 붙여둔 전지에 갖다 붙임.

- 결과

A : 동물울타리를 만들기 위한 작업으로 신문지를 일정하게 계속 잘랐음. 처음엔 어려워하고 쩔쩔 매는 듯 하더니 자른 것을 금방 가져다가 벽에 붙이고 ("할머니가 자른 것을 여기다 붙여야 하니 계속해서 빨리 자르세요" 하니까) 반복적인 작업인데도 별로 지루해 하지 않고 성취감을 느끼며(오히려 "그만하세요"하고)끝났음을 알렸어도 계속 하려고 했음.

B : 동물과 집을 색칠한 후 가위로 자름.

C : 연못 만들기를 함.
붕어를 색칠하고 가위로 오리는 것을 했는데 색을 고르는 것에 대해서만 다른 사람의 도움을 받았고 가위로 오리는 것은 아주 정성을 들여 잘했음.
이 프로그램을 아주 좋아함. 또한 서서 붓으로 그리는 것도 옆으로 삐져 나오지 않게 잘 하심.

D : 단순히 색칠하는 것은 잘했으나 가위질은 좀 서툴게 했음.
색을 선택하는 것도 다른 사람의 도움을 받아야 함.

E : 색칠하고 가위로 오리기를 했음.
하는 동안에 거의 말이 없고 끝나면 빨리 나가려고만 함.
크게 재미있어 하진 않았지만 하라는 대로 잘 따라하기는 했음. 가끔 뒤돌아보며 작품이 완성되어 가는 것을 보곤 했음. 대체적으로 모든 노인들이 재미있어 했으며 특히 벽에 작품이 되어가는 과정이 보여서인지 지루해 하지 않았으며 웃고 이야기하는 가운데 프로그램이 진행되었음.

(2) 달력 만들기

스케치북 크기의 종이에 반은 그림을 그려 색칠하게 하고 나머지 반은 그 달의 숫자를 적어 넣을 빈 칸을 만듦

- 결과

치매노인들이 지루해하지 않았음. 숫자는 잘 채우지 못하였고 봉사자가

불러주는 대로 받아쓰거나, 달력을 보고 적었음. 어떤 분은 스스로 색을 선택하여 칠을 했으며 숫자도 처음 칸만 가르쳐 주자 스스로 숫자를 써 내려 가기도 하셨음. 다 한 후에 맨 위에 이름을 써 드렸더니 혼자서 쓸 수 있는 분들도 자기도 검사를 해 달라고 하시며 이름을 써주길 원했으며 완성품을 벽에 붙이고 자기가 만든 달력을 보게 했더니 아주 만족해 했음. 다음에 오실 때마다 자기가 만든 달력에 체크를 했지만 그 달력이 자기가 만든 것임을 기억하는 분이 별로 없었음.

(3) 조화 만들기

색끈으로 반복되는 작업으로 장미를 만들어 나감

- 결과

계속되는 반복작업 임에도 약간의 기술을 요하는 것이어서 그런지 치매노인들은 어려워하심. 하지만 만들어 놓은 작품은 예쁘다고 갖고 싶어 했음

9) 기 타

(1) 서예

각자의 수준에 맞게 표본을 나눠주고 그대로 연습하게 함

- 결과 : 진지하게 잘 하심. 계속 연습하게 하고 똑같은 표본이었지만 지루해 하지 않았음. 예로 보고 쓰는 것은 어떤 사고를 요하지 않고 쓴 글씨가 남게 되니 아주 좋아하심.

(2) 종이찢기

종이찰흙을 만들기 위해서 신문지를 찢어 달라고 치매노인들께 부탁 후 작업을 드림.

- 결과 : 치매노인들이 충분히 가능한 일이어서 모두 자신감을 가지고 서로 서로 이야기해 가며 자리를 뜨지 않고 종이를 찢어 주심. 수북히 쌓인 자신

이 찢으신 종이를 보고 만족해 하셨고 이것을 가지고 뭘 하느냐고 묻는 분도 계셨음. 배회가 심한 노인들도 이 작업을 하는 동안엔 배회가 현저히 줄어들었고 노인들이 자신감을 갖고 즐거워하심.

(3) 색칠하기

두 아이가 바닷가에서 모래성을 쌓고 노는 모습이 그려진 그림을 각자에게 나눠주고 그것을 색칠하게 함. 동시에 어린시절을 회상하게 함

- 결과 : 색칠하며 모래성을 쌓고 놀던 어린시절을 회상케 하니 색칠을 하면서도 아주 재미있어 하심. 어떤 분은 '헌집 줄 께, 새집 다오'라는 문구를 생각해 내기도 하심.
- Comment : 치매에 대한 치료가 활성화되고 있지 않은 시점에서 프로그램의 다양하지 않음을 느끼지 않을 수 없었고 작업은 최대한 단순하면서 그 작업을 통하여 완성된 작품으로까지 이끌어 내야 했기 때문에 약간의 사고력을 요하는 일도 수행치 못하는 치매 노인들에게 그 작업 선택은 참으로 어려웠다. 또한 그룹으로 작업치료를 했기에 각각의 치매노인의 증상 정도에 맞는 프로그램을 주지 못한 점과 집에 돌아가서도 대부분의 시간을 혼자 보내야 하는 상황들이 치매노인들을 위한 체계적이고 합리적인 치료가 되지 못하는 요인이 되었다. 그러나 확실히 치료를 시작하기 이전의 치매노인의 상태와 치료 후의 상태는 조금씩 조금씩 변해감을 알 수 있다. 처음 입소 시는 자신의 주장이 세고 남과의 타협과 양보를 잘 하지 못하다가 점차 주위 사람들과 대화가 되어가고 자기차례를 기다릴 줄 알게 되며 큰 소리로 화를 잘 내던 분이 점차 부드러운 소리로 얘기하시며 또, 드물게 어떤 분은 기력이 좋아지기도 하였다.

  그룹으로 치료가 익숙해지신 분은 개별로 치료를 시도할 경우 몹시 불안해하고 배회가 증가된다. 이런 경우엔 그대로 그룹으로 참여시키면서 적합한 작업은 개인에 따라 가능한 작업을 선택해 주면 된다. 치매라 하여 집에서 아무 일도 하지 않게 방치해 두면 그 이상행동은 나날이 더 악화

되게 된다. 인격이 황폐화되는 질병이라 할지라도 치매노인들도 인격체로 대우를 하며 같이 이야기도 하고 나름대로의 필요를 충족시켜줄 경우 치매에서 나타나는 이상행동이 훨씬 줄어들게 됨을 염두해 두고 치매노인들에게 접근해야 할 것이다.

제 2 절 작업프로그램

1. 작업프로그램의 개념과 목적

작업(occupation)이란 활동의 대가인 보상의 유무에 관계없이 사람들이 매일매일 살아가는 데 필요한 일, 즉 일상생활상의 동작이나 운동 또는 놀이와 같은 즐거움을 가져다주는 모든 생산적 활동을 의미한다.

작업프로그램은 신체, 정신 또는 사회적 문제를 지닌 사람을 대상으로 기능상태를 평가하여 개인의 특성과 상태에 적합한 의미 있는 치료목적을 달성할 수 있는 작업을 선택하고 환자가 직접 참여하여 활동을 수행하는 과정을 통하여 건강을 유지 또는 증진시키고, 증상을 개선하고 악화를 방지하며, 합병증의 예방과 잔존기능을 증진시키는 재활 서비스의 한 영역이다.

작업프로그램의 목적은 다음과 같다.

① 건강을 유지하고 증진시킨다.

② 질병이나 장애를 예방한다.

③ 행동이나 기능을 평가한다.

④ 신체적 장애와 심리·사회적 장애를 최소한도로 감소시킨다.

⑤ 입원기간을 단축하고 독립적 생활을 촉진시킨다.

⑥ 개인의 최적 생활로 복귀를 원조한다.

2. 작업프로그램의 특징

1) 목표지향적 활동이어야 한다

작업프로그램에서는 노인 개인의 신체, 심리 그리고 인지체계 사이의 통합을 요구하고 이를 향상시키며, 장애를 예방 또는 치료한다. 또한 작업프로그램은 손상 및 기능적 제한의 변화를 촉진하여 기능과 기술 수준을 제고할 수 있는 목적지향적 활동을 치료에 활용하여야 한다.

2) 노인의 참여가 전제되어야 하며, 잠재력을 최대한 활용해야 한다

노인의 참여 동기를 촉진하고 노인이 관심과 흥미를 가지고 적극적으로 참여할 수 있는 방법을 활용해야 한다. 아무리 좋은 치료적 방법을 활용한다고 할지라도 노인의 회복에 대한 잠재력이 없다면 아무런 효과가 없을 것이기 때문이다.

3) 개별화된 프로그램이 이루어져야 한다

동일한 증상이나 장애를 지닌 환자도 개인적 흥미와 능력이 다르고, 장애의 정도와 보유하고 있는 기술과 기능의 수준이 각기 다르기 때문에 노인의 특성에 따라 개별화된 치료 프로그램을 개발하여 실시하여야 한다. 가장 중요한 것은 각 개인의 상태, 능력과 흥미라고 할 수 있다.

4) 단계적이고 지속적 개입이 이루어진다

장애나 손상은 시간의 흐름에 따라 점진적으로 개선이 이루어지기 때문에 치료는 단계별로 그리고 지속적으로 이루어져야 하며, 노인의 상태변화에 따라 처방과 프로그램이 바뀌어야 한다.

5) 예방적 활동이다

질병이나 장애가 발생한 경우 그 병이 다시 재발하거나 관련된 합병증이 생기지 않도록 2차적 예방을 충실히 이행하는 것이 매우 중요하다.

6) 필수적인 일상적 활동을 프로그램도구로 활용한다

작업프로그램의 선택된 활동들은 노인의 생활환경이나 일상생활에 필수적이면서도 자주 참여하는 활동이나 과제여야 한다.

3. 작업프로그램의 영역과 모형

작업프로그램에서 각 노인에게 맞는 모형을 선정하는 데에는 ① 자기관리(self-care), 신체적 일상생활 동작능력, 수단적 일상생활 동작능력 등의 일상생활 동작, ② 학교생활, 직장생활, 가사활동 등의 일(work) 관련 활동, ③ 게임, 스포츠, 취미활동, 사회단체활동 등의 오락·여가활동 중에서 어떠한 영역의 작업프로그램을 활용할 것인지를 검토하여야 한다.

4. 치매노인의 작업프로그램의 효과

1) 신체적 기능 회복 효과

① 특수장비를 통해서 근력을 강화시키고 지구력을 증진시킨다.
② 일상생활의 수행능력을 도와준다.
③ 눈과 손의 협응능력을 길러주고 남아 있는 소근육을 유지한다.
④ 남아 있는 지각 및 운동신경을 통해서 잔존능력을 유지한다.
⑤ 가사 재훈련을 통해서 가정에서 적응력을 길러준다.
⑥ 작업을 통해 재활의 기회를 제공한다.

2) 심리 · 사회적 기능 회복 효과

① 만족스러운 관계성을 회복시켜 준다.
② 감정적 충동을 표현하거나 완화시키는 것을 보조한다.
③ 작업을 통해서 사회성 및 대인관계를 증진시켜 준다.
④ 우울 감정을 조절하는 데 도움을 준다.
⑤ 단순 작업을 통해 자존심을 고양시키며 성취감과 자신감을 길러준다.

3) 예 시

촉각인지보드(나무판과 10개의 원통으로 구성, 원통과 나무판의 구멍에는 각기 다른 종류의 천이 끼워져 있어, 나무판과 원통의 천의 촉각이 동일한 것끼리 서로 짝짓게 함), 게골게임(게골게임, 게이트볼, 골프게임 등의 다양한 게임), 바닥농구(참여자 모두가 동그랗게 앉아 축구공이 자기에게 오지 않도록 차기), 미니볼링게임, 링던지기, 레이스 연결하기, 미로게임, 시각인지 메모리판, 코끼리 연결하기, 형태분류판, 퍼즐맞추기, 낱말 만들기, 문장 속 같은 글자 찾기, 양손 글씨쓰기, 점 이어 형태 만들기, 카드 뒤집기, 동작 반대로 따라하기, 콩 고르기, 종이접기, 그림 기억해 내기, 계산하기와 수세기, 달력 만들기 등이 있다.

제 3 절 음악프로그램

1. 음악프로그램의 개념과 목적

음악을 도구로 사용하여 문제행동을 바람직한 방향으로 변화시키는 것이다.

2. 음악프로그램 활동

① 감각기관 훈련
② 현실인식
③ 재동기유발
④ 음악과 이완
⑤ 오락과 취미, 생활로서의 음악
⑥ 회고

3. 세션 디자인

① 도입 : 인사
② 활동 1 : 친숙한 노래를 두세 곡 부르게 하면서 음악활동의 참석을 격려
③ 활동 2 : 노래 가사에 맞는 율동
④ 마무리 : 참석해 주어 고맙다는 말과 건강하기, 다음의 세션 날짜와 시간 확인

제 4 절 미술프로그램

1. 미술프로그램의 개념과 목적

① 미술을 통하여 심리적·정서적 갈등을 완화시킴으로써 원만하고 창조적으로 살아갈 수 있도록 도와주는 심리프로그램법이다.
② 이미지 표출과정에 있어서 비언어적인 커뮤니케이션 기법으로서, 이 기법을 반복적으로 시행함에 따라 지금까지 상실·왜곡·방어·억제

되어 있던 언어적 이미지와 시각적 이미지에서 보다 명확한 자기 자신의 세계관을 재발견하여 자기동일화와 자기실현을 꾀하게 된다.

2. 미술프로그램의 특성

① 미술은 심상의 표현이다.
② 노인의 방어를 감소시킬 수 있다.
③ 구체적인 유형의 자료를 즉시 얻을 수 있다.
④ 자료의 영속성이 있어 회상이 가능하다.
⑤ 미술은 공간성을 지닌다.
⑥ 미술은 창조성이 있으며 신체적 에너지를 유발시킨다.

3. 미술프로그램의 적용

① 프로그램시간의 구성

프로그램시간은 주 1회나 2회로 진행되는데 일대일 프로그램일 경우 1회에 소요되는 시간은 50~60분 정도이고, 집단일 경우는 인원을 12명 이하로 구성하며 1회의 시간은 60~90분 정도로 진행하는 것이 좋다.

② 적용 대상

정신질환자, 심신장애인(시각장애 등), 비행 청소년, 학업부진, 입시 및 시험불안, 이혼부부, 성폭행 가족관계 개선, 근친상간, 섭식장애, 교우관계 및 인간관계 개선, 자아성장 프로그램, 주의력 결핍장애, 등교거부, 노인성치매, 노인상담, 신체질환자의 심리안정 등

4. 치매노인에 대한 집단미술프로그램

치매노인들은 타인들과의 효과적인 상호작용을 통해서 그들의 정서적・사

회적·생리적 욕구를 만족시킬 필요가 있으나 사회성 기술의 결핍 때문에 이러한 욕구가 충족되지 못한다. 이로 인하여 타인과의 관계를 만족시키는 것이 차단되고 외로움과 좌절감을 느끼고 우울증과 고립감을 경험하게 된다. 이러한 치매노인들에게 미술을 매체로 하여 생활문제 해결에 필요한 태도와 자기관리능력을 습득하게 하고, 대인관계 기술을 향상시키고, 상호작용을 쉽게 유발시키는 것으로 그림이나 사진을 통해서 창조하거나 생산된 작품을 차례로 진열하여 회상하게 하는 것이 큰 도움이 된다. 미술이 갖는 창조성이 노인들에게 자존감을 향상시키고, 심상의 표출로 도식적 의사소통을 하여 본인의 욕구와 동기를 표출하고 자신의 생활경험을 드러낼 수 있기 때문이다.

1) 집단미술프로그램의 장점

① 자발적으로 많은 경험을 표현하게 된다. 집단원 상호 간의 친밀한 관계가 형성되기 전에도 미술재료는 이미 각 개인에게 친숙한 상태이기 때문에 쉽게 경험을 표현할 수 있게 된다.

② 다른 사람을 의식할 필요 없이 미술재료에 그들의 감정을 표현하도록 하기 때문에 집단을 회피하는 사람에게 유용하다.

③ 언어적 표현이 어려운 사람에게도 자기표현의 기회를 줄 수 있다.

④ 집단원 모두가 동시에 참여할 수 있어 개인적 경험과 집단 경험을 함께 제공한다.

⑤ 상호작용을 쉽게 유발하고, 의식의 검열을 적게 받아 문제행동양식이 빨리 의식되어 집단 진행 과정을 촉진시킬 수 있다.

2) 집단프로그램 활동 계획 시 주의할 사항

① 단순성 : 활동내용이 짧고 단순한 것이어야 하며, 되도록 행동적인 설명으로 하되, 언어적인 설명이 요구될 때에는 천천히, 큰 소리로 쉽게

설명한다.

② **시간 구성** : 주의집중을 할 수 있는 시간이 짧기 때문에 40~50분 정도로 구성한다.

③ **집단성원 구성** : 남녀노인을 같이 구성하며 집단의 크기는 10~12명 정도가 적절하다. 구성원의 치매 정도, 잔존능력 정도를 사정하고 구성원 간의 격차를 줄이는 것이 중요하다.

④ **융통성** : 구성원 간의 격차를 고려하여 각각의 노인에게 알맞은, 난이도의 조정이 가능한 활동내용으로 구성되어야 한다. 노인이 절망하거나 당황하는 상황에서는 즉시 방법을 바꾸거나 중단하도록 한다.

⑤ **자발성** : 자발적으로 참여하도록 지지하며, 스스로 참여하는 것이 불가능한 경우를 제외하고는 활동을 대신해 주어서는 안 된다. 참여를 거부하는 환자는 참여하는 것 자체에 목표를 둘 수 있다. 진행자의 긍정적이고 희망적인 사고 역시 중요하다.

⑥ **문제행동에 대한 대처** : 지나친 관심을 요구하거나 엉뚱하고 부적절한 요구 사항이 있을 경우에는 무관심하게 대처하거나 방해가 될 경우 퇴장시키기도 한다. 흥미있는 활동을 통해 노인의 관심을 다른 쪽으로 유지하도록 한다.

⑦ **라포 형성** : 노인과 진행자 간의 눈맞춤과 신체접촉은 라포 형성에 큰 도움이 된다. 노인의 이름을 자주 불러주되, 어린아이 취급을 하지 않도록 주의하며, 진행자의 성실성 역시 중요하다.

⑧ **초점 맞추기** : 집단프로그램에 어려운 모든 장애를 가지고 있다. 따라서 집단프로그램의 목적에 초점을 맞추고 진행해 나가야 하며 구체적인 계획을 세우되 실현 가능한 것으로 '왜' 해야 하는가의 생각을 늘 가지고 시작해야 한다.

5. 치매노인에 대한 미술프로그램의 효과

미술프로그램은 치매나 뇌졸중으로 인지기능이 떨어진 노인에게 현재 또는 과거의 기억을 되살리는 기회를 주어 본인의 능력에 따라 선, 색, 형태를 스스로 표현할 수 있도록 도와주는 것이다. 그러므로 노인에게 성취감과 편안함 그리고 정서적 안정을 갖게 하여 노인의 지적 활동과 인지적 수행능력을 향상시킬 수 있다.

제 5 절 회상프로그램

1. 회상프로그램

들을 준비가 되어 있고 관심이 있는 사람이면 누구나 적용 가능하다.

회상의 목적은 자존감을 유지해 주며, 사고를 자극하고 자연치유 과정을 강화 및 지지함으로써 노인 인생의 의미와 가치를 깨닫고 수용하도록 하는 것이다.

회상의 유형은 다양하여, 조용한 가운데 또는 여러 사람이 있는 가운데 혼자서도 할 수 있다. 회상의 기능은 ① 윤리적·문화적인 주체성 제공 ② 유산을 남김 ③ 삶의 정당화 ④ 생활 갈등의 해소 ⑤ 애정 대상이나 역할 상실에 대한 점차적인 적응 ⑥ 자기만족, 자기존중감 제공 ⑦ 해결되지 않은 갈등에 대한 통찰 ⑧ 과거 갈등의 해결 등에 유용하다.

1) 목 적

과거를 회고하는 것은 남은 생에서 모든 사람들에게 일어나는 과정이다. 많은 노인들은 그들의 과거에 대한 생생한 기억을 가지고 명백한 인생의 사건을 상기할 수 있다. 심한 기억상실을 가진 사람들은 그들 삶의 이야기를 상세히 말하기를 즐긴다. 그러나 노인은 자신의 어린 시절 이야기를 할 때 횡설수설 하게 되어 가족은 환자의 이야기를 이해하는 데 어려움이 있다. 그 이유는 알츠하이머 질환이 기억상실이라는 특수한 증상을 가지기 때문이다.

보통 최근의 사건에 대한 기억상실은 심각하다. 노인은 대화하는 데 바로 이전의 문장을 기억하는 데 어려움을 가질 수도 있고 TV 영화의 이야기를 기억해 내는 데 어려움을 가질 수 있다.

그러나 오래된 기억, 즉 과거의 사건은 특히 질병의 초기 단계를 통하여 비교적 손상되지 않은 채 완전히 유지될 수 있다. 집단회상 시간은 현재 알츠하이머 노인을 보호하는 주간보호센터, 그리고 많은 요양원에서 사용되고 있다. 이는 치매노인들이 과거의 경험을 되살리는 데 참여의 기회를 제공한다.

가족들은 또한 가정에서 기억이 손상된 사람에게 1대 1에 기초하여 회상의 방법을 사용할 수 있다. 회상은 오래된 기억을 이용하므로 비교적 위협적이지 않은 활동이다. 그리고 노인은 보통 과거에 대해 이야기하면서 안정감을 느낀다. 과거를 살펴보는 것을 활동적인 경험의 대용물로서 제공할 수 있다. 회상은 노인이 그의 삶을 통하여 만들었던 기여(공로, 업적)를 확인하도록 도울 수 있다.

2) 방 법

① 비디오를 시청하여 서로 이야기한다.

② 특정한 주제(예 결혼, 자녀 기르기, 어린 시절, 장 담그기 등)로 한 사람씩 돌아가며 자신의 일을 이야기한다.

3) 내 용

① 어린 시절 회상

세배, 운동회, 그네뛰기, 윷놀이, 제사, 방아찧기, 피난살이 등 위의 내용이 담긴 그림들을 보여주고 그때의 상황을 돌아가며 이야기한다.

② 진달래꽃

꽃의 색깔, 모양, 크기 등을 묻고 어디서, 어느 계절에 피느냐고 물을 수 있다.

③ 화초 가꾸기

대부분 예전에 가꾸어 보거나 쉽게 보았던 화초를 지금도 가꿀 수 있다. 한 개의 화분에 한 사람의 이름을 써서 붙이고 각자의 화분에 물을 주게 한다.

④ 미꾸라지

미꾸라지를 본 적이 있는지, 어떤 모양인지, 어떻게 했는지를 질문해 본다.

⑤ 장 담그기, 아기 키우기, 다림질

장 담그기 과정을 질문하거나 예전엔 어떤 다리미를 사용했는지, 아기 키울 때 어떤 어려움이 있었는지 등에 대해 질문해 본다.

2. 집단 회상

집단 내에서의 회상은 언어적 의사소통 방법으로 수행하며, 집단 과정에 알맞은 적정 인원은 7~10명이다. 지도자가 집단 구성원을 선정할 때 지도자에게는 창조성과 융통성의 자질이 요구된다.

집단회상은 1시간 정도로 진행하고, 이때 모든 구성원이 충분히 말할 수 있도록 한다. 기법으로는 자서전 쓰기, 일기쓰기, 친지나 고향 방문, 환자의 일생을 상기시키는 문학작품이나 사진, 스크랩북을 보고 읽고 토론하기 등이 있으며, 좋아하는 음식을 함께 나누어 먹으며 가족의 전통과 풍습을 이야기하거나 박물관을 견학하는 등 양보다 질을 중시하며, 그 밖에 연상화 그리기, 어린 시절 즐겨 하던 놀이나 결혼, 출산, 가족들에 대해 이야기하기, 사진 보며 이야기하기 등이 있다.

1) 방 법

한 그룹에 노인을 구성하여 일주일에 1~2회씩 45~60분 정도의 모임으로 어린 시절의 기억에서부터 대화를 시작하여 점차 성인 시절로 옮기는 점진적인 시차순 토론방법이 사용된다.

2) 진 행

준비동작으로 이완을 유도한다(예 풍선을 이용한 배구, 가벼운 손동작 등). 그 다음 주제를 소개한다. 이때 참가자들의 과거경험이나 집단 내의 이야기들을 함께 나누기 위하여 개방적 질문을 하는 것이 효과적이다. 참가자들은 자신들의 회상에 대하여 긍정적 또는 부정적인 느낌을 가질 수 있는데, 진행자는 이런 느낌을 인정하며 감정이입이 되어야 한다. 이때 주의해야 할 점으로는 현재와 반대되는 과거에 대해, 그들과 관련된 사실들을 정확하게 유지하도록 도와야 하며, 노인이 반응할 수 있도록 충분한 시간을 주며, 조용하고 차분한 분위기에서 주제들을 논의하여야 한다.

회상의 주제로는 출생(태어난 곳, 태몽), 나이, 명절, 생일, 애완동물, 고향집, 어린 시절 즐겨 하던 놀이(성인기의 여가생활), 어린 시절 성장한 집, 친구, 좋아하는 음식, 즐겨 입던 옷, 첫 직장, 첫사랑, 결혼, 자녀 키우며 가장 행복했던 일(자녀 분만과 양육), 주로 이용하던 교통수단, 즐겨 듣거나 부르던 옛노래, 군대경험, 과거의 기억을 되살릴 수 있는 그림이나 사진, 옛날 잡지나 신문 등의 회상도구, 인생에서 가장 행복했거나 특별했던 사건 등이 있다.

제 6 절 원예프로그램

1. 원예프로그램

원예프로그램이란 식물을 대상으로 인간의 다양한 원예활동을 통하여 사회적・교육적・심리적 또는 신체적 적응력을 기르고 이로 말미암아 육체적 재활과 정신적 회복을 추구하는 전반적인 활동을 의미한다. 식물 및 원예활동을 매체로 한 전문적인 기술과 방법을 통하여 심신의 치료와 재활, 그리고 녹색의 쾌적성 및 환경회복을 얻고자 하는 것이다.

2. 원예프로그램의 효과

지적 효과, 사회적 효과, 정서적 효과, 신체적 효과, 환경적 효과가 있다. 실내에 식물을 배치할 경우 식물에 따라 그 정도는 다르지만 탁한 실내공기를 정화시키며, 여름철에는 실내의 온도를 떨어뜨리는 반면, 겨울철에는 실내의 상대습도를 높여주는 역할을 한다.

3. 치매노인을 위한 원예프로그램의 목적

① 식물을 통해서 심리적 안정을 갖도록 한다.
② 다양한 도구와 재료를 통해서 촉각 자극을 유도하여 촉각반응을 향상시킨다.
③ 작업을 이용해서 소근육의 발달을 도모하도록 한다.
④ 식물이 성장하는 과정을 통해 자기성찰을 하도록 한다.
⑤ 작업을 통해서 예전의 기억을 떠올리도록 한다.

⑥ 주기적인 작업을 통해서 소일거리를 제공하고 주변 환경의 변화를 인식시킨다.
⑦ 작업에서 동료들과의 지속적인 관계를 유지하게 한다.
⑧ 작업을 통해서 자기표현력과 인지기능을 향상시킨다.

4. 원예프로그램의 내용

① 기초조사(일반적 사항, 선호도, 치매 행동군, 타인과의 관계 등)를 실시하여 대상자를 선별한다.
② 사정작업을 실시한다.
③ 식물을 이용한 프로그램을 계획한다.
④ 대상자의 목적에 맞게 집단, 혹은 개별적으로 시행한다.
  ㉠ 프로그램 시작 시 요일에 대한 주지와 도입 부분에서 실시할 내용을 단계적으로 설명해 준다.
  ㉡ 진행 동안 소근육, 대근육을 이용하여 신체적 활동을 장려한다.
  ㉢ 전 과정 동안 주제와 내용과 관련된 이야기를 하게 하여 회상효과를 도모한다.
  ㉣ 여러 가지 주제(식물, 꽃 등)를 통해 심리적 안정을 찾게 한다.
  ㉤ 동기를 부여하여 스스로 할 수 있도록 유도한다.
  ㉥ 그 외 스스로 못하거나 틀릴 경우 어느 정도는 방향을 잡아주거나 도움을 준다(이때 격려와 지지를 아끼지 말아야 한다).
  ㉦ 자신이 실시한 작품이나 일들을 표현하도록 한다.
  ㉧ 6개월마다 평가를 실시한다.
⑤ 이와 더불어 텃밭 가꾸기, 미니정원(꽃, 허브), 개인별 화초 기르기 등의 원예활동을 한다.

5. 기대효과

① 옛 기억을 회상시켜 인지기능을 자극시키는 데 효과적이다.

② 공동작품을 만들게 함으로써 협동력을 키우는 사회적 효과가 있다.

③ 생명의 소중함이나 사랑을 느끼는 정서적 효과가 있다.

㉠ 우울 감소

㉡ 자신감 증가

㉢ 자제력 증가

㉣ 장래에 대한 희망

㉤ 창의력과 자아표현 개발

④ 신체적 동기부여로 일상생활 수행능력의 증가를 기대할 수 있다.

⑤ 치매노인의 문제행동을 감소시킬 수 있다.

⑥ 삶의 질을 향상시킬 수 있다.

원예프로그램은 원래 지적장애인이나 지적장애아에게 원예활동을 시키는 과정에서 그 효과가 주목된 데서 비롯되었다. 이들 지적장애인이나 지적장애아에게 있어 원예프로그램의 효과는 다음과 같다.

① 불안과 긴장을 풀어준다.

② 창조적 표현을 할 수 있게 한다.

③ 충동을 억제할 수 있게 한다.

④ 실패나 좌절에 견딜 수 있게 한다.

⑤ 계획, 준비, 판단을 할 수 있게 한다.

⑥ 자신의 행동과 결과에 대한 자기 평가의 만족도가 높아지는 등의 효과가 있는 것으로 인정되고 있다.

그런데 최근에는 지적장애인이나 지적장애아뿐만 아니라 보다 많은 사람들에게 광범위하게 적용됨에 따라 그 효과도 다양해지고 있다.

아울러 음악프로그램은 귀를 통해서, 회화프로그램은 눈으로 보아서 이루어지는 데 반해 원예프로그램은 눈으로 보고, 코로 향기를 맡으며, 손으로 만지고, 머리를 써서 움직이는 등 많은 감각기관을 통해서 이루어진다는 점에서 그 효과가 돋보인다. 그 효과를 지적, 사회적, 정서적 효과로 나누어 정리하면 다음과 같다(서정근 · 이상미, 2004).

(1) 지적 효과

원예활동을 통해서 새로운 지식을 배운다는 것은 큰 기쁨이고 그것에 대한 지식과 기술을 활용함으로써 다른 사람들과 없었던 대화가 오가고 의사소통도 쉬워진다. 즉, 원예활동은 호기심을 야기시키고, 관찰력이 예민해지고 관찰의 결과를 해석함으로써 판단력과 대처 능력이 배양된다. 이와 같은 경험의 반복은 모든 일에 대해서 긍정적이고 자신감을 갖게 한다. 이러한 효과를 몇 가지로 정리하면 다음과 같다.

① 원예활동에 필요한 식물의 번식, 이식과 토양의 배합, 식물을 심는 위치나 배치장소 설정 등에 의해 새로운 기술을 습득할 수 있게 됨은 물론 전체적인 안목과 계획성이 증가된다.

② 원예활동의 과정에서 새로운 용어와 개념들을 배우게 됨에 따라 어휘력이 증가되고 대화의 폭이 넓게 된다.

③ 식물은 모양이나 색채 및 성장에 따른 변화 등 매혹적인 면이 많아 호기심과 의문을 불러 일으켜 해답을 찾게 만든다.

④ 식물을 키우다 보면 식물과 인간, 식물과 동물, 그 밖의 다른 생명체들과의 관계에 대한 평가 능력을 향상시키도록 유도함으로써 관찰력을 증대시킨다.

⑤ 원예활동은 단순히 작업으로서 끝나는 것이 아니라 반복에 의해 이루어지기 때문에 지식의 증가와 기술 훈련의 효과를 갖는다. 아울러 일에 대해 긍정적이고 자신감을 갖게 한다.

⑥ 식물을 가까이 대함으로써 시각, 청각, 촉각, 미각, 후각을 통해 주변에 대한 감수성이 예민해지고 계획, 준비, 판단을 할 수 있는 능력을 함양시켜 감각과 지각 능력을 증가시킨다.

(2) 사회적 효과

원예활동은 쉽게 혼자서 할 수 있는 것도 있지만 같은 목적을 향해서 여러명이 함께 하지 않으면 안 되는 것도 있다. 그럴 경우 각자 자기가 맡은 역할이 무엇인가를 배우게 된다.

아울러 그 일을 하기 위해서는 서로의 권리를 존중해야 하고 협력해야 하며, 책임을 분담하는 것이 효과적이라는 것도 깨닫게 된다. 그룹 내의 한 사람에게 그룹의 일을 책임지게 하면 지휘자의 정신도 경험하게 되는데 그 과정을 통해서 자립의 정신도 키워 줄 수 있다. 또 원예활동에 필요한 물건을 구입하기 위해서 시장을 가거나 필요한 정보를 얻기 위해 원예를 잘 아는 사람들과 만나는 경험도 갖게 된다. 아울러 원예활동에 의해 생산한 채소, 과일, 꽃 등의 생산물이나 자기가 만든 작품을 다른 사람에게 주는 경험도 갖게 되어 대인관계가 향상됨은 물론 자기의 존재가치를 일깨워 주고 사는 보람을 갖게 하는 수단이 된다.

(3) 정서적 효과

식물은 환경요인만으로도 정서효과가 크지만 식물을 매개로 한 원예활동에 의해 그 효과를 다음과 같이 증폭시킬 수 있다.

① 자신감과 자부심을 증가시킨다. 원예식물은 관리정도에 따라 비교적 빠른 반응을 나타낸다.

정성을 들여 관리하면 쉽게 싹이 트고 자라기 때문에 자신감을 갖게 만들며, 소홀하게 관리하면 잡초가 나거나 병충해의 피해를 받기 쉬워 책임감을 느끼게 한다.

② 자제력을 증진시킨다. 꽃꽂이를 위해 꽃의 줄기를 자른다든가, 정원에서 잡초를 뽑는 것처럼 사회적으로 허용될 수 있는 수단을 통해 부정적인 분노와 공격적인 감정을 완화시킴으로서 자신의 내부에서 일어나는 애정과 증오의 갈등을 다루는 적절한 방법과 기술을 더욱 증신시킬 수 있다.

③ 장래에 대한 희망을 준다. 중년이나 정서적으로 불안한 사람, 미래에 대한 흥미를 상실한 사람들에게는 뿌려놓은 종자는 언제 싹이 트고, 꽃은 언제 필까 하는 기대감과 다음 계절에는 더 아름다운 꽃을 피워야지, 내년 봄에는 정원에 무엇을 심을까 등 장래에 대한 관심을 불러일으켜 희망을 준다.

④ 창의력과 자아표현을 계발시킨다. 꽃의 종류, 색의 배합, 배열 등 꽃꽂이나 모둠심기, 정원설계 등의 과정에서 창의력이 증진되고 자아표현을 계발시킨다.

제 7 절 운동 · 향기 · 문예 · 발반사 프로그램

1. 운동프로그램

신체 운동을 질병이나 손상 및 그 후유증의 치료수단으로 쓰는 행동으로, 운동의 효과를 이용하여 개발된 물리치료의 하위프로그램이 바로 운동프로그램이다. 실제로 건강한 60, 70대 노인에게 6개월간 규칙적 운동을 시킨 결과 심폐기능이 향상되고, 인지기능의 손상과 치매발병률이 낮아졌으며, 혈압, 당뇨, 고지혈증, 비만 등이 치료 또는 예방되어 혈관성 치매를 예방할 수 있는 것으로 밝혀지고 있다. 유산소 운동을 할 경우 노인의 우울증세가 개선되며, 재가 알츠하이머병 환자를 대상으로 한 연구에서 신체활동이 왕성할 수록 근육의 부피가 커지고 영양상태도 좋은 것으로 나타났다.

게임을 응용한 운동프로그램에는 풍선놀이, 정전기 놀이, 고리 던지기, 과자 따먹기, 볼링, 오재미놀이, 손수건 놀리기, 안마하기 등이 있다.

2. 향기프로그램

몸에 이로운 향기로 식물이 가진 각종 유효 성분으로 신체와 정신의 항상성을 유지·촉진시키며 신체와 정신의 부조화를 개선시키는 대체의학이다.

향기프로그램이 효과를 지니는 질병으로는 ① 불안증, 우울증, 두통, 스트레스성 장애, 기억력 장애 등의 신경정신과적 질환 ② 근육 및 관절 통증 ③ 소화기질환 ④ 심혈관, 혈액, 임파선 등의 순환기계 질환 ⑤ 감기, 인후염, 기관지염, 비염 등의 호흡기 질환 ⑥ 면역, 내분비 질환 ⑦ 방광염, 생리장애, 폐경기 증상, 산후질환 등 비뇨기계 질환 ⑧ 화상 등의 의한 피부 상처, 여드름, 무좀 등의 피부질환 등이 있다. 이 외에 미용, 방부 및 방충, 정서적 안정 등에 효과가 있으며, 냄새제거나 공기청정과 방향 효과가 높음을 감안할 때 노인시설이나 병동 특유의 냄새를 제거하는 데도 많은 효과가 있을 것으로 예측된다. 일반적으로 화분에 심어져 있는 것만 허브라고 생각하기 쉽지만 생활 속에서 자주 이용하는 쑥, 마늘, 양파, 파, 고추, 부추, 생강 등도 허브에 속한다.

3. 문예프로그램

문예프로그램의 주된 매체는 문학작품이다. 크게 작문과 독서로 구분되며, 작문은 일기, 시, 수필 등을 자유롭게 쓰는 활동을 통하여 정서적 환기와 카타르시스를 경험하여 성취감과 능동성을 제고하는 모든 활동을 의미한다. 또한 독서는 질병 치료나 문제행동의 개선을 위해 글읽기를 활용하거나 문제되는 성격, 태도 등을 건전한 방향으로 유도하기 위해 글읽기를 방법으로 하는 모든 활동을 의미한다. 문예프로그램 중에서 시라는 특정 매체의 창작과 낭송, 감상활동을 동시에 활용하는 것이다.

1) 문예프로그램의 절차

(1) 준비단계

주 목표는 치매노인의 생활사를 파악하고 상담관계를 형성하며, 그가 호소하는 문제의 성격을 파악하는 일이다. 특히 치매노인의 독해력뿐만 아니라 독서에 참여할 수 있을 정도의 인지기능을 갖추었는지를 평가하는 데 필요하다면 표준화된 검사척도를 사용할 수 있다. 참여자가 결정되면 상담의 과정을 구조화하고 치매노인의 특성을 고려하여 동일한 장소에서 정기적인 활동을 갖는 방향으로 구조화해야 한다.

(2) 읽을 거리의 선택 단계

독서에 있어서 적절한 책을 선정하는 것은 개입의 핵심 부분이다. 치매노인의 독서능력과 인지기능 수준을 고려하여 비교적 짧은 시간에 읽을 수 있는 책을 선정하며, 가급적이면 현실적 묘사와 가벼운 유머가 담겨 있고, 해피엔딩으로 끝나는 읽을 거리를 활용하는 것이 좋다. 그 외에 가족들의 애정을 확인할 수 있는 주제, 죽음에 대한 불안을 극복하고 죽음을 자연스러운 과정으로 수용할 수 있는 종교적 주제, 일상생활에서 자주 활용하는 도구를 이해시키는 책이나 카드, 현실의 지남력을 제고할 수 있는 책이나 그림카드 등이 적합한 읽을거리가 될 수 있다.

(3) 읽고 이해하는 단계

동기부여 과정이 중요하며, 중등도 이상의 노인에게는 직접 읽게 하는 것보다는 읽어주는 방법을 선택하는 것이 적합하다. 읽어주는 과정에서 중간 중간 지금까지 전개된 이야기 내용을 요약해 주는 것이 꼭 필요하며, 이야기의 전개에 따라 치매노인의 인생사와 관련된 회상을 유도하는 것이 좋다. 책을 읽고 난 후에는 전체적인 느낌을 질문하고, 가장 인상에 남는 대목이나 장면을 이야기하게 한다.

(4) 마무리 단계

치매노인 자신이 책 속의 등장인물 중 누구와 비슷하며 그 이유는 무엇인지를 이야기하게 하거나, 등장인물 중 누가 가장 좋고 나쁜지 그리고 그 이유는 무엇인지에 대해 이야기를 나눈다.

2) 치매노인에게 적용 가능한 문예프로그램

동화책 읽어주기, 종교경전 읽기, 신문 읽어주기, 옛날 이야기 그리기, 시낭송, 재미있는 이야기 들려주기, 옛날 이야기 하기 등이 있다.

4. 발반사프로그램

발의 반사구(reflex zone)를 손가락이나 특정 도구를 이용하여 약간 아플 정도로 눌러 자극하면 해당 장기가 좋아진다고 한다. 발반사프로그램이 효과가 있는 것으로 알려진 질병은 감기, 변비, 소화기장애, 당뇨병, 만성피로증후군, 불면증, 신경성 고혈압, 오십견, 관절염 등이며, 스트레스 감소, 혈액순환 향상의 효과가 있는 것으로 나타났다.

제 8 절 보치아(BOCCIA) 게임

1. 보치아의 역사

그리스의 공던지기에서 유래된 경기로 국제뇌성마비 스포츠 레크리에이션 협회에서 론볼링과 유사한 경기로 처음 소개되었다.

보치아는 1982년 덴마크 국제 경기에서 국제경기종목으로 부상되어 1984년 뉴욕 장애인올림픽대회, 1986년 GITS 국제경기를 거쳐 1988년 서울 장애인올림픽대회에서 정식종목으로 채택되었다.

그 이후 1992년 바르셀로나, 1994년 쉐필드대회, 1996년 애틀란타, 장애인올림픽대회, 1998년 뉴욕선수권대회를 거쳐 1999년 방콕에서 있었던 FESPIC 대회에 이르고 있다.

2. 보치아 경기 용품

① 흰색공 1개(표적구), 적색공 6개, 청색공 6개 총 13개
  공 무게는 300g, 둘레는 27cm이며 양가죽으로 만들어짐

② 거리측정기구(줄자)

③ 계시기구

④ 청홍표시기

⑤ 득점판

3. 보치아 경기 규격

① 가로 : 6m

② 세로 : 7m, 3m, 2.5m의 거리에서 실시할 수 있다.
③ 바닥이 매끄럽고 평평해야 한다.

4. 보치아의 효과

1) 심리적인 효과

① 자신의 장애 특성을 인식하고 적극적으로 사회생활에 참여할 수 있게 하며 개인 및 집단과의 의사소통 방법을 향상시킨다.
② 치매, 중풍으로 인해 신체적인 장애가 있는 노인들이 실내에서 할 수 있는 적합한 스포츠로 집단성원 간 화합할 수 있고 단합할 수 있는 운동으로 낮 동안 주간보호소 생활에 활력소를 제공할 수 있다.

2) 신체적 효과

① 치매, 중풍으로 인한 부적절한 움직임과 부정확한 자세의 교정 유지 및 향상 보치아의 지속적인 연습을 통해 올바른 기본운동 기술을 향상시킨다.
② 이용노인이 건강한 측의 신체를 사용하기보다는 마비된 측의 신체를 이용하여 게임을 진행하여 환측신체의 근육을 반복적으로 자극하여 건강향상과 재활의 기회를 제공한다.

5. 게임방법

먼저 두 팀으로 나눈 다음 동전을 던져(예 그림, 아라비아 숫자) 볼 던지는 순서를 정하고 이긴 팀의 선수가 먼저 적색공을 가지며 표적구(흰공)를 먼저 투구한 후 청색공의 순서로 투구한다. 다음 순서로는 표적구에서 멀리 있는 공의 팀 선수가 투구하는 방식으로 게임이 진행된다.

매주 화요일 주 1회(60분) 보치아게임을 실시하고 있다. 진행 전 긴장하지 않고 무리하지 않는 상태에서 숨쉬기, 손목 돌리기 및 털기, 깍지 끼고 앞으로 펴기, 옆으로 펴기, 위로 펴기, 목 운동, 다리 운동 등과 같은 준비운동을 10여분 정도 실시 후 20여 명의 노인을 대상으로 제비팀, 나비팀 두 팀으로 구성 후 동전을 던지지 않고 노인들에게 자신이 직접 참가한다는 의미를 부여하기 위해 가위, 바위, 보로 볼 던지는 순서를 결정하여 게임을 진행한다. 게임 도중 각 팀별 반장이 응원을 실시하여 게임진행 중인 노인이 적극적으로 임할 수 있도록 격려 및 게임 분위기를 조성한다.

게임시작 40분 정도의 시간이 경과하면 이긴 팀과 진 팀의 점수 차가 높지 않고 근접하도록 진행자가 게임을 진행하여 참가자 전원의 흥과 사기를 높여준다.

보치아 게임은 표적구(흰 공)에 가까이 가는 볼의 팀이 점수가 올라가는 것으로, 마지막 볼을 투구해야 정확한 점수를 알 수 있으므로 게임이 종료될 때까지 각 팀 선수는 최선을 다하게 된다.

제 9 절 전통놀이

1. 전통놀이 소개

점차 잊혀져 가는 우리의 할아버지, 할머니들이 어렸을 적 즐겨 하던 전통놀이를 지도하는 과목으로서 자연에서 소재를 찾아 놀잇감을 만들어 보고, 현대사회처럼 문명이 발달하지 못했을 시절의 놀이들을 재현해 봄으로써 우리의 옛것에 대한 이해와 조상들의 문화와 전통을 이어나가도록 지도하는 과목이다.

2. 전통놀이 기대효과

① 잊혀져 가는 우리 것에 대한 이해를 돕도록 한다.

② 우리의 전통문화에 대한 자긍심을 갖도록 한다

③ 놀이를 통해 조상들의 얼과 정신을 계승하도록 한다.

④ 현대사회에서 벗어나 친환경적 소재들로 직접 만들어 놀게 함으로써 정서함양을 도모한다.

⑤ 혼자서 하는 놀이가 아닌 단체놀이를 통해서 협동심과 단결심을 기를 수 있다.

3. 전통놀이 내용

번호	주제	교육내용	비고
1	제기차기	제기 만들기, 제기 차기 놀이하기	
2	소리통 불기	소리통 만들기, 소리통 불어보기	
3	대나무 피리 불기	대나무 피리 만들기, 피리 불기	
4	도토리 팽이 돌리기	도토리 팽이 만들기, 팽이 돌리기	
5	도토리 인형 놀이	도토리로 인형 만들기, 도토리 인형가족 꾸미기	
6	앵두 공중 굴리기	보릿대로 놀이감 만들어 앵두 굴려보기	
7	수수깡 안경 만들기	수수깡을 이용해서 안경 만들기, 안경 끼고 놀이하기	
8	수수깡 잠자리 날리기	잠자리 만들기, 잠자리 날려보기	
9	돛단배 띄우기	돛단배 만들기, 돛단배를 물에 띄우며 놀기	
10	바람개비 돌리기	바람개비 만들기, 바람개비 돌리기	
11	프로펠러 날리기	프로펠러 만들기, 프로펠러 날리기	
12	원반 날리기	원반 만들기, 원반 날리기	
13	윙윙이 돌리기	윙윙이 만들기, 윙윙이 돌리기	
14	풀잎 배 띄우기	풀잎 배 만들기, 물에 풀잎 배 띄우기	
15	나뭇잎 모자 만들어 놀기	나뭇잎 모자 만들기, 나뭇잎 모자 쓰고 놀이하기	
16	낙하산 놀이	낙하산 만들기, 낙하산 떨어뜨리기	

1) 제기 차기

<table>
<tr><td>교과명</td><td>전통놀이</td><td>주제</td><td>제기 차기</td><td>일시</td><td></td></tr>
<tr><td>강사명</td><td></td><td>기관명</td><td></td><td>차시</td><td>1/16</td></tr>
<tr><td>학습목표</td><td colspan="5">• 제기를 만들어 본다.
• 놀이를 통한 집중력과 친밀감을 형성한다.</td></tr>
<tr><td>단계</td><td>시간</td><td colspan="3">교수 · 학습활동</td><td>자료</td></tr>
<tr><td>도입</td><td>5분</td><td colspan="3">• 제기의 종류에 대해서 알아본다.
• 제기를 가지고 할 수 있는 놀이방법에 대해서 이야기 나눈다.</td><td></td></tr>
<tr><td>전개</td><td>30분</td><td colspan="3">• 준비한 재료를 책상 위에 준비한다.
• 한지를 이용하여 제기를 만들어 본다.
• 만든 제기로 제기차기 놀이를 해본다.
– 한쪽 손바닥으로 쳐올린 다음, 다른 손바닥으로 번갈아 쳐올린다.
– 발로 차기 연습을 하여 오래차기 시합을 한다.
– 둘씩 짝을 지어 책이나 책받침을 이용하여 서로 번갈아 가며 주고받는다.
• 제기차기 놀이방법을 다르게 하며 놀이해 본다.</td><td>와셔 또는 엽전, 한지, 가위, 고무밴드</td></tr>
<tr><td>정리</td><td>5분</td><td colspan="3">• 제기 차기를 통해 느낀 점을 이야기하고 정리한다.</td><td></td></tr>
</table>

제기차기는 삼국시대 이전부터 즐겨온 전통놀이다. 제기차기는 우리 놀이 중에서 남자들이 즐겨 놀던 놀이 중의 하나로, 혼자서도 놀 수가 있지만 여럿이 함께 할수록 재미는 배가 된다. 옛날에는 주로 엽전을 이용해서 만들었으며, 요즘은 와셔나 동전을 이용하여 만들 수 있다.

(1) 제기의 종류

제기는 겉을 감싸는 재료에 따라 종류가 다양하다.

- 한지 제기
- 실 제기
- 풀 제기
- 비닐 제기

(2) 제기 차기 놀이 방법

- 땅강아지 : 한 발로 제기를 차며 찰 때마다 차는 발이 땅에 닿아야 한다.

- 헐렁이 : 차는 발이 땅에 닿지 않게 까불어 찬다.
- 양발차기 : 제기를 오른발, 왼발 번갈아 가며 차는 방법으로 양 발 안쪽으로 차거나 한 발은 안쪽, 한 발은 바깥쪽으로 찬다.
- 종들이기 : 두 명이서 여러 가지 방법으로 제기를 찬 다음 진 사람은 이긴 사람에게 종을 들인다.
  - 종들이기 방법 : 진 사람이 이긴 사람에게 세 걸음 정도 떨어진 곳에서 제기를 던져 준다.
  - 끝내기 : 이긴 사람이 헛발질을 했을 때 이긴 사람이 차낸 제기를 종들이는 사람이 받았을 때, 제기를 손으로 잡고 있는 순간 종들이는 사람이 쳤을 때는 종들이기를 끝낸다.
  - 바꾸기 : 이긴 사람이 찬 제기를 종 들이는 사람이 되받아 차면 서로 바꾸어 종들이기를 한다.
  - 새끼치기 : 이긴 사람이 제기를 발로 찬 다음 손으로 잡고 멀리 뛰어가서 다시 제기를 차면 그 개수만큼 더 종들이기를 받을 수 있다. 종 들이는 사람은 얼른 뛰어가서 제기차는 것을 막아야 한다.

(3) 한지제기 만드는 방법

- 종이를 30×35cm 정도로 자르고 반으로 접었다 펴서 중앙선이 나타나게 한다.
- 와셔를 종이 하단 부 중앙선에 맞추어 놓고 끝까지 접어간다.
- 와셔 중앙 구멍을 뚫고 종이 양끝을 접어 구멍으로 빼낸 다음 여러 갈래로 찢는다(손이나 가위를 이용한다).
- 술이 잘 나풀거릴 수 있도록 손질해 준다.
- 머리부분을 은박지로 싸서 닳는 곳을 보호하거나 목 부분을 고무줄로 묶는다.
  - 제기는 술이 생명이다. 넓게 찢으면 술이 적고 좁게 찢으면 술이 많아진다.

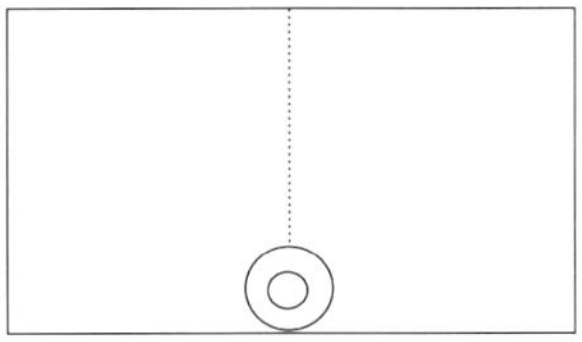

①

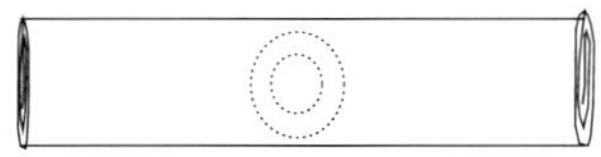

②

한지 제기

2) 대나무 소리통 연주

<table>
<tr><td>교과명</td><td colspan="2">전통놀이</td><td>주제</td><td>대나무 소리통 연주</td><td>일시</td><td></td></tr>
<tr><td>강사명</td><td colspan="2"></td><td>기관명</td><td></td><td>차시</td><td>2/16</td></tr>
<tr><td>학습
목표</td><td colspan="6">• 대나무로 소리통을 만들어 본다.
• 대나무 소리통을 불어 소리를 내어 본다.</td></tr>
<tr><td>단계</td><td>시간</td><td colspan="4">교수・학습활동</td><td>자료</td></tr>
<tr><td>도입</td><td>5분</td><td colspan="4">• 대나무로 만들 수 있는 것이 무엇인지 이야기 나눈다.
• 대나무의 특성에 대해 이야기 나눈다.</td><td></td></tr>
<tr><td>전개</td><td>30분</td><td colspan="4">• 준비한 재료를 이용하여 대나무 소리통을 만들어본다.
• 만든 대나무 소리통을 이용해서 연주해본다.
- 대나무 홈에 입맞춤하듯 입술을 댄다.
- 가볍게 불어 「우~우」하는 울림소리로 습자지를 울려 소리를 낸다.
- 강・약을 조절하여 종이 떨림을 이용하여 멜로디를 만들어 낸다.
- 종이에 침이 묻지 않도록 주의하여 연습한다.
- 동요 「무엇이 무엇이 똑같은가 젓가락 두 짝이 똑같아요」를 연주한다.
• 연주해본 느낌을 이야기 해본다.</td><td>대나무, 칼,
송곳, 습자지,
고무밴드</td></tr>
<tr><td>정리</td><td>5분</td><td colspan="4">• 자리를 정돈하고 다함께 동요 연주하고 마무리한다.</td><td></td></tr>
</table>

(1) 대나무 소리통 만들기

대나무는 큰 대나무(왕대)와 작은 대나무(조릿대)로 크게 2종류로 구분할 수 있다. 강원도 지방에는 검은 대나무도 있다. 대나무는 죽순 당시의 굵기로 키만 자라는 식물이다.

(2) 대나무 소리통 만드는 방법

① 재료를 준비해 놓는다.

② 직경 2~3cm의 대나무를 10~15cm로 자른다.

③ 한쪽 끝에서 2~3cm 지점에 송곳과 칼을 이용하여 직경 1cm정도로 홈을 판다.

④ 홈이 있는 쪽 끝에 얇은 종이(습자지)를 씌워 감싼 다음 고무밴드로 고정시켜준다.

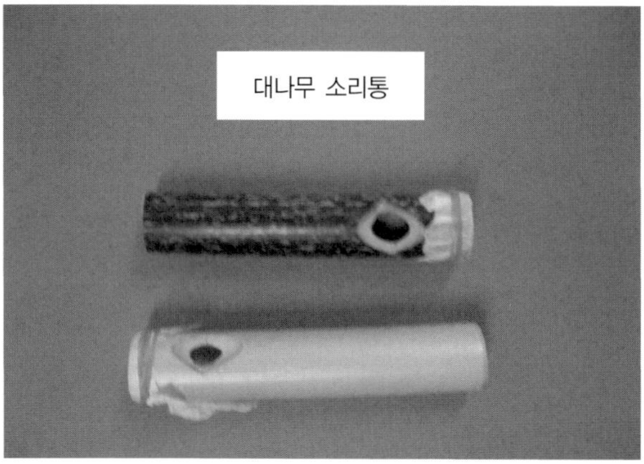

3) 대나무 피리 불기

교과명	전통놀이	주제	대나무 피리 불기	일시	
강사명		기관명		차시	3/16
학습 목표	• 대나무를 이용하여 피리를 만들어 본다. • 대나무 피리를 불어 소리를 낸다.				

단계	시간	교수 · 학습활동	자 료
도입	5분	• 대나무로 만든 악기에는 어떤 것들이 있는지 이야기를 나눈다.	
전개	30분	• 대나무 피리를 만들어 본다. • 만든 대나무 피리를 불어본다. – 떨림판이 잘 진동하도록 입을 가볍게 댄다. – '뿌우~'하고 굵은 소리가 나도록 불어본다. – 떨림판이 입술이나 혀에 닿지 않도록 주의하여 분다. – 양손바닥을 모아주고 그 사이에 넣고 불면서 손바닥을 폈다 오므렸다 하면서 불어 소리를 재미있게 만들어 본다. • 다양한 방법으로 대나무 피리를 불어본 소감을 이야기 해본다.	작은 대나무, 떨림판(비닐, 셀로판지, 댓잎), 풍선, 고무밴드
정리	5분	• 다같이 피리연주를 해보고 마무리 한다.	

(1) 대나무 피리 만들기

① 대나무 피리 만드는 방법

㉠ 지름이 1cm 정도가 되는 굵기의 작은 대나무를 8~10cm로 자른다.

㉡ 한쪽 끝은 비스듬히 깎아 주고 상단 부위에 칼로 자국을 낸다.

㉢ 칼자국을 낸 사이로 떨림판(댓잎, 셀로판지)을 끼운다.

㉣ 떨림판을 구멍이 맞게 가위로 다듬어 준다.

② 조릿대로 만들 때는 구멍을 여러 개 뚫어 음색을 조절할 수도 있다.

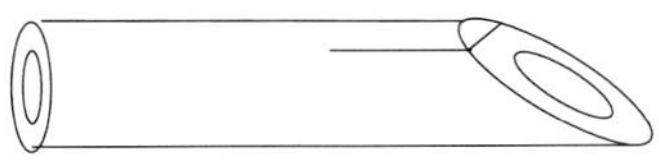

①

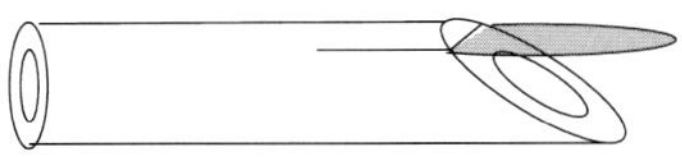

②

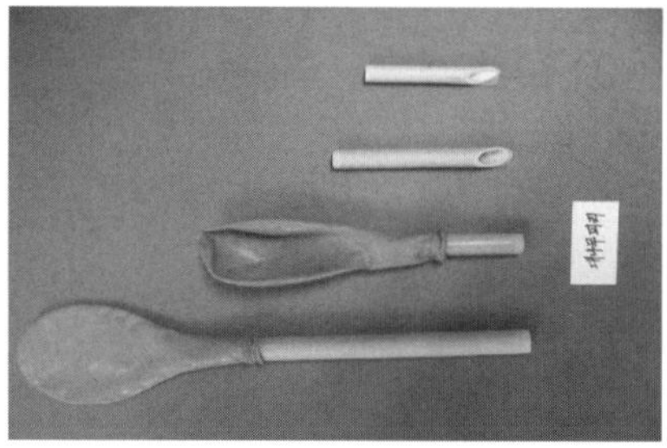

〈대나무 피리와 풍선피리〉

③ 풍선피리 만들어 불어보기

㉠ 고무풍선을 떨림판이 있는 쪽에 끼운다.

㉡ 풍선이 빠지지 않도록 고무 밴드로 고정시킨다.

㉢ 대나무를 불어서 풍선을 부풀렸다가 놓아준다.

㉣ 「뿌우~」하고 소리가 나도록 한다.

㉤ 떨림판이 풍선에 눌리지 않게 주의한다.

4) 도토리 팽이 돌리기

<table>
<tr><td>교과명</td><td colspan="2">전통놀이</td><td>주제</td><td>도토리 팽이 돌리기</td><td>일시</td><td></td></tr>
<tr><td>강사명</td><td colspan="2"></td><td>기관명</td><td></td><td>차시</td><td>4/16</td></tr>
<tr><td>학습 목표</td><td colspan="6">• 도토리를 이용하여 팽이를 만들어 놀이를 해본다.</td></tr>
<tr><td>단계</td><td>시간</td><td colspan="4">교수 , 학습 활동</td><td>자료</td></tr>
<tr><td>도입</td><td>5분</td><td colspan="4">• 도토리로 만들 수 있는 것에 대해 이야기 나눈다.</td><td></td></tr>
<tr><td>전개</td><td>30분</td><td colspan="4">• 도토리로 팽이를 만들어 본다.
• 도토리 팽이를 돌려본다.
- 엄지와 검지로 성냥개비를 잡고 팽이를 돌려보자
- 모둠별로 팽이 돌리기를 해본다.
- 가장 오래 돌아가는 팽이를 가진 사람이 이긴다.
- 모둠에서 잘 돌아가는 사람을 선발하여 시합을 해본다.
• 도토리 팽이 만들기와 팽이 돌리기에서 어려웠던 점을 이야기 해 보고 좋은 방법을 서로 이야기 한다.</td><td>도토리,
성냥개비,
송곳
유성펜</td></tr>
<tr><td>정리</td><td>5분</td><td colspan="4">• 마무리하고 정리한다.</td><td></td></tr>
</table>

참나무는 소나무와 함께 우리나라 산에서 제일 많이 볼 수 있는 나무 중의 하나이다. 열매는 상수리나무에서 열리는 둥글고 큰 상수리와 떡갈나무, 졸참나무, 굴참나무, 갈참나무, 신갈나무 등에서 열리는 작고 길쭉한 도토리가 있다. 가을에 열매를 주워 묵을 만들어 먹기도 하며 동물들의 겨울양식이 되기도 한다.

(1) 도토리 팽이 만드는 방법

㉠ 도토리를 준비한다.

㉡ 송곳을 이용해서 위에서 아래로 구멍을 뚫는다.

㉢ 성냥개비를 밑에서 위로 끼워 넣는다.

㉣ 도토리에 유성 펜으로 색칠을 한다.

㉤ 성냥개비를 잡고 돌려가면서 균형을 잡는다.

떨리고 잘 돌아가지 않으면 성냥개비를 뺐다 다시 끼워 보고 그래도 잘 돌지 않으면 성냥개비를 위에서 아래로 방향을 바꾸어 끼워 넣어 돌려 본다.

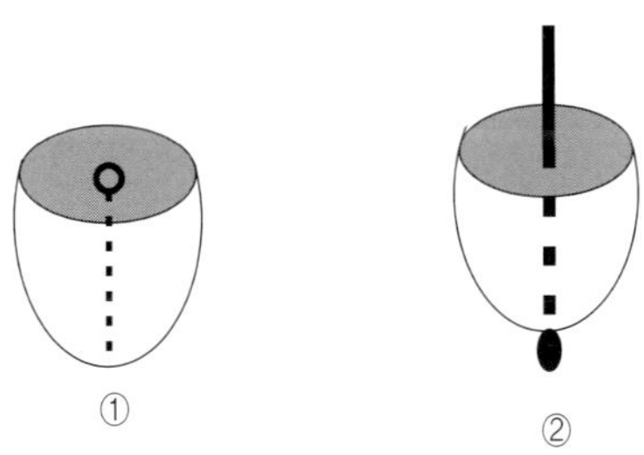

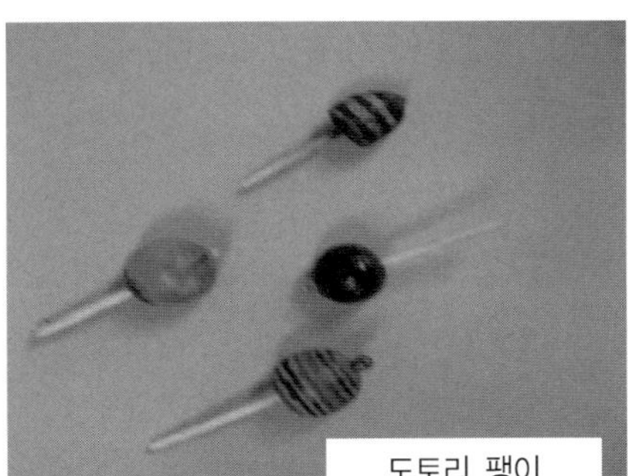

도토리 팽이

5) 도토리 인형놀이

<table>
<tr><td>교과명</td><td colspan="2">전통놀이</td><td>주제</td><td>도토리 인형놀이</td><td>일시</td><td></td></tr>
<tr><td>강사명</td><td colspan="2"></td><td>기관명</td><td></td><td>차시</td><td>5/16</td></tr>
<tr><td>학습
목표</td><td colspan="6">• 다양한 모양의 도토리를 이용해서 인형을 만들어 본다.
• 도토리 인형을 이용하여 가족놀이를 해본다.</td></tr>
<tr><td>단계</td><td>시간</td><td colspan="4">교수 , 학습 활동</td><td>자료</td></tr>
<tr><td>도입</td><td>5분</td><td colspan="4">• 다양한 모양의 도토리를 관찰하고 만들 수 있는 인형을 구상한다.</td><td></td></tr>
<tr><td>전개</td><td>30분</td><td colspan="4">• 도토리로 인형을 만들어 본다.
• 만든 도토리 인형으로 놀이를 해본다.
– 엄마, 아빠, 누나, 동생, 아기 인형을 만들어 도토리 가족을 꾸며 본다.
– 친구들과 역할을 정하여 식구들이 두런두런 이야기 하는 놀이를 해본다.
• 친구들이 만든 인형을 보며 이야기 나누기를 한다.</td><td>도토리,
도토리깍지,
성냥개비,
송곳, 풀,
색종이, 유성펜</td></tr>
<tr><td>정리</td><td>5분</td><td colspan="4">• 도토리 인형을 잘 보이도록 전시하여 놓는다.</td><td></td></tr>
</table>

도토리는 깍지에 달려서 크다가 다 익게 되면 깍지에서 빠져 땅으로 떨어지게 된다. 깍지는 도토리나무에 따라 여러 가지 모양이 있으며 크기도 다양하다.

(1) 도토리 인형 만드는 방법

① 도토리와 여러 가지 모양의 깍지를 준비한다.

② 도토리 2개를 송곳으로 연결 부위에 구멍을 낸다.

③ 이쑤시개나 성냥개비로 도토리를 연결하여 머리와 몸통을 만든다.

④ 몸통에 성냥개비를 꽂아 팔과 다리를 만든다.

⑤ 머리에 맞는 깍지를 찾아 모자를 씌워 준다.

⑥ 유성펜으로 눈, 코, 입을 그린다.

⑦ 색종이를 이용하여 옷을 만들어 입힌다.

⑧ 지우개나 나무토막에 구멍을 내어 넘어지지 않게 세운다.

도토리 인형

6) 수수깡 안경 만들기

교과명	전통놀이	주제	수수깡 안경 만들기	일시	
강사명		기관명		차시	7/16
학습 목표	• 수수깡 안경을 만들어 놀이한다.				
단계	시간	교수・학습활동			자료
도입	5분	• 수수에 대하여 소개하고 수수를 이용하여 만들 수 있는 것이 무엇인지 이야기를 나눈다.			
전개	30분	• 수수깡을 이용하여 안경을 만들어 본다. - 수수대 껍질에 손이 베이지 않도록 유의하여 사용한다. • 안경을 끼고 환해진 모습으로 친구들의 모습을 관찰해 본다. • 안경을 만들면서 주의 점과 느낀 점을 이야기 해본다. • 만든 안경을 끼고 여럿이 함께 할 수 있는 놀이에 참여해 본다.			수수깡
정리	5분	• 안경 낀 친구의 멋진 모습을 보면서 정돈한다.			

(1) 수수깡 안경 만들기

수수열매는 잡곡밥을 지어 먹거나 떡을 만들어 먹기도 한다. 수숫대로 빗자루를 만들어 쓰며 중간 마디는 겉껍질을 벗겨내고 속대를 질근질근 씹어 단물을 먹기도 한다(사탕수수). 마른 수숫대는 껍질을 벗겨서 놀이감을 만들어 놀기도 한다. 겉껍질을 다룰 때는 베이기 쉽기 때문에 조심하여 다루어야 한다.

(2) 수수깡 안경 만드는 방법

① 수수깡 끝대를 준비한다.

② 겉껍질을 벗겨 놓는다.

③ 속대는 필요한 크기로 자른다.

④ 겉껍질을 이용하여 곡선을 만들고 속대를 이용하여 고정하여 원모양을 두개 만든다.

⑤ 원모양 두개를 연결하여 안경모양이 되도록 한다.

⑥ 겉껍질을 귀에 걸 수 있도록 길이를 조절하여 안경다리를 만든다.

①

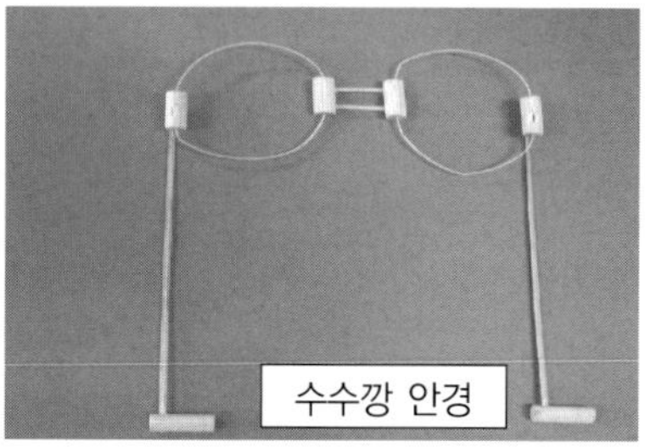

수수깡 안경

(3) 겉껍질은 손톱을 이용하여 조심스럽게 손질해 주면 원하는 대로 구부러지거나 자를 수 있다.

7) 수수깡 잠자리 날리기

교과명	전통놀이		주제	수수깡 잠자리 날리기	일시	
강사명			기관명		차시	8/16
학습 목표	• 수수깡으로 여러 가지 곤충을 만들어 본다. • 수수깡 잠자리를 날려본다.					
단계	시간	교수·학습활동				자 료
도입	5분	• 우리 주변에 흔히 볼 수 있는 곤충에 관해서 이야기 나눈다. • 어떤 모양의 곤충을 만들 것인지 정한다.				
전개	30분	• 수수깡을 이용하여 잠자리를 만들어 본다. – 잠자리의 특징을 살려 날개와 눈을 다양한 방법으로 표현해 본다. • 만든 잠자리를 날려본다. • 다른 곤충들도 응용하여 만들어 본다. • 곤충을 만드는 방법에 대하여 이야기를 나누어 본다.				수수깡 성냥
정리	5분	• 만든 곤충들을 게시판에 꾸며서 전시한다.				

(1) 수수깡 잠자리 만드는 방법

① 수수깡 끝대를 준비한다.

② 겉껍질을 벗겨 놓는다.

③ 속대를 잘라서 몸통을 만든다.

④ 겉껍질을 손질하여 날개와 꼬리를 만들어 몸통에 끼운다.

⑤ 눈은 성냥의 붉은 부분을 떼어 붙인다.

①

②

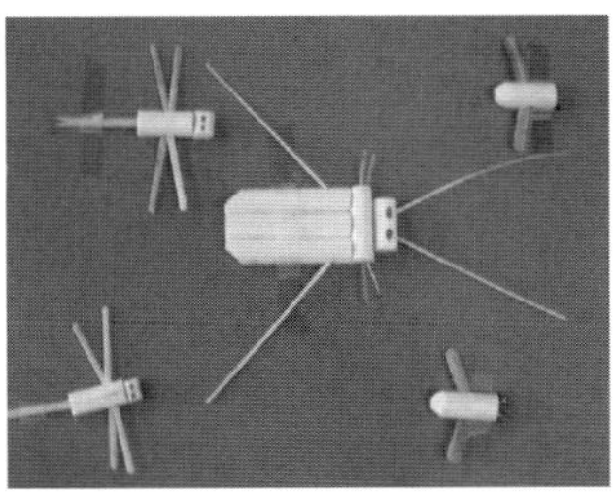

〈수수깡 곤충〉

8) 돛단배 띄우기

<table>
<tr><td>교과명</td><td colspan="2">전통놀이</td><td>주제</td><td>돛단배 띄우기</td><td>일시</td><td></td></tr>
<tr><td>강사명</td><td colspan="2"></td><td>기관명</td><td></td><td>차시</td><td>9/16</td></tr>
<tr><td>학습
목표</td><td colspan="6">• 아이스바를 이용해서 돛단배를 만들어 본다.
• 돛단배를 물에 띄워 놀이를 한다.</td></tr>
<tr><td>단계</td><td>시간</td><td colspan="3">교수・학습활동</td><td colspan="2">자료</td></tr>
<tr><td>도입</td><td>5분</td><td colspan="3">• 아이스바를 이용해서 무엇을 만들 수 있는지 이야기 나눈다.</td><td colspan="2"></td></tr>
<tr><td>전개</td><td>30분</td><td colspan="3">• 아이스바를 이용해서 돛단배를 만들어 본다.
• 돛단배를 물에 띄워 놀이를 한다.
– 큰 대야에 물을 담아 호수를 만든다.
– 프로펠러를 충분히 감은 다음 돛단배를 물에 띄운다.
– 돛단배가 넘어지지 않고 오랫동안 떠다니게 하며 즐긴다.
• 아이스바를 이용해서 돛단배를 만들 때의 주의점을 이야기 해본다.</td><td colspan="2">아이스바 15개
고무밴드
목공용 접착제</td></tr>
<tr><td>정리</td><td>5분</td><td colspan="3">• 주변을 정리하고 활동한 느낌을 이야기 해본다.</td><td colspan="2"></td></tr>
</table>

(1) 아이스바를 이용한 돛단배 만드는 방법

① 재료를 준비하여 책상에 올려놓는다.

② 접착제를 바르지 않고 책상 위에서 배의 모양을 만들어 형태를 잡아 본다.

③ 아이스바 1개를 배의 앞머리로 하고 2cm를 남겨놓고 계단모양으로 양쪽에 간격을 맞추어 접착제를 이용하여 하나씩 붙인다.

④ 한쪽에 6개 정도 붙인다.

⑤ 고무밴드로 감아주어 고정시킨다.

⑥ 돛을 만들어 가운데 부분에 꽂는다.

⑦ 돛을 꽂아 틈이 생긴 곳에 아이스바 1개를 끼워 넣고 고무밴드로 몸체와 고정시킨다.

⑧ 5cm의 짧은 아이스바의 가운데를 송곳으로 구멍을 뚫어 고무밴드를 끼운다.

⑨ 만들어진 배의 몸체 끝부분에 고정시켜 프로펠러를 완성시킨다.

⑩ 프로펠러를 감아 물위에 띄운다.

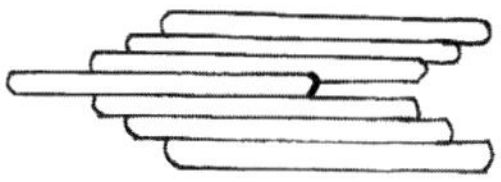

①

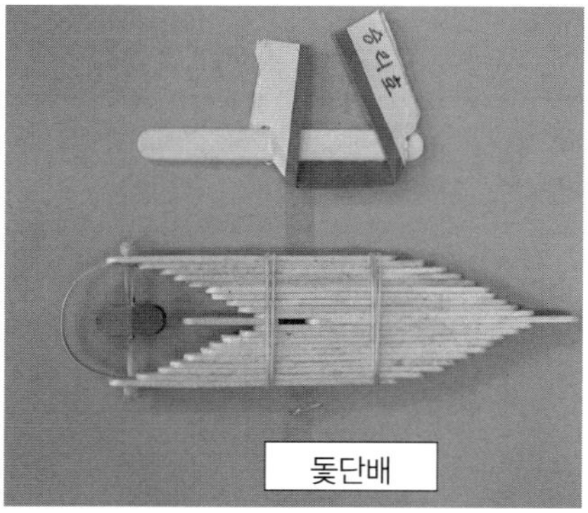

②

9) 바람개비 돌리기

교과명	전통놀이		주제	바람개비 돌리기	일시	
강사명			기관명		차시	10/16
학습 목표	• 아이스바를 이용한 양날 바람개비를 만들어 돌린다.					
단계	시간	교수・학습활동				자료
도입	5분	• 바람개비를 돌려본 경험을 발표해 본다. • 바람개비의 종류를 알아본다.				
전개	30분	• 바람개비를 만들어 본다. - 다양한 방법으로 응용하여 바람개비를 만들어 본다. • 여러 가지 방법으로 바람개비를 돌려본다. - 입으로 불어 돌리기 - 팔을 앞으로 힘차게 내 뻗으며 돌리기 - 밖에 나가 운동장을 달리면서 돌리기 • 잘 돌아가지 않는 이유를 알아보고 고쳐서 다시 돌려본다. • 바람개비가 잘 돌아가는 방법에 대해서 이야기해 본다.				아이스바 1개, 색종이, 못(짧은 것), 풀, 손잡이 막대 (또는 수수깡)
정리	5분	• 바람개비를 돌려본 느낌을 이야기 나누고 마무리 한다.				

(1) 바람개비 만들기

바람개비는 지방에 따라 '팔랑개비'라고도 한다. 날개는 2날, 3날, 4날로 하여 만들기도 하며 풀잎, 우유팩 등을 이용하여 날개를 만들 수도 있다. 날개의 모양을 다양하게 디자인하여 만들 수 있으며 아름답게 색을 칠하여 꾸밀 수 있다.

① 바람개비 만드는 방법

㉠ 준비한 재료를 책상에 올려놓는다.

㉡ 아이스바의 중앙에 송곳으로 구멍을 뚫는다.

㉢ 색종이를 오려서 날개를 두 개 만든다.

㉣ 대칭이 되도록 아이스바를 감싸서 붙인다.

㉤ 아이스바의 구멍에 못을 꽂아 잘 돌아가도록 조절한다.

㉥ 못을 손잡이 막대에 꽂아 돌아갈 수 있게 한다.

㉦ 입으로 불어 바람을 일으켜 돌려 본다.

② 손잡이 막대는 수수깡이나 싸릿대를 아용하면 못을 박을 때 쉽게 박을 수 있다.

③ 못을 너무 깊이 박으면 서로 닿아 날개가 돌아가지 않으므로 간격을 조절하여 박는다.

①

②

바람개비

10) 프로펠러 날리기

교과명	전통놀이		주제	프로펠러 날리기	일시	
강사명			기관명		차시	11/16
학습 목표	• 아이스바를 이용한 프로펠러를 만들어 날려 본다.					
단계	시간	교수 · 학습활동				자료
도입	5분	• 프로펠러가 될 수 있는 것에는 무엇이 있는지 이야기를 나눈다. • 프로펠러의 원리에 대하여 이야기 나눈다.				
전개	30분	• 프로펠러를 만들어 본다. • 만든 프로펠러를 날려본다. – 넓은 장소에 나가서 프로펠러를 날린다. – 멀리, 높이 날아가는 프로펠러를 찾아 칭찬해 준다. – 사람과 부딪치지 않도록 조심한다. • 프로펠러가 잘 날아가기 위한 방법에 대해서 이야기해 본다.				아이스바 1개 대나무 꼬챙이 1개 (산적꽂이) 목공본드 사포
정리	5분	• 프로펠러를 날려본 느낌을 이야기 해본다.				

(1) 프로펠러 만들기

프로펠러는 공기저항과 양력을 이용한 과학놀이로서 어린이들이 들판에서 재미있게 즐길 수 있는 놀이이다. 대나무를 손질하여 놀이하며, 가을에 코스

모스 꽃을 따서 꽃대를 손바닥 사이에 넣고 돌려서 날리기도 한다. 그 밖에 단풍잎과 개나리꽃을 이용하여 놀기도 한다.

(2) 프로펠러 만드는 방법

① 준비한 재료를 책상 위에 올려놓는다.
② 아이스바의 중앙에 송곳으로 구멍을 뚫는다.
③ 대나무 꼬챙이의 끝이 뾰족한 부분이 없도록 사포로 다듬는다.
④ 대나무 꼬챙이를 구멍에 끼워 목공보드로 고정시킨다.
⑤ 본드가 완전히 굳을 때까지 기다린다.
⑥ 양 손바닥 사이에 꼬챙이를 끼우고 돌렸다가 놓으면 날아간다.

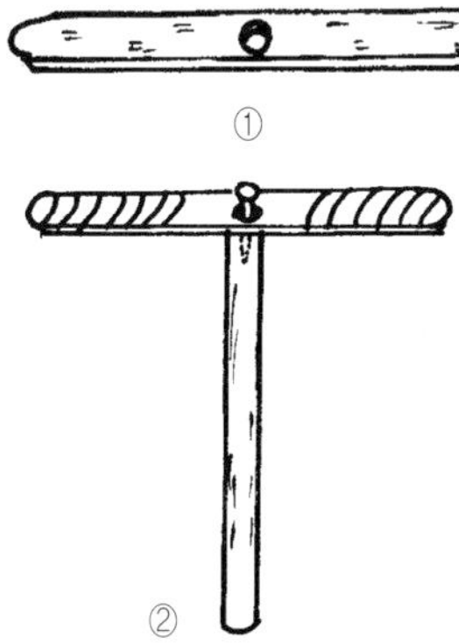

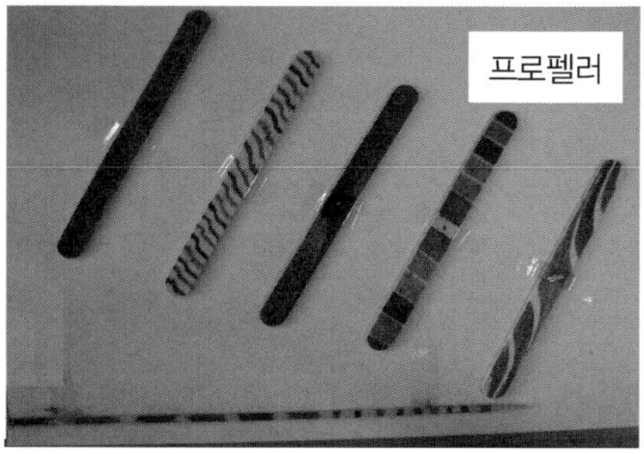

⑦ 아이스바에 색칠을 하면 날아갈 때 보기가 좋다.
⑧ 프로펠러를 물에 적tu 양쪽을 서로 반대 방향으로 비틀어서 유선형을 만들면 공중으로 높이 올라간다.

11) 원반 날리기

교과명	전통놀이	주제	원반 날리기	일시	
강사명		기관명		차시	12/16
학습 목표	• 원반을 만들어 날려 본다.				

단계	시간	교수·학습활동	자료
도입	5분	• 원반이 잘 날아 가려면 어떻게 만들어야 할까? 이야기를 나눈다.	
전개	30분	• 원반을 만들어 본다. • 만든 원반을 날려 본다. – 넓은 장소에 나가서 원반의 홈에 고무줄을 끼워 당겼다가 놓는다. – 멀리 날리기 시합을 한다. • 원반을 날려본 느낌을 이야기해 본다.	두꺼운 종이 고무밴드 1개 나무젓가락
정리	5분	• 정돈을 하고 마무리 한다.	

(1) 원반 만드는 방법

① 준비한 재료를 책상위에 올려놓는다.

② 두꺼운 종이(하드보드지)를 지름이 5cm 이상 되도록 오린다.

③ 원의 가장자리에 고무줄이 끼워지도록 홈을 낸다.

④ 나무젓가락의 한쪽 끝에 고무밴드를 묶어 고정시킨다.

⑤ 원반의 홈에 고무줄을 끼웠다가 놓아 원반이 날아가도록 한다.

⑥ 원반에 색칠을 하면 날아가는 모습이 아름답다.

①

②

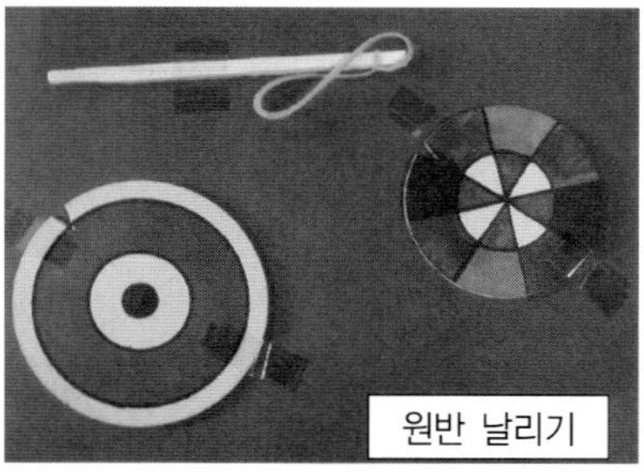

원반 날리기

12) 윙윙이 돌리기

교과명	전통놀이	주제	윙윙이 돌리기	일시	
강사명		기관명		차시	13/16
학습 목표	• 두꺼운 종이로 윙윙이를 만들어 놀이한다.				

단계	시간	교수・학습활동	자료
도입	5분	• 윙윙이가 무엇인지 이야기 나눈다.	
전개	30분	• 윙윙이 만들기 – 준비한 재료를 책상에 올려놓는다. – 두꺼운 종이(하드보드지)를 지름이 4cm 정도 되는 원 모양으로 오린다. – 종이에 색칠을 하여 꾸민다. – 송곳으로 원의 중앙에 구멍을 2개 뚫어 단추 모양이 되게 한다. – 두개의 구멍에 실을 통과시켜 묶는다. – 양손가락에 걸고 반복적으로 당겼다가 놓으면서 계속하여 돌아가게 한다. – 종이에 톱니바퀴를 만들어 돌리면 「윙 윙~」 소리를 내면서 돌아간다. 돌아가는 톱니에 종이를 대면 종이가 잘라진다. – 큰 단추에 실을 꿰어 윙윙이를 만들 수 있다. • 윙윙이 돌리기 – 자기가 만든 윙윙이를 돌려본다.	두꺼운 종이 실(질긴 것) 송곳
정리	5분	• 정돈을 하고 마무리 한다.	

①

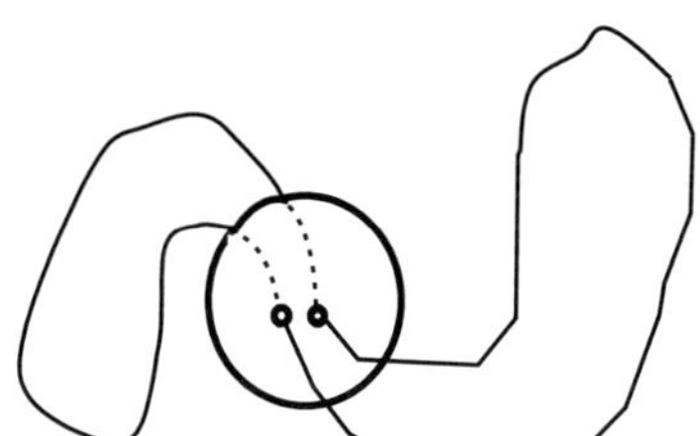

②

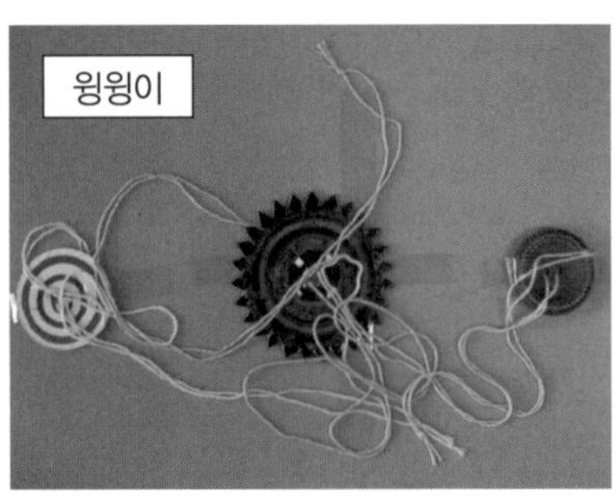

13) 풀잎 배 띄우기

교과명	전통놀이	주제	풀잎 배 띄우기	일시	
강사명		기관명		차시	14/16
학습 목표	• 여름철 물가에서 풀잎이나 대나무 잎을 이용하여 배를 만들어 띄운다.				
단계	시간	교수·학습활동			자료
도입	5분	• 여름철 물가에서 나뭇잎 배를 만들어 띄워 본 경험을 이야기 나눈다.			
전개	30분	• 풀잎 배 만들기 - 길쭉한 모양의 풀잎을 준비한다. (대나무 잎, 갈대 잎, 창포 잎, 억새풀, 옥수수껍질 등) - 풀잎의 양쪽 끝이 잎의 중앙에서 만나도록 접는다. - 접은 상태에서 3등분하여 손톱으로 가른다. - 가운데 가닥은 그대로 두고 양옆의 가닥을 서로 맞물리게 끼워준다. - 잎의 끝을 접어 올려 세우면 돛이 된다. - 잎의 끝을 세울 때 반대쪽 잎줄기 끝으로 받쳐 주어 넘어지지 않게 한다. • 풀잎 배를 띄우며 놀이하기 - 얕은 냇가에서 자신이 만든 풀잎 배를 띄워 본다. - 누가 만든 배가 더 잘 떠내려가는지 경주를 해본다. - 실내에서 놀이를 할 경우 대야에 물을 채우고 배를 띄운다.			풀잎
정리	5분	• 풀잎 배를 만들어 띄워 본 느낌을 이야기 해보고 마무리 한다.			

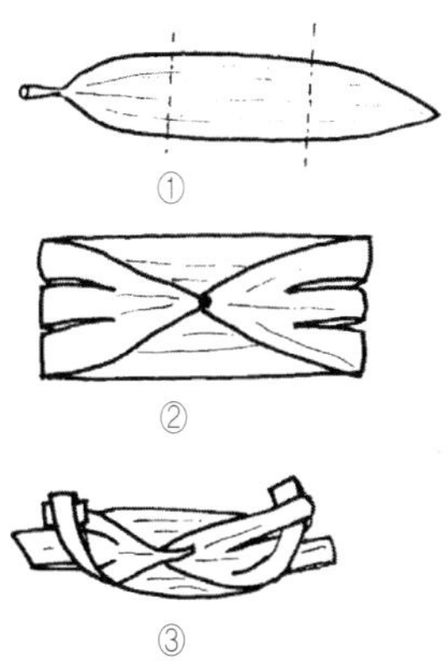

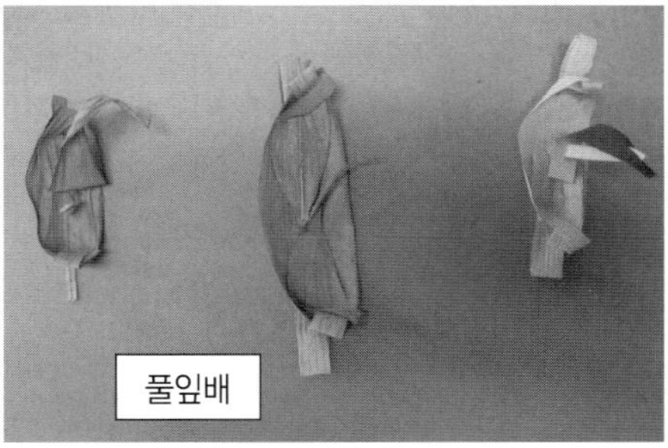

14) 나뭇잎 모자 만들어 놀기

<table>
<tr><td>교과명</td><td colspan="2">전통놀이</td><td>주제</td><td>나뭇잎 모자 만들어 놀기</td><td>일시</td><td></td></tr>
<tr><td>강사명</td><td colspan="2"></td><td>기관명</td><td></td><td>차시</td><td>15/16</td></tr>
<tr><td>학습 목표</td><td colspan="6">• 도토리 나뭇잎을 모아 모자를 만들어 쓰고 놀이한다.</td></tr>
<tr><td>단계</td><td>시간</td><td colspan="4">교수 · 학습활동</td><td>자료</td></tr>
<tr><td>도입</td><td>5분</td><td colspan="4">• 도토리 나뭇잎으로 어떤 놀이감을 만들 수 있는지 이야기 나눈다.</td><td></td></tr>
<tr><td>전개</td><td>30분</td><td colspan="4">• 나뭇잎 모자 만들기
– 도토리 나뭇잎을 모은다.
– 도토리 나뭇잎의 밑 부분(잎줄기)을 꺾어 접어서 매끈한 부분이 위로 오도록 한다.
– 꺾어 접어놓은 잎 사이에 다른 잎을 끼워 넣는다.
– 나뭇가지(이쑤시개)로 바늘을 만들어 나뭇잎을 연결하여 준다.
– 머리 둘레에 맞추어서 둘레를 조절하여 만든다.
– 완성된 모자를 머리에 쓰고 놀이에 참가한다.
• 나뭇잎 모자를 쓰고 놀이하기
– 여름철 수수깡 안경을 만들어 쓰고 손목에 풀시계를 만들어 차고 토끼풀 꽃반지를 찬 다음 도토리 나뭇잎 모자를 만들어 쓰고 외출하는 놀이를 하여본다.
– 패션쇼를 하여 멋진 사람을 뽑아본다.</td><td>도토리 나뭇잎
가는 나뭇가지
(이쑤시개)</td></tr>
<tr><td>정리</td><td>5분</td><td colspan="4">• 주변을 정리하고 마무리한다.</td><td></td></tr>
</table>

①

②

도토리잎 고깔

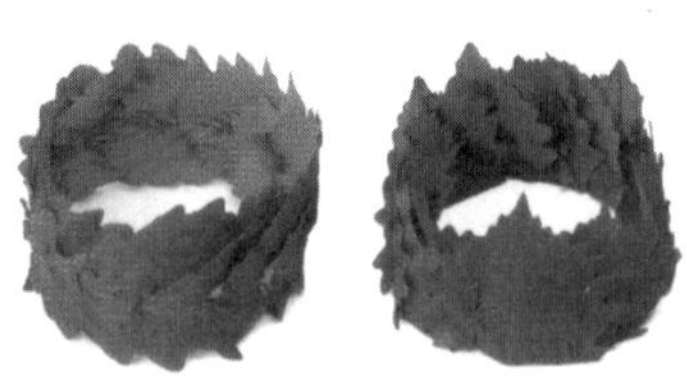

도토리잎 띠 모자

15) 낙하산 놀이

<table>
<tr><td>교과명</td><td colspan="2">전통놀이</td><td>주제</td><td>낙하산 놀이</td><td>일시</td><td></td></tr>
<tr><td>강사명</td><td colspan="2"></td><td>기관명</td><td></td><td>차시</td><td>16/16</td></tr>
<tr><td>학습
목표</td><td colspan="6">• 비닐로 낙하산을 만들어 놀이를 한다.</td></tr>
<tr><td>단계</td><td>시간</td><td colspan="4">교수 · 학습활동</td><td>자료</td></tr>
<tr><td>도입</td><td>5분</td><td colspan="4">• 낙하산의 용도와 만드는 방법에 대해서 이야기를 나눈다.</td><td></td></tr>
<tr><td>전개</td><td>30분</td><td colspan="4">• 비닐 낙하산 만들기
– 비닐은 한 변의 길이가 20cm 정도가 되도록 정사각형 모양으로 자른다.
– 실은 30cm정도의 길이로 잘라서 8개를 준비한다.
– 정사각형의 얇은 비닐을 8각으로 접는다.
– 반지름의 길이가 15cm 정도가 되도록 둥글게 오려낸다.
– 비닐을 펴고 8각 모서리 끝 지점에 투명테이프를 붙여 실을 고정시킨다.
– 실을 모아 쥐고 적당한 길이로 잘라 매듭을 한다.
– 추를 만들어 단다.
– 완성된 낙하산을 머리 위에서 떨어뜨려 본다.
• 낙하산 놀이하기
– 상황을 만들어 낙하산을 타고 내려오는 놀이를 한다.
– 머리위에서 낙하산을 떨어뜨려 안전하게 떨어지도록 한다.
– 추의 무게를 무겁게 하여 낙하산의 떨어지는 속도가 빨라지게 해본다.</td><td>얇은 비닐
실
추(지우개)
투명테이프</td></tr>
<tr><td>정리</td><td>5분</td><td colspan="4">• 주변을 정리하고 마무리한다.</td><td></td></tr>
</table>

공작용 지우개를 이용하여 사람 모양을 만들어 구멍을 낸 다음 실의 매듭 부분을 구멍에 끼워서 사용한다. 도토리 인형을 추로 이용하여도 좋다.

16) 함께 하는 전통놀이

(1) 실뜨기

① 길이 50~80cm 정도의 실을 이어 양쪽 엄지와 검지 손가락에 벌려서 건다.

② 다른 사람은 양쪽 손가락을 걸고 내리거나 올려서 새로운 모양으로 만든다.

③ 같은 모양이 나오거나 실이 엉키거나 풀어지면 안 된다.

④ 더 이상 모양을 만들지 못하면 지게 된다.

※ 응용놀이

① 두 사람이 실을 엇걸어 톱질하여 상대편 실 끊기

② 누가 빨리 많은 매듭을 짓는가 경쟁하기

③ 정해진 시간 동안 실로 모양 만들기(곤충, 물건 등…)

(2) 흙 따먹기

오늘날 도시 환경에서는 흙 따먹기 놀이장소로 적합한 곳을 찾기가 쉽지 않다. 오염되지 않은 흙이나 바닷가 모래밭에서 발바닥을 서로 맞대고 마주 앉아 놀이하면 서로의 정을 나눌 수 있는 놀이이다.

① 흙을 수북하게 모으면 원추형이 된다.

② 가운데에 나무젓가락이나 비슷한 꼬챙이를 준비해서 꽂는다.

③ 순서대로나 가위바위보를 통해서 차례대로 흙을 가져온다.

④ 흙을 자기 앞으로 끌어오다가 가운데에 꽂힌 나무젓가락이라 꼬챙이가 넘어지면 지게 된다(시간이 지날수록 자기 차례가 오는 것이 부담스러워진다).

(3) 글자 찾기

① 단단한 땅바닥에 미리 생각해 둔 글자를 파고(3글자 내외) 흙으로 덮는다.
② 덮은 자리 근처를 동그라미로 위치 표시를 해둔다.
③ 시작 소리에 맞춰 서로 다른 사람의 자리로 달려가서 흙을 걷어내고 글자를 찾는다.

제10절 속청법

속청이란 음성 속도를 빠르게 하여 드는 것으로, 귀와 눈을 통해서 익혀진 언어정보는 베르니케 중추(A : 감각성언어 분야)로 운반되어 여기서 언어로 이해된 후 궁상속이라 불리는 신경조직에 속한 브로카(운동성언어 분야) 중추(B : 운동성언어 분야)에 달한다.

베르니케 중추가 속청에 의해 활성화되면서 언어정보는 다시 기억과 인식, 운동영역까지 고속으로 전송되어 각 영역에서 급속처리된다. 그 결과 뇌 각 부위에 흥분이 전달되어 전뇌가 활성화되어 가는 것이다.

〈표 2-1〉 속청법을 이용한 자기소개

나의 이름은 ㅇㅇㅇ입니다.
나의 나이는 ㅇㅇ입니다.
나의 생일은 음력 ㅇㅇ월 ㅇㅇ일입니다.
나의 고향은 충청북도 ㅇㅇ입니다.
나의 현재 노원구 ㅇㅇ동 ㅇㅇ에 살고 있습니다.
나의 집 전화번호는 ㅇㅇㅇㅇ-ㅇㅇㅇㅇ입니다.
나는 슬하에 아들 , 딸을 두었습니다.
나는 현재 아들가족과 함께 살고 있습니다.
여기는 ㅇㅇ노인종합복지관입니다.

제11절 식사 및 간식

1) 식사계획 시 유의할 점

① 노인의 식습관을 존중하고 좋아하는 음식을 만든다.
② 영양소의 균형을 생각한다. (주식 = 밥, 빵, 면류) + (부식A 단백질성 식품 = 어류, 육류, 난류, 콩제품 등) + (부식B 비타민, 미네랄 종류－야채, 해초류)를 드린다. 야채나 생선 등 한쪽으로만 치우친 메뉴가 되지 않도록 하는 것이 중요하다.
③ 간식(우유, 과일, 과자, 주스)
④ 식사시간(간식시간 포함)을 일정하게 규칙적으로 하는 것이 바람직하다.
⑤ 먹는 양에 주의하고 과·부족이 없도록 주의한다.
⑥ 신선한 식품을 선택하고 양념은 담백하고 짜지 않게 부드럽게 조리하여 청결, 위생에 노력한다.
⑦ 메뉴 선정 시 노인의 기호를 우선으로 하고 균형을 유지한다.
⑧ 식기는 가능한 한 노인이 늘 사용하던 것이 좋다. 그러므로 그릇에 맞는 메뉴가 우선되어야 한다(안전한 것을 사용한다).
⑨ 식사할 경우 환경에 유의한다. 특히 식사의 장소는 노인에게 편한 장소를 선택하는 것이 좋다.
⑩ 가능한 한 식사를 만들 때 적극적으로 참가하여 장보기, 조리, 설거지 등을 통해 노인이 자립성을 가질 수 있도록 하는 것이 좋다.

2) 식사보조

일상생활을 스스로 할 수 있는 노인이나 어느 정도 혼자서 식사를 할 수 있는 노인에게는 가능한 한 자신이 스스로 하게 하는 것이 바람직하다. 식사 중의 사고를 미연에 방지하는 의미에서라도 애정 있고 주의 깊은 시선, 간호

보조가 좋다. 즉, 식사의 처음과 그 전후를 포함한 간호는 세심한 배려가 필요하다. 특히 치매노인은 흘리기도 하고 떨어뜨리기도 하기 때문에 물수건을 준비해 둔다든가 먹기 편한 자세 등을 해 드리는 것이 좋다. 또한 수저나 젓가락을 사용하는 데 도와드리고 조리된 것에는 미리 칼집을 넣는다든가 잘게 썰어놓는 것, 생선의 가시를 발라드시지 못할 때에는 가시를 발라드린다든가, 밥을 드시고, 반찬을 드시는 것을 기억해 내지 못해 밥만 드시는 경우도 있으므로 잘 관찰하여 제대로 식사할 수 있도록 돕는다. 뜨거운 것에 대한 예비, 식후의 입가심 등 식사 전반에 대한 배려와 원조는 매우 중요하다. 노인에게 즐겁고 맛있는 식생활을 할 수 있게 하는 것이 무엇보다도 중요하다.

식사 전 화장실로 유도하여 손을 씻게 유도하며, 식사 후 바로 양치질을 할 수 있도록 돕는다.

제12절 치매노인 송영 서비스

① 치매주간보호센터와 근접한 지역에 거주하는 노인은 기관의 차량을 이용하여 주간보호센터까지 입소를 돕는다.

② 가까운 지역의 거주노인의 경우 주간보호센터에서 치매노인의 가정까지 노인을 모시러 가고 보호자의 협조를 받아 치매노인 송영 서비스를 실시한다.

③ 치매노인의 감정상태에 따라 주간보호센터까지 송영 도중에 차안에서 움직이거나 달리는 차내에서 일어서는 노인이 있으므로 보호자나 봉사자가 함께 탑승하도록 한다.

④ 퇴소시간이 가까워지면 귀가를 하지 않으려고 하는 치매노인이 있다. 이럴 때는 여러 명이 함께 동시에 일어나 프로그램실 밖으로 나가도

록 유도한다. 차량이 있는 곳까지 봉사자나 직원의 손을 잡고 이동하고, 안정감을 찾은 상태에서 차를 타도록 유도하며, 직원이 동승하여 치매노인의 가정까지 귀가시키지 못할 경우에도 함께 차 안에 앉아 있다가 화장실에 잠깐 다녀온다고 얘기를 하는 등 다른 방법으로 내리도록 한다.

제13절 특별 프로그램 실제

1. 특별 프로그램의 예

1) 설날잔치

① 치매노인과 직원이 한복을 준비하여 계절감을 인지하도록 하며, 음식은 떡국이나 만두 재료를 하여 같이 음식을 만들어 본다.

② 윷놀이 등의 전통놀이를 실시할 수 있도록 놀잇감을 같이 준비한다.

2) 한가위잔치

① 가족에게 미리 연락하여 한복을 준비하도록 하며, 치매노인 스스로 입을 수 있는 경우 보조한다.

② 음식은 송편을 만들기 위한 재료를 준비하여 치매노인과 같이 송편을 만들어 본다.

③ 관련 놀이 및 사진을 보여주고, 회상프로그램을 실시하며, 한가위에 맞는 놀이로 흥을 복돋운다.

3) 현장학습

과거를 돌아보거나 계절에 맞는 현장을 섭외하여 치매노인과 함께 공유해 본다.

예 허브마을, 도예마을, 민속촌, 고구려전, 한강유람선

4) 생신잔치

매달 해당되는 치매노인을 위해 케이크 및 간단한 다과를 준비한다.

5) 운동회

만국기, 오재미, 릴레이, 맞춤 제작한 티셔츠, 김밥 등의 간식을 준비한다.

2. 행사계획서 작성

행사계획서에는 다음과 같은 사항이 포함되어야 한다.

① 목적
② 추진방침
③ 사업개요
④ 세부 추진내용
⑤ 소요예산
⑥ 홍보계획
⑦ 평가

3. 행사계획서 작성 시 주의사항

1) 사전답사

① 도착지와 소요거리를 최소화한다.

② 화장실 위치를 확인하고, 모임장소에서 근거리에 위치해 있는지 확인한다.

③ 식당 위치를 확인한다.

2) 가족전화상담

참석 여부, 복장 및 유의사항을 알린다.

3) 자원동원

물품후원, 자원봉사동원, 차량 후원, 휠체어, 통일된 조끼 등을 미리 준비한다.

4) 보도자료 작성

육하원칙에 따라 짧게 한눈에 볼 수 있게 디자인하여 홍보하며, 상호명, 담당자, 연락처 등을 반드시 기입한다.

5) 행사 진행 시 주의점

① 레터링 : 호차마다 다른 색의 큰글씨로, 동일한 색상의 이름표(연락처도 기재)를 만들어 참여하는 모든 분들이 차를 찾아 이동할 수 있도록 배려한다.

② **비상약품 준비** : 멀미약, 우황청심원, 밴드 등 상비약 및 각 노인의 약도 챙기도록 한다.

③ **자원봉사 사전 모임** : 사전 모임은 반드시 실시하여 노인의 이상한 행동에 대해 짜증을 내거나 반말 등을 삼가며, 특히 문제행동인 배회, 성적 이상행동 등에 대해 공지하고, 걷기, 화장실 가기 등도 자세히 관찰하여 남아 있는 능력을 본인이 하도록 유도하며 도울 수 있도록 한다.

④ **간식준비 시 주의사항** : 이동 시 상하지 않는 음식을 선택하고, 한 명씩 먹을 수 있도록 한 봉지 포장을 하여 차 안에서 드실 수 있도록 배려한다.

소화가 잘 되는 음식, 만성질환을 해하지 않는 음식, 노인이 좋아하는 간식거리로 준비한다.

⑤ **차량 보험** : 미리 명단을 확보하여 보험사에 처리한다.

⑥ **복장** : 통일된 유니폼(노인, 직원, 자원봉사자)을 미리 준비한다.

⑦ **기타** : 쓰레기 봉투, 멀미봉지 등을 미리 챙긴다.

⑧ **플래카드** : 사전답사팀이 먼저 가서 플래카드를 걸고 영역을 표시하며, 플래카드를 중심으로 사진을 찍어 결과보고를 남긴다.

⑨ **마무리** : 치매노인에게 간단한 피드백을 제공하고, 가족에게 무사히 도착함을 알린다.

03 CHAPTER

치매노인 문제행동의 개념 및 사례연구

1. 치매노인의 문제행동

1) 주의력장애 · 언어장애

주의력장애는 주의력이란 일정한 정신활동 혹은 외부 자극에 초점을 맞추고 유지하면서 새로운 정신활동이나 자극에 대해 적절히 옮길 수 있는 능력을 말한다. 혈관성 치매와 대사성 질환으로 인한 치매의 경우 초기에 주의력장애를 보이는 경우가 많다. 겉으로 산만하게 보이며 대화의 흐름이 일정하게 흘러가지 않고 지리멸렬하게 나타난다.

(1) 사례

알츠하이머 치매로 77세 여성 박○효 씨는 주간보호센터 초기면접 시 불안한 표정으로 보호자와 면접 중 낯선 환경에 대한 두려움을 나타내며, 윗옷자락을 돌돌 말고 있었다.

프로그램이 시작되면 프로그램의 진행과는 무관하게 프로그램실을 배회하며 무표정한 얼굴로 알아듣지 못할 정도의 작은 소리로 단어들을 나열하였다.

가족 간의 대화가 전혀 이루어지지 못하고 주간보호센터 내의 다른 수급자들과의 관계도 전혀 이루어지지 못하였으며 프로그램에도 전혀 참여시킬 수 없었다. 사회복지사와의 대화 유도를 위한 질문에 전혀 반응을 보이지 않은 채 소파에 앉아 한 곳에 시선을 집중시키지 못하고 의미 연결이 되지 않는 단어들을 나열하였다.

(2) 개입방법

① 오전 입소 시 출석을 불러 전체 수급자와 함께 대답하게 하여 낮게 중얼거리는 목소리를 또렷하고 분명한 높이로 반복 실행하도록 하였다.

② 주 3회 속청법(귀와 눈을 통해서 익힌 언어정보로 뇌를 활성화)시켜 단어의 발음훈련과 단어의 의미전달을 유도하였다.

> **속청법을 이용한 자기소개 예시**
> 나의 이름은 ㅇㅇㅇ입니다.
> 나의 나이는 ㅇㅇ, ㅇㅇㅇ띠입니다.
> 나의 생일은 음력 ㅇㅇ월 ㅇㅇ일입니다.
> 나의 고향은 충청북도 ㅇㅇ입니다.
> 나는 현재 ㅇㅇ구 ㅇㅇ동 ㅇㅇ에 살고 있습니다.
> 나의 집 전화번호는 ㅇㅇㅇㅇ – ㅇㅇㅇㅇ입니다.
> 나는 슬하에 아들, 딸을 두었습니다.
> 나는 현재 아들 가족과 함께 살고 있습니다.
> 여기는 ㅇㅇㅇㅇ기관입니다.

③ 1일 1회(중식 後) 사회복지사의 개별 접근을 통하여 박○효 씨가 나열하는 단어 중 의미전달이 되는 단어에 대하여 지지해 주며 지속적으로 단어와 환경에 대하여 설명하였다.

현재 박○효 씨는 입소 시 낯익은 듯 웃으며 반갑게 고개 숙여 인사를 하면서 '여러분 감사합니다', '식사를 다 하셨습니까?' 등 이야기의 대상이 알아들을 정도로 큰 소리로 인사를 하고 있다. 또한 프로그램 진행 시 다른 수급자들과 함께 의자에 앉아 있으며 간단한 대화가 가능해지고 있다. 박○효 씨에게 질문이나 대화를 할 경우 문장 중 일정한 단어를 선별하여 듣고 단어를 오류 해석하여 연상되는 말로 대답을 하는 경우가 많아 올바른 의미 전달이 힘들지만 단어에 대해 4~5회 반복 설명하면 올바른 의미를 인지하여 '응, 우리 할아버지 ○○○이지, 장로님이야', '아들 있지', '우리 작은 아들은 불쌍해' 등의 대화가 이루어진다. 출석을 부르면 '네~' 하며 대답하고 날짜, 이름 등을 따라 하도록 하면 10회 실시 중 2~3회 실행한다. 일대일 대화를 실시할 경우 전체 수급자와 함께 하며 대화할 경우 약 20%보다 더 많은 40% 접근이 이루어진다.

2) 배회 · 시공간 기능장애

치매노인의 배회에 관한 공식적인 정의는 없다. 광의의 의미는 목적이 없거나 목적이 없다고 생각되는 이동 또는 목적을 달성하기 위해 하는 틀리거나 부적절한 이동을 배회라고 한다(일본치매가족협회, 1997). 치매노인의 73% 정도가 배회증세를 나타내고 있어 간호자가 모르는 사이에 혼자서 집을 나가버리는 문제가 발생한다. 일반적으로 수급자는 친근한 환경이 아니거나 할 일이 있어 가는 도중에 그가 어디에 와 있는지 잊어버리는 경우 길을 잃게 된다. 이와 유사하게 새로운 환경으로 옮겼을 때, 또는 주간보호프로그램을 시작할 때 혼란스러워한다. 이때 서성이며 돌아다니는 것은 집에 가겠다는 결심의 표출일 수도 있고, 어떤 목적 없이 돌아다니는 것은 지루함을 느낄 때에, 또는 운동이 필요하다는 것을 나타낼 수도 있다. 또한 친숙하지 못하거나 기분이 안좋다는 느낌에서 도망치려는 도피적인 반응일 수도 있다. 보통 배회는 밤에 자주 일어나는데, 이것은 일반적으로 밤에 더 방향감각을 잃기 때문이다.

시공간 기능장애는 시각적 주의력, 지각, 내부시상, 시공간 기억 및 구성능력으로 구성되어 있다. 수급자가 길을 잃어버린 과거력이 있거나 거리를 측정하지 못하는 경우 일단 시공간 기능장애가 있다고 추정할 수 있다. 간단한 검사를 통해서도 이러한 장애를 추정할 수 있다. 즉, 수급자에게 그림을 보여주면서 그려보게 했을 때 제대로 수행하지 못하거나 시계판이나 집 혹은 사람을 그리는 데 어려움을 보이게 된다. 알츠하이머병과 같은 우측 두정엽 손상이 있는 경우 잘 발생한다.

(1) 사례

알츠하이머 치매가 있는 64세 여성으로 배우자가 주간호자인 박○이 씨는 초기면접 시 불안해 보였으며 무엇인가 근심을 가득 안고 있는 듯했고, 고집이 강해 보였다.

박○이 씨는 치매와 당뇨, 고혈압의 합병증을 보이고 있으며, 1분 이상 한자리에 앉아 있지 못하였다. 프로그램에 처음 참여시켰을 때 1~2분가량이 지나면 밖으로 나갔으며 시설 밖을 모두 돌고 나서야 프로그램실로 들어오며 1~2분 후 다시 같은 행동을 반복하였다. 가정보호 시 가장 심각한 문제로 제시되는 것은 주간호자인 배우자를 반드시 동행하려 하는 것이며, 특히 석양증후군(sun-down-syndrome)으로 인해 배우자 및 사회생활하는 자녀들까지도 어려움을 겪고 있다.

(2) 개입방법

① 1일 2회 20분씩 박○이 씨가 흥미를 보이는 노래 부르기(청춘을 돌려다오)를 공굴리기와 노래자랑 등의 프로그램에 응용하여 실시하였다.

② 주 3회 배회가 가장 심한 오후(15:00~16:00) 시간에 수급자가 집중하는 미술활동, 공작활동, 인지활동을 통해 오리기, 찢기, 읽기 등의 프로그램을 실시하였다.

③ 1일 1회 중식 후 20분씩 교가, 국민체조 및 에어로빅을 실시하였고 프로그램 도중 배회가 시작되면 음악을 틀거나 '청춘을 돌려다오'를 선창하여 박○이 씨가 즐기는 춤을 추도록 하였다.

④ 박○이 씨의 배회가 극심해져 흥분상태에 도달하면 봉사자를 동행하여 기관을 둘러 보도록 하였다.

⑤ 1일 1회 점심 이후 보호자(보호자는 2층의 노인대학에 다녀, 매일 같이 본 기관에 출석하여)를 동행하여 슈퍼마켓에 다녀오도록 하였다.

현재 박○이 씨는 프로그램 진행에 함께 참여하여 최장 25분까지 집중하며 미술활동, 공작활동 등에 참여한다. 프로그램 참여로 가정보호 시 석양증

(sun-down-syndrome)의 경감으로 고령의 케어를 담당하는 배우자에게 제2의 문제가 전이되는 상황을 예방할 수 있으며, 자녀들의 부양부담을 경감시키고 있다.

3) 인격 변화 · 정신 행동 장애 · 작화(作話)

치매발병 이전에 비하여 우울성향, 완고성, 분노, 공격성, 타인 의심 성향이 증가하는 등의 부정적인 방향으로 인격변화가 나타나게 된다. 치매노인의 문제행동을 보며 치매발병 이전으로부터의 성격으로 오인하여 외부로부터 소외되는 경우가 많은데 이는 인격변화로 인한 것으로 이해되어야 한다.

치매로 인하여 야기되는 우울증, 환각, 섭식장애, 성적 이상행동, 수집벽 등의 정신병적 증상과 공격적 행동, 실행증 등의 행동장애를 수반한다. 정신행동장애로 인하여 남을 이유 없이 의심하며 헐뜯고 화를 내며 가출하는 경우가 많다.

판단력, 논리적 사고능력의 결여로 인하여 발생하지 않은 사건을 꾸며내어 말하는 증상으로 대개 피해망상, 도난망상 등이 주류를 이룬다.

치매노인은 기억력이 저하되고 있어 자신의 의지와는 무관하게 잊어버린 사실에 대해 무엇인가 만들어서 말을 하여 치매노인 자신의 과실이나 잘못에 대하여 정당화시키거나 타인에게 전가하여 위기를 모면하려 한다.

(1) 사례

알츠하이머 치매가 있는 67세 여성 송○희 씨는 초기면접 시 핼쑥한 얼굴에 눈의 초점이 흐렸으며 말없이 우울해 보였다.

송○희 씨는 프로그램 도중 가장 적극적이며 밝게 참여하지만 주머니 안에 들어가는 물건(예 치약, 구슬, 풀, 가위 등)에 대해서는 손으로 만지작거리거나 주머니나 속옷 안에 넣어 한 손으로 꼭 움켜쥐었다. 또한 보기 좋은 옷이나 장식품이 있으면 주변의 눈치를 상당히 보며 눈의 초점을 잃고 들었다 놓았다를 반복한다. 물건 주인이 가져가면 자신의 것이라 주장하며 물건 주인을 그 물건의 도둑이라 하고 폭언을 하며 격분하였다. 이 경우 사회복지사가 물건의 주인과 송○희 씨를 함께 모셔 문제의 물건 구입배경에 대하여 물으면 전혀 사실과 다른 이야기를 창작해 내었다. 물건을 수집하고 난 후 송○희 씨는 눈의 초점이 흐려지며 품안의 물건을 움켜쥐고만 있으려 하고 프로그램에 전혀 참여하지 않으려 하였다. 누구든지 움켜진 물건에 대하여 관심을 보이면 격분하며 작화를 시작하였다.

(2) 개입방법

① 하루에도 여러 번 송○희 씨를 모두가 보는 앞에서 바르고 곧은 성품에 대해 지지해 주었다.

② 점심 후 도움을 요청하는 다른 수급자를 도와 식사를 원조하도록 하며 송○희 씨의 인격이 인자하며 도움을 주는 사람이라는 자각이 일어나도록 유도하여 정서적 지지를 통해 안정감을 찾도록 하였다.

③ 다른 수급자를 의심하거나 폭언을 할 경우 함께 의심을 역추적하여 상황을 이해시키며 격양된 기분을 진정시켜 폭언을 제거하도록 하였다.

④ 물건을 수집하는 상황을 제재하지 않고 송○희 씨 앞에서 물건을 잃어버렸다며 함께 찾아달라고 의뢰하여 찾도록 하여 무의식적으로 벌어진 상황을 송○희 씨가 인식하여 현실자각이 이루어지도록 하였다.

⑤ 송○희 씨의 품에서 물건을 찾아 꺼내지 않고 보호자와 협조하여 후일 가져오도록 하며 가져온 물건에 대해서 출처를 묻지 않고 물건을 찾아 기쁘다는 표현을 강조하였다.

현재 송○희 씨는 점심 등 일상생활동작(ADL)에 도움이 필요한 다른 수급자를 주간보호센터 이용시간 동안 원조(support)하여 주고 있다. 수집벽에 대해서는 품안에 숨기던 것을 손지갑을 가지고 다니며 손지갑 안에 들어갈 만한 크기의 물건에 대해 여전히 수집벽을 보이고 있으며, 수집 후에 프로그램 도중 화장실로 가서 손지갑 안에 넣어 옷 속 깊은 곳에 넣고 꼭 쥐고 있다. 수집벽이 나타난 후 수집물건에 대해 관심을 보이지 않도록 하며 프로그램에 유도하면 수시로 지갑을 확인하며 프로그램에 참여한다. 송○희 씨의 경우 보호자가 탈진 상태로 보호자와의 연계가 제대로 이루어지지 않아 수집 후의 개입이 어려워 수집품으로 인한 송○희 씨의 작화가 오히려 늘어나고 있으며 송○희 씨 스스로 진실이라고 믿고 있다.

4) 불안 · 환각 · 망상

불안이란 무엇인지 확실치 않으나, 어떤 크나큰 위험이 곧 닥쳐오리라는 생각에 압도당해서 마음이 혼비백산의 상태 또는 초긴장 상태에 있는 것을 말한다. 치매노인은 자신이 전과 같지 않고 이상하다는 막연한 느낌을 가지고 있어서 정신적 · 신체적으로 극도의 불안이 지속되는 상태이다.

환각은 알츠하이머병보다는 혈관성 치매나 대사성 질환 혹은 독성 상태에서 흔히 발생하는 것으로 알려져 있으나 발생빈도는 적은 편이다. 알츠하이머병에서는 약 5% 또는 20%에서 발생되는 것으로 보고된 바 있다. 퇴행성 질환 중 하나인 루이소체병의 경우 특징적인 초기증상으로 환각이 나타나기도 한다. 주로 환청과 환시의 형태로 발생되지만 가끔 환후 혹은 환촉이 나타나는 경우도 있다. 이러한 환각은 일차성으로 발생할 수도 있지만 섬망, 약물과용 · 오용, 전해질 장애, 대사장애 등으로도 발생할 수 있기 때문에 의사의 정확한 진단이 필요하다.

망상은 알츠하이머병 수급자의 30~40% 그리고 다발성 경색치매 수급자의 40%에서 경과 도중 망상이 발생하는 것으로 보고된 바 있다. 과거에는 이러한 망상의 발생기전을 치매가 진행되면서 현실을 정확하게 평가하는 능력이 감소되고 인지기능이 붕괴되는 것에 대한 보상작용으로 추정하였으나, 대부분의 망상들이 초기 혹은 중기에 흔히 발생되기 때문에 논란의 대상이 되고 있다.

주로 발생하는 망상의 종류는 피해망상이며, 그중에서도 가장 흔히 발생되는 것은 도둑망상이다. 그 외 '남편이나 아내가 바람을 피운다', '가족들이 나를 무시한다', '가족들이 나를 버리려고 한다', '지금 이곳은 내 집이 아니니 보내달라', '집에 낯선 사람이 있다'는 등의 피해망상을 호소하기도 한다. 간혹 TV 화면에 나오는 사람이 실제로 방안에 있는 것으로 착각하여 화면을 보고 대화를 나누거나 거울에 나타난 자기 얼굴을 다른 사람으로 착각하여 중얼거리는 현상을 보일 때도 있다.

정신분열증을 위시한 기능성 정신병 수급자들에 비해 망상의 내용이 짜임새가 적고, 집착력도 떨어지기 때문에 수급자의 관심을 다른 데로 유도하면 사라지는 경우가 많고 상황에 따라 내용이 잘 변하는 것으로 알려져 있다.

(1) 사례

알츠하이머 치매인 74세 여성 김○례 씨는 초기면접 시 매우 불안하고 초조한 표정으로 되새김질 하듯 입에 뭔가를 오물오물 씹으며 복도를 오갔다.

김○례 씨는 점심 이후 1시경부터 집에 가야 한다는 말을 시작으로 집에 대한 걱정을 하였다. '집에 가야지 지금 이러고 있으면 어떻게 해 빨리빨리 해야지'하며 의자를 복도로 내다 놓고 배우자가 들여다 놓으니 안절부절못하였다. 프로그램에 참여하도록 유도하였으나, 집중하지 못하며 불안이 극대화되어 집에 가서 아이를 봐야 한다며 프로그램실을 나가려 하나 출구를 찾지 못하고, 함께 프로그램에 참여한 배우자의 옷을 뒤집었다 폈다 하며 가자고 하였다. 나가는 것이 좌절되면 양손을 뒤로 깍지껴 아이를 업은 모습으로 등을 약간 기울이며 아이를 업고 있다는 환각증세도 보였다.

(2) 개입방법

① 김○례 씨가 불안을 나타내면 불안을 느끼는 이유에 대하여 물었고, 가사일 처리에 대하여 하나씩 해결해 가는 것을 인식시켜 준다. 밥은 누가 했으며 빨래는 누가 해서 집안이 깨끗이 정리되어 있다고 설명하였다.

② 주 1회씩 음식 만들기와 가사활동을 통해 가정에서 직접 가사일을 하고 있다는 안도감을 부여하여 불안과 초조의 완화를 도왔다.

③ 1일 1회 김○례 씨에게 손자녀의 연령과 비슷한 사회복지사나 거동이 부자유스러운 다른 수급자의 안마 및 지압 또는 화장실 동행 등을 부탁하여 무료한 시간을 제거하며, 본인이 할 수 있는 일을 하도록 하며 지지했다.

김○례 씨는 정확히 일의 수행을 완료하지는 못하지만 점심 후 식판 및 분리수거를 도우며 프로그램실 청소에 참여하였다. 봉사자와 다른 수급자들과 담소를 나누며 점심 후의 휴식시간 동안 집의 가사활동에 대한 불안이 완화된 상태이다. 1일 1회 이상 아이를 업었다고 손을 뒤로 깍지꼈으나, 주 1~2회로 환각 증세가 경감된 상태이다.

김○례 씨는 프로그램 도중 육아나 가사활동에 대한 내용이 나오면 옛 기억을 되살려 이야기에 적극성을 띠며 참여하다가 결국 '아이들을 어떻게 해. 누가 돌보냐구' 하며 눈물을 흘린다. 그러다가 동네 경사나 국가의 경축 내용으로 화제를 바꾸면 바로 분위기 환기를 하여 이야기에 적극적으로 참여한다.

5) 기억력 장애 · 지남력 장애

대부분의 치매, 특히 대뇌피질 이상으로 인하여 발생하는 치매의 경우 초기에 기억력 장애가 발생하는 경우가 많다. 새로운 정보를 학습할 수 있는 능력이 감소되기 때문에 기억력 장애는 대개 최근에 있었던 일에 대한 기억부터 소멸되는 것이 보통이다. 따라서 초기에는 아파트 열쇠를 자주 잊어버리거나 물건을 잘 보관해 두었어도 찾지 못하는 경우가 발생하기도 하며 가스렌지에 음식을 올려 놓았다가 잊어버려 태우거나 중요한 약속을 잊어버리는 경우가 발생하기도 한다.

그러나 이러한 초기증상은 건강한 노인에게서도 발생하는 건망증과 유사하기 때문에 전문가의 진단을 받지 않으면 구별하기 어렵다. 질병이 진행되면서 오래 전에 습득한 기억, 즉 장기 기억도 상실되어 과거에는 익숙하게 처리했던 일들을 못하고 우물쭈물하거나 음식을 제대로 만들지 못하고, 돈 계산도 서투르게 하는 경우가 발생하기도 한다.

병이 더욱 진행되면 자식의 이름을 제대로 말하지 못할 뿐만 아니라 자신의 이름, 생년월일, 태어난 곳과 현주소, 과거 직업, 출신학교 등 인적사항을 알지 못하는 경우도 있다.

건강한 사람들은 자신이 있는 위치, 시간의 흐름, 주변 인물에 대해서 자동적으로 파악하는 능력을 가지고 있는데 이를 지남력이라고 한다. 그러나 혈관성 치매나 독성 상태 혹은 대사성 질환으로 인한 치매의 경우 초기에 알츠하이머병과 같은 퇴행성 치매의 경우 진행되면서 이들을 파악하는 능력이 감소된다. 수급자들은 날짜, 요일, 횟수 및 현재 시간을 포함한 시간을 제대로 파악하지 못할 뿐만 아니라, 현재 있는 장소에 대해서도 잘 알지 못하고 화장실과 자기 방을 찾지 못하는 경우도 있다. 대개 초기에는 시간에 대한 개념부터 상실하였다가 점차 장소·사람에 대한 지남력이 떨어지며 시간에 대한 지남력은 주의력과 기억력 장애의 영향을 많이 받는 것으로 알려져 있다.

(1) 사례

정상압뇌수종 치매인 83세 여성 윤○덕 씨는 일반적으로 말하는 '노망'이라는 고정 관념의 틀에 맞는 사례로, 딸 일곱을 낳고 여덟 번째로 얻은 아들에 대한 어릴 적 모습만 기억에 남아 있고 그 외 인물이나 사건에 대한 기억은 전혀 남아 있지 않으며, 날짜, 계절, 나이, 이름 등도 전혀 인지하지 못하였다. 프로그램은 색의 선택과 용도는 맞지 않으나 그림을 그리며 '아리랑'과 '도라지' 두 개의 노래를 부르며 그 외 인지활동, 공작, 가사활동 등에는 전혀 참여하지 못하였다. 윤○덕 씨는 가정에서 식사를 제공하면 수저와 손으로 식사를 하며 손자와 아들을 혼동하여 손자에게 아들의 이름을 부르며 엄마 역할을 하려 하였다.

(2) 개입방법

① 1일 1회 날짜에 대한 인지와 주 3회 속청법을 실시하여 이름, 나이 등 신상에 대한 반복 인지훈련을 실시하였다.

② 1일 1회 다른 수급자들과 별도로 윤○덕 씨가 집중하는 그리기와 노래 부르기를 실시하였다.

- 평면 위에 그리기 - 주 1회
- 측면 위에 그리기 - 주 1회
- 구 위에 그리기 - 주 1회(행운각성프로그램)
- 좌식 축구를 응용한 노래 부르기 - 주 1회
- 음악프로그램 - 주 1회

윤○덕 씨는 고령으로 처음 이용부터 현재까지 3번 병원을 입·퇴원할 정도로 건강이 악화된 상태로 기력이 약해져 있었다. 윤○덕 씨는 4년 전 다른 수급자들과 대화가 가능하였으며 상호작용을 하였고 프로그램에 참여하여 그리기, 가사활동(설거지·다듬기·청소 등) 레크리에이션 등을 실시하였으나, 현재 가능한 것은 선을 무시하고 그리기, 노래 부르기이며, 그것마저도 20~30% 내외의 실행률을 보이고 있다. 날짜와 시간은 물론 나이에 대한 개념도 전혀 없으며, 아들이라 생각하는 초등학교 2학년인 손자에게조차 엄마의 역할을 하지 못하고 먹는 것 때문에 싸우고 함께 나가자고 떼쓰는 일이 빈번해졌다.

6) 부적절한 성적 행동·과식

부적절한 성적 행동은 암시적 언행으로 성행위를 요구할 수 있고, 특히 시설에 있는 노인들은 가까운 신체접촉을 원한다. 억제가 잘 되지 않기 때문에 본능적 성욕을 노골적으로 내보이는 경우도 있다. 간호자로서 남성은 여성을, 여성은 남성을 좋아하는 경향이 있다. 부적절한 성적 행동은 소외로 인한 외로움을 극복하고자 하여 나타나는 행위로 보이며 실제적인 성행위보다 단순한 피부접촉이나 애정표시로 만족을 얻는 효과가 있다.

과식은 치매로 인하여 야기되는 정신행동장애의 하나로 섭식장애가 나타난다. 섭식장애에는 과식, 이식, 거식으로 구분할 수 있으며 먹는 것에 집착을 보이며 음식섭취 후의 포만감을 인식하지 못한다.

(1) 사례

76세 남성 노인 임○재 씨는 기초생활수급자로 주간호자인 배우자가 취로사업을 하여 생계를 이어가는 경제적 어려움을 안고 살고 있다. 배우자와 초기상담 시 성적 이상행동에 대해 전혀 언급하지 않았으며 과식으로 인한 자녀와의 잦은 다툼과 돈을 지불하지 않고 가게의 음식을 먹는 등 식탐에 대한 증세와 장소에 대한 지남력 장애만을 호소하였다.

초기 프로그램 진행 시 프로그램 의도에 잘 적응하며 집중하여 프로그램을 실행, 완료하였다. 간식, 점심 등 음식물에 대해서는 음식을 나누어 주는 동안 본인의 음식은 다 먹고 양쪽 옆 수급자의 음식에 손을 가져가 수급자들과 싸움을 하여 다른 수급자들로부터 비난을 받았다. 임○재 씨는 음식이 눈에 보이지 않으면 프로그램실의 냉장고를 열어 안에 넣어둔 음식을 꺼내어 먹었다. 과식, 폭식으로 인해 앉은 자리에서 그대로 바지에 배설을 하고 그대로 깔고 앉아 또 다른 음식을 먹었으며 가정에서 어린 자녀들과 과식으로 인한 문제 발생으로 충돌이 빈번한 상태였다.

또한 임○재 씨는 프로그램 진행 설명을 하는 사회복지사나 봉사자에게 못알아 들었다가 되물어 점점 다가오도록 하여 냄새를 맡거나 피부접촉을 하려 하였다. 임○재 씨는 치마 밑으로 손을 넣거나 폭언으로 인해 언쟁이 발생하면 손바닥을 펴서 가슴을 치며 동료 수급자 중 인지기능이 낮은 여자 수급자의 가슴을 만지며 가슴에 입을 가져가는 행동, 나란히 앉아 있을 경우 발을 점점 밀착시켜 신발을 붙이고 이어 다리를 붙이려 하는 등 성적 이상행동을 빈번하게 보이고 있다.

임○재 씨의 경우 주간보호 프로그램을 통해 문제행동인 성적 이상행동과 과식에 대한 완화 유도는 실패하였으며, 현재 보호자를 통한 상담과 원격화상진료를 통한 지속적인 관리만 제공하고 있다.

7) 정동장애 · 행동이상

치매에는 불안, 조증, 주우울증, 심한 감정굴곡 혹은 감정실조, 무감동 등의 정동장애 증상들이 흔히 동반된다. 피질하 혈관성 치매환자들은 활기가 없고 무관심한 경향을 보인다. 피질하 혈관성 치매는 우울증을 잘 동반하며 기억장애 혹은 실어증과 같은 신경인지기능 장애증상보다 선행되는 경우가 있기 때문에 감별진단에 유의해야 한다.

다발성 경화증에서는 약 50%에서 우울증이 발생하고 헌틴병에서는 약 30~70%에서 우울증이 동반되며, 다발성 경색치매에서는 60%가 우울증상을 보이고, 이 중 약 25%는 주 우울증 진단기준에 부합되는 것으로 알려져 있다. 반면 알츠하이머 치매에서는 우울증상이 동반되지만 주 우울증 진단기준과 일치하는 수급자는 거의 없는 것으로 보고되고 있다.

행동증상은 가장 흔히 일어나는 공격적 행동이나 반복적인 과다행동 등이다. 공격적 행동은 약 20~30%의 치매노인에게 발생하는 것으로 보고된 바 있으며, 이러한 행동 이상들은 조기 수용화의 가장 큰 원인으로 알려져 있다.

공격적 행동은 단순히 상대방에게 화를 내는 정도로 나타날 수도 있지만 자신의 요구를 들어주지 않거나 위기상황 혹은 갑작스러운 환경변화가 발생할 때에는 타인에게 위해를 가하는 행동으로 나타날 수도 있다. 경우에 따라서는 자신의 머리카락을 뽑거나 신체 일부를 물거나 벽에 자신의 머리를 부딪히는 등 자해행동으로 나타날 수도 있다. 자신에게 부적절한 환경이 원인이 되는 경우도 있으나 망상 혹은 환각으로 인하여 발생할 수도 있으므로 정확한 원인을 파악할 필요가 있다.

잠들기까지 잠시도 가만히 있지 못하고 아무런 목적 없이 계속 왔다 갔다 하면서 같은 행동을 반복하는 경우가 있다. 책상 서랍을 열었다 닫았다 하거나, 옷을 개었다가 다시 헝클어 놓기도 하고, 똑같은 질문을 반복하거나, 가재도구를 계속 여기저기 옮겨 놓는 등의 행동을 나타내고, 자기를 버릴 것

같은 두려움으로 인하여 전혀 바깥출입을 하지 않으려고 해서 가족들을 고통스럽게 하는 경우도 있다.

음식을 자제하지 못함으로써 하루종일 먹을 것을 요구하거나, 특히 단 것만을 고집해서 체중이 갑작스럽게 증가하는 경우도 발생할 수 있으며 성욕이 증가하여 밤마다 배우자를 괴롭히는 경우도 나타날 수 있다. 목욕을 하지 않으려고 하거나 식사를 전혀 하지 않으려고 고집을 부리며 다른 사람이나 가족들과 전혀 어울리려고 하지 않음으로써 가족들에게 애를 먹이는 경우도 있다.

이러한 행동장애는 특히 저녁 무렵부터 악화되는 경향을 보이기 때문에 야간에 휴식을 취해야 하는 가족들에게 스트레스를 가중시키게 된다.

(1) 사례

알츠하이머 치매인 75세 남성 송○호 씨는 초기면접 시 초등학생이 부모 뒤에 따라 오듯 며느리 뒤에 조심스레 따라 들어와 얌전히 앉아 있으며 작고 기죽은 목소리로 질문에 대답을 하거나 잘한다고 격려하면 '아이구 좋아라' 하며 큰 소리로 기쁨을 표현하였다.

프로그램에 대한 적응이 빠르며 다른 수급자나 사회복지사로부터 지지를 받으면 프로그램 진행의 흐름이 깨질 정도로 벌떡 일어나 박수를 치거나 춤을 추었고, 제재시키면 바로 좌절하여 자리에 앉아 작은 소리로 걱정스러운 말들을 하였다. 그러다가 다시 지지해 주면 얼굴이 밝아져 다시 조증을 보인다. 송○호 씨는 일과 중 휴식시간이 되면 걱정스러운 표정으로 '집에 가야겠는데, 엄마가 보고 싶어' 하며 눈물을 글썽이었다.

송○호 씨는 귀가차량 승차 시 운전기사의 담배를 빼앗아 피우고 기사의 운전장갑을 끼고 있어 설득하여 담뱃불을 끄게 하면, '그렇지, 이 바보가 뭘 몰라' 하며 자신의 머리를 주먹으로 소리가 날 정도로 때렸다.

(2) 개입방법

① 1일 1회 출석과 주 3회 속청법을 실시하여 자신에 대한 자신감을 부여

하며 자기인식의 기회를 제공하였다.

② 프로그램에 적극 참여시켜 울증이 나타나는 횟수를 경감시키며 조증의 상태에서 야기될 수 있는 제2의 사고(뇌출혈, 낙상 등)에 대비하여 송○호 씨의 개인 프로그램을 시작하기 전 정적시간을 5초가량 갖고 실시하도록 하였다.

③ 휴식시간에 송○호 씨 혼자 앉아 있지 않도록 다른 수급자나 봉사자와 함께 앉도록 하여 소외감으로 인한 울증에 빠지지 않도록 하였다.

④ 주 3회 오전 시간을 활용하여 고등교육을 마친 송○호 씨가 관심을 보이는 신문 읽기를 실시하여 현실감을 부여함과 아울러 다른 수급자들의 시선을 받도록 긍정적인 긴장상태를 유지시켰다.

⑤ 점심 후 국민체조와 에어로빅에 적극 참여시켜 위축되어 있는 심신 발산의 기회를 제공하였다.

송○호 씨는 1일 2~3회 엄마를 그리워하며 눈물 흘리던 증상이 주 1~2회로 경감된 상태이며 휴식시간 동안 TV를 시청하고 다른 수급자들의 이야기도 경청하며 이야기에 함께 참여하고 있다. 반면 송○호 씨는 자신이 열중하고 있는 프로그램에 방해가 되면 격분하여 소리를 지르며 전체 수급자와 이동을 하거나 운동을 할 경우 아이들이 재롱부리는 동작처럼 양손을 들어 돌리며 '랄라라, 이것 봐!' 하며 춤을 추는 동작을 반복한다. 송○호 씨가 하는 행동에 대해 행동수정을 할 경우 지나치게 자신을 격하시키며 신체적 자해를 하므로 상황에 맞는 여러 가지의 동작을 제시해 주어 가장 적절한 동작을 선택하여 실행할 수 있도록 한다.

8) 실인증

실인증은 지적장애, 언어장애 혹은 감각기능 장애가 없음에도 불구하고 사물을 인지하지 못하거나 그 의미를 파악하지 못하는 경우를 말한다. 치매노인은 제시한 사물의 모양이나 색깔을 파악할 수 있지만 그 사물이 무엇인지 혹은 어디에 사용하는 것인지는 인지하지 못하는 시각실인증이거나 정상적인 시각인지 기능을 유지하고 시각실인증은 없음에도 불구하고 평소 잘 아는 사람의 얼굴을 인지하지 못하는 경우도 있으며 눈을 감은 채 손바닥에 사물을 얹어놓고 촉각을 이용해 사물 이름을 말하게 했을 때 이를 수행하지 못하는 경우 등을 보인다.

실행증과 마찬가지로 실행증이나 기억장애 혹은 시공간 기능장애가 있는 경우 순수한 실인증을 감별하는 것이 어려우며 알츠하이머병과 같은 피질성 치매에서 흔히 동반된다.

(1) 사례

알츠하이머 치매인 78세 여성인 송○임 씨는 초기이용 시 얼굴의 표정이 없어 매우 차가워 보였고 시력이 원시와 근시가 심하여 도수가 높은 안경을 착용하고 있었으며 눈을 제외하고는 나이에 비해 신체적으로 건강하였다.

송○임 씨는 기능장애로 인하여 같은 질문을 반복하며 주간에 수면을 취하므로 야간에 이 방 저 방을 다니며 같은 질문을 반복하였다. 초기 프로그램 참여 유도시 사회복지사의 말과 다른 수급자들의 말에 전혀 반응을 보이지 않고 허공을 주시한 채 손가락을 접는 동작을 반복하며 불경을 외운다고 하였다. 송○임 씨는 반복되는 인물의 식별을 하지 못하였으며 최근 과거에 대한 기억은 전혀 하지 못하였지만 젊은 시절에 대한 기억은 남아 있었다.

(2) 개입방법

① 1일 1회 '이야기합시다' 프로그램의 적극적인 참여 유도를 통해 다른 수급자와 사회복지사 간의 신뢰관계 형성을 하도록 하였다.

② 월 2회 치료레크리에이션과 음악활동을 통해 협동심을 기르는 한편 잠재되어 있는 심신 발산의 기회를 제공하였다.

③ 주 3회 회상활동을 통해 과거에 대한 기억의 기회를 제공하여 단계를 높여 최근의 기억으로 유도하여 기억력 회복 훈련을 하였다.

④ 가정보호 시 송○임 씨(무학으로 학교 다닌 경험이 없는데, 기관에서는 50분

간격으로 수업을 진행하여 흥미 없음, 참고로 고된 시집살이에 힌트를 얻어 콩 고르기를 진행하게 됨)가 집착하는 '콩 고르기'를 실시하도록 하여 주간 수면을 줄이며 반복질문을 경감시켜 아들 내외의 부양부담을 줄일 수 있도록 원조하였다.

송○임 씨는 프로그램 진행 시 사회복지사의 진행에 따라 날짜, 요일 등을 말하며 속청법과 음악활동에도 참여한다. 그러나 프로그램 중간의 휴식시간이나 미술활동 진행 시는 '관심을 보이지 않아 못해', '안 보이는 데 왜 지금 하라 그래? 그냥 '콩 고르기를 고를게' 하며 콩을 가져다가 콩 고르기를 한다. 송○임 씨는 콩 고르기를 실시할 경우 전혀 움직이지 않고 다른 수급자에게도 전혀 관여하지 않으며 중지시킬 때까지 계속 실시한다(콩을 골라 주어야만 기관의 선생님들이 밥을 해 먹을 수 있다 생각해서 책임감 있게 수행하며, 다음 날도 기관에 가서 콩을 골라 주어야 한다고 함).

가정보호 시 며느리를 통해 콩 고르기(고된 시집살이로 콩 고르기를 한 경험이 많아, 익숙한 일을 통해 성취감과 자존감을 높임)를 할 수 있도록 준비하였고 귀가 시 실시하도록 하여 야간 수면이 증가하였으며 반복질문과 손자녀와의 다툼도 경감상태를 보이고 있다.

9) 실행증

실행증은 운동기능과 감각기능상 손상이 없으며, 상대방의 요구를 잘 이해하고, 협조할 수 있는 상태임에도 불구하고 어떤 행동을 제대로 수행할 수 없는 경우를 말한다. 치매노인의 경우 담배갑에서 담배를 꺼내어 불을 붙이거나, 커피를 끓이는 것 같이 다양한 연속된 동작을 필요로 하는 행동을 흉내내지 못하는 관념실행증과 같은 행동이라도 자발적으로 가능하지만 지시에 의해서는 제대로 흉내내지 못하는 관념운동성 실행증을 보인다. 실제로 빗질이나 칫솔질을 할 수 있음에도 불구하고 동일행동을 흉내내게 했을 때 못하는 경우 관념운동성 실행증이 있다고 할 수 있다.

(1) 사례

혈관성 치매인 82세 여성 허○이 씨는 중풍으로 인한 안면마비가 있다. 초기 이용 시 안면마비로 인한 대화가 어눌하여 다른 수급자와 대화를 거의 하지 않으며 건강에 대한 집착으로 약을 과용하려 하였다. 프로그램의 진행을 유도할 경우 '몰라'라는 말을 반복하며 배변이나 식사 등 일상적인 활동은 스스로 가능함에도 일상생활동작을 프로그램화하여 실시하면 시도하려고 하지 않으며 실시할 경우에도 설명을 이해하지 못하였다. 안면마비로 인하여 발음이 정확하지 않으나 속도를 늦춰 한자씩 실시할 경우 발음을 할 수 있다. 그러나 말을 하려 하지 않고 허○이 씨가 말할 때는 발음이 되는 단어도 프로그램 도중 사회복지사가 유도하는 단어는 발음하지 못하였다.

(2) 개입방법

① 1일 1회 '이야기 합시다' 프로그램에 적극 참여시켜 다른 수급자들과의 상호관계 형성을 이룰 수 있도록 하였다.
② 주 3회 속청법을 실시하여 발음 교정과 성대훈련을 반복하여 실시하였다.
③ 1일 1회 국민체조와 에어로빅에 참여시켜 위축되고 제 기능을 소실하여 가는 근육의 이완작용을 원활히 하도록 하였으며 소리를 크게 길게 지르도록 하여 심폐기능의 강화를 유도하였다.
④ 주 3회 작업프로그램에 참여시켜 소근육 운동을 실시하며 일상생활동작 강화 훈련을 실시하였다.

허○이 씨는 자발적으로 말하는 횟수는 1일 1~2회에 불과하지만 출석호명과 속청법으로 소리를 낼 수 있는 기회를 제공하면 적극적으로 실시하려 노력한다. 속청법 진행 시 가정보호 뒤인 월요일에는 15~20분가량의 시간을 소요하며 5일간 반복훈련을 실시한 금요일에는 5~10분가량의 시간이 소요된다. 날짜카드를 꺼내는 방향도 구두지시로 정확하게 실시하고 있다.

허○이 씨는 반복훈련에 대한 효과가 빠르게 나타나지만 일주일 주기로 초기의 상태로 되돌아가는 현상을 나타내고 있다. 허○이 씨는 일상생활동작이 스스로 가능하지만 사회복지사나 봉사자가 동행하기를 기다리다 실시하면 부자연스럽고 직립보행이 가능함에도 타인을 의지하려 하며 독립적으로 실시하도록 하면 거동불편한 다른 수급자를 원조하는 것과 비교하며 격분하는 피해의식을 갖고 있다.

10) 언어장애

언어란 의사소통을 할 때 필요한 여러 가지 복잡한 상징적인 신호체계를 말하는데 대부분의 치매에서는 언어기능상 장애를 동반한다. 언어장애는 구순·연구개·성대 등을 포함한 발성기관의 이상으로 인한 구음장애와는 구분해야 한다.

알츠하이머병의 경우 초기에는 정확한 단어를 찾지 못하는 실어증이 흔히 발생되어 수급자가 '이것', '저것' 등으로 말을 하거나 정확한 단어를 말하지는 못하고 단어의 의미나 물체의 용도를 말하거나 착어증(글자의 음을 틀리게 발음하거나 단어를 잘못 말하는 증상)으로 인하여 전혀 다른 단어, 발음이 유사한 단어 혹은 뜻이 비슷한 단어 등을 말하기도 한다. 대화 자체의 흐름은 유창하고 구음장애도 없으며 문장의 길이도 정상인과 비슷하나 진행이 되면 정확한 단어구사의 장애 및 착어증이 심해져 무슨 의미인지 전혀 파악하지 못하게 된다. 중기에는 상대방의 대화를 이해하는 능력이 떨어져 엉뚱한 대답을 하는 경우도 발생할 수 있다. 말기에 이르러서는 전혀 말을 하지 않거나 한 단어와 구절을 계속 반복하는 현상, 첫단어나 구절을 반복하는 현상, 마지막 단어나 구절을 반복하는 현상 혹은 마지막 단어나 구절을 반복하는 현상 등이 발생할 수 있으며 구음장애도 동반한다.

혈관성 치매나 두부외상으로 인한 치매는 손상 부위에 따라 실어증의 양상이 달리 나타나는 경우가 많다. 이들 중 좌측 상부 중대뇌동맥이 관장하는 전좌반구에 손상이 발생하는 경우에는 언어구사가 힘들어져 전보문(전보에 적힌 글)에 사용되는 문장처럼 간단한 문법만 구사되고 문장이 짧아지며 유창하지 못하게 된다. 어떤 사물을 보여주면서 이름을 말하게 했을 때 제대로 말하지 못하거나 착어증이 발생할 수도 있으며 초기부터 구음장애를 동반하는 경우가 많다.

(1) 사례

알츠하이머 치매인 86세 남성 김○현 씨는 초기 이용 시 나이에 비해 신체적으로 매우 건강하여 주말은 물론 주중에도 주간보호센터 입소 전에 약수터를 다녀올 정도로 건강하였으며 지나치게 청결하여 주 2~3회 대중온천탕에 다니고 있었다. 김○현 씨는 현재 거주하는 지역과 아파트를 인지하고 있었으며 최근 과거에 대한 기억도 비교적 잘하고 있었으나 거주지와 과거에 대한 기억을 말하도록 할 경우 짧은 한 문장을 만들어 내는 데 소요되는 시간이 매우 길었다. 김○현 씨는 국문해독이 가능하지만 속청법 진행 시 단어를 입 밖으로 소리화하는 작업에 곤란을 겪어 많은 시간을 소요하였다. 또한 상담을 실시할 경우 상담자의 질문에 대해 청력이 약하여 못 듣는 상황을 배제한다면 그 의미를 비교적 정확히 이해하고 있으나, 김○현 씨 자신의 생각을 말하려 할 경우 첫 단어가 소리화되는 시간이 길다. 이야기의 첫 단어를 말하고 난 후 다음 단어나 조사를 이어서 말하지 못하고 '거~' 하며 말을 끌다가 상담자가 미루어 단어나 내용을 이야기하면 '그래' 또는 '아니지' 등 말하려는 내용을 말하지는 못하지만 말하려고 하는 내용을 상대에게 전하지 못하여 답답함을 느끼면 화를 내며 귀가하려 하였다.

(2) 개입방법

① 1일 1회 김○현 씨가 관심을 보이는 신문의 기사를 읽어 '이야기합시다' 프로그램에 적극 참여시켜 단어들의 조합으로 문장을 만들어 이야기하도록 반복하였다.

② 주 3회 속청법 실시로 신상에 대한 말하기를 반복하였다.

③ 1일 1회 10분씩 점심 후 TV 시청을 통해 뉴스의 내용에 대하여 논의하였다.

④ 1일 1회 공 굴리기와 좌식축구 등을 활용한 노래 부르기 프로그램을 실시하여 언어구사의 반복을 실시하였다.

⑤ 주 1회 회상활동을 통해 과거에 대한 기억을 표현하도록 하였다.
⑥ 주 1회 그림카드를 제시하여 사물의 이름을 맞추도록 하여 대화 시 말하고자 하는 단어를 말하여 표현할 수 있도록 유도하였다.

김○현 씨는 주간보호센터 이용노인 중 가장 나이가 많음에도 불구하고 신체적으로 건강하였으나, 약수터와 온천탕에서의 계속되는 낙상으로 건강이 급속히 나빠진 상태이며 언어장애가 더욱 심해진 상태이다.

김○현 씨는 주간보호실 입소 전 대중온천탕을 다녀오는데 어디 갔다왔는지를 물으면 주 5~6회 이용하는 온천탕의 이름을 대지 못하고 '거 뭐이냐~' 하며 손으로 온천탕의 위치나 목욕가방을 가리키며 질문자를 향해 웃으며 '목욕'이라는 단어를 말해주길 기다린다. 질문자가 '온천탕'이라는 단어를 말하지 않고 김○현 씨가 말할 수 있을 때까지 기다리면 온천탕의 회원카드를 제시하여 보여주며 '여기야'라고 말한다. 전 날이나 사회적으로 이슈로 거론되는 뉴스나 신문기사에 대하여 인지하고 있어 입소 시 사회복지사나 자원봉사자들에게 '어제 말이디' 하며 이야기를 시작하지만 TV에서 본 것에 대해 이야기하고자 할 때는 TV를 직접 가리키고 북쪽을 향해 손짓하며 이야기를 한다.

이상에서 치매노인의 문제행동을 분류하여 그 문제행동에 대한 수급자의 적용사례를 제시하였으나 치매노인의 문제행동은 정확한 선을 긋듯 분류하기가 어려우며, 그 문제행동을 복합적으로 가지고 있다. 일반화할 수 있는 공통점으로는 최근 사건에 대한 기억력을 가지고 있으며 실인증, 언어장애, 지남력 장애, 시공간장애 등을 들 수 있으나 이것이 반드시 적용되는 것은 아니다. 사람의 얼굴이 각기 다르듯 치매노인의 문제행동도 각기 달리 나타난다. 동일한 지남력 장애라도 집안의 화장실도 찾지 못하는 경우가 있는가 하면 주간보호센터에서 집으로 또는 친구를 만나러 항상 가는 찻집을 찾아갈 수 있는 경우(알다시피 치매는 진행되므로 언제 길을 잃을지 모른다)도 있으며 집에서 주간보호센터까지 1분 정도의 거리밖에 되지 않지만 3~4시간 후에야 들어 오는 경우도 있다.

치매노인은 인지기능이 떨어지고 신체적 기능도 떨어진 상태로 자칫 유아를 대하는 태도로 임하는 오류를 범하는 경우를 흔히 접할 수 있다. 비록 문제행동이 나타나 시각적으로는 유치한 행동을 반복할지라도 치매노인은 연장자로서 존중해야 한다.

고령시대를 직면하고 있는 이 시점에서 치매노인의 부양은 제3자의 일이라고 치부할 수만은 없는 일이다. 여기에서 치매노인을 대하는 방법을 제시하면 다음과 같다.

① 경어를 사용하여야 한다.

② 어른으로서 대우하여야 한다.

③ 강압적인 태도를 자제하며 미소를 잊지 말아야 한다.

④ 간호자의 상식으로 치매노인을 평가하지 말아야 한다.

⑤ 현재 치매노인의 능력을 그대로 수용하여야 한다.

⑥ 반복적이고 지속적인 접근을 시도하여야 한다.

2. 작업치료(Occupational Therapy)

1) 작업치료의 개념

(1) 광의의 개념

미국 작업치료사 협회에서는 "작업치료는 신체적 혹은 사회 심리적인 장애가 있는 환자를 선택된 활동(select activity)을 통하여 건강증진 및 유지 시키고 장애를 예방하며, 치료를 위하여 사람의 반응을 이끌어 내는 기술이며 과학이다"라고 정의를 내리고 있다.

(2) 협의의 개념

일은 인간에게 자부심을 갖게 하고 자기 능력과 힘에 대한 확실한 인생의 목적과 의의를 갖게 하는 작업이다. 작업치료는 치료의 한 부분을 일의 사용을 적용하는 것으로 환자로 하여금 그냥 앉아 있게 하지 않고 일을 하게 함으로써 환각이나 망상으로부터 벗어나게 하여 정신적 퇴행을 예방하고 그 에너지를 건전한 방향으로 전환시켜서 건강한 생활을 할 수 있도록 도와주며 자기표현을 할 수 있게 하는 치료이다. 이러한 작업치료는 합목적적인 작업을 시킴으로써 치매노인들의 흥미를 자극하고, 용기를 주며 자신을 건전하게 훈련시킴으로써 정서장애를 극복하여 사회에 적응할 수 있도록 치료를 하는 데 목적이 있다. 여기서 '일'이란 생계수단을 위한 것이 아니라 게임이나 운동 그리고 근육과 정신을 함께 사용함으로써 작업을 통해 치료에 응용하는 것이다.

2) 작업치료의 의의

작업이란 일 자체가 치료라는 개념에서 출발한다. 행동을 통하여 습득을 강조하고 작업을 통해서 정신적인 질병과 손상된 기능의 실행을 증진시키거나 혹은 회복시키기 위하여 개별적인 특성에 맞추어 특별히 선택된 작업을 함으로써 사회성을 회복시킨다. 또한 일을 해냄으로써 자신감, 성취감, 만족감을 갖게 하고, 우울, 배회, 감정조절, 인지 및 지남력의 상실 등의 병적인 상태를 감소시키기 위해 선택된 작업을 치료에 이용한다. 여기서 선택된 작업이란 일, 운동, 놀이를 들 수 있다. 노년기에는 모든 것을 적당하게 하고. 단순한 작업적인 행동으로 돌아가는 시기이다. 힘이 드는 행동보다는 인생경험에 대해 대화를 나누는 것을 좋아하므로 작업을 잘 선택해야 하는 어려움도 있다.

3) 작업치료의 목적

(1) 정신적 회복(mental rehabilitation)

① 만족스러운 관계성을 회복시켜 준다.

② 감정적 충동을 표현하거나 완화시키는 것을 보조한다.
③ 작업을 통해서 사회성 및 대인관계를 증진시켜 준다.
④ 우울, 감정을 조절하는 데 도움을 준다.
⑤ 단순작업을 통해 자존심을 고양시키며 성취감과 자신감을 길러준다.

(2) 신체의 기능회복(rehabilitation of physical function)

① 특수장비를 통해서 근력을 강화시키고 지구력을 증진시킨다.
② 일상생활의 수행능력을 도와준다.
③ 눈과 손의 협응력을 길러주고 남아 있는 소근육을 유지한다.
④ 남아 있는 지각 및 운동신경을 통해서 남아 있는 잔존능력을 유지한다.
⑤ 가사(homemaking) 재훈련을 통해서 가정에서 적응력을 길러준다.
⑥ 작업을 통해 재활의 기회를 제공한다.

4) 작업프로그램의 실제 및 사례연구

치매노인들과 함께 작업을 통해서 첫째, 사회성을 회복하며 가족들 간의 관계를 완화시켜 주고, 지구력과 협응력을 증진시키며, 소근육운동 및 일상생활의 수행능력을 도와주기 위하여 매주 3회 1시간씩 실시하였다.

다음 내용은 프로그램의 실시 전과 실시 후의 치매노인의 병적 상태 감소 및 성공과 실패의 두 사례를 비교하여 살펴보기로 한다.

(1) 인지프로그램 및 공간지각프로그램

- 실행능력의 장애로 오는 공간지각장애의 손상을 최대한 줄여 작업실행에 도움을 준다.
- 감각신경 및 운동신경 자극을 통해 자연스럽게 기억력을 유도한다.

① **프로그램명** : 점 이어서 삼각형 만들기
② **준비물** : 점이 찍힌 도화지, 색연필

③ **진행과정** : 점을 이어서 여러 개의 삼각형을 만든 후 몇 개를 만들었는지 세어본다. 단, 처음 시작할 때에 삼각형과 사각형의 모형을 보여 주고 삼각형과 사각형을 구분해 보도록 한 후 프로그램에 들어간다.

④ 사례연구

㉠ 사례 1

- 성명 : 송ㅇ희
- 성별 : F
- 연령 : 67세
- 입소날짜 : 1995. 10. 6.
- 병명 : 알츠하이머 치매
- 성격 : 유머감각이 많으며 온화함
- 가족구성 : 2남 2녀로 현재 장녀, 사위, 손녀와 동거

- 수급자의 경우 삼각형과 사각형을 정확히 구별할 수 있었다. 먼저 표본을 보여준 후 혼자서 시작해 보라고 유도했더니 두 점을 그을 수는 있으나 세 점을 연결해서 삼각형을 그리지는 못하였다. 옆에서 어떻게 그리는 것인지 보여준 후 혼자서 해보라고 유도했더니 혼자서도 삼각형을 잘 그려나갔다. 두 번째 할 때에는 점을 최대한 사용하여 최대한 많은 삼각형을 만들어 보도록 했으나 삼각형으로 만든 점을 다시는 사용하지 않았다. 세 번째에는 다른 누구의 도움 없이 세 점을 혼자서 이어서 삼각형을 만들어 냈으며 처음과는 달리 동일한 숫자의 점을 연결하여 최대한 만들 수 있는 삼각형을 만들 수 있도록 가르쳐 준 후 혼자서 시작하도록 했더니 잘했다. 좀 더 나아가 완성 후에 숫자를 세어 몇 개의 삼각형을 만들었는지 세어보도록 했더니 흥미를 가지고 또 자신이 한 것을 보고 오히려 옆에 있는 수급자를 가르쳐 주는 적극성을 보였다.
- **평가** : 수급자의 경우 그날의 기분과 상태에 따라 인지능력이 좌우된다. 며칠 동안 다른 곳을 다녀오시면 상태가 악화되어 인지능력 및 수행능력에 많은 영향을 끼치나 계속적인 치료와 작업을 통해서 좋은 변화를 보이고 있다. 더 나아가서 지면상(paper

patten)으로 도형을 그린 후 똑같은 도형을 모방할 수 있도록 유도한다면 실행능력을 위한 작업수행에 많은 영향을 끼칠 수 있을 것이다.

ⓛ 사례 2

• 성명 : 김ㅇ례	• 성별 : F
• 연령 : 74세	• 입소날짜 : 1995. 8. 30.
• 병명 : 알츠하이머 치매	
• 성격 : 육아, 가사활동에 대한 불안감, 정이 많음	
• 가족구성 : 1남 2녀로 현재 배우자, 장남, 며느리, 손녀 2와 동거	

- 삼각형과 사각형을 그려 놓고 삼각형과 사각형을 찾아 보라고 했더니 횡설수설하면서 찾지 못하였다. 시작하기 전에 삼각형과 사각형에 대해 설명을 드린 후 인지할 수 있도록 했으나 여전히 구분하지 못했다. 옆에서 세 점을 가르쳐 준 후에 삼각형을 그리도록 했더니 천천히 잘 하셨다가도 조금 후에는 '어떻게 하라는 거야?'라면서 반복적으로 물어본다. 두 번째도 처음과 같이 삼각형과 사각형을 구분할 수 있도록 삼각형에 대해서 가르쳐 드린 후 점을 이용해서 삼각형을 그리도록 유도했으나 처음과 마찬가지로 시간이 2~3분 경과한 후에도 똑같은 말을 되풀이했다. 수급자의 경우 삼각형을 혼자서 만들어 나가기는 어려웠다. 항상 세 점을 가르쳐 주어야만 그 점을 겨우 그어 나갈 수 있었다. 이 작업을 통해서 수급자는 독립적으로 삼각형을 그릴 수는 없었다.
- **평가** : 수급자는 공간지각에 대한 실행능력이 없고 도형에 대한 인지능력도 떨어진다. 또 기억장애 및 육아·가사활동에 대한 불안, 근심으로 인해 자신이 말 못하는 것일수록 초조함을 느끼고 배회증세가 심해지며, 수급자에게 인지능력을 향상시키기란 어려우므로 작업을 통해서 자신감과 격려로 필요한 존재에 대한 인식을 시켜주는 것이 무엇보다도 중요하다.

(2) 창작 공예 프로그램

- 표현의 즐거움과 창의성을 길러준다.
- 작업을 완성하는 경험을 가짐으로써 정서적인 성취감을 얻는다.
- 자신감 및 긍정적인 자아를 길러준다.
- 재료와 용구를 적절하게 사용함으로써 일상생활의 기초를 훈련한다.
- 촉감, 색깔, 유형, 성질에 대한 접촉으로 인지발달을 돕는다.
- 신체발달 및 운동기능의 협응력을 길러준다.
- 완성된 작품에 대한 이야기를 통해서 언어능력을 유지시켜 준다.

① **프로그램명** : 단풍잎으로 구성하기

② **준비물** : 도화지, 노란 은행잎, 빨간 단풍잎, 파란 나뭇잎, 노란 나뭇잎, 양면테이프, 색상지, 크레파스

③ **진행과정** : 도화지 위에 나무를 그려준 후 수급자에게 색을 칠하도록 유도한다.

나무에 색이 칠해지면 나뭇잎을 자유롭게 선택하여 구성하도록 한다. 단, 단풍잎을 먼저 치매노인들에게 보여준 후 무엇인지 물어본 후 작업에 들어가도록 했다.

④ 사례연구

㉠ 사례 1

- 성명 : 김○금 • 성별 : F
- 연령 : 82세 • 입소날짜 : 1997. 5. 19.
- 병명 : 알츠하이머 치매
- 성격 : 혼자 있는 것에 대한 불안감, 성격이 급함
- 가족구성 : 3남 1녀로 현재 삼남, 며느리, 손자 2와 동거
- 문제행동 : 반복적 언어 구사, 정서불안으로 인한 근심, 걱정

- 김○금 씨의 경우 사물에 대한 인지력은 남아 있으나 눈과 손에 대한 협응력이 조금 떨어지며 자신 스스로가 하고자 하는 의욕이 없고 집중력 또한 떨어진다. 작업 시에 나무색을 골라서 칠해보

도록 했더니 "갈색이지 않나?"라면서 갈색을 찾아서 색을 칠하였으나 거의 건성으로 색을 칠하며, 자신이 좋아하는 나뭇잎을 골라서 나뭇가지에 붙여보라고 했더니 수급자의 경우 나뭇잎을 한 개의 나뭇가지에만 붙인 후 자신의 앞에다 밀어 놓고 다른 치매노인이 하는 것만을 보고 앉아 있다. 수급자에게 "왜 한쪽에만 나뭇잎을 붙였어요?"라고 물으니 수급자는 귀찮다는 듯이 "그럼 다른 데에도 붙이나?"라며 물어본다. 다음 번에 같은 작업을 했을 때에도 수급자의 반응은 같았으며 다른 작업을 할 때에 잘못하는 것에 대한 두려움이 아니라 작업 자체를 귀찮아하는 것이 많았다. 세 번째 시도에도 마찬가지의 행동을 보이는 특성을 나타냈다.

- **평가** : 수급자의 경우 인지력이나 작업실행능력은 있으나 집중력과 함께 하고자 하는 의욕이 없으며 또 자신의 외모에 관심이 많다. 또 움직이는 것을 싫어하여 빠른 시간 내에 작업을 끝내버림으로써 어려움이 따른다. 이 경우 완성의 경험을 통해서 자신감 및 성취감을 높이고 동기유발 및 하고자 하는 의욕을 불러일으켜 작업을 유도하는 것이 바람직하다.

ⓛ 사례 2

• 성명 : 박ㅇ이	• 성별 : F
• 연령 : 64세	• 입소날짜 : 1997. 4. 7.
• 병명 : 알츠하이머 치매, 고혈압, 당뇨병	
• 성격 : 고집이 세며 외향적이며 정이 많음	
• 문제행동 : 배회	
• 가족구성 : 남편, 딸 1, 아들 1	

- 수급자의 경우 심한 배회 증세 및 질문에 대한 인지력이 떨어진다. 그러나 눈과 손에 대한 협응력 및 실행능력은 아직은 남아 있다. 수급자의 경우 색에 대한 구분이 명확하였다. 예를 들어, 갈색을 잘 찾아내며 나무를 꼼꼼하게 잘 칠한다. 처음 작업 시에는

5분 정도밖에는 앉아 있지 못하나, 다음 번 작업 시에는 색을 잘 칠한 다음 "단풍잎이 참 예쁘죠?"라고 말씀을 드린 후 나뭇잎을 나뭇가지에 붙여보도록 유도했다. 이때는 20분을 넘게 앉아 계셨으며 나뭇잎도 여러 나뭇가지에 잘 배열을 하여 붙였다. 수급자의 경우 반복적인 작업 유도로 앉아계시는 시간이 조금씩 늘고 있으며 배회증세도 이 작업시간만큼은 줄어들었다.

- **평가** : 수급자의 경우 동기부여가 안 되는 경우 심한 배회증세 및 참여유도가 전혀 안 된다. 수급자에게는 무엇보다도 같이 지내는 선생 및 자원봉사자처럼 신뢰관계가 형성된 사람이 잘한다는 자긍심과 함께 동기를 부여하고 흥미를 유발시켜 오랫동안 집중할 수 있는 시간을 유도한다. 자신이 잘하는 오리기, 색칠하기, 찢어 붙이기 등의 작업을 통해서 배회를 완화하는 데 도움이 되는 작업이었다.

(3) 미술프로그램

- 그림을 통해서 정서를 순화시키는 데 도움을 준다.
- 그림을 통한 대화로써 언어력을 유지한다.
- 표현활동을 통해서 심리적인 욕구, 충동, 갈등 등의 심리적 해소를 돕는다.
- 잔존되어 있는 기억력을 자연스럽게 유도하고 현실감을 부여한다.
- 미술을 통한 활동을 제공하고 다양한 작업을 통해 완성의 기쁨을 제공한다.
- 공동작품 활동을 통해 집단상호 간에 적응력을 길러준다.

① **프로그램명** : 모자이크

② **준비물** : 밑그림이 그려진 도화지, 색종이, 풀

③ **진행과정** : 밑그림이 그려진 그림을 보고 무슨 그림인지 치매노인과 함께 살펴본 후 색종이를 손으로 찢어서 그림을 완성한다.

④ 사례연구

㉠ 사례 1

• 성명 : 송○호	• 성별 : M
• 연령 : 74세	• 입소날짜 : 1997. 10. 6.
• 병명 : 알츠하이머 치매	
• 성격 : 소심하며, 꼼꼼함	
• 가족구성 : 1남 6녀로 현재 장남, 며느리, 손자, 손녀와 동거	
• 문제행동 : 조울증, 배회, 환시, 기억상실	

- 수급자의 경우 현실인식이 안 되고, 작화, 배회, 기억상실 등의 문제 행동은 있으나 단순한 작업 및 소근육의 섬세한 운동이 남아 있다. 또 집중력이 좋고 조울증으로 자신이 좋아하는 작업에는 적극적으로 참여한다. 종이를 잘게 찢도록 했더니 천천히 조그맣게 잘 찢었다. 다 찢어놓은 색종이를 그림에 맞도록 색을 선택하지는 못하나 색을 선택하여 주면 혼자서도 잘 진행하였다. 재시도 시, 역시 처음에는 어떻게 시작하는지는 모르지만 가르쳐 드리면 혼자서 잘하며, 자신이 하고 있는 작업에 만족하여 항상 작품을 보여주면서 "잘 했지요?"라면서 자랑하며 적극성 및 집중력이 좋아져 문제행동도 나타나지 않았다.
- **평가** : 혼자서 가만히 있거나 할 일이 없을 때애는 작화, 환각, 배회 등의 문제행동을 보이나 손으로 만드는 작업을 할 때에는 자신의 작품에 만족을 하며 즐거워한다. 그러나 가끔 자신의 작품을 칭찬해 주면 "아이구 좋아라" 하면서 심할 정도로 흥분을 하므로 주의가 필요하다.

㉡ 사례 2

• 성명 : 김○현	• 성별 : M
• 연령 : 82세	• 입소날짜 : 1996. 4. 16.
• 병명 : 알츠하이머 치매	

- 성격 : 성격이 급하며 고집이 셈
- 가족구성 : 배우자, 3남 5녀로 현재 배우자와 동거
- 문제행동 : 지남력 장애, 언어 지리멸렬, 시공간장애

- 수급자의 경우 보청기를 착용하면서 언어 지리멸렬로서 의사소통의 어려움으로 프로그램 진행에 다소 어려움이 있다. 또 자기중심 사고의 성향이 강하여 자신이 좋아하는 프로그램일 경우에는 적극적이나 그 외의 프로그램에는 소극적이다. 작업 시 종이를 크게 찢으며 그림 안에 자신의 생각대로 듬성듬성 붙이며, 공치기 게임 외에는 거의 시늉만 한다. 그러나 작업 후에는 자신의 작품을 보여주며, 다른 치매노인의 작품을 보면서 "맹탕이야"라면서 자신의 작품에 대한 자신감이 높다.
- **평가** : 수급자의 경우 공동 작품활동을 통해서 집단상호 간의 응집력을 길러주도록 도와주며 자신의 작품에 대한 자긍심을 통해서 긍정적인 정서를 부여하여 타인과의 관계성 회복에 영향을 줄 수 있도록 유도하는 것이 필요하다.

(4) 수단적 일상생활동작

- 일상적인 생활 중 칫솔질, 세수, 청소 등 잊기 쉬운 행동을 반복적으로 시행함으로써 강화시켜 준다.
- 정상적 일상생활, 즉 보행 · 세면 · 식사 · 배설 · 착의 · 탈의(단추 끼우기) · 위생(머리빗기, 칫솔질, 면도) · 수도꼭지 틀기 · 목욕하기 · 샤워하기 · 변기사용 등의 개선을 유도하고 자립을 할 수 있도록 도와준다.
- 더 나아가 수단적 일상생활 수행능력(가벼운 집안일 하기, 일상용품 구매, 전화걸기, 버스 · 전철 타기)을 통해서 최대한 독립적으로 수행하도록 도와준다.

① **프로그램명** : 시장보기

② **준비물** : 돈을 주고 살 수 있는 여러 가지 물건

③ **진행과정** : 탁자 위에 여러 가지 물건들을 상점처럼 나열한 후 가짜 돈(돈을 복사한 종이)을 나누어 드린 후 자신이 사고 싶어 하는 물건을 골라서 값을 지불하고 거스름돈을 거슬러 올 수 있도록 한다.

④ **사례연구**

㉠ 사례 1

• 성명 : 임○재 • 성별/ 연령 : M/ 78세 • 입소날짜 : 1997. 3. • 병명 : 알츠하이머 치매 • 성격 : 고집이 세고, 폭력적 • 가족구성 : 2남 1녀로 현재 배우자와 동거 • 문제행동 : 욕설, 과식, 성적 이상행동, 수집벽	• 성명 : 송○임 • 성별/ 연령 : F/ 78세 • 입소날짜 : 1996. 6. 18. • 병명 : 알츠하이머 치매 • 성격 : 온순하며 내성적 • 가족구성 : 딸 1, 아들 1 현재 아들, 며느리, 손자, 손녀와 동거 • 문제행동 : 배회, 야간불면, 기억력 장애

- 임○재 수급자의 경우 가짜 돈을 진짜 돈인줄 알고 주머니에 넣었다가 손으로 만져보고 돈에 풀로 붙인 곳이 떨어지자 다시 돈을 내놓으셨다. 임○재 수급자의 경우 돈에 대한 인지력이나 사물에 대한 인지력은 남아 있다. 물건 구매 시 돈을 주고 사오고 거스름돈에 대한 판단력도 존재하여 프로그램 진행 시 크게 문제가 없었으나 수집벽이 강하고 음식에 대한 식탐과 남의 물건과 자신의 물건을 구분하지 못하여 가게에서 물건을 그냥 들고 오는 점이 큰 문제였다. 송○임 수급자의 경우 돈을 나누어 준 후 물건을 사오도록 유도했으나 "이게 돈이야?"라면서 "뭘 사와"라고 물어보고는 자판대에 가서 "도대체 뭘 사오라는 거야?"라면서 반복적인 질문을 계속하며 물건을 사오고도 값을 지불하지도 못하고 숫자 계산도 전혀 안되었다. 두 번째의 경우 거스름돈 없이 물건 값에

딱 맞도록 드린 후 물건을 사오도록 했더니 효과가 있었다. 몇 번이고 반복해서 돈을 세는 것과 자신이 얼마를 가지고 있는 것에 대해서만 인지하도록 했다. 몇 번씩 한 후 "잘 하시네요"라고 칭찬을 하면 "내가 잘해?"라면서 프로그램에 잘 호응한다.

- **평가** : 이 수단적 일상생활동작훈련을 통해서 임○재 수급자의 경우 남의 물건과 자신의 물건을 인지하지 못하고 일어나는 여러 가지의 수집벽을 해결하고자 몇 차례 시도를 했으나 잘 안 되었다. 그러나 송○임 수급자의 경우에는 물건에 대한 인지와 돈을 셀 수 있는 실행능력을 유지하려고 노력함으로써 물건을 그 가격에 맞춰 사올 수가 있었다. 반복적인 유도로 수단적 일상생활동작훈련에 영향을 주어서 독립적으로 자립을 도와주고 또 수급자에게 자신감을 길러 줌으로써 긍정적인 자아를 만들어 나갈 수 있도록 도와준 프로그램이었다.

(5) 음악프로그램

- 알츠하이머 치매의 경우에는 음악활동이 증상을 완화시키며 안정감을 줄 수 있으므로 효과가 크다.
- 음악과 운동을 병행함으로써 심리적인 압박감과 스트레스를 해소하며 신체를 자연스럽게 사용함으로써 혈액순환 및 이완에 도움이 된다.
- 개인적, 사회적 필요성을 강화시켜 주고 손상된 자아상을 회복시켜 주는 효과적인 치료 방법이다.
- 불안, 우울 등으로 느끼는 무기력과 공허감을 극복하고 자신감을 회복하도록 도와준다.

① **프로그램명** : 오재미 돌리기

② **준비물** : 오재미, 소고

③ **진행과정** : 수급자들이 좋아하는 노래를 한 곡 선정한다. 다 함께 소고를 치면서 불러본다. 노래에 익숙해지면 소고는 놓아두고 오재미를 자신의 옆에 있는 사람에게 전달하도록 게임을 한다. 노래가 끝났을 때

오재미를 가지고 있는 수급자가 벌로 자신의 애창곡을 부르도록 한다.

④ 사례연구

㉠ 사례 1

- 음악활동은 모든 수급자들이 가장 좋아하는 프로그램 중의 하나이다. 송○호 수급자의 경우 조울증이 심하여 음악과 게임 등 신체를 움직이는 활발한 프로그램에 다소 흥분을 하며 좋아하나 자신의 관심사가 아니거나 자신이 좋아하지 않는 프로그램을 할 경우에는 심각할 정도로 우울해한다. 송○호 수급자는 실행능력이 존재해 유도하는 데로 행동을 잘 따라 한다. 송○임 수급자는 자신이 지금 현재 무엇을 하고 있으며 왜 여기에 있어야 하는지에 대해 거의 인지하지 못하였다. 무조건 하나에 집중을 몇 시간이고 앉아 있는 특성이 있다. 오재미를 수급자에게 주면 그것을 가지고 있으며 "이게 뭐야?"라면서 자신이 현재 하고 있는 행동에 대해서 알지 못한다. 또 거의 무표정의 상태이나 노래를 부를 때만큼은 방긋 웃는 표정으로 웃고 있다. 송○희 수급자는 게임방법 및 노래가사 등을 모두 잘 알고 있으며 프로그램에 아주 잘 참여한다. 김○례 수급자도 게임방법은 모르나 노래가사를 거의 기억하고 있으며 다른 수급자와 활발하게 활동도 하고 웃으며 즐거움을 느껴 잘 참여한다. 김○금 수급자의 경우 다른 것은 귀찮아하고 지겨워하나 프로그램과 게임을 할 때에는 잘 동참하여 게임방법도 잘 인지하고 또 실행도 잘한다. 백○녀, 허○이 수급자의 경우 몸이 불편하나 게임을 실행하는 능력은 남아 있어 적극적으로 참여한다.
- **평가** : 모든 수급자들이 좋아하며 송○호 수급자는 조울증이 심하며, 송○희 수급자는 잠시 동안 다른 곳에 다녀오면 불안감과 우울증으로 증상이 조금은 심해진다. 그러나 이러한 게임과 음악활동을 통해서 자신이 발산하고 싶은 행동을 발산시켜 스트레스를 해소한 다음 프로그램 진행에 원활함을 주며 모든 치매노인이 함

께 참여함으로써 친목과 또 자신의 실수 및 유머러스한 행동을 통해서 살아 있는 자신의 존재를 의식하고 소중함을 느낄 수 있어 아주 성공적이다.

(6) 특수기구를 통한 작업프로그램

구분	기구명	사진	효과
1	퓨티(Putty)	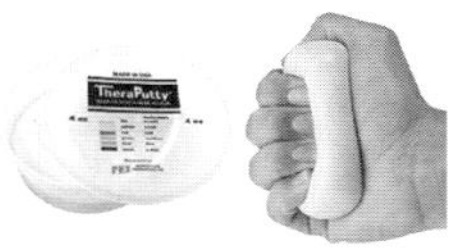	소근육 및 눈과 손의 협응력의 발달을 돕고 감각기능을 유지시킨다.
2	펙 보드(Peg board)		손근육운동과 운동근육 조절훈련 및 크기 구별을 유도한다.
3	몸 그림판(Body image)	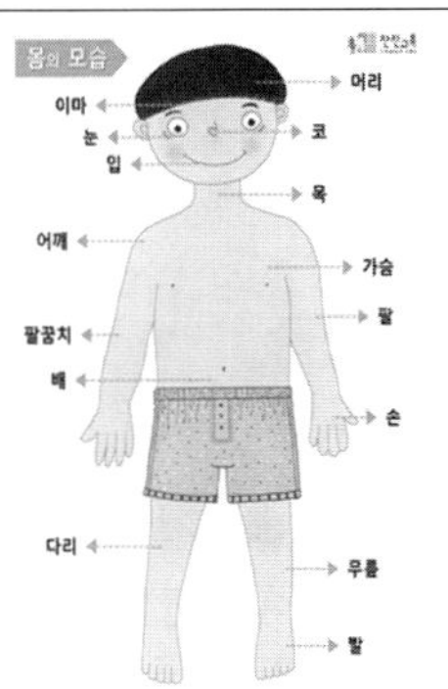	신체의 각 부분에 관한 인지력을 유도한다.
4	출입문 자물쇠 (Door lock)		일상생활수행능력을 높여 주며 현실감을 부여한다.

출처 : 1. https://www.ninelife.ge
2. https://www.orientaltrading.com
3. http://www.chanjin.net/bbs/board.php?tbl=bbs24&mode=VIEW&num=375&mobile_flag=ok
4. https://www.amazon.in

① **프로그램명** : 도구를 통한 작업프로그램

② **준비물** : 퓨티, 펙 보드, 몸 그림판, 출입문 자물쇠

③ **진행과정** : 퓨티, 펙 보드, 몸 그림판, 출입문 자물쇠를 한 개씩 나누어 모두 작업할 수 있도록 한다.

④ 사례연구

㉠ 사례 1

• 성명 : 백ㅇ녀 • 성별/ 연령 : F/ 79세 • 입소날짜 : 1997. 7. • 병명 : 알츠하이머 치매, 파킨슨, 중풍 • 성격 : 의존성이 강하며, 내성적, 건강염려증 • 가족구성 : 배우자, 2남 1녀로 현재 배우자와 동거 • 문제행동 : 현실 인식 착각, 불면증, 지남력 장애	• 성명 : 허ㅇ이 • 성별/ 연령 : F/ 81세 • 입소날짜 : 1996. 4. • 병명 : 알츠하이머 치매, 중풍 • 성격 : 고집이 세며, 욕설, 피해의식 • 가족구성 : 1남 2녀로 현재 딸 1, 외손주, 외손주 며느리, 증손주 2와 동거 • 문제행동 : 기억력, 지남력 장애

• 백○녀 수급자의 경우 오랫동안 누워 계셨기 때문에 움직이는 것을 싫어하며 또 중풍 및 파킨슨병 증상으로 손이 떨리며 보행이 어렵다. 오랫동안 몸을 사용하지 않아서 처음에는 힘들어하였으나 반복적인 작업으로 처음보다는 더 빨라졌으며 수행능력 또한 처음보다 나아졌다. 퓨티(Putty)를 할 때에는 손가락에 힘이 없어 제대로 수행하지 못하였으나 차츰 자신이 손가락의 힘과 요령을 통해서 잘하였다. 그러나 몸 그림판(Body image)는 신체의 각 부위를 인지할 수 있으나, 각 부위의 위치를 판단할 수는 없었다. 반복적인 작업으로 위치를 판단할 수는 있으나, 왼쪽과 오른쪽의 위치를 찾아내는 것은 어려웠다. 허○이 수급자의 경우, 경한 중풍과 함께 온 치매로 손을 움직이는 것이 조금은 힘이 드므로 퓨티, 펙 보드 등의 작업을 위주로 하였더니 예전보다는 조금씩 빨라졌

으며 정확도도 점점 더 나아졌다. 또 몸 그림판의 경우 전혀 인지를 못하므로 실행할 수 없었다. 또 두 수급자에게 출입문 자물쇠를 반복적으로 작업하도록 했더니 처음보다 문을 열고 잠그기를 잘 수행하였다. 이러한 도구의 반복적인 사용으로 두 수급자의 일상생활수행능력을 높여 집안에서의 일상생활에 적응할 수 있도록 도와줌으로써 자존심과 자긍심을 회복시켜 준 좋은 작업의 하나였다.

치매주간보호 담당자로 치매노인을 작업프로그램하면서 많은 점을 느꼈다. 아직까지는 치매노인을 위한 작업프로그램이 미비하고 제각기 다른 문제행동과 작업수행능력으로 치매노인에게 증상별 프로그램을 실시하기가 어려웠다. 그러나 봉사자 및 직원과의 1:1 매칭으로 치매노인의 남아 있는 능력을 유지시킬 수 있었다. 보람된 점은 첫째로는 작업을 통해서 갈등을 겪고 협력함으로써 자신의 감정을 표현하고 공감대 형성을 통해 다소나마 문제행동을 완화할 수 있었다. 둘째로는 뇌혈관성 치매이거나 파킨슨 치매의 경우 반복적인 작업을 통해서 수행능력이 처음보다 나아졌다는 사실이다. 그러나 치매노인의 개인별 작업프로그램을 제공하지 못한 점과 집에 가서 반복적인 지속적 연계가 어려워 더 발전시키지 못한 점이 아쉬운 점으로 남는다. 더욱 더 나은 프로그램의 개발과 1 : 1 단계별, 능력별 프로그램 개입, 가족과의 협력치료를 제공한다면 보다 더 발전될 수 있으리라 기대한다.

04 CHAPTER 문답형식으로 풀어보는 치매

1. 치매문제행동

Q 치매노인이 무엇인가 잘못된 것 같다고 말합니다. 구체적인 설명은 잘 하지 못합니다.

A 치매노인 가족들이 치매노인에게 이상이 있다고 생각하지만 조리 있게 설명하지는 못하는 경우입니다. 이럴 때는 치매노인에게서 문제되는 증상을 하나하나 열거하면서 물어보아야 합니다. 예를 들면, 잠을 잘 못 주무십니까? 성격이 변한 것 같습니까? 물건 둔 곳을 반복해서 찾는 경우가 있습니까? 똑같은 질문을 자꾸 되풀이합니까? 화를 쉽게 내십니까? 등입니다.

Q 치매노인이 어떤 때는 괜찮지만 어떤 때는 참을 수 없는 일을 일으켜서 힘들게 합니다.

A 치매노인은 성가신 일을 많이 하기 때문에 가족들이 견디기 어렵습니다. 그러므로 우선 그동안 잘 참아낸 것을 칭찬해 주어야 합니다. 그러나 치매노인은 기억이 점점 쇠퇴하기 때문에 자기도 의도하지 않게 그런 행동을 하는 것입니다. 그러므로 치매노인을 미워하지 말고 투병하는 것을 도와주도록 격려해 주어야 합니다.

Q 환자가 멀쩡한데도 말썽을 자꾸 일으켜서 집안 식구를 골탕 먹이려 하는 것 같습니다.

A 이런 경우, 며느리를 골탕 먹이려고 일부러 더 성가신 일을 저지르는 것 같이 보입니다. 치매노인이 어떤 사건이 일어날 때마다 미워하고 싫어할수록 그 사건은 잊어버리고, 즉 자기가 잘못한 일 때문에 며느리가 화냈던 것은 잊어버리고 며느리가 자기에게 버릇없이 화내고 소리쳐서 어린 아이 다루듯 하였다는 나쁜 감정만 남게되기 때문에 후에 더 실수를 저지르게 될 수 있습니다. 그러므로 이미 저질러진 일에 대하여 비판하지 말고 따뜻한 태도로 대해주어야 치매노인의 상태가 악화되는 것을 막을 수 있습니다.

Q 치매노인이 자꾸 밖으로 나가려고 합니다. 나가서 가게에서 물건(군것질거리 등)을 그냥 집어 옵니다.

A 치매노인은 바깥의 새로운 자극을 원하는 경우가 많습니다. 남의 물건이라는 인식이나 돈을 주어야 살 수 있다는 판단을 하지 못하기 때문에 일어날 수 있는 사건입니다. 자기 눈에 좋게 보이거나 먹고 싶은 충동이 있으면 집어올 수 있습니다. 그러므로 동네 가게나 이웃사람들에게 치매노인에 대하여 미리 알려서 양해를 구하도록 하고 치매노인이 물건을 집어 갈 때 집에 가서 식구를 데리고 와야 한다고 잘 설명하면 그냥 놓고 갈 수도 있습니다.

Q 치매노인은 늘 가던 딸의 집을 찾아가지 못하고 헤매는 경우가 있습니다.

A 기억력의 상실로 인하여 나타날 수 있는 일입니다. 치매 초기에서 흔히 있는 일이며, 혹시 길을 잃어버릴 수도 있으므로 주민등록증 등을 휴대하도록 하는 것이 좋습니다. 길을 물어서 다니라고 하되, 길 물어보는

것을 창피하게 여길 수 있으니 젊은 사람들도 길을 늘 물어보고 다닌다고 하여야 합니다. 이름표나 팔찌, 목걸이 등에 전화번호나 주소를 새겨 착용시킬 수도 있으나 대부분의 노인들이 싫어하여 치매 초기에는 실효를 거둘 수 없습니다. 중기 정도에는 효과가 있는 경우도 있습니다. 등 뒤에 또는 옷 안쪽에 이름, 비상연락처를 새기는 경우도 있습니다.

Q 치매노인이 몸에 좋다고 하면 값비싼 약을 아무거나 주문합니다. 대금청구서가 너무 많이 쇄도하는 경우가 있습니다.

A 약을 파는 사람들에게 보증인 없이 치매노인이 주문한 것을 물어줄 수 없다고 거절하도록 하고 치매노인에게는 그 약들이 믿을 수 없는 것임을 설명하되 비판하거나 나무라지 말면서 조리 있게 설명해 주어 자기가 속임수에 넘어갔다는 것을 스스로 느끼도록 하여야 합니다.

Q 치매노인이 다른 식구들의 물건이나 속옷, 양말, 휴지, 손수건 같은 물건을 자기 장롱 속에 수집하여 보관합니다.

A 이러한 경우에도 치매노인에게 함께 찾아보자고 말씀드리고 치매노인 방을 찾아 물건이 나오면, 이것은 어머님 것이 아니라고, 또는 다른 사람의 것이 잘못 들어온 것 같다고 말씀드리고 모양을 보여주면서 설명하면 "왜 그것이 들어와 있지?" 하면서 가져가라고 하게 하면 됩니다.

Q 치매노인이 주위를 어질러놓고 청결 관념이 없이 침이나 음식 찌꺼기 등을 방 구석에 버립니다.

A 치매노인에게 그렇게 하지 말라고 이야기하는 것은 전혀 효과가 없으므로 방안에 구석진 부분이 없도록 가구를 되도록 치우고 카펫도 걷어버리는 것이 좋습니다. 자주 구석을 점검하고 치매노인이 먹던 음식이 없

어진 경우는 어디에 숨겨두지 않았나 확인하는 것이 좋습니다. 서랍장 등도 치매노인이 외출했을 때 정리하여 간단하고 꼭 필요한 것만 있도록 해야 합니다.

Q 치매노인이 목욕을 하지 않거나 속옷을 갈아입지 않으려 합니다.

A 치매노인이 목욕을 싫어하는 데는 몇 가지 이유가 있을 수 있다. 즉, 혼자서 목욕하는 것이 어렵거나, 물 묻은 바닥이 미끄러워 겁이 나거나, 목욕물 온도 조절을 잘 못해 차갑거나 뜨거운 물만 나오는 경우, 또는 목욕하는 순서를 기억하지 못하거나 옷 벗고 입기가 힘들어진 경우입니다. 그러므로 위의 경우를 감안하여 물을 받아주고 온도를 맞추어 주거나 옷을 벗는 일을 도와주고 목욕 후에 옷 입는 일도 도와주도록 하여야 합니다. 속옷을 자식들 앞에서 벗기 싫어하므로 새 옷을 준비해 주고 뒤돌아 앉아 보지 않는 동안 빨리 갈아입도록 유도합니다. 또한 더러워진 빨랫감을 내놓지 않으려 하기 때문에 세탁기에 넣자고 부드럽게 설득하여 손수 세탁기에 넣도록 하는 것이 좋습니다.

Q 빨래해야 할 옷과 세탁된 것을 함께 섞어 수납장 안에 넣어 둡니다.

A 더러워진 것과 깨끗한 것을 구분하지 못하기 때문에 일어날 수 있는 일입니다. 반드시 옷 갈아입을 때 확인하고 더러워진 빨래를 꼭 세탁기에 넣도록 유도하여야 합니다. 그 날 신었던 양말도 그날그날 빨 수 있도록 하여야 합니다.

Q 밥을 금방 먹었는데도 또 먹으려 하고 다른 사람에게는 배고파 죽겠다고 합니다.

A 치매노인은 무료하기도 하고 어떤 욕구의 충족을 위해 음식을 탐하는 증상을 나타내기도 합니다. 밥 먹는 시간을 일정하게 하여 온 식구들이 같이 먹도록 하는 것이 좋고, 식구들 상을 따로 차리는 경우에는 치매노인이 보이지 않는 곳에서 먹도록 하여야 합니다. 치매노인이 먹을 것을 계속 원하여 부엌을 맴돌 경우는 요구르트 등 음료수 종류의 간식을 조금씩 드리도록 합니다. 또한 다른 활동을 유도하는 것이 좋습니다.

Q 식구들에게 약간만 화가 나도 욕을 합니다.

A 분노 감정이 있기 때문에 일어날 수 있는 일입니다. 또한 욕구 불만이 있는 경우일 수도 있습니다. 이런 경우 위로하면서 따뜻하게 대해주어야 하고, 비판적인 언어를 자제하는 것이 좋습니다. 이럴 때 잘못하면 폭발적인 파괴 행위로 이어질 수 있기 때문에 조심해야 합니다. 욕을 함으로써 스트레스를 해소하는 현상으로 보아야 합니다.

Q 저녁에 잠을 자지 않고 다른 식구 방에 들어와서 놀라게 하는 경우가 있습니다.

A 치매 말기에 흔히 나타나는 불면 증상입니다. 낮과 밤을 구분하지 못해 어느 시간에나 일어나서 활동하려는 것입니다. 혹은 방안이 너무 덥거나 목이 마를 때도 있습니다. 방에 불을 켜고 따뜻한 마실 것을 준비해서 잠을 자도록 강요하지 말고 그냥 놔두되, 다음날부터 낮에 자지 못하도록 하고 활발히 움직이도록 유도합니다.

Q 화단의 꽃, 화분을 여기저기로 옮기고 이 꽃, 저 꽃을 섞고 이쪽에서 저쪽으로 매일 옮겨 심습니다.

A 치매노인 본인에게 간단한 이유가 있을 수 있습니다. 가령, 해가 드는 방향에 맞추어 꽃을 옮길 수 있습니다. 또한 치매증상의 하나로 물건을 이리저리 재정리하는 증상이 나타나기도 합니다. 무엇인가 자기 마음대로 해보고 싶은 욕구에서 나오는 증상인데, 만일 못하게 하려면 물건을 눈에 띄지 않도록 치워야 합니다. 집 안의 선반이나 옷걸이, 손잡이 등의 물건을 여기저기로 옮겨 놓는 경우에도 마찬가지로 대응합니다.

Q 옷, 이불, 베개를 뜯어서 찢어 놓거나 잘게 가위로 자릅니다.

A 치매노인에게서 많이 나타나는 증상인데, 이는 끊임없는 손놀림을 원하기 때문입니다. 가위나 칼을 치워 보이지 않도록 하여야 하고, 어떤 경우는 손으로 찢으므로 콩나물 다듬기, 밤 · 마늘 까기 등 계속 손놀림할 수 있는 일을 만들어 시키면 도움이 될 것입니다. 다만, 한꺼번에 많은 양은 집중력을 떨어뜨리므로 조금만 시키도록 하고 도와주어 고맙다고 인사합니다.

Q 문 밖에 소리가 난다거나 도둑이 왔다고 합니다. 또한 밖으로 난 창문을 무서워하고 검고 조그만 사람이 앉아서 나를 바라보고 있다고 하기도 합니다.

A 환청이나 환상의 시작으로 보아야 합니다. 치매노인 말기에 흔히 있는 증상입니다. 이런 경우 긍정도 부정도 하지 않는 것이 좋습니다. 이것은 불안 · 초조 증상을 가중시킬 수 있고 혼자 있는 것을 싫어하게 되므로 밖으로 난 창이 없는 방으로 옮기거나 잠들 때까지 함께 있어주는 사람이 있으면 좋습니다.

Q 출입문 방문을 꼭 닫지 않고 식구들이 있는 쪽으로 약간씩 열어놓습니다.

A 혼자 있는 것을 싫어하고 식구들과 함께 있고 싶은 욕망으로 보아야 합니다. 잠들기 전까지 식구들과 함께 있도록 하고 함께 잠을 자는 식구가 있으면 해소될 수도 있습니다.

Q 밥을 삼키지 않고 입에 물고 있으며, 먹다 말고 왔다 갔다 하기도 합니다.

A 밥 먹는 것의 필요성을 잊어버리거나 집중력이 떨어져서 식사시간 동안 꾸준히 식사하는 행위 한 가지만 할 수 없는 경우가 있습니다. 이러한 경우는 밥 먹는 것을 살펴주어야 합니다. 반찬 먹는 것을 잊어버릴 수도 있어 밥만 먹고, 맛이 없어서 삼키지 못하고 입에 물고 있을 수도 있습니다. 불안 증상이 높아 왔다 갔다 하거나 집중 시간이 짧아 먹지 못하는 경우, 손에 들고 먹을 수 있도록 김밥이나 떡을 준비하면 좋습니다.

Q 밤에 소변을 방구석이나 휴지통에 보고, 특히 남자 노인인 경우는 수납장에 방뇨하는 경우가 있습니다.

A 저녁에 수분섭취를 줄이고 휴지통과 수납장을 치우는 것이 좋습니다. 화장실 찾기가 어렵거나 요강을 사용하던 습관이 편하기 때문일 수 있으므로 야간에 요강 사용을 허용하는 것이 좋습니다.

Q 치매노인이 밖으로 나가려고 하면 문을 모두 잠가야 합니까?

A 밖에 나가고자 하는 욕구를 무조건 막는 것보다는 누구의 도움을 받아서 함께 나가 산책이나 드라이브를 하는 것이 좋습니다. 치매노인은 새로운 자극을 받으려는 욕구가 강하여 어디로든지 나가는 것을 즐길 수 있고, 가만히 있지 못하고 서성대기를 좋아하므로 걸을 수 있는 기회와 장소를 제공하는 것이 바람직합니다. 복지용구 대여사업으로 GPS가 있으니 활용하여 배회로 인한 불안감을 해소하시기 바랍니다. GPS로 배회어르신을 찾는 경우가 종종 있습니다.

Q 치매노인이 '내가 왜 기억을 못할까? 나는 자꾸 잊어버린다. 나는 죽어야 한다'고 합니다.

A 치매노인들은 자기의 기억력 감퇴를 깨닫는 경우 충격을 받게 됩니다. 이를 위로해 주고 기억을 보조할 수 있는 도구의 사용을 권하면 도움이 될 수 있습니다. 예를 들어, "장보러 다녀오겠습니다. 곧 옵니다."라고 말만 하는 것보다 글로 써서 치매노인이 잘 볼 수 있는 곳에 두고 기억을 도와줄 수 있습니다.

Q 똑같은 질문을 계속 합니다. 똑같은 내용의 전화를 같은 사람에게 계속하여 시도합니다.

A 생각의 흐름이 고정되고 기억력이 극도로 감퇴되기 때문에 일어나는 일입니다. 같은 질문을 한다고 짜증내거나 대답을 회피하지 말고 간단하게라도 변화 없는 대답(감정이 고조되어 화를 내지 말고)을 해주고, 그 후 지금의 질문이 여러 번 반복되었음을 일깨워 주는 것이 좋습니다. 교육되는 것을

기대하기는 어렵습니다. 다만, 식구들의 관심과 교제 및 끊임없는 대화를 원하는 치매노인의 마음에 상처를 주지 않도록, 반복해서 대답을 하고 짜증내지 않도록 해야 합니다.

Q 계절에 맞지 않는 옷을 입고 외출하려 합니다. 속옷 없이 겉옷만 입고 훤히 비치는데 밖으로 나가는 경우도 있고, 상의만 입고 바지는 안 입거나 치마만 입고 웃옷을 안 입기도 합니다. 어떤 경우는 긴 내의를 입고 반소매를 위에 다시 입는 경우도 있습니다.

A 옷을 입는 방법과 계절이 지나는 것을 모르기 때문입니다. 옷을 골라주고 옷 입는 순서도 살펴줍니다.

Q 치매노인이 실금이 있고, 화장실이 어디인지 못 알아보는 경우 어떻게 할까요?

A 치매노인이 실금하는 것은 변기를 찾지 못해서, 변기를 시각적으로 인식하지 못해서, 사용방법을 기억하지 못해서 등 다양한 이유가 있습니다. 대화가 가능하면 질문과 관찰을 통해서 어느 부분이 불가능한지 찾아야 합니다. 실금이 있는 사람에게 2시간마다 화장실에 가도록 독려하면 낮 동안 실례를 하지 않는 데 도움이 될 수도 있습니다.

Q 치매노인이 담배를 피웁니다. 보호자가 제재를 가해도 소통이 되지 않아,화장실 쓰레기통 등을 뒤져 남이 피운 담배꽁초를 찾아 피웁니다.

A 이럴 때는 보호자와 의논하여 남이 피던 꽁초가 나은지, 기호식품인 담배를 새로 주는 것이 나은지 판단하도록 하여 치매노인의 기호식품을 가능한 범위에서 유지하도록 합니다.

Q 치매노인은 통증에 과민하거나 둔감합니다. 아픈지 안 아픈지 알 수가 없습니다.

A 치매노인을 자세히 관찰해 보아야 합니다. 평상시와 다른 행동이 있다면 잘 관찰하여 아픈 부위의 사용 여부, 부은 정도 등을 잘 살펴보아야 합니다. 특히 와상노인의 경우 기저귀를 교환할 때 요양보호사가 침대 옆 안전바를 들어올릴 때 치매노인의 손이 그 사이에 낀 것을 모르고 지나쳐 부을 때도 있습니다. 잘 관찰하고 케어하여, 어르신의 안전에 힘써야 합니다. 나중에 후회되는 일, 죄책감 등이 남지 않도록 해야 할 것입니다.

2. 가족의 문제점과 간호

1) 가족의 갈등과 스트레스

Q 우리 집은 3형제가 있는데 큰 형님은 직장을 나가고 둘째 형님은 가계가 어렵기 때문에 막내인 우리 집에서 어머님(환자)을 돌보아야 합니다. 나는 너무 억울합니다.

A 형제가 아무리 많아도 치매노인을 모시고 살면서 가장 많은 시간을 희생하는 사람은 결국 특정한 한 사람이기 마련입니다. 당연히 억울한 생각이 들 수밖에 없습니다. 그런 경우 가족회의를 하여 나머지 형제들이 함께 무엇을 도울 수 있는지 의논하고 다른 형제들이 기여할 수 있도록 책임소재를 분명히 하고 도움을 청하는 것이 좋습니다. 자기만 희생하면 된다고 생각하지 않도록 하고 긴 투병기간이므로 장기적 대책을 세우도록 합니다. 그렇게 함으로써 모든 형제들의 우애가 유지될 수 있고 치매노인 상태를 이해하는 데도 도움이 될 수 있습니다. 보지 않고 겪지 않으면 이해하기 어렵습니다.

Q 나는 열심히 어머님 또는 아버님(환자)을 잘 보살피려 하고 있는데 다른 형제들이 가끔씩 찾아와서 이 말 저 말 하면 속상해서 아무것도 할 수 없습니다.

A 치매노인을 모시는 일이 얼마나 어려운 일인지 가족들에게 솔직히 이야기하고 모시는 사람에게는 늘 칭찬과 격려를 해주도록 가족회의 및 지지자를 조성합니다.

Q 치매노인을 모시는 일만 해도 견디기 힘든데 경제적 부담까지 나에게만 미룹니다.

A 부담을 서로 조금씩 나눌 수 있는 방법을 가족회의를 통해 찾습니다. 경제적으로나 시간적으로 부담을 나누는 지혜가 필요합니다. 시간표를 짜서 다른 형제에게 치매노인을 보아달라고 부탁하고 주 간호자가 외출도 하고 여행도 다녀오도록 합니다. 또는 다른 형제에게 치매노인을 모시고 나가 산책이나 외출을 시켜 주도록 부탁합니다. 이러한 과정에서 모든 형제들이 어려움을 직접 체험하면서 경제적 부담이나 간병부담을 나누어야 함을 이해하게 될 것입니다.

Q 치매노인이 다른 아들, 딸이 찾아 왔을 때 내 흉을 봅니다(밥을 잘 주지 않는다, 무시한다. 물건이나 돈을 훔쳐 간다 등).

A 치매노인은 일반적으로 살펴주는 사람보다 오랜만에 찾아오는 사람을 더 좋아합니다. 흉을 보기도 하고 엉뚱한 누명을 뒤집어 씌울 수도 있습니다. 이러한 치매노인의 특성을 다른 가족들에게 알려서 오해가 없도록 하여야 합니다. 예를 들면, “혹 어머님께서 제가 돈을 가져갔다고 하시지 않으세요? 의심증이 생기시고 돈을 어디에 두셨는지 찾지 못해서 그런 것 같으니까 좀 도와주시면 좋겠어요”라고 할 수 있습니다.

Q 치매노인이 다른 아들이나 딸이 사 온 음식을 먹으면서 가장 행복하다는 표현을 하고, 그런 좋은 음식을 집에서는 한 번도 얻어먹어 본 일이 없다고 말합니다. 즉, 나를 미워하고 다른 자식들은 좋게 생각합니다.

A 치매노인을 모시는 사람은 언제나 불평을 들을 수밖에 없는데, 방금 전에 잡수신 것을 잊어버리는 것이 그 이유일 수 있습니다. 그러므로 가까운 친척일수록 단 하루라도 치매노인과 함께 있도록 하여 치매노인을 직접 겪어보도록 함으로써 모시는 사람을 이해하도록 합니다.

Q 치매노인이 다른 자녀가 올 때마다 따라 나서겠다고 하는데, 그럴 때마다 다른 형제들은 내가 오죽 잘못했으면 그러시겠냐는 태도입니다.

A 이럴 때에도 다른 형제들이 모시고 가서 하루나 이틀 겪어 보도록 하는 수밖에 없습니다. 다만, '모시고 가는 것을 좋아한다'는 비난을 들을 각오는 해야 합니다.

Q 다른 형제들은 내가 부모님(환자)을 모시는 것은 대가를 노리기 때문이라고 말합니다. 따라서 그들은 미안해 할 필요가 없다고 합니다(재산 상속을 혼자 받으려 한다 등).

A 이와 같은 오해를 받더라도 양심에 가책만 없다면 꿋꿋하게 행동하면 됩니다. 친척들이 말하는 것에 구애될 필요는 없으며, 그와 같이 말하는 사람들이 잘못이라고 생각하는 것이 좋습니다.

Q 손자·손녀를 못 알아봐서 집에서 나가라고 하기도 하고 시끄러우니까 나가 놀라고 쫓아냅니다.

A 아이들에게 할머니가 병 때문에 아파서 그렇게 하신다는 것을 이해시키도록 합니다. 아이들을 이해시키고 아이들의 협조로 치매노인을 돕도록 교육할 필요가 있습니다.

Q 손자를 데려다 키운 아이로 착각합니다. 저 아이 엄마는 어디 있느냐? 등의 사리에 맞지 않는 질문을 하십니다.

A 이러한 말을 듣는 아이가 충격을 받을 수 있으므로 잘 이해시켜야 합니다. 치매가 극도의 기억력 감퇴와 더불어 사고의 흐름도 바꾸어 놓는다는 것을 교육하고 친손자인 것을 확인시켜 주며 사랑을 표현해 주도록 합니다.

Q 손녀를 시집 간 조카딸 쯤으로 착각하고 저녁 때만 되면 집에 가서 신랑 밥 해주지 왜 안 가느냐고 하십니다.

A 역시 판단장애로 나타날 수 있는 일입니다. 또한 저녁이 되면 빨리 밥을 먹고 싶은 욕구가 생겨 주간호자와 있는 다른 사람들을 내쫓고 싶어 합니다. 그러므로 치매노인과 대화에 함께 참여하도록 하거나 간식을 제공하여 치매노인 중심의 즐거운 분위기로 바꿀 수 있습니다.

Q 치매노인에게 시달리다 보면 스트레스가 쌓이는데 아이들이 저녁 때 학교에서 돌아와 무엇을 해달라고 투정하면 애꿎은 아이들만 큰 소리로 야단칩니다.

A 충분히 그렇게 되기 쉽습니다. 그러므로 평소에 아이들에게 부모의 고된 일과를 이해시키고 각자 책임 있게 자기 일을 독립적으로 하기 바란다는 말을 해 두어야 하며, 배우자의 도움을 받는 방법 등으로 부모의 일을 덜도록 해야 합니다.

Q 엄마가 아이들에게 신경 쓰지 못하니까 가방을 멘 채 놀이터에서 놀거나 친구 집을 전전하면서 밤늦은 시각에야 들어옵니다. 따라서 숙제를 못하거나 학업 성적이 떨어지고 학교에서 문제를 일으키기도 합니다.

A 아이들 돌보는 일을 배우자나 고모·삼촌이 맡는 등, 가족회의를 하여 분담하는 것이 좋습니다. 간호자가 치매노인에게 집중하는 과정에서 아이들에게 문제가 생길 수 있으므로 숙제나 학업지도를 분담하여 책임을 나누는 등 미리 예방책을 강구합니다.

Q 나는 도저히 치매노인을 모시기 힘들어 대책을 세워달라고 남편에게 말하는데, 남편은 이혼하자고 합니다.

A 남편은 자신의 친부모이기 때문에 치매노인을 바라보는 일이 더욱 괴로울 수 있습니다. 그러므로 치매노인에 관해 어려운 일을 자세하게 말하지 않는 것이 남편을 도와주는 일이 됩니다. 대책은 남편이 중심이 되어 세우면 좋지만 대부분 괴로워서 피하고 싶어 하므로 다른 형제들과 가족회의를 하여 직접 호소하는 것이 현명할 수 있습니다.

Q 남편이 들어오면 치매노인이 엉뚱한 것을 고자질하여 저녁마다 부부싸움을 피할 수 없습니다.

A 남편은 치매노인을 오랜 시간 겪지 않기 때문에 치매노인이 하는 말을 그대로 받아들여 오해가 생기기 쉽습니다. 화를 내는 것보다 남편이 쉬는 날 어머님과 함께 할 수 있는 시간을 갖도록 계획하는 것이 좋습니다. 또는 치매주간보호센터 담당자와 의논하여 치매가족모임 등에 유도하여 치매노인 문제행동에 대해 객관적으로 인식할 수 있도록 합니다.

Q 남편과 잠자리를 마음놓고 할 수 없습니다. 그럴 마음도 내키지 않아 거절합니다.

A 치매노인을 돌보는 과중한 중압감은 성적 욕구를 억누를 수 있으며 과로로 인하여 몸과 마음이 너무 피곤해 있습니다. 때로는 치매노인에 대한 미움을 남편에게 투사하여 더욱 그렇게 될 수 있습니다. 부부만의 오붓한 시간에는 모든 것을 잊도록 노력합니다.

Q 나는 치매노인을 요양원으로 보내고 싶은데 다른 형제들이 경제적 부담을 함께 하려고 하지 않을 뿐 아니라 보내는 것 자체를 반대합니다.

A 우리 사회에서 아직 요양원에 대한 인식이 나쁘기 때문에 가족들의 동의를 받기가 어려운 것이 사실입니다. 경제적 부담 역시 만만치 않습니다. 꼭 요양원에 보내지 않더라도 요양보호사를 써서 보조받으면 생각외로 성과가 좋을 수도 있습니다. 또는 치매노인전문 요양시설을 고려해 볼 수 있습니다.

2) 간병에 대한 부담감

Q 나는 너무 피곤합니다. 내가 왜 이러한 벌을 받아야 하나요?

A 충분히 벌을 받는 기분이 될 수 있다는 것을 인정해 주고 몹시 지치고 피곤한 것도 수긍하여 줍니다. 그러나 엄연한 현실이므로 현명하게 대처할 필요가 있음을 일깨워 주어야 합니다. 즉, 혼자 감당하기는 지쳐서 병을 얻을 수 있기 때문에 모든 것을 가족들과 의논해서 도와줄 친척이나 요양보호사 등을 확보하도록 하여야 합니다.

Q 나는 이대로 살 수 없을 것 같습니다. 어디로 도망가고 싶습니다.

A 이러한 심정을 충분히 이해하여 도망가고 싶은 마음을 위로해 주어야 합니다. 이런 간호자들은 자신들의 호소 한마디를 들어주는 사람이 소중하며 삶의 의지를 되찾을 수도 있습니다. 하루 단 몇 시간이라도 치매노인을 피해 있을 수 있는 시간을 만들도록 합니다. 낮병원 이용이나 단기 보호소 이용을 권해볼 수도 있습니다.

Q 나는 입맛이 없어져서 밥을 잘 먹지 못하고 체중도 많이 줄었습니다.

A 이를 이해해 주어야 하지만, 동시에 이것이 위험한 신호임을 주지시켜야 합니다. 때로는 외식을 할 수 있는 기회를 마련하고 다른 형제들이 반찬을 만들어 오도록 합니다. 간호자가 가족들의 도움을 받을 수 있도록 상담자가 간접적으로 도와주어야 할 것입니다.

Q 나는 마음놓고 잠을 잘 수 없습니다. 낮에도 시달렸는데 잠들 만하면 환자가 일어나 덜그럭거리면서 집안을 뒤지고 다니기 때문에 깨어나게 됩니다.

A 치매노인은 낮에 자고 밤에 활동할 수 있습니다. 이렇게 되면 치매노인 가족들이 만성 피로에 시달리게 되니 가급적 낮에 치매노인을 활동하게 하고 저녁에 목욕을 시켜 잠들기 좋게 배려하는 것이 좋습니다.

Q 나는 너무 속상합니다. 왜 하필 나의 어머니(아버지)가 못된 병을 앓게 되었을까요? 창피해서 누구에게 말도 할 수 없습니다.

A 치매는 누구에게나 올 수 있는 것이며 치매에 걸린 것이 창피한 일이 아니라는 사실을 알립니다. 우리가 언제나 모든 병에 걸릴 수 있듯이 나이가 많아지면 걸릴 확률이 높은 뇌질환임을 환기시켜 주어야 합니다.

Q 나는 언제까지 이 고통을 견뎌야 하나요? 언제쯤이면 쉬게 될까요?

A 치매노인 가족들은 너무 힘이 들기 때문에 곧 지쳐서 언제쯤 치매노인이 돌아가시는지 무척 궁금해합니다. 그러나 치매는 죽는 병이 아님을 알려주어 10여 년간의 장기대책을 강구하도록 합니다.

Q 나도 오붓하게 식구들과 외식을 즐기거나 휴가여행을 가보고 싶습니다. 치매노인 때문에 아무것도 못한다고 생각하면 울화통이 치밀어 견딜 수가 없습니다.

A 충분히 그럴 수 있다는 것을 이해시키고 단기보호소에 잠시 맡기고 여행을 다녀오든지 저녁에 외출할 경우에는 친척에게 부탁하도록 합니다. 대부분의 사람들이 집에 치매노인이 있는데도 나가서 즐긴다는 것에 죄의식을 느끼고 있으나, 가족뿐만 아니라 치매노인을 위해서도 가족들의 휴식이 꼭 필요한 것임을 교육하고 이를 지원해 주는 것이 좋습니다. 치매간호에서는 환자 간호도 중요하지만 보호자 간호를 잘 해주어 그들의 가족이 와해되지 않고 케어할 수 있도록 돕는 일이 더욱 중요합니다.

Q 나도 동창회에 나가 친구들과 웃고 떠들어 보고 싶습니다. 나는 왜 아무것도 할 수 없을까요?

A 이러한 일을 통해 스트레스를 해소할 수 있으므로 단기보호소에 치매노인을 맡길 수 있도록 주선하든지 다른 친척이 잠시 치매노인을 돌보도록 양해를 구해야 할 것입니다. 또는 요양보호사나 자원봉사자의 도움을 받습니다.

Q 나는 세상살이가 아무 재미없고 아무런 살 뜻도 없습니다. 차라리 내가 먼저 죽었으면 싶습니다.

A 치매노인으로 인한 중압감에 때문에 생길 수 있는 우울증입니다. 특별한 관심을 가지고 휴식을 취하도록 빨리 방법을 강구해야 합니다. 필요시 중앙치매센터의 상담전화를 이용해 봅니다.

Q 나는 치매노인이 너무 밉습니다. 때리고 욕해서 내쫒아 버리고 싶습니다. 빨리 죽었으면 합니다. 죽이고 싶기도 합니다. 차라리 치매노인을 죽이고 나도 죽고 싶습니다.

A 역시 같은 맥락에서 있을 수 있는 정신적 피해의 한 단면으로 보아야 합니다. 그대로 방치하면 가정이 파괴되고 자살이나 타살로 이어질 수도 있는 위험한 상황입니다. 보호자가 치료받을 수 있도록 주선할 필요가 있으며, 새로운 돌파구를 마련해 주어야 합니다.

Q 요양원에 보내고 싶어도 돈이 너무 많이 들 것 같습니다. 무슨 방법이 없습니까?

A 국민건강보험공단의 해당 지사에 문의하시기 바랍니다. 본인, 보호자, 주변 이웃, 동 사회담당 등이 신청하여, 등급을 받은 후 어떤 방법으로도 도움을 받을 수 있습니다.

Q 좋은 요양서비스를 어떻게 찾을 수 있나요?

A 주변 사람 중에 요양서비스를 받았던 사람들에게 어땠는지 물어보고, 국민건강보호공단 홈페이지의 요양 기관을 몇 군데 방문(보호자와 당사자 같이 동행하여 시설환경과 입소노인 특성, 종교, 지리적 거리, 종사자 친절도 등)해서 치매와 관련해서 어떤 프로그램을 제공하는지 구체적으로 알아보고, 치매노인을 위한 최선의 케어란 무엇이라고 생각하는지 물어보고, 야간에 전문가가 있는지, 억제대 사용 여부, 직원들이 인지장애가 있는 사람들을 어떻게 대하는지 관찰하기, 식사는 여럿이 먹는지, 아님 침상에서만 먹게 하는지 등 여러 항목에 대해 체크해 보고, 당사자와 보호자의 의견을 조율해 봅니다.

Q 치매 예방을 위해서 영양학적으로 조심해야 할 것은 무엇입니까?

A 치매를 최대한 예방하기 위해서는 알루미늄 그릇을 쓰지 말아야 합니다. 치매의 원인 중에 알루미늄 중독도 있습니다. 따라서 스테인리스 그릇으로 바꾸는 것이 좋으며, 알루미늄 성분이 든 제산제, 식품첨가물 등을 피하도록 합니다.

Q 우리 집 가계는 뇌졸중으로 쓰러지면서 치매가 되곤 합니다. 저희 할머니는 아직은 괜찮으시지만 뇌졸중을 억제하기 위해서 어떤 영양관리가 필요할까요?

A ① 평소에 혈관을 튼튼하게 해주는 양질의 단백질 섭취가 꼭 필요합니다. 하루에 적어도 고기 탁구공 크기 1개, 생선 1토막(특히 등푸른 생선), 계란 흰자 1개, 두부나 콩 등을 먹도록 해야 합니다.

② 기름진 음식은 하루에 1번만 드시도록 합니다.

③ 저지방 우유나 요구르트를 하루에 1잔씩 드시게 합니다.

④ 또한 뇌세포의 주성분인 레시틴을 충분히 공급하기 위해서 호두, 잣, 해바라기씨, 콩, 깨 등을 적절히 드시도록 합니다. 특히 해바라기씨는 간식으로 조금씩 먹도록 하면 좋습니다.

⑤ 녹황색 채소(당근, 시금치, 상추, 아욱 등)는 하루에 꼭 1번 이상 드시도록 합니다.

⑥ 정상체중을 유지하도록 합니다.

Q 치매노인이 씹기만 하고 삼키지 않을 때는 어떻게 해야 합니까?

A 삼키는 것을 잊어버릴 수 있기 때문에 삼키라고 자주 일깨워 주거나 식사하기 전에 직접 씹다가 삼키는 것을 보여주는 것도 한 방법입니다.

Q 치매노인의 삼키는 능력을 조금이라도 향상시키기 위해서는 어떻게 해야 합니까?

A 삼키는 능력을 높여주기 위해서 작은 붓(약 10cm 정도의 페인트브러시 사용 가능)으로 식전에 목을 쓸어주면 좋습니다.

Q 식사 할 때 자세는 어떤 것이 좋은가요?

A 식사할 때 자세는 바로 앉는 것이 좋으며 삼킬 때는 머리를 약간 뒤로 젖혀서 삼키는 것을 도와줍니다. 그러나 이때 지나치게 젖히면 기도로 들어갈 수 있으므로 조심해야 합니다.

Q 치매노인이 식탁 위에서 음식을 잘 찾지 못할 때에는 어떻게 해야 합니까?

A 식사는 뚜껑을 연 채로 드려야 하며 시야가 좁아져 식탁에 있는 특정 음식을 잘 찾지 못하는 경우도 있으므로 그때는 고개를 돌려주어서 찾게 합니다.

Q 치매노인이 식사는 하지 않고 그릇을 만지작거리는 것은 무슨 의미입니까?

A 이것은 치매노인이 음식을 잘 선택할 수 없다는 의미이므로 옆에서 음식을 선택할 수 있게 도와주어야 합니다.

Q 치매노인의 식기는 어떤 것을 쓰는 것이 좋습니까?

A 치매노인의 혼동을 줄이기 위하여 무늬가 없고 색깔이 뚜렷한 식기를 쓰는 것이 좋습니다. 특히 접시에 과일이나 꽃무늬가 있는 것은 피하는 것이 좋습니다. 치매노인은 그것을 음식으로 착각할 수도 있기 때문입니다.

Q 치매노인이 음식을 거부할 때는 어떻게 해야 합니까?

A 치매노인이 음식을 거부할 때는 수저를 마음대로 쓸 수 없거나, 씹을 수 없거나, 삼킬 수 없는 등 여러 원인이 있으므로 이러한 사항을 염두에 두고 시정해 줍니다.

Q 치매노인이 컵을 잡기 힘들어할 때는 어떻게 해야 합니까?

A 빨대를 사용하여 마시게 합니다. 이때 플라스틱 빨대를 사서 원하는 만큼 잘라서 구부려 주어서 입에 잘 맞게 해주고 집게 혹은 클립으로 컵에 고정시켜 줍니다.

Q 컵은 어떤 것을 쓰는 것이 좋습니까?

A 컵은 아주 큰 손잡이가 달린 것으로 무게가 가벼워야 하고 열전도율이 낮은 것이 좋습니다. 플라스틱 컵이 좋으며 유리컵이나 종이컵은 쓰지 않아야 합니다.

Q 치매노인이 숟가락이나 젓가락 쓰기를 힘들어합니다. 이런 경우에 어떻게 해야 합니까?

A 숟가락의 손잡이에 고무줄을 잡거나 자전거 손잡이용 핸들을 사용해서 손잡이를 뭉툭하게 만들어 주면 쥐기가 쉽습니다.

Q 치매노인이 음식을 잘 선택하지 못할 때는 어떤 식사 메뉴가 좋습니까?

A 반찬 가짓수를 줄이면서 1가지 요리에 다진 채소, 달걀, 고기, 생선 등을 활용한 일품요리를 권합니다.

예 달걀 쇠고기 볶음밥, 하이라이스, 카레, 오므라이스, 콩나물 국밥 등

Q 우리 집 할머니는 기억력이 없어져서 식사를 하고서는 식사를 안 했다고 우기면서 또 식사를 달라고 합니다. 이때는 어떻게 해야 합니까?

A 이때 식사를 했다면서 아무것도 주지 않으면 치매노인은 상처를 받게 되고 식구들과의 갈등도 더 커지게 됩니다. 이때는 알사탕 같은 것을 준비해서 드리거나 저지방 우유나 과일 한쪽, 달걀 반숙(난백만) 등 간식을 드리는 것이 좋습니다.

Q 치매노인의 식사량이 엄청나고 보통사람에 비해 상당히 많이 드시는 것 같은데도 체중이 점점 줄어드는 것은 왜 그렇습니까?

A 치매노인이 잠시도 가만히 있지 못하고 서성거릴 때는 에너지 필요량이 많이 증가합니다. 일반 노인들의 에너지 권장량은 남자 노인 2000kcal, 여자 노인 1700kcal(65~74세 기준)이나 서성거리는 데 필요한 에너지 요구량은 많게는 1,600kcal나 증가합니다. 그러므로 많이 드시는 것처럼 보여도 실제로는 필요한 에너지량에 비해 섭취량이 부족하기 때문에 체중이 빠지게 됩니다.

Q 치매노인이 떡을 좋아해서 자꾸 달라고 하는데 드려도 괜찮은가요?

A 치매노인은 삼키는 데 어려움이 많으므로 떡종류(특히 인절미, 찹쌀떡 등은 요주의), 떡국, 김밥 종류, 초밥 종류, 쌈 종류 등은 피하는 것이 좋습니다.

Q 치매노인이 식사하다가 중간에 씹지 않고 가만히 있습니다. 이때는 어떻게 해야 합니까?

A 말로써 일깨워 주거나 옆에서 씹는 모습을 보여줍니다. 또한 턱 밑을 가볍게 눌러서 씹도록 도와줍니다.

Q 치매노인이 입에 한 번에 너무 많은 음식을 넣습니다. 이때는 어떻게 해야 하나요?

A 한 번에 적은 양만 제공하고 자주 주는 것이 좋습니다. 하루에 3끼의 식사, 3끼의 간식이 좋습니다.

Q 치매노인이 국민기초생활수급자로 돌볼 사람이 없어 지역사회 지인이 치매노인의 수급비를 착취하는 경우는 어떻게 해야 할까요?

A 현재 중앙치매센터에서 공공후견사업을 하고 있습니다. 문의하여 도움을 받아보고, 동주민센터와 치매안심센터 등과 사례관리를 하여, 후견사업을 이행하도록 도움을 줍니다.

Q 일반가족이 치매노인일 경우, 가족 간 돌봄과 경제적 이유인 상속 등으로 갈등이 있을 수 있습니다. 이럴 땐 어떻게 할까요?

A 한국후견지원본부와 해당 가정법원, 해당 치매안심센터와 논의하여 서비스 지원과 경제적 문제로 객관적 장치를 상의해 봅니다. 또 신탁을 원하는 경우에는 KEB하나은행의 '치매안심신탁 · 성년후견지원신탁'을 참고하여 가장 현실적이고 바람직한 방법을 찾아봅니다.

Q 죽음에 이르기 전, 주변에 친구나 지인들의 무의미한 연명치료를 보고, 본인의 의사를 결정하고 싶다면 어떻게 해야 할까요?

A 사전연명의료의향서(국립연명의료관리기관 홈페이지 참조)로 서식이 있으니, 미리 작성해 놓고, 자식들에게 미리 미리 구두로 본인의 의사를 밝혀 둡니다.

PART 02

치매노인 주야간보호기관의 이해

05 CHAPTER

주야간보호기관의 실제

제 1 절 사업계획서의 예

1. 사업계획서 개요

1) 설립 목적

○○주야간보호기관은 치매 및 노인성 질병으로 일상생활자립이 어려운 어르신을 보호하여 자립적인 생활을 영위하는 데 필요한 서비스를 제공하고, 가족의 수발 부담을 완화하고 사회참여를 지원함으로써 사회복지 증진에 기여하고자 한다.

2) 미 션

어르신이 정든 마을에서, 정든 가족과 행복하고 건강한 삶을 누릴 수 있는 세상을 만든다.

3) 비 전

① 어르신 한 분 한 분이 존중받는 전인적인 돌봄 실현
② 전문적인 프로그램과 안전하고 편안한 일상생활 지원
③ 어르신, 가족, 지역사회와 소통하고 화합으로 함께하는 공동체

4) 시설 현황

구 분	내 용		
명 칭	ㅇㅇ주야간보호기관		
전화번호	02)ㅇㅇㅇㅇ-ㅇㅇㅇㅇ	팩스번호	
운영주체	사회복지법인 ㅇ ㅇ	대표자	
소재지	서울시 ㅇㅇ구	설립년도	
홈페이지			
시설장			
시설면적	건축면적 연면적, 지상4층	건립년도	20ㅇㅇ
정 원	21명	종사자현황	13명(겸직 포함)

5) 층별현황

층별 \ 구분		용 도
지하 1층	면적 331.22m^3	주야간보호기관, 어르신 쉼터, 목욕실, 직원휴게실, 화장실(남/여)
1층	면적 141.44m^3	기능회복실, 주차장
2층	면적 306.78m^3	대강당, 사무실, 관장실, 오름마당, 정보화교실, 회의실, 화장실(남, 여), 상담실
3층	면적 294.89m^3	소강당, 바둑실, 서예실, 경로식당, 화장실(남, 여)
4층	면적 176.34m^3	탁구장, 다목적실

6) 인력 현황

(단위 : 명)

계	시설장	팀장	사회복지사	간호조무사		요양보호사		운전원	조리원
				주간	야간	주간	야간		
13	1	1	1	1	1	3	2	2	1

7) 직원 업무분장표

직책	성명	수행직무	자격사항
센터장		• 운영 총괄 및 슈퍼비전 • 소방안전관리자(정) • 운영위원 및 인사위원 • 감염관리 책임자 • 회계업무(수입원 지정)	• 사회복지사 1급 • 소방안전관리자 2급
팀 장		**○○주야간보호기관 업무** • 팀 내 업무조정 및 슈퍼비전 • 사례관리 및 슈퍼비전 • 인사위원 • 소방안전관리자(부) • 회계업무(지출원 지정) • 입소상담 및 계약, 이용자/ 보호자 상담 • 종사자 관리(휴가 관리 및 근무표 작성) **행정업무** • 예산서/ 결산서 작성 • 분기별 보조금 신청 및 정산 업무 • 예산집행(지출결의서 작성) • 채용 업무 및 종사자 입/ 퇴사 보고 • 사회보험 취득 및 상실 신고 업무 • 사회보험/ 원천세 납부 • 단체 상해보험 및 배상책임보험 가입 및 갱신 • 원천징수 신고자료 및 연말정산 자료제출/ 정산 • 직원 급여 이체 및 퇴직연금 관리 • 공공요금 기안 작성 및 이체/ 납부 • 사업수입 입·출금 • 사회복지시설정보시스템 입력 및 운영 • 사회복지시설정보시스템 관리 및 정리	• 사회복지사 1급 • 소방안전관리자 2급 • 운전면허 1종

직책	성명	수행직무	자격사항
		• 현금출납장 정리 • 차량관리(정기검사, 보험 가입 및 갱신) • 현금영수증 발급 • 후원금·품 관리 및 후원금 영수증 발급 • 비품대장 관리 **기타** • 미세먼지 담당자 • 직장인 건강검진 확인 안내 • 종사자 교육 총괄 • 종사자 한국재가노인복지협회/ 서울시재가노인복지협회 / OO주야간보호기관연합회 관련 업무	
사회복지사		• 회계업무(수입원 지정) • 사례관리 담당 • 급여제공계획 통보 • 장기요양급여비용 청구/ 급여 비용 안내 • 입소자 상담 및 계약 • 입소자 모집 및 대기자 관리 • 이용자/ 보호자 상담 • 프로그램 계획 및 진행 • 특별/ 외부 연계 행사 계획 및 진행 • 프로그램 일지 관리 • 자원봉사자 및 강사 관리 • 실적보고서 작성 • 월례회의록 및 사례회의록 작성 • 내/ 외부 공문 문서수발 • 가정통신문 작성 및 발송 • 만족도 조사 및 결과 보고 • 후원품 관리	• 사회복지사 1급 • 운전면허 1종
요양보호사		• 어르신 개별 케어 • 인지프로그램 진행(화/ 목 신체프로그램 진행) • 급여제공기록지/ 이동서비스일지 작성 • 송영서비스 보조 • 센터 환경관리 • 노인일자리 참여자 관리	• 요양보호사 1급
		• 어르신 개별 케어 • 인지프로그램 진행(화/ 목 신체프로그램 진행) • 급여제공기록지/ 이동서비스일지 • 송영서비스 보조 • 센터 환경관리 • 공용 물품 재고 관리	• 요양보호사 1급

<table>
<tr><th>직책</th><th>성명</th><th>수행직무</th><th>자격사항</th></tr>
<tr><td rowspan="3"></td><td></td><td>• 어르신 개별 케어
• 인지프로그램 진행
• 급여제공기록지/ 이동서비스일지
• 급여제공기록지/ 출석부/ 식수 취합
• 송영서비스 보조
• 센터 환경관리</td><td>• 요양보호사 1급</td></tr>
<tr><td></td><td>• 야간 어르신 개별 케어
• 인지활동형 프로그램 진행
• 급여제공기록지/ 이동서비스일지
• 송영서비스 보조
• 센터 환경관리</td><td>• 요양보호사 1급</td></tr>
<tr><td></td><td>• 야간 어르신 개별 케어
• 인지활동형 프로그램 진행
• 급여제공기록지/ 이동서비스일지
• 송영서비스 보조
• 야간 환경 정비</td><td>• 요양보호사 1급</td></tr>
<tr><td rowspan="2">간호
조무사</td><td></td><td>• 기초 건강 체크(주간)
• 응급환자 조치 및 119 연계
• 입소자 건강 상담
• 입소자 건강사정 및 계획 수립
• 입소자 투약 및 투약기록 작성
• 입소자 치매검사, 낙상검사, 욕창검사
• 신체프로그램 진행
• 생신잔치 프로그램 진행
• 이용자 및 종사자 간호 교육 진행
• 송영서비스 보조</td><td>• 간호조무사 자격증</td></tr>
<tr><td></td><td>• 기초 건강 체크(야간)
• 응급환자 조치 및 119 연계
• 입소자 건강 상담
• 입소자 건강사정 및 계획 수립
• 입소자 투약 및 투약기록 작성
• 입소자 치매검사, 낙상검사, 욕창검사
• 신체프로그램 진행
• 송영서비스 보조
• 야간 환경 정비</td><td>• 간호조무사 자격증</td></tr>
<tr><td>조리원</td><td></td><td>• 가정통신문 작성 및 발송
• 식단확인, 식단조리, 식단배식
• 이용자 중식 및 간식 준비
• 식재료 검수
• 식품 및 식기 위생관리
• 음식물 처리 및 주방 정리</td><td>• 조리사 자격증</td></tr>
</table>

직책	성명	수행직무	자격사항
운전원		• 주간 송영서비스 지원 • 차량 관리 • 차량 세차 및 주유	• 운전면허 1종
		• 주/ 야간 송영서비스 지원 • 차량 관리 • 차량 세차 및 주유	• 운전면허 1종

2. 세부사업계획서

1) 사업명

2022년 주야간보호기관 사업계획서

2) 사업의 필요성

첫째, 대한민국은 고령사회

2020년 1월 기준 65세 이상 주민등록 인구가 812만 5천 명이며, 전체 인구에서 차지하는 비율이 15.7%가 되었다(통계청, 2020. 1). 그 결과 2025년에 1,000만 명을 넘어 2047년에 1,879만 명(38.4%)에 이를 전망이다.

지역별로 보면 2017년의 고령인구의 비율은 전남이 21.5%로 가장 높고 세종이 9.2%로 가장 낮으며 2047년에는 경기와 제주를 제외한 7개 도지역과 부산에서 65세 이상 고령인구 비중이 40%를 초과할 것으로 예측된다(통계청, 장래인구추계).

노인인구가 증가하면서 노인 의료비가 증가하고 노인 부양의 사회적 부담도 커져 국가 사회적으로 장, 단기 노인요양시설에 대한 관심이 고조되고 있다. 특히 한국보건사회연구원의 조사에 따르면 65세 이상 노인의 90.9%가 장기간 치료나 요양을 필요로 하는 관절염, 고혈압, 뇌졸중 등 만성질환을 갖고 있는데(Chung, 2005), 2000년도 보건복지부 노인장기요양보호정책기획단의 보고서에 따르면 기본적인 일상생활동작 수행에 장애가 있는 노인이 전체재가노인의 11.6%인 39만 명에 달하고, 보호해 줄 가족이 없는 독거노인이 전체노인인구의 7.2%에 다다르고 있다(통계청, 2018). 장·단기 노인 요양시설의 확충 및 효과적 운영의 중요성이 부각되고 있다.

둘째, 노인의 건강 관련 삶의 질을 증진시키고 일상생활수행능력을 향상

우리나라 기대수명은 82.7세이다. 평균수명의 연장과 고령인구의 급증에 따른 병약 노인의 증가는 당사자인 노인은 물론 그 가족을 위한 장·단기 보호대책이 사회문제로 대두되고 있으나 사회변화에 따른 핵가족화와 가족해체로 가정에서의 노인 보호기능이 약화됨에 따라 제도적 체계에서 노인의 보호가 이루어지게 되었고 시설 서비스를 선택할 수밖에 없다.

노인주간보호센터에서 진행하는 프로그램의 효과에 대해서는 그간 많은 연구에서 그 효과성이 증명되어 왔다. 노인의 건강 관련 삶의 질을 증진시키고 인지기능 및 일상생활수행능력의 향상을 가져왔다는 연구가 발표되기도 하였으며 인지기능 강화 활동, 사회적응 활동, 여가활동 등을 프로그램화 하여 진행하였을 때 치매노인의 인지능력, 신체능력 등에 유의미한 긍정적 변화를 가져왔다는 다양한 연구가 진행되었다.

3) 대상자 확보

(1) 대상자 현황 파악

구분	서울시 전체	은평구	서대문구	마포구
노인인구수(명)	1,592,339	86,724	54,056	54,260

출처 : 서울 열린데이터 광장(2021. 11. 2).

① 위의 표와 같이 은평구는 주변 지역보다 노인 인구수가 많으며, 서울시 전체 25개 구 중 4번째로 많은 86,724명이 거주하고 있다. 또한 은평구의 인구 중 약 18.1%는 노인 인구이다.

② 서울시 ○○구 내 만 65세 이상 대상자

구 분	2017년	2018년	2019년	2020년	2021년
총인구(명)	491,202	487,666	484,546	484,043	477,961
65세 이상 노인인구수(명)	74,559	77,420	80,738	85,187	86,724
노인인구비율(%)	15.2	15.9	16.7	17.6	18.1

출처 : 서울 열린데이터 광장(2021. 11. 2).

서울시는 2005년 고령화사회, 2019년에 고령사회에 진입하였으며, 은평구는 2016년 65세 인구가 14%를 넘어 자치구 중에서도 노인 인구가 많은 지역이다. 또한 은평구 인구수는 계속 감소하고 있지만, 65세 이상 노인인구 수가 증가하고 실정이다.

③ 등급판정 현황

(단위 : 명)

관리 지사	대상자 구분	계	1등급	2등급	3등급	4등급	5등급	인지	등급 외
건강 보험 공단 은평 지사	합계	7,462	372	746	1,874	2,915	715	121	719
	일반	3,756	180	359	912	1,394	358	67	486
	기초수급	1,419	73	126	304	582	109	23	202
	의료급여	57	3	6	14	21	7	1	5
	감경	2,230	116	255	644	918	241	30	26

출처 : 국민건강보험공단(2021. 9. 30).

건강보험공단의 '등급판정 결과 현황자료'(2021년 9월 30일 기준)에 따르면 서울시 전체 등급자 135,219명 중 은평구 내 등급자는 7,462명으로 집계되었다. 은평구 내 주야간보호기관은 총 31개소로 최근 몇 년 동안 센터 수가 줄었으나 서대문구, 마포구에 비해 시설 수가 많아 대기자가 부족한 상황이다. 이는 우리 센터만의 차별화된 맞춤 케어와 다양한 서비스를 제공하여 정원유지 및 대기자 관리에 노력을 해야 할 필요가 있다.

④ 전년도 사업평가

평 가		
세부사업명	2021년 사업평가	2022년 사업반영
상담 서비스	• 입소문의 상담 시, 입소에 필요한 서류 및 서비스 내용에 대한 자세한 설명을 위해 내방하실 것을 안내드려 대기자로 유도하였음 • 보호자 상담을 통해 어르신 센터 생활모습 및 신체·인지기능 특이사항 등 필요한 정보를 제공하였음	• 신규 어르신 입소 시, 입소자 및 보호자 모두 접종 여부를 확인할 예정임 • 수급자/ 보호자 상담 후, 상담 내용을 자세히 기록하여 개별적 욕구가 반영된 내용을 상담 결과에 남기도록 할 계획임 • 상/ 하반기 보호자 상담 기간을 정하여 보호자와 센터에서 1:1로 상담할 계획임
사례관리	• 신규 입소자에 대해 입소 후 2주 이내 사례회의를 진행하여 센터적응 및 생활모습 등 운영팀, 요양팀, 간호팀 분야별로 어르신 문제점과 대처방안을 논의하고 맞춤형 서비스 제공을 위한 급여제공계획을 수립함	• 정기 사례회의 외에도 주간회의 및 월례회의 시간에 문제 공유를 통해 해결방안을 모색하고 이에 알맞은 서비스 제공 계획을 수립하여 욕구에 부합하는 서비스를 제공할 계획임
건강 및 간호 서비스	• 혈압, 혈당, 체온, 맥박 등 바이탈 체크를 통해 기초건강 관리가 진행되었으며 특이사항 발생 시 빠른 대처를 위해 보호자에게 즉시 안내하였음 • 발마사지/족욕, 자전거 타기, 하지공기압, 온열찜질 등 어르신 신체기능에 알맞은 기능회복훈련서비스가 제공되었음 • 간호팀에서 월 2회 어르신을 대상으로 지팡이 및 워커 등 보장용구 사용법과 안전사고예방 교육이 실시됨	• 직원 간 특이사항 공유 및 보호자 상담을 통해 어르신의 건강상 문제를 조기 발견하여 적절한 조치를 취할 수 있도록 지속적으로 기초건강관리 실시할 계획임 • 보장용구사용 교육을 지속적으로 실시하여, 보장용구에 대한 필요성을 인식하게 되었으므로 향후에도 정기적으로 교육을 실시할 예정임 • 코로나 상황이 계속되므로, 간호팀에서 차량 및 센터소독, 발열 체크 등 방역수칙을 철저히 지킬 예정
급식 서비스	• 절기 및 특별한 날에 특식을 제공하여 영양가 있는 식사가 될 수 있도록 하였음. • 매운 국을 못 드시는 어르신을 위해 대체식으로 미역국을 제공해 드리고 있으며 조미김도 비치하여 필요시 제공해 드림으로써 맞춤형 급식 서비스가 이루어짐 • 치아가 없는 어르신을 위해 반찬을 잘게 다져 제공하는 등 신체기능 맞춤형 식사가 제공됨	• 어르신 대부분은 치아가 약하고 저작기능이 저하되어 있으므로 부드러운 음식과 반찬을 작게 잘라 제공하는 것이 필요하며, 당뇨 및 고혈압 질환이 있는 경우 음식의 간 및 식사량 조절이 필요하므로 신체기능을 고려한 급식서비스를 제공할 예정임 • 향후에도 주 1회 식단 사진을 홈페이지에 게시하여 필요한 정보를 제공할 계획임
사회적응 및 정서지원 서비스	• 추석을 맞아 추석행사가 진행되었으며 추석이야기 나누기, 산적꼬치 만들기, 송편 빚기 등 어르신들께서 직접 체험해 봄으로써 추석 분위기를 만끽하고 음식을 나누어 먹음으로써 즐거움을 도모하였음	• 매월 1회 계절 및 절기에 맞는 프로그램을 계획하여 어르신들이 직접 참여할 수 있도록 돕고, 코로나 상황에 맞춰 최소한으로 외부 프로그램을 진행할 계획임

<table>
<tr><th colspan="3">평 가</th></tr>
<tr><th>세부사업명</th><th>2021년 사업평가</th><th>2022년 사업반영</th></tr>
<tr><td></td><td>• 지속적인 돌파감염 및 집단감염으로 인해 가을나들이 미실시
• 3분기 사회적응 프로그램으로는 여름을 맞이하여 '여름부채 만들기'가 진행되었으며 가을맞이 '신명다방' 활동을 통해 어르신들의 즐거움을 도모하였음</td><td></td></tr>
<tr><td>가족지원 서비스</td><td>• 치매가족지지 프로그램으로 '새싹 보리 키우기' 키트가 제공되었으며 치매에 대한 다양한 정보와 이해를 돕는 책자를 제작하여 회기별로 보호자에게 제공하였음
• 2022년 토요일 이용과 관련하여 수요조사가 실시됨을 가정통신문을 통해 안내하였으며, 정기적으로 센터 소식을 보호자께 전하였음</td><td>• 향후에도 치매가족 지지 프로그램을 통해 보호자와의 유대관계를 쌓고 치매어르신 문제행동에 대한 이해를 돕기 위해 다양한 정보를 제공할 예정임</td></tr>
<tr><td>자원봉사자 관리</td><td>• 백신 2차 접종 후 2주 경과한 자원봉사자에 대해서는 방역수칙을 준수하여 활동이 가능하므로 비대면으로 진행되었던 「책 읽어주는 문화봉사단」 프로그램이 11월 10일(수) 일자부터 대면 방식으로 변경됨</td><td>• 향후에도 사회적 거리두기 단계 및 상황을 고려해 백신접종을 완료한 자원봉사자에 대해서는 방역수칙 준수하여 활동을 진행할 계획임</td></tr>
<tr><td>홍보 및 조사/ 연구</td><td>• 가정통신문, 이동서비스계획표, 식단표 및 식단사진 등 정기적인 홈페이지 게시를 통해 필요한 정보를 제공함
• 비대면 원예활동 프로그램 및 책 읽어주는 문화봉사단 활동사진을 게시하여 다양한 프로그램이 제공되고 있음을 홍보함</td><td>• 온라인뿐만 아니라 전단지 및 현수막 제작 등 다양한 방법을 통해 오프라인 홍보활동도 활발히 할 계획임</td></tr>
<tr><td>교육 및 평가</td><td>• 하반기에는 서울시재가노인복지협회에서 진행하는 종사자 직무교육을 모두 진행하였으나 일정 조율이 어려워 근무 중 교육을 듣는 상황이 발생했음
• 간호조무사의 업무 향상을 위해 보수교육을 신청해 들을 수 있도록 지원함</td><td>• 종사자 직무교육은 상/ 하반기 인원을 나누어 개별적으로 교육을 들을 수 있도록 환경을 제공 예정
• 직종별 보수교육을 계획하여 업무에 필요한 전문지식을 습득할 수 있도록 지원 예정</td></tr>
<tr><td>역량 강화사업</td><td>• 계속된 사회적 거리두기 및 코로나 상황으로 인해 직원연수 및 워크숍은 진행하지 못하였음
• 직원들의 역량강화를 위한 프로그램을 진행하고자 하였으나 자체 프로그램 진행 및 어르신 케어에 대한 업무 부담으로 하반기에는 영화감상, 독서, 칭찬 프로그램 등 역량강화 프로그램을 진행하지 못하였음</td><td>• 2022년에는 상/ 하반기 연 2회로 계획하여 쉬운 책과 영화를 선정해 어르신 케어에 대해 고민해 볼 수 있는 시간을 가져볼 계획임</td></tr>
</table>

⑤ 지역사회 내 자원활용 계획

자원명	활용내용	비고
노인복지관	노인일자리 사업 연계	-
강○ 정형외과의원	노인성질환 및 낙상사고 관련 상담 및 자문	
리○○병원	이용자 및 종사자 독감 접종	
○○구치매지원센터	치매 관련 정보제공 및 자문	
건강보험공단	노인장기요양보험 관련 정보 제공	
신○청춘봉사단	프로그램 및 어르신 이동보조 자원봉사 진행	
숲○○ 도서관	구연동화 자원봉사 진행	
어린이집	설/ 추석 때 어린이집 아이들의 공연 진행	
지역 내 후원 단체	후원품 및 후원금 지원	

⑥ 서비스 대상 및 수급자 수

㉠ 서비스 대상 : 장기요양 등급 2~5등급 및 인지지원 등급 판정을 받은 어르신

㉡ 서비스 대상 선정기준 및 방법

- 장기요양등급 2~5등급 및 인지지원 등급 판정을 받은 어르신
- 차량운행이 가능한 범위 내에서 거주하는 어르신
- 주야간보호기관에 적응 가능한 어르신

㉢ 수급자

대상 구분	서비스 대상자 산출근거	단위수(명)
① 일반대상	서울시 65세 이상 어르신(서울 열린데이터 광장 2021. 11)	1,592,339
② 위기대상	서울시 장기요양등급 인정자(건강보험공단 2021. 9)	135,219
③ 표적대상	서울시 은평구 장기요양등급 인정자(건강보험공단 2021. 9)	6,250
④ 수급자 수	주야간보호기관 이용을 희망하는 어르신	21

㉣ 현재 장기요양급여 이용률

성 별	정 원	현 원	성 별	치 매	치매 외
남	-	2	남	2	-
여	-	19	여	18	1
계	-	**21**	**계**	**20**	**1**

⑦ 주요 사업 목적 및 목표

<table>
<tr><th>목적</th><th>산출 목표</th><th>성과목표</th></tr>
<tr><td rowspan="7">질적인 복지서비스를 제공함으로써 일상생활 속에서 건강하고 안정된 삶을 영위할 수 있도록 돕는다.</td><td>1-1. 이용자 및 보호자 상담 x 분기 1회</td><td rowspan="3">상담/ 간담회를 통한 소통 및 신뢰감 형성</td></tr>
<tr><td>1-2. 보호자 간담회 실시 x 연 2회</td></tr>
<tr><td>1-3. 가정통신문 및 식단표 제공 x 12회</td></tr>
<tr><td>2-1. 신체기능프로그램 주 3회 이상 제공</td><td rowspan="3">정기적인 프로그램 제공을 통한 신체적/ 정서적 잔존기능 유지 및 향상</td></tr>
<tr><td>2-2. 인지기능프로그램 주 3회 이상 제공</td></tr>
<tr><td>2-3. 사회적응프로그램 분기별 1회 이상 제공</td></tr>
<tr><td>3-1. 연 1회 재사정(MMSE/ 낙상/ 욕창) 실시</td><td>수급자 건강상태 확인</td></tr>
</table>

⑧ 사업 내용

㉠ 세부 사업 내용

- 상담서비스 목표 : 센터를 이용하며 겪는 불편사항이나 건의사항을 수렴하고, 보호자의 욕구를 파악하여 질적인 서비스를 제공할 수 있도록 한다.

프로그램명	내 용	수행인력	참여 인원	시행횟수 시간	목표량
이용자 및 보호자 상담	분기 1회 이상 또는 수시로 이용자/ 보호자와 상담을 통해 건의사항 수렴 및 정서적 지지와 욕구파악을 통한 문제 해결	사회복지사/ 요양보호사	21명	수시	84

- 사례관리 서비스 목표 : 초기사정 및 재사정, 사례회의를 통해 수급자에게 필요한 서비스를 확인하고 맞춤형 서비스를 제공한다.

프로그램명	내 용	수행인력	참여 인원	시행횟수 시간	목표량
초기사정	입소를 위한 초기사정 실시	사회복지사/ 간호조무사	10명	수시	10
사례회의	영역별 전문가가 참여하여 사례회의 실시	사회복지사/ 요양보호사/ 간호조무사	21명	월 1회	21
욕구사정	급여제공계획을 위한 욕구사정 및 재사정 실시	사회복지사/ 간호조무사	21	수시	21

• **건강 및 간호서비스 목표** : 만성적인 질병의 성격을 정확히 인지하여 치료적, 보존적인 서비스를 제공하고, 예상될 수 있는 건강의 악화를 조기에 발견하여 이에 대처함으로써 정신·신체적 기능을 유지·회복할 수 있도록 지원한다.

프로그램명	내 용	수행인력	참여 인원	시행횟수 시간	목표량
건강 및 간호 서비스	건강 사정 및 계획	간호조무사	21명	2회	42
	체온, 혈압, 혈당 등 기초 활력 징후 체크	간호조무사	21명	480회	10,080
	약품 관리 및 투약관리	간호조무사	21명	수시	5,040

• **신체활동지원 서비스 목표** : 어르신의 신체 청결 및 유지를 위해 필요한 서비스를 제공한다.

프로그램명	내 용	수행인력	참여 인원	시행횟수 시간	목표량
신체활동 지원서비스	목욕 서비스	요양보호사	5명	연 10회	50
	손·발톱 정리	요양보호사	21명	월 1회	21
	족욕	요양보호사/ 간호조무사	10명	주 1회	520

• **기능회복훈련 서비스 목표** : 기능회복훈련(신체 및 인지) 서비스를 통해 사회성과 인지능력을 유지할 수 있도록 하며, 일상생활의 즐거움을 제공할 수 있도록 한다.

프로그램명	내 용	수행인력	참여 인원	시행횟수 시간	목표량
신체기능 향상 프로그램	전문강사 및 치매전문요양보호사, 간호조무사가 신체/ 인지 등 다양한 프로그램을 제공	요양보호사/ 간호조무사/ 외부강사	21명	월 12회	3,024
인지기능 향상 프로그램		요양보호사/ 외부강사	21명	월 20회	5,040
인지활동형 프로그램		요양보호사	21명	월 20회	5,040
물리치료/ 운동치료	온열 찜질 및 자전거 타기 실시	간호조무사	21명	월 8회	2,016

- **사회적응 및 정서지원 서비스 목표** : 다양한 프로그램을 통해 어르신들 간의 유대관계 및 친목을 도모하고, 즐거운 삶을 영위할 수 있도록 하며, 사회 적응력을 향상시키고자 한다.

프로그램명	내 용	수행인력	참여 인원	시행횟수	목표량
사회적응 프로그램	분기별 1회 사회적응 프로그램 실시	사회복지사/ 요양보호사	21명	연 4회	84
생신잔치	매월 생신자 합동 생신잔치	간호조무사/ 요양보호사	21명	월 1회	21
나들이	상/ 하반기 나들이를 통해 계절변화를 느끼고 집단구성원 간 화목하고 즐거운 시간 보내기	전직원	21명	연 2회	42
특별행사	계절과 절기에 맞는 특별 프로그램 진행(명절/ 동지/ 어버이날 등)	전직원	21명	연 6회	126

- **가족지원서비스 목표** : 보호자에게 어르신 및 기관의 정보를 제공하여 기관 이해를 증진시키고, 의견을 나눌 수 있는 기회를 통해 소통할 수 있도록 한다. 또한 가족이 참여할 수 있는 프로그램을 진행하여 센터 소속감 및 가족 간 유대감을 증진시킨다.

프로그램명	내 용	수행인력	참여 인원	시행횟수 시간	목표량
가정통신문 발송	월 1회 센터 소식 및 어르신 건강 상태 정보 제공	사회복지사/ 요양보호사	21명	월 1회	252
보호자 간담회	상/ 하반기 보호자간담회를 통한 의견수렴 및 보호자와 소통	전 직원	21명	연 2회	42
치매가족 지지 프로그램	가족의 정서적 지지를 위한 프로그램 진행	사회복지사/ 요양보호사	21	연 4회	84

㉡ 시간표

• 주간보호

요일/ 시간	월	화	수	목	금
7:00~9:00	오전송영/ 어르신 맞이				
9:00~9:30	출석체크/ 활력징후 체크 및 개별 위생관리				
9:30~9:50	오전간식				
9:50~10:20	건강 및 국민체조 진행				
10:20~11:20	인지재활	음악치료	레크리에이션	심신테라피	명상교실
11:20~12:10	점심식사				
12:10~12:30	구강청결도움 및 위생관리/ 투약관리				
12:30~13:30	휴식 및 자유 시간				
13:30~14:00	개별활동(담소, 퍼즐, 음악감상, TV 시청, 걷기운동 등)				
14:00~15:00	신체활동 (간호조무사)	기능회복 훈련 실버체조 (요양보호사)	맷돌체조 (인지-윤ㅇㅇ)	기능회복 훈련 실버체조 (요양보호사)	신체활동 (간호조무사)
15:00~15:10	오후간식 및 휴식				
15:10~16:10	인지활동형 프로그램				
16:10~16:30	기능회복훈련 및 발마사지				

• 야간보호

요일/ 시간	월	화	수	목	금
16:30~17:30	오후송영/ 개별 건강체크 및 위생관리				
17:30~18:00	저녁식사/ 구강청결도움 및 위생관리/ 투약관리				
18:00~18:50	발마사지	장구활동	족욕	실버체조	일상생활 훈련
19:00~19:40	야간 1차 송영				
20:00~20:30	개별활동 및 휴식/ 야간 2차 송영				
20:30~21:00	환경정비 및 마무리				

㉢ 목표에 대한 평가방법

성과목표	목표에 대한 평가방법			
	성과지표	자료원	자료수집방법	자료수집시기
상담/ 간담회를 통한 소통 및 신뢰감 형성	• 상담횟수 • 자료공유 횟수	• 보호자 상담일지 • 가정통신문 • 식단표	• 보호자 상담일지 • 가정통신문 • 식단표	• 보호자 상담 분기별 1회 • 가정통신문 매월 1회
정기적인 프로그램 제공을 통한 신체적/ 정서적 잔존기능 유지 및 향상	• 신체적/ 정서적 유의미한 변화 정도	• P/G 일지 • 제공기록지	• 어르신 관찰 • 상담일지	• 상/ 하반기
수급자의 건강상태 확인을 통한 안전한 센터 생활 유지	• 어르신의 건강상태 변화 정도	• 재사정 기록지 • 간호일지 • 투약일지	• 검사결과지	• 연 1회

㉣ 담당인력 구성

이름	직위	투입시간	주요 업무	자격증
이ㅇㅇ	센터장	1시간	운영 총괄 및 슈퍼비전	사회복지사 1급
김ㅇㅇ	팀장	8시간	대외업무 및 회계, 물적/ 인적관리 요양보호사 교육 및 관리	사회복지사 1급 운전면허증 (1종 보통)
나ㅇㅇ	사회복지사	8시간	프로그램 기획 및 관리, 강사관리 장기요양업무	사회복지사 1급
임ㅇㅇ	요양보호사	8시간	프로그램 진행 및 어르신 케어, 운행보조	요양보호사 1급
서ㅇㅇ	요양보호사	8시간	프로그램 진행 및 어르신 케어, 운행보조	요양보호사 1급
송ㅇㅇ	요양보호사	8시간	프로그램 진행 및 어르신 케어, 운행보조	요양보호사 1급
이ㅇㅇ	간호조무사	8시간	건강체크 및 건강상담, 건강사정 및 계획수립 치매/ 낙상/ 욕창 관리, 투약관리, 간호교육	간호조무사 자격증
정ㅇㅇ(야)	요양보호사	4시간	프로그램 진행 및 어르신 케어, 운행보조	요양보호사 1급
백ㅇㅇ(야)	요양보호사	4시간	프로그램 진행 및 어르신 케어, 운행보조	요양보호사 1급
송ㅇㅇ(야)	간호조무사	8시간	건강체크 및 건강상담, 건강사정 및 계획수립 치매/ 낙상/ 욕창 관리, 투약관리, 간호교육	간호조무사 자격증
김ㅇㅇ	운전원	8시간	식사 및 간식준비, 식품 및 식기 위생관리	조리사 자격증
신ㅇㅇ	운전원	4시간	송영서비스(차량 운행)	운전면허증 (1종 보통)
김ㅇㅇ	운전원	3.5시간	송영서비스(차량 운행)	운전면허증 (1종 보통)

㉤ 사업진행일정

추진 내용	세부 추진 일정												비고
	1	2	3	4	5	6	7	8	9	10	11	12	
상담 서비스	▶	▶	▶	▶	▶	▶	▶	▶	▶	▶	▶	▶	수시
사례관리 서비스	▶	▶	▶	▶	▶	▶	▶	▶	▶	▶	▶	▶	매월
기능회복훈련서비스	▶	▶	▶	▶	▶	▶	▶	▶	▶	▶	▶	▶	매일
사회적응 및 정서지원 서비스	▶			▶				▶				▶	매월
보호자 간담회						▶					▶		연 2회
자원봉사자 관리	▶	▶	▶	▶	▶	▶	▶	▶	▶	▶	▶	▶	수시
홍보 사업	▶	▶	▶	▶	▶	▶	▶	▶	▶	▶	▶	▶	매월
만족도 조사						▶					▶		연 2회
직원 교육	▶			▶			▶			▶			분기
이용자/ 보호자 교육	▶						▶						연 2회
월례회의	▶	▶	▶	▶	▶	▶	▶	▶	▶	▶	▶	▶	매월
운영위원회 회의			▶			▶			▶			▶	분기
중간/ 최종평가						▶					▶		연 2회

⑨ 예산계획

지 출					
관/항	목	세목	지출내역		
			내역	산출근거	금액
사업비/ 사업비	프로그램 사업비	상담 서비스	이용자/ 보호자 상담	프로그램 진행비	100,000원
			소계		100,000원
		인지기능 향상서비스	강사비	40,000원x10회x12개월	4,800,000원
			인지 프로그램 교구		100,000원
			소계		4,900,000원
		신체기능 향상서비스	강사비	40,000원x8회x12개월	3,840,000원
			신체 프로그램 교구		100,000원
			소계		3,940,000원
		사회적응 프로그램	프로그램 진행비	100,000원X4회	400,000원
		생신잔치	케익 및 다과 구입	40,000원X21명	840,000원
		나들이	상/하반기 나들이	500,000원X2회	1,000,000원

지 출					
관/항	목	세목	지출내역		
			내역	산출근거	금액
		특별행사	명절 및 절기 행사	100,000원X6회	600,000원
			소계		0원
		간담회	간담회 진행	110,500원X2회	221,000원
		가족지지 프로그램	프로그램 진행비	150,000원X4회	600,000원
			소계		0
총액			12,601,000원		

3. 예 산

사업 분류	세부 사업명	2022년도			사업 내용
		사업량		예산	
		회	명	(천원)	
총 계		3,238	53,055	12,601	
상담서비스	이용자 & 보호자 상담	4	84	100	• 내용 : 어르신과 보호자의 욕구 및 문제를 파악하기 위해 상담 진행 • 인원 : 21명x4회=84명 • 예산 : 100,000원
사례관리	초기 사정	1	10	-	• 내용 : 입소를 위한 초기 사정 실시 • 인원 : 1명x10회=10명 • 예산 : 없음
	사례회의	1	21	-	• 내용 : 영역별 전문가를 통한 사례회의 • 인원 : 1명x10회=10명 • 예산 : 없음
	욕구사정 (재사정)	1	21	-	• 내용 : 1년에 한 번 욕구사정 실시 • 인원 : 21명x1회=21명 • 예산 : 없음
건강 및 간호서비스	건강사정 및 계획	2	42	-	• 내용 : 상/ 하반기 건강 사정 및 계획 • 인원 : 21명x2회=42명 • 예산 : 없음
	기초 활력 징후 체크	480	10,080	-	• 내용 : 체온, 혈압, 혈당 등 체크 • 인원 : 21명x40회x12월=10,080원 • 예산 : 없음

사업 분류	세부 사업명	2022년도			사업 내용
		사업량		예산	
		회	명	(천원)	
	투약관리	240	5,040	-	• 내용 : 어르신 투약관리 • 인원 : 21명x20회x12월=5,040명 • 예산 : 없음
신체활동 지원서비스	목욕서비스	10	50	-	• 내용 : 목욕서비스 제공 • 인원 : 5명x10월=50명 • 예산 : 없음
	손/ 발톱 정리	12	252	-	• 내용 : 손/ 발톱 정리 • 인원 : 21명x12월=252명 • 예산 : 없음
	족욕	52	520	-	• 내용 : 어르신 투약관리 • 인원 : 10명x52주=5,040명 • 예산 : 없음
급식서비스	중식	260	5,460	-	• 내용 : 전문적인 식단으로 양질의 식사 제공 • 인원 : 21명x5일x52주=5,460명(중식) • 인원 : 15명x5일x52주=3,900명(석식) • 인원 : 21명x2회x5일x52주=10,920명(간식) • 예산 : 없음
	석식	260	3,120	-	
	간식	520	10,920	-	
송영서비스	차량 운행	104	1,664	-	• 내용 : 안전한 이동 서비스 제공 • 인원 : 16명x2회x52주=1,644명 • 예산 : 없음
기능회복 훈련서비스	신체기능 향상 프로그램	252	3,024	3,940	• 내용 : 전문강사/ 요양보호사/ 간호조무사가 신체 및 인지프로그램 진행 • 인원 : 21명x12회x12월=3,024명(신체) • 인원 : 21명x20회x12월=5,040명(인지) • 인원 : 21명x20회x12월=5,040명(인지활동형) • 예산 : 8,840,000원
	인지기능 향상 프로그램	420	5,040	4,900	
	인지활동형 프로그램	420	5,040	-	
	물리치료/ 운동치료	168	2,016	-	• 내용 : 간호조무사가 운동치료 진행 • 인원 : 21명x20회x12월=5,040명 • 예산 : 없음
사회적응 및 정서지원 서비스	사회적응 프로그램	4	84	400	• 내용 : 사회복지사가 어르신들의 사회적응을 위한 프로그램 진행 • 인원 : 21명x4회x=84명 • 예산 : 400,000원
	생신잔치	1	21	840	• 내용 : 생신 어르신을 위한 생신잔치 • 인원 : 21명x1회x=21명 • 예산 : 840,000원

사업 분류	세부 사업명	2022년도			사업 내용
		사업량		예산	
		회	명	(천원)	
	나들이 (봄/ 가을)	2	42	1,000	• 내용 : 상/ 하반기 외부로 나들이 진행 • 인원 : 21명x2회x=42명 • 예산 : 1,000,000원
	특별행사	6	126	600	• 내용 : 계절과 절기에 맞는 프로그램 진행 • 인원 : 21명x6회x=126명 • 예산 : 600,000원
가족지원 서비스	가정통신문 발송	12	252	–	• 내용 : 월 1회 가정통신문 발송(식단표, 프로그램, 이동서비스 운행표 등) • 인원 : 21명x12회=252명 • 예산 : 없음
	보호자 간담회	2	42	221	• 내용 : 월 1회 가정통신문 발송(식단표, 프로그램, 이동서비스 운행표 등) • 인원 : 21명x12회=252명 • 예산 : 221,000원
	치매가족 지지 프로그램	4	84	600	• 내용 : 분기 1회 치매 가족 지지 프로그램 진행 • 인원 : 21명x4회=84명 • 예산 : 600,000원

제 2 절 사업양식

이 용 신 청 서

결재	담 당	팀장	센터장

구분	항목					
이용자	성 명			성별	☐ 남 ☐ 여	
	연락처			주민등록번호		
	주 소					
	장기요양등급	등급	장기요양인정번호		유효기간	
	질환명			기타질환		
	이용자 상태	■ 독립보행 가능 / ☐ 독립보행 불가능 ■ 독립식사 가능 / ☐ 독립식사 불가능 ■ 화장실 독립 이용 가능 / ☐ 화장실 독립 이용 불가(기저귀, 이동변기)				
	병 력			복용약	■ 있다( ) ☐ 없다	
	특이사항					
	코로나19 예방접종	☐ 1차 접종 완료	☐ 2차 접종 완료	☐ 3차 접종 완료	☐ 미접종	
보호자	성명			입소자와의 관계		
	주소					
	자택전화	–		H.P		

년 월 일

이용자(보호자) (인)

초기 상담지(Intake Sheet)

초기면접 : 년 월 일				상담자 :		
내담자 성 명		관계		연락처(☎)	Home :	
					Cell Phone :	
신청사유	□ 수발자 경제활동 □ 수발자 없음 □ 수발자 건강악화, 휴식 □ 기타( )					
가족의 협조도	□ 상 □ 중 □ 하					
전단계 이용시설	□ 시설 및 서비스 종류 ( ) □ 가정보호 재가서비스 이용 ( )					
어르신 인적사항	장기요양 인정번호		장기요양 등 급		인정서 유효기간	
	성 명		생년월일		생신일자	(음력, 양력)
	주 소					
	종 교		교육정도		동거상황	
	보호구분 (비용)	□ 기초생활수급권자(무료) □ 경감자, 의료비용수급권자(6%) □ 일반(15%)				
가족사	생활사 (가계도)					
일상생활 정도	식 사					
	세안, 양치					
	대소변조절					
	착, 탈의					
	보행					
사회적 정서적 사항	정서/ 심리	□ 안정됨 □ 조금 불안정 □ 불안정				
	개인성향	□ 활발/ 적극 □ 보통 □ 다소곳/ 조용 □ 부정적				
	얼굴표정	□ 밝음 □ 어두움 □ 우울함 □ 차분함				
	여가활동	□ 스스로 가능 □ 약간의 개입으로 가능 □ 참여 불가능				
	회화	듣 기				
		말하기				

특정 질환 및 건강 특이사항	-	
케어플랜 욕구	-	
식사프로그램	주 식단	
	기피식품	
	선호식품	
	알러지식품	
비상시 희망의료기관		
위급상황 발생 시 비상연락		
기타사항		

장기요양급여 이용 계약서

이용자, 제공자 및 대리인(보호자)은 장기요양급여 중 주야간보호 이용에 대하여 다음과 같은 조건으로 계약을 체결한다.

계약당사자				
이용자	성 명	(인)	등 급 (인증번호)	등급 (L-)
	생년월일		연락처	
	주 소			
	기 타	□ 일반 □ 경감대상자(6%, 9%) □ 국민기초생활 수급권자		
제공자	시설명	ㅇㅇ주야간보호기관	급여종류	주・야간보호
	센터장 성명	(인)	연락처	
	주 소	서울시 은평구		
대리인 또는 보호자	성 명	(인)	관 계	'이용자'의 ( )
	생년월일		연락처	자택) 이동전화)
	주 소			

제1조(목적) 고령이나 노인성질병 등으로 인하여 혼자서 일상생활을 수행하기 어려운 노인들 중 장기요양등급을 받은 분들에게 주야간보호급여를 제공하여 노후의 건강증진 및 생활안정을 도모하고 그 가족의 부담을 덜어줌으로써 삶의 질을 향상시키고자 한다.

제2조(계약기간)

① 계약 시작일로부터 장기요양인정서 기간으로 한다.

계약기간	년 월 일 - 년 월 일

② 제1항의 기간은 당사자 간의 협의에 따라 변경할 수 있다.

제3조(급여범위) 주야간보호급여는 수급자를 하루 중 일정한 시간 동안 장기요양기관에 보호하여 신체활동 지원 및 심신기능의 유지・향상을 위한 교육・훈련 등을 제공하는 장기요양급여로 한다.

제4조(급여이용 및 제공)

① 주야간보호급여 이용 및 제공은 장기요양급여 이용(제공)계획서에 의한다.

② '갑'의 주야간보호급여 이용시간은 아래와 같이 한다. 다만, 이 시간은 장기요양요원이 수급자의 가정에 도착했을 때부터 가정에 모셔다 드린 시간까지로 한다.

요일	시간	비고
월~금	08:00~22:00	일요일 및 국가공휴일은 휴무, 2/4주차 토요일 휴무
토	07:30~16:30	

※ 사정에 의해 일시적으로 이용시간을 지키기 어려운 경우 서비스 이용 시작 1시간 전에 '을'에게 연락을 취해야 함.

③ '을'의 주야간보호급여 제공시간은 아래와 같다.

이용 요일		■ 월 ■ 화 ■ 수 ■ 목 ■ 금 □ 토
이용시간	월~금	: – :
	토	: – :

④ '을'은 익월 장기요양급여 제공을 하고자 하는 경우에는 '갑'(또는 '을')과 협의하여 당월 말일까지 별지 제1호 서식의 장기요양급여 이용계획서를 작성하고 장기요양급여 이용계획서에 따라 장기요양급여를 제공한다.

제5조(계약자 의무)

① '갑'은 다음 각 호의 의무를 성실하게 이행하여야 한다.

1. 월 이용료 납부 의무
2. 주야간보호급여 범위내 서비스 이용
3. 장기요양급여 이용수칙 준수
4. 기타 '을'과 협의한 규칙 이행

② '을'은 다음 각 호를 성실하게 이행하여야 한다.

1. 주야간보호급여 제공 계약내용 준수
2. 급여 제공시간에 '갑'에게 일어난 신변이상에 대하여 즉시 '병'에게 통보
3. '갑'의 건강상태를 고려한 주야간급여 제공계획을 수립하여 '갑'(또는 '병')에게 전달하고 성실히 이행
4. 급여제공 중 알게 된 '갑'의 신상 및 질환증에 관한 비밀유지
   (단, 치료 등의 조치가 필요한 경우는 예외)
5. '갑'의 식사제공, 이용상담, 이용편익 제공
6. '갑'의 건강관리 프로그램 및 활동 제공

7. 노인학대 예방 및 노인인권 보호 준수
8. 건물 및 부대시설의 청결 및 유지관리
9. 기타 '갑'(또는 '병')의 요청에 협조

③ '병'은 다음 각 호를 성실하게 이행하여야 한다.
1. '갑'에 관한 건강 및 필요한 자료제공
2. '갑'의 월 이용료 등 입소비용 부담
3. 인적 사항 및 장기요양보험 등급 변경 시 즉시 '을'에게 통보
4. '갑'에 대한 의무이행이 어려울 시 대리인 선정 및 '을'에게 통보
5. 기타 '을'의 협조요청 이행

제6조(계약해지 요건)

① '갑'(또는 '병')은 다음 각 호에 해당되는 경우에는 '을'과 협의하여 계약을 해지할 수 있다.
1. 제2조의 계약기간이 만료된 경우
2. 제3조의 주야간보호급여 범위에 해당하는 서비스를 이행하지 아니한 경우
3. 제4조 제2항의 주야간보호급여 제공시간을 '갑'(또는 '병')의 동의 없이 '을'이 임의로 변경한 경우

② '을'은 다음 각 호에 해당되는 경우에는 '갑'(또는 '병')과 협의하여 계약을 해지할 수 있다.
1. 제2조의 계약기간이 만료되거나 사망한 경우
2. '갑'이 장기요양보험 등급외자로 등급변경이 발생한 경우
3. '갑'의 건강진단 결과 「감염병의 예방 및 관리에 대한 법률」에 따른 감염병 환자로서 감염의 위험성이 있는 경우로 판정될 때
4. '갑'의 건강상의 이유로 서비스 이용이 어려울 때
5. 이용계약 시 제시된 이용안내를 '갑'이 정당한 이유 없이 따르지 않는 등 서비스 제공에 심각한 지장을 줄 때
6. '갑'이 월 5회 이상 무단으로 주야간보호급여 이용시간과 장소를 지키지 아니하였을 때

제7조(계약의 해지)

① '갑'(또는 '병')은 제6조 제1항의 계약해지 요건이 발생한 경우에는 해당일 또는 계약기간 만료일 전에 별지 제2호 서식의 장기요양급여 종결신청서를 제출하여야 한다. 다만, 기타 부득이한 경우에는 우선 유선으로 할 수 있다.

② '을'은 제6조 제2항에 의한 계약해지 요건이 발생한 경우에는 계약해지 의사를 별지 제2호 서식의 장기요양급여 종결안내서 및 관련 증빙서류와 함께 '갑'과 '병'에게 통보하고 충분히 설명해야 한다.

③ '갑'(또는 '병')은 제1항 및 제2항으로 계약해지가 발생하는 경우에는 주야간보호시설 내에 '갑'의 개인물품을 인수하여야 한다. 다만, 개인물품을 1개월 이내에 인수하지 않을 경우에는 '을'은 등기, 택배 등 수신을 확인할 수 있는 방법을 통하여 물품을 '갑'(또는 '병')에게

송달처리 한다.

제8조(미이용 비용산정)

① '을'은 월 15일 이상 급여계약을 체결한 후 '갑'의 사정으로 이용하지 아니한 경우에는 월 5일의 범위 안에서 장기요양급여 제공계획서상 이용예정 급여비용의 50%를 청구할 수 있다.

② 제1항의 미이용일에 대한 적용은 평일(월~금요일) 기준으로 한다.

제9조(이용료 납부)

① 주야간보호 급여비용 및 본인부담 기준은 별표 1과 같다.

② 주야간보호 비급여대상항목 및 기타 실비 수납기준은 별표 2와 같다.

③ '을'은 전월 1일부터 말일까지의 이용료를 매월 5일에 정산하고 '갑'(또는 '병')에게 10일까지 별지 제3호 서식의 장기요양급여 이용료 세부 내역서를 통보한다.

④ '갑'은 매월 이용료를 아래와 같이 납부한다. 다만, 납부일이 공휴일인 경우에는 그 익일로 한다.

이용료 납부일	매월 25일 이전 (25일이 공휴일인 경우 그 익일)
본인부담금	ㅇㅇ은행 6ㅇㅇㅇ-00-0ㅇㅇㅇ (예금주 : ㅇㅇ주야간보호기관)
급/ 간식비	국민은행 6ㅇㅇㅇ-00-0ㅇㅇㅇ (예금주 : ㅇㅇ주야간보호기관)

⑤ '을'은 '갑'이 납부한 비용에 대해서는 별지 제4호 서식의 장기요양급여 납부확인서를 발급한다.

제10조(재계약) 다음 각 호에 해당하는 경우에는 이를 반영한 계약서를 재작성한다.

1. 제2조의 계약기간이 만료된 경우
2. 장기요양 인정등급이 변경된 경우
3. 주야간보호 급여비용 및 본인부담 기준이 변경된 경우
4. 기타 '갑'과 '을'이 필요한 경우

제11조(개인물품)

① '갑'은 주야간보호시설 이용 시에는 필요한 개인물품은 '갑'이 구비하여야 한다.

② '을'이 지정한 물품 이외의 개인물품을 사용하고자 할 때에는 '을'과 협의하여 사용하여야 한다.

제12조(시설관리)

① '을'은 '갑' 또는 '병'이 장기요양급여와 관련된 상담 또는 기타 업무처리를 위해 시설을 방문했을 때에 불편함이 없도록 공간을 마련하여야 한다.

② '을'은 보건, 위생, 방범, 방화 기타 시설이용에 필요한 서비스 제공을 위하여 시설물 관리에 만전을 기해야 한다.

제13조(건강관리)
① '을'은 '갑'의 건강 및 감염병 예방을 위하여 종사자들에게 연 1회 이상 건강진단을 실시하여야 한다.
② '갑'이 질병으로 인하여 진료가 필요하다고 판단될 때에는 '병'에게 즉시 통보하고 적절한 조치를 취하여야 한다.
③ '병'은 제2항의 규정에 의한 통보를 받았을 경우에는 신속하게 대처하여야 한다.
④ '을'이 주야간보호급여 제공도중 '갑'에게 상해를 입혔을 경우에는 '갑'에게 적절한 조치를 취해야 한다.

제14조(시설물 배상)
① '갑'은 '을'의 시설물에 대하여 그 본래의 용도로 사용해야 하며, '갑'에 의한 파손 또는 멸실에 대하여는 '갑'(또는 '병')이 원상회복 하여야 한다.
② '갑' 또는 '병'이 원상회복을 할 수 없을 때에는 '을'은 시설물의 잔존가치 등을 고려하여 실비로 산출한 비용을 그 내역과 함께 제시하고 '갑' 또는 '병'은 이에 대하여 납부하여야 한다.

제15조(위급시 조치)
① '을'은 '갑'의 생명이 위급한 상태라고 판단된 때에는 협약의료기관, '갑'(또는 '병')이 지정한 병원 또는 관련 의료기관으로 즉시 후송하고 '병'에게 즉시 통보하여야 한다.
② '병'은 제1항의 규정에 의한 통보를 받았을 때에는 신속하게 대처하여야 한다. 다만, 대처가 어려울 경우에는 우선 진료를 받을 수 있도록 조치하여야 한다.
③ '갑'이 서비스 이용 도중 사망하였을 경우에는 '을'은 즉시 '병'에게 통보하고 다른 이용자들이 동요하지 않도록 조치를 취하여야 한다.

제16조(개인정보 보호의무)
① '갑'은 본인의 개인정보에 대해 알 권리가 있다.
② '을'은 '갑'의 개인정보를 관계규정에 따라 보호하여야 한다.
③ '을'은 장기요양서비스 제공에 필요한 '갑'의 개인정보 자료를 수집하고 활용하며 동 자료를 노인장기요양보험 운영주체 등에게 관계규정에 따라 제출할 수 있다.
④ '을'은 개인정보수집 및 활용을 하고자 하는 경우에는 '갑'에게 별지 제5호 서식의 개인정보 제공 및 활용동의서를 받아야 한다.
⑤ '을'은 '갑'의 사생활을 존중하고, 업무상 알게 된 개인정보는 철저히 비밀을 보장한다.

제17조(기록 및 공개) 수급자의 생활과 장기요양서비스에 관한 모든 내용을 상세히 관찰하여 정확히 기록하고, '갑'(또는 '병')이 요구할 경우에는 표준양식에 의거한 기록을 공개하여야 한다.

제18조(배상책임)

① '을'은 다음 각 호의 경우에는'갑'(또는 '병')에게 배상의무가 있으며 배상책임은 관계규정에 따른다.

1. 장기요양요원(또는 '을')이 고의나 과실로 인하여 '갑'을 부상케 하는 등 건강을 상하게 하거나 사망에 이르게 하였을 때
2. 장기요양요원(또는 '을')의 학대(노인복지법 제1조의2 제4호의 노인학대 및 같은 법 제39조의9의 금지행위를 말한다)로 인하여 '갑'의 건강상태가 악화되거나, 사망에 이르게 하였을 때
3. 시설장비 또는 시설관리가 부실하여 '갑'을 부상케 하거나 사망에 이르게 하였을 때
4. 요양시설에서 보호하고 있는 중 상한 음식을 제공하는 등 '갑'의 건강을 상하게 하거나 사망에 이르게 하였을 때

② 다음 각 호에 해당되는 경우에는 '갑'(또는 '병')은 '을'에게 배상을 요구할 수 없다.

1. 자연사 또는 질환에 의하여 사망 하였을 때
2. '을'이 선량한 주의의무를 다했음에도 임의로 외출하여 상해를 당했거나 사망하였을 때
3. 천재지변으로 인하여 상해를 당했거나 사망하였을 때
4. '갑'이 고의 또는 중과실로 인하여 상해를 당했거나 사망하였을 때

제19조(기타)

① 이 계약서에서 규정하지 않은 사항은 민법이나 사회상규에 따른다.

② 부득이한 사정으로 소송이 제기될 경우 '갑'(또는 '병') 또는 시설이 속한 소재지역의 관할법원으로 한다.

위와 같이 계약을 체결하고 본 계약체결을 증명하기 위하여 쌍방이 계약서를 작성 날인 후 각각 1부씩 보관키로 한다.

년　　월　　일

상기 내용에 대한 충분한 설명을 '갑'과 '병'에게 제공하였습니다.

'제공자' 시설장　　　　(인)

상기 내용을 읽고 그 내용에 동의합니다.

'갑' 이용자　　　　(인)

'병' 대리인(보호자)　　　　(인)

개인정보 제공 및 활용에 관한 동의서

- 성　　명 :
- 생년월일 :
- 주　　소 :

[개인정보 수집 및 이용 목적]

수집된 개인정보는 장기요양서비스를 위해서만 사용되며 수집된 목적 외에 어떠한 용도로도 사용되지 않습니다.

[수집 및 이용할 개인정보의 내용]

- 기본정보(성명, 생년월일, 휴대전화번호, 전화번호, 주소, 가족관계 등)
- 개인이력
- 질병관련 이력
- 장기요양서비스 제공을 위한 욕구조사
- 기타 장기요양계획 수립과 관련한 정보 등
- 이용 어르신 사진 및 영상 파일 등
- 코로나19 예방접종 여부

[수집정보 활용]

- 대상자 급여 관련에 필요한 정보의 활용
- 제공기관 간의 서비스 연계와 관련사항에 관한 대상자 정보 제공
- 관련기관 정보제공 요청 시 제공
- 장기요양계획, 욕구조사, 장기요양서비스 질 수준 향상 등에 활용
- 센터 홈페이지 및 소식지・가정통신문 게시 등에 활용

[개인정보 보유 및 이용 기간]

수집된 정보로 본 기관에서 생성된 서류 및 관련정보는 보존기간(최대 5년)을 따르며 이용기간은 장기요양인정서 기간을 따릅니다.

년　　월　　일

동의자(보호자) :　　　　　　(인)

월 한도액 초과 시 본인부담액 안내 및 동의서

1) 월 한도액은 재가급여 이용 시 수급자가 1개월간 받을 수 있는 급여비용으로서 본인부담금과 공단부담금을 포함한다.

장기요양 등급	1등급	2등급	3등급	4등급	5등급	인지
월 한도액	1,672,700	1,486,800	1,350,800	1,244,900	1,068,500	597,600

(2022년 기준)

2) 월 한도액이 적용된 재가급여종류는 방문요양, 방문목욕, 방문간호, 주야간보호이다.

3) 월 한도액을 산정하는 기준은 아래와 같다.
- 적용기간은 매월 1일부터 말일까지 한다.
- 월중부터 재가급여를 개시하는 경우에도 1개월의 한도액이 인정된다.
- 월중 요양등급이 인정되는 경우는 높은 요양등급의 월 한도액을 적용한다.

4) 수급자가 월 한도액을 초과하는 경우 초과 금액은 전액 본인이 부담한다.

동 의 서

이용자, 보호자의 자유의사에 의하여 주야간보호기관에 입소, 이용함에 있어 월 한도액을 초과할 경우 전액 본인이 부담할 것을 아래와 같이 대리인 연대로 서약한다.

년 월 일

이용자 성 명 : (인) (생년월일 :)

대리인 성 명 : (인) (이용자와의 관계 :)
생년월일 :
주 소 :

정보 제공 확인서

○○데이케어에서는 치매, 중풍 어르신을 위해 다양하고 전문적인 복지서비스를 제공하고 있습니다. 다음 설문은 ○○주야간보호기관으로부터 보호자님께 제공한 정보에 관련한 사항입니다.

다음 해당 물음에 체크하여 주십시오.	YES	NO
① ○○데이케어에서는 보호자(가족)님께 **낙상 및 욕창** 예방 및 대응 관련한 정보를 제공하였습니까?		
② ○○데이케어에서는 보호자(가족)님께 **수급자 권리(인권)**에 대한 정보 및 설명을 제공하였습니까?		
③ ○○데이케어에서는 보호자(가족)님께 **치매예방**자료를 제공하였습니까?		
④ ○○데이케어에서는 보호자(가족)님께 **배변도움**자료를 제공하였습니까?		
⑤ ○○데이케어에서는 보호자(가족)님께 **관절구축예방** 관련 자료를 제공하였습니까?		
⑥ ○○데이케어에서는 보호자(가족)님께 **탈수예방** 관련 자료를 제공하였습니까?		
⑦ ○○데이케어에서는 보호자(가족)께 **노인학대, 노인인권, 폭력**에 대한 예방(대응지침) 및 노인보호 전문기관안내 및 신고기관에 대한 정보를 제공하였습니까?		
⑧ 보호자님께서는 ○○주야간보호기관 입소계약 체결 시 서비스 내용, 이용절차, 기관 내용, 비용안내, 송영수칙, 야간 이용 안내 등 **이용에 관한 전반적인 설명**을 직원으로부터 받으셨습니까?		
⑨ 입소 계약체결 시 **계약서 부본**을 직원으로부터 발부 받으셨습니까?		

년 월 일

__________어르신의 보호자 __________(인)

서비스 제공 안내 및 이용 동의서

우리 센터를 이용함에 있어 아래의 사항을 준수하고, 센터 내 안전사고 발생 시 기관의 고의 또는 실수를 제외하고는 결코 이의를 제기하지 않으며, 본인이 책임을 진다.

- 상기본인은 장기요양급여의 제공 계획 및 비용(비급여 및 항목별 비용 포함) 등 **장기요양급여 제공과 관련된 사항을 설명 듣고**, 계약서 및 계획서 내용 같이 서비스를 이용, 제공받는 것에 **동의**한다.

- **이동서비스** 이용자는 타 이용자의 편의를 위하여 **시간을 준수**해야 하며, 부득이한 사정으로 인해 이용하지 않거나 시간의 변동 요할 경우 사전 연락해야 한다. 또한 이동서비스 시 탑승지점과 하차지점에 **보호자 동행이 원칙**이며 보호자 사정으로 어르신을 인계하지 못하여 발생되는 문제에 대해서는 보호자가 전적으로 책임을 지며 문제제기를 하지 않는다.

- **타 장기요양서비스(방문요양, 방문간호, 방문목욕, 가족요양 등)를 이용할 경우 사전에 반드시 공지**해야 하며 재가요양급여 월 한도액 초과분에 대해서는 **보호자 본인이 전액부담**하여야 한다.

- 어르신 임의로 소지한 의약품은 센터 내에서 복용할 수 없으며 추가복용이 필요한 경우 사전에 **보호자가 연락을 취하여 복용법을 자세히 설명**해야 한다. 또한 입소 시 밝히지 않은 어르신의 질환으로 인한 문제 발생 시 퇴소조치될 수 있다.

- 어르신 **병원이용 시 보호자 동행이 원칙**이며, 응급상황 시 보호자에게 연락을 취했으나 연락이 되지 않을 경우 보호자가 일체의 책임을 진다.

- 센터 이용 시 **개인위생관리를 철저히** 하여 타 이용자에게 불쾌감을 유발하지 않도록 한다.

- **고가의 소지품을 가져오지 않도록 하며** 별도의 보관을 맡기지 않는 물건에 대하여 분실하게 되었을 경우 센터에서는 책임을 지지 않는다.

- 이용료 납부의 의무를 가지며 **비용(비급여대상 및 항목별 비용 포함) 3개월 미납 시** 이용을 종결할 수 있다.

- 어르신이 **타 어르신에게 피해를 주는 행위, 욕설, 폭언, 폭행 및 유사행위를 할 시** 보호자에게 연락을 드리며, 보호자는 어르신 상태에 따라 의사처방 등의 조치를 취해야 하며 적극적인 노력을 하지 않았을 시 강제종결할 수 있다.

- 센터에서 어르신 관련 **상담 요청 시 적극** 응해야 하고, 보호자 교육 및 가족 간담회에 적극적으로 참석하여야 하며 불가능 시 사전에 그 이유를 반드시 전달하도록 한다.

- 주야간보호기관 이용에 대한 문의 혹은 건의 사항이 있을 경우 **전화, 문자, 건의함 등을 통해 언제든지 의견을 제시**할 수 있다.

- **치매로 인한 문제행동 및 폭력적인 언행으로 타 어르신에게 피해를 입힐 경우** 보호자와의 연락을 통해 어르신의 **문제행동을 제한할 수 있으며(공간분리, 물품압수 등)** 귀가조치할 수 있다.

- 어르신이 **고의적으로 타 어르신 및 시설물에 대해 심적, 물리적 피해를 끼쳤을 경우** ① 1번 경고조치하며 ② 문제 재발생 시 센터에서 이와 관련된 기록물을 제시했을 때 ③ 퇴소조치 및 배상을 청구할 수 있다.

위의 사항을 정확히 읽고 숙지하였으며 이에 동의합니다.

년　　월　　일

__________어르신의 보호자__________(인)

이동서비스 이용 관련 동의서

상기 본인은 ○○주야간보호기관 어르신 이동서비스 이용 시 센터 직원과 보호자 간에 인수인계를 원칙으로 하는 것을 안내받았습니다. 그러나 보호자의 부득이한 사정 및 요청으로 인하여 이동서비스장소에 나오지 않아 센터 직원에게 직접 어르신을 인수인계를 하지 못하여 생긴 사고에 대해서는 센터에 책임을 묻지 않을 것입니다.

위 내용에 대해 안내받았으며, 이에 동의합니다.

년 월 일

이 용 자 : (인)

보 호 자 : (인)

○○주야간보호기관 이동서비스 수칙	
운전자 자격요건	• 자동차 운전면허증 소지자 (차량 기종에 따라 1종, 2종 자격 갖춘 자)
운전자의 역할	• 운전자는 차량운행 전 차량 이상이 없는지 반드시 점검한 후 이동서비스를 진행한다. • 운전자는 어르신 이동서비스 장소를 명확히 파악하고 준비한다. • 운전자는 차량운행 후 차량운행일지를 철저히 기록한다. • 운전자는 차량관리 내역을 차량운행일지 비고란에 기록한다. (주유, 엔진오일교체 등)
보조자의 역할	• 보조자는 이동서비스 시 어르신이 차량에 오르내리실 때 안전하게 돕는다. • 보조자는 이동서비스 시 어르신이 탑승하셨을 경우 절대 자리를 비우지 않는다. • 보조자는 이동서비스 도착 시 보호자에게 미리 전화하여 이동서비스 장소에서 인수인계하도록 한다.
차량 안전수칙	• 이동서비스 시 차량운행은 2인을 원칙으로 한다. (운전원/ 보조탑승자) (단, 보호자 동의 시 운전원 1인 탑승 가능) • 출발 전/ 도착 후 차량 안전점검을 반드시 실시한다. • 이동서비스 장소에서만 어르신을 승/ 하차 하도록 한다. • 교통법규를 준수하며 안전한 이동서비스를 위해 노력한다. • 급출발/ 급정지는 위험하므로 하지 않도록 한다. • 어르신이 탑승 후 좌석에 앉아 안전띠를 매기까지 절대로 차량을 출발하지 않는다. • 운전면허증 미소지자 및 음주자는 절대 차량을 운전하지 않도록 한다. • 운행중에는 절대 휴대폰/ 이어폰을 하지 않도록 한다. • 운전자는 운전면허증, 차량검사증, 자동차보험증을 소지 또는 차내 보관하도록 한다.
사고 시 조치사항	■ **차량 문제발생** • 사전예방 : 차량점검 후 이동서비스를 실시 ① 안전한 장소로 차량 주차(상황에 따라 차량이동하지 않을 수 있음) ② 운전자는 보험사 연락 후 사무실(담당 사회복지사) 보고 ③ 보조자는 보호자에게 상황설명 후 이동서비스 시간 지연 안내 (동시에 어르신들의 안전점검) ④ 담당사회복지사는 보고받은 후 관리인에게 연락을 취하며 과장 → 센터장에게 보고 ■ **어르신 건강이상 발생** • 사전예방 : 이동서비스 제공 전 어르신 전체 건강상태를 파악 후 차량이동을 실시 ① 운전자는 병원으로 즉시이동 또는 어르신 상태에 따라 119신고하여 위치알림 ② 동시에 보조자는 보호자에게 연락 후 사무실(담당 사회복지사) 연락 ③ 이동서비스 종료 전일 경우 타 어르신들 보호자에게 상황설명 후 이동서비스 시간 지연 안내 ④ 건강이상 발생 어르신 보호자에게 어르신 인계 후 이동서비스 마무리
차량운행표	※ **매월 말일 전 가정으로 발송되는 이용계획표 참조**
년 월 일 위에 내용에 대해 확인하였습니다. ________어르신의 보호자 ________(인)	

안전사고 처리 관련 동의서

행복주야간보호기관 내 급여제공인력이 어르신께 고의적으로 발생시킨 사고를 제외한 어르신께 발생된 모든 안전사고에 대해서 본 센터는 배상책임보험 처리를 해야 하고, 이용자 및 보호자는 배상책임보험에서 제공되는 처리결과 이외에 그 이상의 보상을 센터에 요구할 수 없습니다.

위 내용에 대해 안내받았으며, 이에 동의합니다.

년 월 일

이 용 자 : (인)

보 호 자 : (인)

안전사고 예방을 위한 동의서

어르신의 상태가 만약 아래와 같이 기록한 ①, ②, ③ 중 해당되는 긴급한 상황에서 대처방안이 없는 경우, 가족 또는 보호자의 동의하에 어르신의 안정을 위해 방법과 시간에 있어 최소한의 신체 구속을 실시하도록 하겠습니다. 단, 신체구속을 해제하는 것을 목표로 열심히 검토를 실시하는 것을 약속하겠습니다.

〈아래〉

구분	내용
① 절박성	이용자 본인 또는 다른 이용자 등의 생명 또는 신체가 위험에 처해질 가능성이 현저하게 높다.
② 비대체성	신체 구속 외의 행동제한을 실시하는 것 외에 대체하는 요양, 간호 방법이 없다.
③ 일시성	신체 구속 이외의 행동 제한이 일시적이다.

위 내용에 대해 안내받았으며, 이에 동의합니다.

년 월 일

이 용 자 : (인)

보 호 자 : (인)

투약현황 및 동의서

아래와 같이 입소 어르신의 투약현황안내 및 투약을 동의합니다.

<table>
<tr><td colspan="4">투 약 정 보</td></tr>
<tr><td>성 명</td><td colspan="3"></td></tr>
<tr><td>증 상</td><td colspan="3">☐ 혈압 ☐ 당뇨 ☐ 치매 ☐ 감기
☐ 기타 ( )</td></tr>
<tr><td>이용병원</td><td colspan="3"></td></tr>
<tr><td rowspan="2">투약
기간</td><td>년 월 일 ~ 년 월 일</td><td colspan="2">☐ 정기적</td></tr>
<tr><td>년 월 일 ~ 월 일</td><td colspan="2">☐ 일시적</td></tr>
<tr><td colspan="2" rowspan="2">입소 어르신이 병원에 방문하여 의사의 처방을 받아 제조된 약품을 정해진 시간에 맞추어 투약하는 것에 동의합니다.</td><td>예</td><td>아니요</td></tr>
<tr><td></td><td></td></tr>
<tr><td colspan="2" rowspan="2">그 외에 센터에 비치하고 있는 상비약(소화제, 해열제 등)을 입소 어르신의 필요에 따라 투약하는 것에 동의합니다.</td><td>예</td><td>아니요</td></tr>
<tr><td></td><td></td></tr>
</table>

* 투약으로 인한 책임은 동의자가 집니다.

년 월 일

보호자 서명 : (인)

예시) 욕구사정 기록지	작성일	년 월 일
	작성자	송 ○ ○ (인)

수급자성명	노 ○ ○		생년월일		19○○.○○.○○ (84세)
인정번호/등급	L-**********-104/4등급	체중	56.4kg	성별	여

1. 신체상태(일상생활동작 수행능력) ※ 표기 : × - 완전 도움 △ - 부분 도움 ○ - 완전 자립

항목	확인	항목	확인	항목	확인
옷 벗고 입기	○	세수하기	○	양치질 하기	○
식사 하기	○	목욕하기	△	체위변경 하기	○
일어나 앉기	○	옮겨 앉기	○	방 밖으로 나오기	○
화장실 사용하기	○	대변 조절하기	○	소변 조절하기	○

판단근거 :
- 일상생활동작 수행능력 대부분 자립으로 가능하나, 화장실 이용 및 목욕하기 등 일부분은 낙상위험 및 노령으로 인한 부분 도움 필요

2. 질병상태 ※ 표기 : □에 ✓표 후 상세내용에 기술

질병 분류	질병명			
내분비ㆍ대사성	☑ 당뇨 ☐ 만성간염	☐ 갑상선질환 ☐ 자가면역질환	☐ 탈수 ☐ 빈혈	☐ 영양상태 이상 ☐ 기타
소화기계	☐ 위염 ☐ 변비	☐ 위궤양 ☐ 간경변증	☐ 십이지궤양 ☐ 기타	
순환기계	☑ 고혈압 ☐ 심근경색증	☐ 저혈압 ☐ 뇌혈관질환 (뇌출혈)	☐ 협심증 ☐ 기타	
근골격계	☑ 관절염 ☐ 골다공증	☐ 요통, 좌골통 ☐ 기타	☐ 기타 척추질환	
신경계	☑ 치매 ☐ 두통	☐ 뇌졸중 ☐ 두통외 통증	☐ 파킨슨병 ☐ 기타	
정신ㆍ행동장애	☐ 신경증	☐ 우울증	☐ 수면장애	☐기타
호흡기계	☐ 폐결핵	☐ 만성기관지염	☐ 호흡곤란	☐ 기타
눈ㆍ귀질환	☐ 시각장애	☐ 난청	☐ 기타	
비뇨ㆍ생식기계	☐ 전립선비대	☑ 요실금	☐ 만성방광염	☐ 기타 ( )
만성신장질환	☐ 만성신부전증	☐ 기타		

구분	질병명
과거병력	치매, 당뇨, 고혈압, 심장 스탠트 시술
현재병력	치매, 당뇨, 고혈압

판단근거 :
- 과거 심장 스탠트 시술 이력 있음
- 현재 병력은 치매, 고혈압, 당뇨로 자택에서 인슐린 주사 접종으로 당뇨 및 투약관리 중

3. 재활상태

※ 표기 : □에 ✓표

확인			
□ 우측상지	□ 좌측상지	□ 우측하지	□ 좌측하지
□ 어깨관절 (좌/우)	□ 팔꿈치관절(좌/우)	□ 손목 및 수지관절(좌/우)	□ 허리
□ 고관절 (좌/우)	□ 무릎관절(좌/우)	□ 발목관절(좌/우)	

판단근거 :
- 특이사항 없음 -

4. 간호처치 상태

※ 표기 : □에 ✓표

확인				
□ 기관지 절개관 간호	□ 흡인	□ 산소프로그램	□ 욕창간호	□ 경관영양
□ 통증간호	□ 장루간호	□ 도뇨관리	□ 투석간호	□ 당뇨발간호
□ 상처간호				

판단근거 :
- 특이사항 없음 -

5. 인지상태(인지기능저하, 정신상태, 감정, 문제행동 등)

※ 확인된 부분 ☑표기

	구분	확인
1	지남력	☑
2	기억력	☑
3	주의집중 및 계산	☑
4	언어적기능	☑
5	판단력	☑
6	편집증과 망상	☑
7	환각	☑
8	배회	☑
9	반복적인 활동	☑
10	부적절한 활동	☑
11	언어폭발	☑
12	신체적 공격 또는 폭력행위	☑
13	우울	☑
14	일반적인 불안	☑
15	혼자 남겨짐에 대한 공포	☑

판단근거 : K-MMSE (19점 : 경증 치매)
- 전반적인 인지기능 상태 양호하나, 시간지남력 영역에서 저하가 두드러짐
- 욕구표현이 가능하고 질문을 이해하여 올바른 답을 하는 등 의사소통 원활함
- 특별한 문제행동은 없음

6. 의사소통

※ 표기 : □에 ✓표

구분	확인
청취 능력	□ 들리는지 판단 불능 □ 거의 들리지 않는다. □ 큰소리는 들을 수 있다. □ 보통의 소리를 듣기는 하고, 못 듣기도 한다. ☑ 정상(보청기 사용 포함)
의사 소통	☑ 모두 이해하고 의사를 표현하다. □ 대부분 이해하고 의사를 표현한다. □ 가끔 이해하고 의사를 표현한다. □ 거의 이해하지 못하고 의사를 전달하지 못한다.
발음 능력	☑ 정확하게 발음이 가능하다. □ 웅얼거리는 소리로만 한다. □ 간혹 어눌한 발음이 섞인다. □ 전혀 발음하지 못한다.

판단근거 :
- 청력 및 발음 상태 양호
- 질문의 의도를 이해하여 답을 하는 등 전반적인 의사소통 양호함

7. 영양상태

※ 표기 : □에 ✓표

구분	확인
치아상태	☑ 양호 □ 불량 □ 의치 (틀니) □ 잔존치아 없음
식사 시 문제점	□ 식욕저하 □ 저작곤란 □ 연하곤란 □ 소화불량 □ 구토 ☑ 없음
식사형태	□ 미음 □ 죽 ☑ 일반식( ) □ 당뇨식( ) □ 경관식
도구사용	☑ 숟가락 ☑ 젓가락 □ 포크숟가락 □ 사용불가
배설양상	☑ 정상 □ 설사 □ 변비 □ 복부팽만

판단근거 :
- 전반적인 식사상태 양호.
- 당뇨로 인한 식단 관리 중

8. 가족 및 환경 상태

※ 표기 : □에 ✓표 ________에 기재

구분	확인		
결혼여부	☑ 기혼 □ 미혼	배우자 생존여부	□ 생존 ☑ 사망
자녀수	2남 1녀		
주수발자	☑ 유 □ 무	주수발자 연령	만 60세
주수발자 관계	□ 배우자 ☑ 자녀 □ 자부 □ 사위 □ 형제자매 □ 친척 □ 기타		
주수발자 경제상태	☑ 안정 □ 불안정 □ 연금생활 □ 생활보호		
동거인	□ 독거 □ 부부 □ 부모 ☑ 자녀 □ 손자녀 □ 친척 □ 자매가족		

판단근거 :
- 슬하에 자녀가 2남 1녀이며, 현재 딸이 어르신을 수발하고 있음
- 과거 시골에서 거주하였으며 평생 주부로 생활하였음

9. 자원이용 욕구

※ 표기 : □에 ✓표 ________에 기재

구분	확인		
종교	□ 천주교 ☑ 기독교 □ 불교 □ 무교 □ 기타( )		
주 이용 의료기관	서○병원(신경과) 세○병원(내과)	전화번호	T. 02)○○○○-○○○○ T. 02)○○○○-○○○○
지역사회자원	□ 급식 및 도시락배달 □ 이미용 □ 주거개선사업 ☑ 없음 □ 기타( )		

판단근거 :
종교는 기독교이며 응급상황 발생 시, 서ㅇ병원(신경과)과 세ㅇ병원(내과)으로 이송 희망함

10. 수급자 및 보호자 개별 욕구

※ 표기 : 서술형 작성

- 식사량에 대한 의견을 표현하므로 의사표현 시엔 적절히 보충 해줄 것
- 활동량이 적어 복부비만에 대한 우려가 있으므로 건강한 생활 유지와 규칙적 운동 권유 요청함

11. 총평

※ 표기 : 서술형 작성

- 전반적인 인지 상태 양호하나, 시간 지남력 부분에서 저하 상태가 두드러짐
- 기저귀 젖은 상태를 싫어하므로 화장실 이용 시, 기저귀 상태 확인하여 필요 시 교체하는 등 개인 위생관리가 필요함
- 당뇨로 인한 식사량 조절 및 적절한 운동이 필요하므로 지속적인 식단관리 및 걷기운동 권장으로 기초건강관리 진행할 것

낙상 위험도 평가	대상자	
	검사일	
	담당자	(인)

구 분	4점	3점	2점	1점	점 수
연 령		>80	70~79	60~69	
정신상태	혼란스러움/ 방향감각장애		때때로 혼란스러움/ 방향감각장애		
배 변	소변, 대변실금	조절능력 있지만 도움 필요		유치도뇨관 /인공항루	
낙상경험	이미 세 번 이상 넘어짐		이미 한 번 또는 두 번 넘어짐		
활 동	거의 누워 있음	자리에서 일어나 앉기 도움		자립/ 세면대, 화장실이용	
걸음걸이 및 균형	불규칙/ 불안정, 서 있을 때와 걸을 때 균형을 거의 유지하지 못함	일어서기/ 걸을 때 기립성빈혈/ 혈액순환문제	보행장애/ 보조도구나 도움으로 걷기		
지난 7일간 약복용이나 계획된 약물	3개 또는 그 이상의 약 복용	두 가지 약 복용	한 가지 약 복용		

총점 : 점

※ 점수해석

4점까지 : 낙상위험 낮음 　　4점부터 : 낙상예방 조치 교육

5~10점 : 낙상위험 높음 　　11~24점 : 낙상위험 아주 높음

욕창 위험도 평가	대상자	
	검사일	
	담당자	(인)

구분	척 도	내 용	점수
감각인지 정도	① 감각 : **완전 제한**됨 (완전히 못 느낌)	의식수준이 떨어지거나 진정/ 안정제 복용/ 투여 등으로 통증 자극에 반응이 없다(통증자극에 대해 신음하거나 주먹을 쥔다거나 할 수 없음). 신체 대부분에서 통증을 느끼지 못한다.	
	② 감각 : **매우 제한**됨	통증자극에만 반응(신음하거나 불안정한 양상으로 통증이 있음을 나타냄) 또는 신체의 1/2 이상이 통증이나 불편감을 느끼지 못한다.	
	③ 감각 : **약간 제한**됨	말로 지시하면 반응하지만, 체위변경을 해달라고 하거나 불편하다고 항상 말할 수 있는 것은 아니다. 또는 사지에 통증이나 불편감을 느끼지 못한다.	
	④ 감각 : **손상 없음**	말로 지시하면 반응을 보이며 통증이나 불편감을 느끼고 말로 표현할 수 있다.	
습기여부	① **항상** 젖어 있음	피부가 땀, 소변으로 항상 축축하다.	
	② **자주** 젖어 있음	늘 축축한 것은 아니지만 자주 축축해져 8시간에 한 번은 린넨을 갈아주어야 한다.	
	③ **가끔** 젖어 있음	가끔 축축하다. 하루에 한 번 정도 린넨 교환이 필요하다.	
	④ **거의** 젖지 않음	피부는 보통 건조하며 린넨은 평상시대로만 교환해 주면 된다.	
활동상태	① **항상 침대에만** 누워 있음	일어나지 못하고 늘 누워 있는다.	
	② **의자에 앉아** 있을 수 있음	걸을 수 없거나 걷는 능력이 상당히 제한되어 있다. 의자나 휠체어로 이동 시 도움을 필요로 한다.	
	③ **가끔** 걸을 수 있음	낮 동안에 도움을 받거나 도움 없이 매우 짧은 거리를 걸을 수 있다. 그러나 대부분의 시간은 침상이나 의자에서 보낸다.	
	④ **자주** 걸을 수 있음	적어도 하루에 두 번 방 밖을 걷고, 방안은 적어도 2시간마다 걷는다.	
움직임	① **완전히** 못 움직임	도움 없이 신체나 사지를 전혀 움직이지 못한다.	
	② **매우** 제한됨	신체나 사지의 체위를 가끔 조금 변경시킬 수 있지만 자주 하거나 많이 변경시키지 못한다.	
	③ **약간** 제한됨	혼자서 신체나 사지의 체위를 조금이기는 하지만 자주 변경시킨다.	
	④ **제한 없음**	도움 없이도 체위를 자주 변경시킨다.	

구분	척 도	내 용	점수
영양상태	① 매우 나쁨	제공된 음식의 1/3 이하를 섭취한다. 단백질(고기나 유제품)을 하루에 2회 섭취량 이하 섭취한다. 수분은 잘 섭취하지 않는다. 유동성 영양보충액도 섭취하지 않는다. 또는 5일 이상 동안 금식상태이거나 유동식으로 유지한다.	
	② 부족함	제공된 음식의 1/2를 먹는다. 단백질(고기나 유제품)은 하루에 약 3회 섭취량을 섭취한다. 가끔 영양보충식이를 섭취한다. 또는 유동식이나 위관영양을 적정량 미만으로 투여받는다.	
	③ 적당함	식사의 반 이상을 먹는다. 단백질(고기나 유제품)은 하루에 약 4회 섭취량을 섭취한다. 가끔 식사를 거부하지만 보통 영양보충식이는 섭취한다. 또는 위관영양이나 TPN으로 대부분의 영양요구량이 충족된다.	
	④ 우수함	대부분의 식사를 섭취하며 절대 거절하는 일이 없다. 단백질(고기나 유제품)을 하루에 4회 섭취량 이상 섭취하며 가끔 식간에도 먹는다. 영양보충식이는 필요로 하지 않는다.	
마찰력과 움직임	① 문제 있음	움직이는 데 중정도 이상의 많은 도움을 필요로 한다. 린넨으로 끌어당기지 않고 완전히 들어올리는 것은 불가능하다. 자주 침대나 의자에서 미끄러져 내려가 다시 제 위치로 옮기는 데 많은 도움이 필요하다. 관절구축이나 강직, 움직임 등으로 항상 마찰이 생긴다.	
	② 잠정적으로 문제 있음	자유로이 움직이나 약간의 도움을 필요로 한다. 움직이는 동안 의자억제대나 린넨 또는 다른 장비에 의해 마찰이 생길 수 있다. 의자나 침대에서 대부분 좋은 체위를 유지하고 있지만 가끔은 미끄러져 내려온다.	
	③ 문제 없음	침대나 의자에서 자유로이 움직이며 움직일 때 스스로 자신은 들어올릴 수 있을 정도로 충분한 근력이 있다. 침대나 의자에 누워 있을 때 항상 좋은 체위를 유지한다.	

총점 :   점

※ **해석**(Braden, 2001)

19~23점 : 위험 없음　　15~18점 : 약간의 위험 있음　　13~14점 : 중간 정도의 위험 있음

10~12점 : 위험이 높음　　9점 이하 : 위험이 매우 높음

Korean Mini Mental State Examination (K-MMSE)	대상자	
	검사일	
	작성자	(인)

항 목		세부내용	대상자 반응	점수
시간 지남력 (/5)	년 (1)	올해는 몇 년도입니까?		
	월 (1)	오늘이 몇 월입니까?		
	일 (1)	오늘은 며칠입니까?		
	요일 (1)	오늘은 무슨 요일입니까?		
	계절 (1)	지금이 무슨 계절입니까?		
장소 지남력 (/5)	나라 (1)	현재 살고 계신 나라는 어느 나라입니까?		
	도시 (1)	현재 무슨 도시에 살고 계십니까?		
	무엇하는 곳 (1)	여기가 무엇을 하는 곳입니까?		
	현재 장소명 (1)	여기가 어디입니까?		
	몇 층 (1)	여기가 몇 층입니까?		
기억등록 (/3)	비행기 (1)	세 가지 단어 즉시 암기 * 예 지금부터 낱말을 불러드릴 테니 제가 다 말한 다음 따라해 주세요.		
	연필 (1)			
	소나무 (1)			
주의집중 및 계산 (/5)	100-7	100에서 7을 계속해서 뺄셈하세요. (* 정답: 93, 86, 79, 72, 65)		
	-7			
	-7			
	-7			
	-7			
기억회상 (/3)	비행기 (1)	계산 훈련을 마친 후, 이전에 말한 세 단어 중 기억나는 단어가 무엇인지 물어본다.		
	연필 (1)			
	소나무 (1)			
언어 및 시공간구성 (/9)	이름대기 (2)	볼펜(1점), 시계(1점)		
	명령시행 (3)	종이를 뒤집고(1점), 반으로 접은 다음 (1점), 저에게 주세요(1점)		
	따라 말하기 (1)	"간장 공장 공장장" 따라하기		
	오각형 (1)	겹쳐진 오각형 2개 그리기		
	읽기 (1)	**"눈을 감으세요" 읽어보기**		
	쓰기 (1)	오늘의 날씨에 대해 쓰시오. (주어와 동사를 포함해야 함 예 날씨가 맑습니다)		
총 점				/30

진단기준	*** 25점 이상 : 정상**	***16~24점 : 경증치매**	***15점 이하 : 중증치매**	***진단결과 :**
총 평				

결재	담 당	팀 장	센터장

재사정 기록지

사정일자	년 월 일 요일	작성자: (서명)
어르신 인적사항	성 명	성 별: 연 령: 등 급: 등급
	주요질환	복용약:
가족 및 환경 상태	결혼여부	□ 기혼 □ 미혼 / 배우자 생존여부: □ 생존 □ 사망
	주수발자	□ 유 □ 무 / 주수발자와의 관계: □ 배우자 □ 자녀 □ 자부 □ 사위 □ 형제자매 □ 친척 □기타
	이용구분	□ 일반(15%) □ 감경 9% □ 감경 6% □ 기초생활수급권자
	동거인	□ 독거 □ 부부 □ 부모 □ 자녀 □ 손자녀 □ 친척 □ 친구·이웃
치매정도 및 문제행동		□ 경증 □ 중증
	수면상태	□ 정상 □ 불면 □ 밤낮의 바뀜 □ 초저녁 취침 □ 새벽기상 □ 낮잠 1일 야간 수면시간 : □ 3시간 이하 □ 4~5시간 □ 6~7시간 □ 8시간 이상
신체상태 (일상생활 동작 수행능력)	식이상태	□ 자립 □ 부분수발 □ 완전수발 □ 편식 치아상태 : 연하기능 : 식사속도 : 식 사 량 :
	세 안 양 치	□ 자립 □ 부분도움 □ 완전도움 일일횟수 :
	대소변 조 절	□ 양호 □ 변의 느낌 □ 변의 느끼지 못함 □ 화장실 인도 □ 기저귀 착용
	보 행	□ 자립보행 □ 도움 필요 □ 보장구 사용 □ 완전 의존 움직임 성향 :
의사소통	시 력	□ 양호 □ 한쪽 약화 □ 양쪽 약화
	청 력	□ 가능 □ 큰 소리로 가능 □ 불가능
	발음	□ 정확한 발음 □ 웅얼거리는 발음 □ 어눌한 발음 □ 불가능
재활상태	마 비	□ 좌상지 □ 우상지 □ 좌하지 □ 우하지
	구 축	□ 고관절 □ 무릎관절 □ 발목관절 □ 팔꿈치관절 □ 손가락 □ 기타
사회적·정서적 사항		
수급자(보호자) 개별욕구		
총 평		
재사정 평가결과		□ 서비스 종결 □ 서비스 변경 □ 서비스 지속 □ 타 기관 의뢰

사례관리 회의록	결재	담당	팀장	센터장

일 시		장 소		작성자	
수급자		생년월일		등 급	
사례회의 선정이유	□ 신규선정(가이용심의) □ 서비스계획(최초욕구사정) □ 서비스제공 점검 □ 서비스유지, 변경(재사정) □ 종결				
회의내용					
회의결과 (급여계획 반영내용)					
참석자	(서명)	(서명)	(서명)		
	(서명)	(서명)	(서명)		
회의사진					
기초자료	욕구사정기록지, K-MMSE, 초기상담기록지				

예시) 장기요양급여 제공기록지(주 · 야간보호)

결재	담 당	팀 장	센터장

수급자 성명 김00	생년월일 19○○.○○.○○	장기요양등급 5등급	장기요양인정번호 L**********-101
장기요양기관명 ○○주야간보호기관		장기요양기관기호 2○○○	

구분	항목	세부	12/06 (월요일)	12/07 (화요일)	12/08 (수요일)
2021년 월/ 일			12/06 (월요일)	12/07 (화요일)	12/08 (수요일)
총시간			485분	480분	480분
시작시간/ 종료시간			08:35/16:40	09:35/17:35	09:30/17:30
이동서비스 제공 여부 (차량번호)			송: - / 영: -	송: - / 영: -	송: - / 영: -
신체활동지원	세면,구강청결,머리감기,몸단장, 옷 갈아입기 도움 등		■	■	■
	목욕	소요시간	분	분	분
		방법	1전신입욕 2샤워식	1전신입욕 2샤워식	1전신입욕 2샤워식
	식사	종류 1일반식 2죽 3유동식	■ 일반식	■ 일반식	■ 일반식
		섭취량 1 1 2 1/2이상 3 1/2미만	① /	① /	① /
	화장실 이용하기 (기저귀 교환)		소변 4회/대변 회 기저귀 회	소변 4회/대변 회 기저귀 회	소변 4회/대변 회 기저귀 1회
	이동도움 및 신체기능 유지 · 증진		■	■	■
	특이사항				
	작성자 성명		송 ○ ○ (서명)	송 ○ ○ (서명)	송 ○ ○ (서명)
인지관리 및 의사소통	인지관리지원		■	■	■
	의사소통도움 등 말벗, 격려		■	■	■
	특이사항		주말에 모르는 사람이 왔는데 딸이 함께 다녀오라 하여 식사를 하고 왔다고 말씀하셔서 경청하며 정서적 지원해드림.	신나는 트로트 음악이 나오자 노래도 잘 부르고 춤도 잘 춘다며 좋아하셔서 이야기에 공감해드리며 정서적 지지해드림.	오자미던지기 프로그램 시간에 못 한다 하여 격려해드리니 바구니 안에 10개 모두 성공한 후 자랑하며 성취감을 느끼심.
	작성자 성명		송 ○ ○ (서명)	송 ○ ○ (서명)	송 ○ ○ (서명)
건강 및 간호관리	혈압/ 체온		118 / 69 (36.4)	126 / 80 (36.5)	114 / 62 (36.1)
	건강관리(50분)		■	■	■
	간호관리(60분)		□	■	■
	기타(응급서비스)		□	□	□
	특이사항			'기초건강관리 실시' 52.6kg, 131.0cm	'보행보조용구 교육실시'
	작성자 성명		이 ○ ○ (서명)	이 ○ ○ (서명)	이 ○ ○ (서명)
기능회복훈련	신체 · 인지기능 향상 프로그램		⑪겨울철 건강수칙 알기 ⑤혈압을 낮추는 운동 ③길찾기	⑪대설이야기 나누기 ③만다라	⑪오자미던지기 ⑤보행보조용구 사용법 ③숨은그림찾기
	신체기능 · 기본동작, 일상생활동작훈련		■	■	■
	인지활동형 프로그램		■	■	■
	인지기능 향상훈련		■	■	■
	물리(작업)치료		□	□	□
	특이사항				
	작성자 성명		이 ○ ○ (서명)	이 ○ ○ (서명)	이 ○ ○ (서명)

* 신체 · 인지 프로그램 : ①가리사니 ②음악치료 ③인지프로그램 ④뇌건강교실 ⑤신체프로그램 ⑥맷돌체조 ⑦생신잔치 ⑧요리교실 ⑨사회적응 ⑩특별활동 ⑪인지활동 ⑫야간프로그램 ⑬국학기공 ⑭기타사업 ⑮원예활동

예시) 6월 관리자 상담기록일지 (김○○)

연번	날짜	시간	대상자	상담내용	상담자	방법
1	2022. 6. 7.	17:00	딸	어르신 인지검사 결과 확인을 위해 연락드림. 병원에서는 기억력 감퇴 외에는 특별한 사항은 없다 함. 다만, 성격 부분(짜증/ 고집)이 더욱 강해지고 있음을 가족들도 느낀다 함 기존에 복용하던 치매약은 관리가 어려워 패치형으로 변경했다 함. 어르신께서 스스로 잘 관리하는지 지켜보고 어려운 경우, 센터로 패치 보내드린다 함	나ㅇㅇ	□ 직접 □ 내방 ■ 전화
2	2022. 6. 9.	10:30	딸	따님께서 어르신에게 패치 5개와 부착 안내문을 오늘 센터에 가서 직원에게 전하라는 이야기를 하였다 하여 확인해 보니, 패치는 2개만 가져왔고 안내문은 없음을 전달함 따님께선 아무래도 스스로 관리하기는 어려울 것 같으므로 언제 센터 방문해 안내문과 패치 여분을 전해주겠다 함	나ㅇㅇ	□ 직접 □ 내방 ■ 전화
상담결과				전달받은 패치 센터에서 부착해드림		
3	2022. 6. 21	11:00	딸	주말에는 따님이 패치 붙여주고 있으며 평일에는 센터에서 붙여 달라고 요청함. 아울러 7월 5일 병원에 패치 한 달 치 받아 갈 예정이며 센터에 한 달 여유분 전해주겠다 함	나ㅇㅇ	□ 직접 □ 내방 ■ 전화

예시) 8월 관리자 상담기록일지 (최○○)

연번	날짜	시간	대상자	상담내용	상담자	방법
1	2022. 8. 2.	17:00	딸	센터 첫 입소로 주야간보호기관 내 적응 안내 위해 연락드림. 식사도 잘 드셨으며 직접 밥을 더 달라 요청하여 더 제공해드림을 안내함. 또한 동료 어르신에게 먼저 질문도 하며 담소도 잘 나누고, 프로그램 시간에도 적극적으로 잘 참여하는 등 하루 동안 잘 지내고 계심을 안내하였음. 보호자께서는 다행이라 하며 직원들께 고맙다는 인사를 전하심	나ㅇㅇ	□ 직접 □ 내방 ■ 전화
2	2022. 8. 9.	17:00	딸	어르신 입소 후 약 일주일간 센터 생활모습/ 식단 관련하여 상담 진행함. 주말에 따님이 직접 잡곡밥 지어서 총 10통 소분해 놓았으며 어머니가 가져오신 밥으로 점심/ 저녁 모두 제공해줄 것을 요청함. 또한 지난주 토요일 화장실 케어 시 발견된 피와 관련하여 따님께선 모르고 있었다 하며 어머니와 이야기 나눠보겠다 함	나ㅇㅇ	□ 직접 □ 내방 ■ 전화
상담결과				보호자 요청으로 어르신께서 가져오신 잡곡밥으로 중식/ 석식 제공함		
3	2022. 8. 18.	11:00	딸	센터에서 잡곡 혼합율 높여 제공된 식사 사진 보내드렸으며 이와 관련하여 상담 진행함. 따님께서는 배려해줘서 고맙다는 인사를 전하였으며 센터용 밥으로 제공해줄 것을 요청함. 또한 주말에 어머니와 많은 대화를 나눴는데 센터에서 발 마사지, 족욕, 자전거 타기, 물리치료 등 서비스가 너무 좋고 저녁에도 집안까지 들어와 불도 켜주고 간다며 직원들 모두 친절해서 좋다는 이야기를 많이 하셨다 함. 아울러 앞으로는 야간 송영 시간이 19시 30분으로 변경돼 운행됨을 안내드림	나ㅇㅇ	□ 직접 □ 내방 ■ 전화
상담결과				8/23(월)부터 센터용 밥으로 중식/ 석식 제공함		

간 호 일 지

결재	담 당	팀 장	센터장

서비스 제공 일시 : 월 일 요일							담당자				(인)
연번	성명	혈압	맥박	체온		혈당	투약관리			욕창관리	특이사항
				오전	오후		아침	점심	저녁		
1											
2											
3											
4											
5											
6											
7											
8											
9											
10											
11											
12											
13											
14											
15											
16											
17											
18											
19											
20											
21											

12월 가정통신문

책 읽어주는 문화봉사단 진행

♥11월 생신잔치 진행 - 진심으로 축하드립니다♥

1. 공지사항
   1) 12월 휴원 안내 : **12월 11일(2주) & 25일(4주) 토요일 휴관**
   2) 12월 토요일 운영일 안내 : 12월 4일(토), 18일(토) 월 2회만 이용 가능합니다.
   3) 11월 명세서 : 12월 10일 전후 급여제공기록지와 함께 가정에 발송됩니다.
      - **이용료 납부 : 매월 20일까지** 어르신 성함으로 납부 바랍니다.
   4) 2022년 토요일 미운영 안내 : 「2022년 토요일 이용 수요조사」 결과, **희망 인원 10명 미만**으로 **미운영**됩니다. 향후 재조사를 통해 수요가 늘어날 경우 운영이 재개될 수 있습니다.
   5) 하반기 보호자 간담회 안내 : 지속되는 돌파감염 및 확진자 수 증가로 인하여 하반기 보호자 간담회는 비대면으로 진행됩니다. (간담회 자료 추후 발송 예정)
   6) 코로나19 선제검사 안내 : 추가접종 완료 후, 2주 경과 종사자는 선제검사에서 제외되었으며 추가 접종을 하지 않은 종사자는 강화된 방역수칙에 의하여 주 2회 선제검사를 통해 음성을 확인하고 있습니다.
   7) 생활방역 및 감염관리 철저 : 당 센터에서는 코로나19 재확산에 따라 방역관리에 철저를 가하고 있사오니 가정에서도 **손 씻기, 외출 시 마스크 착용, 행사 및 모임 참석 자제** 등으로 적극적인 협조 부탁드립니다.
2. 주요 일정 (가족참여 프로그램은 휴원으로 참석이 당분간 어렵습니다)
   생신잔치 : 12월 2일(목) 15:00 (해당 어르신: 송ㅇ자 어르신)
3. 이용 안내
   - 일정 조사표 및 이용계획서 제출 : **11월 30일(화)까지 제출** 부탁드립니다.
   - 본 센터는 서울형 좋은돌봄 인증 주야간보호기관으로 18시부터 22시까지 야간운영을 합니다.
   - 야간이용을 희망하는 보호자께서는 센터로 연락주시기 바랍니다.
   - 송영 시 어르신의 안전사고 예방을 위해 보호자들의 마중을 부탁드립니다.
4. 어르신 케어 상황

성 명	특이사항 및 행동관찰 결과				
노OO 어르신	건강정보 (2021. 11. 4.)	혈압	118/64	체중	53kg
		맥박	73	식후혈당	140
	프로그램 참여도	상 ■ 중 □ 하 □			
	가정에 보내는 한마디	네발 지팡이 올바르게 사용할 수 있도록 지도하면서 이동보조로 낙상 예방			

5. 문의 및 건의
   이용 시 불편 또는 문의사항 있으시면 연락 주십시오.
   ▸보호자 의견제시 : 02-3ㅇㅇ-ㅇㅇㅇㅇ ▸인권 침해 행위 발견 시 : 센터입구 건의함, 02-3ㅇㅇ-ㅇㅇㅇㅇ
   ※ 별첨 : 프로그램 일정표(11월), 식단표(11월), 이용계획표(11월), 이동서비스 계획표(11월)

○○월 프로그램 일정표

◉ 주간보호

<table>
<tr><th>요일/시간</th><th>월</th><th>화</th><th>수</th><th>목</th><th>금</th></tr>
<tr><td>08:00–09:30</td><td colspan="5">오전송영 / 어르신 맞이 / 출석체크</td></tr>
<tr><td>09:30–09:40</td><td colspan="5">기초건강관리(체온 및 바이탈 체크)</td></tr>
<tr><td>09:40–09:50</td><td colspan="5">오전간식</td></tr>
<tr><td>09:50–10:10</td><td colspan="5">국민체조 진행</td></tr>
<tr><td>10:10–11:10</td><td>국학기공
(외부강사)</td><td>음악치료
(외부강사)</td><td>레크레이션
(외부강사)</td><td>맷돌체조
(외부강사)</td><td>피부미용마사지
(외부강사)</td></tr>
<tr><td>11:35–12:00</td><td colspan="5">점심식사</td></tr>
<tr><td>12:00–12:20</td><td colspan="5">구강청결도움 및 위생관리 / 투약관리</td></tr>
<tr><td>12:20–13:40</td><td colspan="5">휴식 및 자유 시간</td></tr>
<tr><td>13:40–14:00</td><td colspan="5">개별활동(담소, 퍼즐, 음악감상, TV시청, 걷기운동 등)</td></tr>
<tr><td rowspan="2">14:00–15:00</td><td rowspan="2">만들기/신체활동
프로그램
(간호조무사)</td><td>기능회복훈련</td><td rowspan="2">ㅇㅇ구체육회
생활체육</td><td>기능회복훈련</td><td rowspan="2">ㅇㅇ구체육회
생활체육</td></tr>
<tr><td>실버체조
(요양보호사)</td><td>실버체조
(요양보호사)</td></tr>
<tr><td>15:00–15:20</td><td colspan="5">오후간식 및 휴식</td></tr>
<tr><td>15:20–16:20</td><td>브레인두들</td><td>컬러링북</td><td>인지활동</td><td>영화감상</td><td>브레인두들</td></tr>
<tr><td>16:20–17:30</td><td colspan="5">오후송영 / 건강체크</td></tr>
</table>

◉ 야간보호

<table>
<tr><th>요일/시간</th><th>월</th><th>화</th><th>수</th><th>목</th><th>금</th></tr>
<tr><td>17:30–18:00</td><td colspan="5">저녁식사 / 구강청결도움 및 위생관리 / 투약관리</td></tr>
<tr><td>18:00–18:30</td><td>건강체조</td><td>치매예방체조</td><td>족욕</td><td>명상활동</td><td>일상생활훈련</td></tr>
<tr><td>18:35–19:35</td><td colspan="5">야간1차 송영</td></tr>
<tr><td>19:40–20:30</td><td colspan="5">야간2차 송영 / 개별활동 및 휴식</td></tr>
<tr><td>20:30–21:00</td><td colspan="5">환경정비 및 마무리</td></tr>
<tr><td colspan="6">* 인지활동 프로그램 : 체조/미술/인지/종이접기/영화감상 등
* 상기일정은 기관사정에 따라 조금씩 변동될 수 있습니다.
* 프로그램에 대한 의견이 있으신 분은 센터로 연락하여 주시기 바랍니다.
* 감염병 확산 예방을 위해 외부강사는 신속항원검사 음성 확인 후 진입하고 있습니다.</td></tr>
</table>

20○○년 ○○월 식단표

영양사번호 : 제ㅇㅇㅇㅇㅇㅇㅇ호

	월	화	수	목	금	토
일			12월 1일	12월 2일	12월 3일	12월 4일
중식			잡곡밥 브로콜리양송이스프 통치즈돈까스 해물볶음우동 청경채겉절이 김치	잡곡밥 소고기미역국 고구마닭살조림 멸치마늘쫑볶음 고사리나물 김치	잡곡밥 청국장찌개 갈비산적&파채무침 천사채잡채 들깨무나물 김치	잡곡밥 떡국 소불고기 오색전 부추겉절이 김치
데이 간식			영양죽 제철과일	시리얼/우유 카스텔라	호상요구르트 단호박찜	바나나 만쥬
석식			잡곡밥 대구알탕 쭈꾸미야채무침 오색산적 브로콜리볶음 김치	잡곡밥 황태해장국 돈갈비찜 도라지오이초무침 야채샐러드 김치	잡곡밥 돈등뼈김치찌개 두부두루치기 메추리알장조림 열무된장무침 김치	
일	12월 6일	12월 7일	12월 8일	12월 9일	12월 10일	12월 11일
중식	잡곡밥 교자만두국 동태호박조림 돈민찌새송이볶음 치커리파인애플무침 김치	잡곡밥 낙지연포탕 소불고기 황태채소면무침 미역줄기볶음 김치	매콤제육콩나물덮밥 냉이된장국 닭떡꼬치 열대과일샐러드 고구마맛탕 김치	잡곡밥 참치김치찌개 두부스테이크 감자채카레볶음 리코타치즈샐러드 김치	잡곡밥 추어탕 매콤감자조림 늙은호박전 참나물오이무침 김치	휴관
데이 간식	단호박차 제철과일	유자차 잔치국수	영양죽 고구마찜	모과차 닭꼬치	떠먹는 요구르트 제철과일	
석식	잡곡밥 순두부김치찌개 치즈계란말이 검정콩조림 시금치나물 김치	잡곡밥 황태미역국 가자미찜 버섯잡채 오징어오복지무침 김치	잡곡밥 새우연두부달걀탕 소불고기 양배추찜 해파리냉채 김치	잡곡밥 들깨미역국 삼치데리야끼구이 삼색묵무침 깻잎순나물 김치	잡곡밥 시금치된장국 양념고갈비 한식잡채 낙지젓무침 김치	
일	12월 13일	12월 14일	12월 15일	12월 16일	12월 17일	12월 18일
중식	잡곡밥 쑥갓어묵국 제육볶음 허니버터우엉채튀김 토란대볶음 김치	잡곡밥 닭곰탕 미트볼데리야끼조림 톳두부무침 공심채볶음 김치	비프카레라이스 달걀실파국 갈릭치킨 비빔야채만두 요구르트 김치	잡곡밥 유부된장국 삼겹살김치찜 볼어묵조림 열무된장무침 김치	잡곡밥 얼큰꽃게탕 돈채피망볶음 단호박샐러드 고구마줄기볶음 김치	잡곡밥 설렁탕 닭강정 양상추샐러드 오징어젓갈 김치
데이 간식	천마차 제철과일	대추생강차 토스트	영양죽 맛탕	단호박차 크림빵	마시는 요거트 제철과일	검은콩두유 쌀과자
석식	잡곡밥 순두부찌개 닭윙조림 단호박튀김 상추겉절이 김치	잡곡밥 맑은감자국 꽁치캔시래기찜 짜장떡볶이 베이컨그린빈볶음 김치	잡곡밥 갈비탕 계란말이 호박전 미나리무생채 김치	잡곡밥 소고기장터국 너비아니구이 견과류볶음 오이김치 김치	잡곡밥 조갯살무국 소고기볶음 청포묵초회 깻순나물 김치	
일	12월 20일	12월 21일	12월 22일	12월 23일	12월 24일	12월 25일
중식	잡곡밥 굴떡국 삼치무조림 애호박새우살볶음 오이미역초무침 김치	잡곡밥 육개장 떡고기새송이조림 오징어부추전 참나물두부무침 김치	잡곡밥 참치김치찌개 해물파전 과일야채샐러드 동치미 동지팥죽(후식)	짜장밥 소고기탕국 고추잡채&꽃빵 군만두 단무지무침 김치	오므라이스 김치콩나물국 바베큐폭립 연어샐러드 후식 김치	휴관
데이 간식	천마차 제철과일	쌍화차 물만두	영양죽 꼬치어묵	율무차 머핀	떠먹는 요구르트 제철과일	
석식	잡곡밥 버섯들깨탕 왕새우튀김 연근조림 오징어젓무무침 김치	잡곡밥 동태찌개 계란찜 마늘쫑맛살볶음 세발나물무침 김치	잡곡밥 사골우거지국 돈육장조림 쑥갓두부무침 흑임자치커리무침 김치	잡곡밥 닭개장 조기구이 도라지강정 건파래볶음 김치	잡곡밥 순대국밥 동태전 숙주나물무침 가지양파볶음 김치	
일	12월 27일	12월 28일	12월 29일	12월 30일	12월 31일	
중식	잡곡밥 동태탕 매콤돼지갈비찜 햄감자채볶음 양배추샐러드 김치	잡곡밥 유부황태국 버섯소불고기 매콤야채전 연두부찜 김치	잡곡밥 마라짬뽕국 탕수육 볶음우동 단무지무침 김치	잡곡밥 대구탕 돈육숙주볶음 해초천사채무침 근대된장무침 김치	잡곡밥 콩나물해장국 돈육폭찹 건새우마늘종볶음 시래기볶음 김치	
데이 간식	유자차 제철과일	두유 샌드위치	영양죽 고구마찜	천마차 빵	호상요구르트 제철과일	
석식	잡곡밥 수제비된장국 삼치구이 연근조림 청경채나물 김치	잡곡밥 소고기배추국 쭈꾸미낙지볶음 감자조림 오복채나물 김치	잡곡밥 만두국 모듬장조림 탕평채 얼갈이나물 김치	잡곡밥 계란국 돈육사태찜 느타리버섯볶음 무들깨나물 김치	잡곡밥 꽁치김치찌개 소시지전 새송이버섯볶음 간장고추지 김치	

장기요양급여 이용(제공) 계획서

ㅇ 성　　명 : 강OO

ㅇ 주　　소 : 서울시 ○○구 △△동

ㅇ 급여종류 : □ 방문요양 □ 방문목욕 □ 방문간호 ■ 주・야간보호 □ 단기보호

20○○년 12월 장기요양급여 이용(제공)계획은 아래와 같습니다.

일 자		이용여부 (o, x)	변경사유	일 자		이용여부 (o, x)	변경사유	일 자		이용여부 (o, x)	변경사유
1	수			13	월			24	금		
2	목			14	화			25	토	휴관	
3	금			15	수			27	월		
4	토			16	목			28	화		
6	월			17	금			29	수		
7	화			18	토			30	목		
8	수			20	월			31	금		
9	목			21	화						
10	금			22	수						
11	토	휴관		23	목			총		일	

20○○년　○월　○일

보 호 자 :　　　　(인)

20○○년 12월 이동서비스 계획표(평일)

차종	스타렉스 12인승(70서 ㅇㅇㅇㅇ, 70러 ㅇㅇㅇㅇ)	보험사	ㅇㅇ손해보험(ㅇㅇㅇㅇ-ㅇㅇㅇㅇ)
운전자	▮주간/오전, 오후: 김○○, 신○○ ▮야간: 김○○ ▮주간/주말: 김○○, 신○○	동승자(교대)	김○○, 나○○, 임○○, 서○○, 송○○ 정○○, 백○○, 송○○, 이○○

서비스 제공 원칙		
	운전자 자격요건	자동차 1종 운전면허증 소지자
	동승자의 역할	• 보조자는 이동서비스 시 어르신이 차량에 오르내리실 때 안전하게 돕는다. • 이동서비스 시간을 이용가족에게 사전 공지하여 예정된 시간 내에 진행할 수 있도록 한다. • 어르신의 대기시간이 늦어지지 않도록 하며 차량탑승 전 어르신의 기본건강 및 용변 상태를 사전 점검하여 서비스 진행에 지장이 없게 한다. • 운전자를 보조하며 운전자가 인식하지 못하는 위험한 상황을 인지하고 운전자에게 알려준다.
	차량 안전수칙	• 이동서비스 시 차량운행은 2인을 원칙으로 한다. (운전원/ 보조탑승자) • 출발 전, 도착 후 차량 안전점검을 반드시 실시한다. • 이동서비스 장소에서만 어르신을 승하차 하도록 한다. • 어르신이 탑승 후 좌석에 앉아 안전띠를 매기까지 절대로 차량을 출발하지 않는다.
	사고 시 조치사항	• 사고가 발생하면 우선 어르신의 상태를 살핀 후 인근병원 및 119에 구호조치를 하여 차량을 안전한 곳에 이동시킨 후 차량에 계신 어르신 보호자에게 연락하고 상황설명과 이후 조치를 한 후 심리적 안정을 취하게 한다.
주의 사항		* 치매 및 문제행동이 있는 어르신의 경우에는 탑승 전이나 하차 이후 어르신이 배회하거나 집을 찾지 못하는 일이 없도록 **보호자에게 반드시 인계**하도록 한다.

비상 연락망 1		비상 연락망 2	
	▮송영폰 1: 010-ㅇㅇㅇㅇ-ㅇㅇㅇㅇ ▮송영폰 2: 010-ㅇㅇㅇㅇ-ㅇㅇㅇㅇ		▮요양보호사(임○○) 010-7125-**** ▮요양보호사(서○○) 010-3192-****
	▮센 터 장(이○○) 010-2460-**** ▮팀 장(김○○) 010-9074-**** ▮사회복지사(나○○) 010-4307-**** ▮간호조무사(이○○) 010-3781-**** ▮간호조무사(송○○) 010-6820-****		▮요양보호사(송○○) 010-3212-**** ▮요양보호사(백○○) 010-3231-**** ▮요양보호사(정○○) 010-8955-**** ▮운 전 원(김○○) 010-5334-**** ▮운 전 원(신○○) 010-6873-****

오전 1차 (스타렉스) 07:15~07:55					오후 1차 (스타렉스) 16:30~17:00				
연번	대상자	출발시간	도착시간	총이용시간	연번	대상자	출발시간	도착시간	총이용시간
1	노○○	7:20	20:25	785	1	김○○	8:25	16:35	490
2	강○○	7:30	19:20	710	2	김○○	8:30	16:40	490
3	박○○	7:35	20:45	790	3	박○○	7:45	16:45	535
4	박○○	7:45	16:45	535	4	이○○	8:40	16:50	490
오전 2차 (스타렉스) 08:20~09:10					야간 1차 (스타렉스) 18:45~19:30				
1	홍○○	8:30	20:35	725	1	김○○	9:10	18:50	595
2	김○○	8:40	19:25	645	2	강○○	7:30	19:00	710
3	권○○	8:45	19:30	645	3	김○○	8:40	19:05	645
4	송○○	8:50	19:35	645	4	최○○	9:00	19:10	645
5	최○○	9:00	19:45	645	5	권○○	8:45	19:15	645
6	김○○	9:10	19:05	595	6	송○○	8:50	19:20	645
오전 (스타렉스) 08:20~09:10					야간 2차 (스타렉스) 19:45~20:50				
1	김○○	8:25	16:35	490	1	오○○	9:00	19:50	650
2	김○○	8:30	16:40	490	2	최○○	8:55	19:55	660
3	이○○	8:40	16:50	490	3	이○○	–	20:00	690
4	박○○	8:45	20:10	685	4	박○○	8:45	20:10	685
5	최○○	8:55	19:55	660	5	노○○	7:20	20:20	785
6	오○○	9:00	19:50	650	6	홍○○	8:30	20:30	725
자가송영					7	박○○	7:35	20:40	790
1	이○○	9:00	–	690	▪안전한 송영을 위해 **보호자 인계**를 **원칙**으로 하고 있습니다. ▪교통체증 및 **교통상황에 따라 송영시간**이 **변동**될 수 있으므로 양해 부탁드립니다.				
2	김○○	9:15	17:45	510					
3	박○○	8:00	18:30	630					
4	김○○	9:30	17:30	480					

※ 지역의료기관 : 응급의료센터 : 1339 / 청ㅇ병원 : ㅇㅇㅇㅇ-ㅇㅇㅇㅇ / 서ㅇ병원 : ㅇㅇㅇㅇ-ㅇㅇㅇㅇ / 은ㅇ원 : ㅇㅇㅇㅇ-ㅇㅇㅇ
※ ㅇㅇ구보건소 : ㅇㅇㅇㅇ-ㅇㅇㅇㅇ / 치매지원센터 :ㅇㅇㅇㅇ-ㅇㅇㅇㅇ

○ ○ 데 이 케 어 센 터

20○○년 12월 이동서비스 계획표(주말)

<table>
<tr><td>차종</td><td colspan="2">스타렉스 12인승(7ㅇ서 ㅇㅇㅇㅇ, 7ㅇ러 ㅇㅇㅇㅇ)</td><td>보험사</td><td colspan="2">ㅇㅇ손해보험(ㅇㅇㅇㅇ-ㅇㅇㅇㅇ)</td></tr>
<tr><td>운전자</td><td colspan="2">▮주간/오전,오후: 김○○, 신○○ ▮야간: 김○○
▮주간/주말: 김○○, 신○○</td><td>동승자
(교대)</td><td colspan="2">임○○, 서○○, 송○○, 백○○, 정○○, 이○○</td></tr>
<tr><td rowspan="5">서비스
제공
원칙</td><td>운전자
자격요건</td><td colspan="4">자동차 1종 운전면허증 소지자</td></tr>
<tr><td>동승자의
역할</td><td colspan="4">• 보조자는 이동서비스 시 어르신이 차량에 오르내리실 때 안전하게 돕는다.
• 이동서비스 시간을 이용가족에게 사전 공지하여 예정된 시간 내에 진행할 수 있도록 한다.
• 어르신의 대기시간이 늦어지지 않도록 하며 차량탑승 전 어르신의 기본건강 및 용변 상태를 사전 점검하여 서비스 진행에 지장이 없게 한다.
• 운전자를 보조하며 운전자가 인식하지 못하는 위험한 상황을 인지하고 운전자에게 알려준다.</td></tr>
<tr><td>차량
안전수칙</td><td colspan="4">• 이동서비스 시 차량운행은 2인을 원칙으로 한다. (운전원/ 보조탑승자)
• 출발 전, 도착 후 차량 안전점검을 반드시 실시한다.
• 이동서비스 장소에서만 어르신을 승하차 하도록 한다.
• 어르신이 탑승 후 좌석에 앉아 안전띠를 매기까지 절대로 차량을 출발하지 않는다.</td></tr>
<tr><td>사고 시
조치사항</td><td colspan="4">• 사고가 발생하면 우선 어르신의 상태를 살핀 후 인근병원 및 119에 구호조치를 하여 차량을 안전한 곳에 이동 시킨 후 차량에 계신 어르신 보호자에게 연락하고 상황설명과 이후 조치를 한 후 심리적 안정을 취하게 한다.</td></tr>
<tr><td colspan="5"></td></tr>
<tr><td>주의
사항</td><td colspan="5">* 치매 및 문제행동이 있는 어르신의 경우에는 탑승 전이나 하차 이후 어르신이 배회하거나 집을 찾지 못하는 일이 없도록 보호자에게 반드시 인계하도록 한다.</td></tr>
<tr><td rowspan="2">비상
연락망
1</td><td colspan="2">▪송영폰 1: 010-ㅇㅇㅇㅇ-ㅇㅇㅇㅇ
▪송영폰 2: 010-ㅇㅇㅇㅇ-ㅇㅇㅇㅇ</td><td rowspan="2">비상
연락망
2</td><td colspan="2" rowspan="2">▪요양보호사(임○○) 010-7125-****
▪요양보호사(서○○) 010-3192-****
▪요양보호사(송○○) 010-3212-****
▪요양보호사(백○○) 010-3231-****
▪요양보호사(정○○) 010-8955-****
▪운 전 원(김○○) 010-5334-****
▪운 전 원(신○○) 010-6873-****</td></tr>
<tr><td colspan="2">▪센 터 장(이○○) 010-2460-****
▪팀 장(김○○) 010-9074-****
▪사회복지사(나○○) 010-4307-****
▪간호조무사(이○○) 010-3781-****
▪간호조무사(송○○) 010-6820-****</td></tr>
</table>

오전 (스타렉스) 07:30~08:30					오후 (스타렉스) 15:30~16:30				
연번	대상자	출발시간	도착시간	총이용시간	연번	대상자	출발시간	도착시간	총이용시간
1	노○○	7:40	15:40	480	1	노○○	7:40	15:40	480
2	최○○	7:50	15:50	480	2	최○○	7:50	15:50	480
3	송○○	7:55	15:55	480	3	송○○	7:55	15:55	480
4	김○○	8:00	16:00	480	4	김○○	8:00	16:00	480
5	이○○	8:10	16:10	480	5	이○○	8:10	16:10	480

※ 지역의료기관 : 응급의료센터 : 1339 / ㅇㅇ병원 : ㅇㅇㅇㅇ-ㅇㅇㅇㅇ / ㅇㅇ병원 : ㅇㅇㅇㅇ-ㅇㅇㅇㅇ / 은ㅇ원 : ㅇㅇㅇㅇ-ㅇㅇㅇ

※ ㅇㅇ구보건소 : ㅇㅇㅇㅇ-ㅇㅇㅇㅇ / 치매지원센터 : ㅇㅇㅇㅇ-ㅇㅇㅇㅇ청

※ 차량운행 시 발생하는 교통체증으로 시간이 다소 변경될 수 있습니다.

○ ○ 데 이 케 어 센 터

인지활동 프로그램 일지

결재	담 당	팀 장	센터장

일 시	20○○. ○. ○. (목) 10:20~11:20	관리책임자	나○○ (서명)
프로그램명	인지활동 (꽃나무 스티커 붙이기)	진 행 자	임○○ (서명)
장 소	○○주야간보호기관 생활 2실	참석인원	19명 / 20명
준비물	도안, 색연필, 스티커		
월 참여 누계	37	총 참여 누계	2,367
프로그램 진행과정	인사 및 소개하기, 날짜 및 계절 기억하기 → 꽃나무 스티커 붙이기 활동 설명하기 → 완성 후 소감을 나누고 마무리한다.		
전반적 평가	나무 도안에 꽃, 잠자리 등 스티커를 붙여 꾸미며 적극적으로 수행		

어르신별 프로그램 평가

연번	성명	참여도	만족도	수행도	반응 및 특이사항
		상(3) 중(2) 하(1)			
1	김○○	3	3	3	꽃 스티커 하나씩 나무에 붙여가며 수행
2	김○○	3	3	3	완성 후 다했다고 자랑하며 좋아하심
3	박○○	3	3	3	나무에 꽃 스티커를 붙이며 차분하게 수행
4	박○○	-	-	-	결석
5	오○○	3	3	3	도안에 하나씩 스티커를 붙여 완성 후 성취감을 느끼심
6	최○○	3	3	3	나무 주위에도 스티커로 꾸미며 수행
7	강○○	3	3	3	천천히 스티커로 꾸미며 수행
8	권○○	3	3	3	도안에 꽃스티커 외 여러 스티커로 꾸미며 완성
9	김○○	3	3	3	차분하게 하나씩 스티커로 나무를 꾸미며 수행
10	김○○	3	3	3	나무를 스티커로 완성 후 이쁘다고 좋아하심
11	김○○	3	3	3	천천히 나무 도안에 스티커를 붙여 완성함
12	노○○	3	3	3	집중가운데 도안에 스티커를 붙이며 수행
13	박○○	3	3	3	나무에 잠자리 스티커를 붙인 후 잠자리가 이쁘다고 하며 수행
14	박○○	3	3	3	차분하게 스티커를 붙이며 꽃나무를 완성
15	송○○	3	3	3	잠자리 스티커가 두 개가 있으니 보기 좋다고 하며 수행
16	이○○	3	3	3	손이 떨려 천천히 붙여 완성 후 이쁘다 외치고 좋아하심
17	이○○	3	3	3	천천히 스티커를 붙이며 수행
18	최○○	3	3	3	나무 주위를 먼저 꾸민 후 나무를 꾸미며 수행
19	김○○	3	3	1	도와드려 스티커로 꾸미며 수행
20	홍○○	1	1	1	완성된 작품을 보여드리며 이쁜지 여쭤보니 고개를 끄덕임

<table>
<tr><td rowspan="2">신체 프로그램 일지</td><td rowspan="2">결
재</td><td>담 당</td><td>팀 장</td><td>센터장</td></tr>
<tr><td></td><td></td><td></td></tr>
</table>

프로그램명	신체프로그램 (밴드체조)	장 소	주야간보호기관 생활 1실
일시	20○○. ○. ○. (월) 14:00~15:00	진행자	이○○ (서명)
준비물	밴드, 노래음악, 밴드체조영상	참석인원	19명
월 참여 누계	96	총 참여 누계	1,732
프로그램 진행과정	인사 – 건강 박수 – 밴드체조영상 – 노래에 맞추어 밴드체조 – 스트레칭으로 마무리		
전반적 평가	전체적으로 노래 음악에 맞추어 밴드체조 동작을 적극적으로 실시		

수급자별 프로그램 평가

연번	성 명	참여도			만족도			수행도			반응 및 특이사항
		상	중	하	상	중	하	상	중	하	
1	강○○	○			○			○			양손에 밴드를 잡고 위로 올렸다 내리며 앞으로 스트레칭 수행
2	권○○	○			○			○			밴드를 잡고 위, 아래로 잡아당기고 놓고 방향 바꾸는 동작 실행
3	김○○	○			○			○			밴드를 어깨 넓이만큼 잡고 옆으로 돌려 좌,우 옆구리 스트레칭 동작 실행
4	김○○										결석
5	김○○	○			○			○			짧게 잡은 밴드를 좌우로 이동하는 동작 실시
6	김○○	○			○			○			발로 밴드를 잡고 한 손으로 잡아당겼다 놓는 동작 실시
7	김○○	○			○					○	밴드를 당겼다 놓고 좌우로 늘리며 스트레칭 실시
8	김○○	○			○			○			체조 영상에서 발을 세워 다리 들었다 놓는 동작 실행
9	노○○	○			○			○			밴드를 무릎에 놓고 다리 올렸다 내리는 관절운동 실행
10	박○○	○			○			○			밴드 잡은 팔을 앞으로 향한 후 엉덩이 실룩이는 자세 실시
11	박○○										결석
12	박○○	○			○			○			어깨를 으쓱으쓱 들썩이는 동작 수행 후 밴드 당기는 동작 실행
13	박○○	○			○			○			밴드 기본 동작 설명을 잘 듣고 천천히 적극적으로 실시
14	송○○	○			○			○			짧게 밴드를 잡고 오른쪽, 앞, 왼쪽으로 방향 전환 실시
15	오○○	○			○			○			밴드를 잡은 손을 앞으로 뻗고, 발로 씩씩하게 걷는 동작 실시
16	이○○	○			○			○			음악에 흥겨워 어깨춤을 추며 즐겁게 체조 동작 실행
17	이○○	○			○			○			밴드 체조 동작 설명을 잘 듣고 천천히 수행
18	정○○	○			○			○			밴드를 어깨 넓이 만큼 잡고 옆으로 돌려 좌,우 옆구리 스트레칭 동작 실행
19	최○○	○			○			○			어깨를 으쓱으쓱 관절 운동 후 밴드 당겼다 놓는 동작 실시
20	최○○	○			○			○			밴드를 어깨 넓이만큼 잡고 옆으로 당겼다 놓았다 동작 실행
21	홍○○		○			○				○	밴드체조 동영상 관람.

사회적응 프로그램 운영일지	결재	담 당	팀 장	센터장

구 분	금일실적	금월누계	누계	목표
참여인원 누계	20	20	118	1,092
일 시	20○○. ○. ○. (월) 14:00~15:00		장 소	생활실 2
참여자/현원	20명/21명			
준 비 물	유자차, 쌍화차, 레몬차, 율무차, 메뉴판, 커피포트, 컵, 티스푼			
프로그램 진행과정	활동 소개 → 메뉴판 안내 → 차 주문 및 제조 → 차 시음 → 마무리 인사			
진행 내용 및 평가	어르신 모두 적극적으로 앞에 나와 원하는 차를 말씀하시고는 직접 제조해 맛있게 드셨음			

연번	성명	참여도			만족도			수행도		
		상	중	하	상	중	하	상	중	하
1	강○○	○			○			○		
2	권○○	○			○			○		
3	김○○	○			○			○		
4	김○○	○			○			○		
5	김○○	○			○			○		
6	김○○	○			○			○		
7	김○○	결석								
8	김○○		○		○				○	
9	김○○	○			○			○		
10	김○○	○			○			○		
11	노○○	○			○			○		
12	박○○	○			○			○		
13	박○○	○			○			○		
14	박○○	○			○			○		
15	박○○	○			○			○		
16	송○○	○			○			○		
17	이○○	○			○			○		
18	이○○	○			○			○		
19	최○○	○			○			○		
20	최○○	○			○			○		
21	홍○○		○			○			○	

<table>
<tr><td>이용자 반응
및 만족도</td><td colspan="2">▶ 강○○ 어르신은 ○○다방이 오랜만에 왔다며 좋아하심
▶ 권○○ 어르신은 워커를 끌고 직접 앞에 나와 원하는 차를 주문하심
▶ 김○○ 어르신은 쌍화차를 주문하고 맛있게 드심
▶ 김○○ 어르신은 마담이 타주는 거라 더 맛있다 하심
▶ 김○○ 어르신은 비가 오니 달달한 유자차가 당긴다 하심
▶ 김○○ 어르신은 고소한 율무차를 다 함께 마시니 더 맛있다 하심
▶ 김○○ 어르신은 율무차가 뜨겁다며 천천히 식혀 드심
▶ 김○○ 어르신은 유자차를 주문하고 맛있다며 다 드심
▶ 김○○ 어르신은 옛날에 다방간 건 모르며 여기서 마시니 더 맛있다 하심
▶ 노○○ 어르신은 쌍화차를 마시니 기운이 난다고 하심
▶ 박○○ 어르신은 날씨도 우중충한데 노래를 듣고 차를 마시니 좋다 하심
▶ 박○○ 어르신은 ○○다방을 기억하시며 언제 마셔도 좋다 하심
▶ 박○○ 어르신은 직접 마시고 싶은 차를 주문하며 적극적으로 참여하심
▶ 박○○ 어르신은 음료맛이 꿀맛이라 하심
▶ 송○○ 어르신은 유자차가 달콤하니 딱 좋다 하심
▶ 이○○ 어르신은 여기서 마시는 게 더 맛있다 하심
▶ 이○○ 어르신은 율무차를 직접 티스푼으로 저으며 맛있게 드심
▶ 최○○ 어르신은 원하는 양만큼 유자청을 넣어 맛있게 드심
▶ 최○○ 어르신은 신중히 마시고 싶은 차를 고르며 맛있게 드심
▶ 홍○○ 어르신은 손가락으로 쌍화차 가리켜 타드리니 좋아하심</td></tr>
<tr><td>사회복지사 의견
및 활동내역</td><td colspan="2">■ 비 오는 날 잔잔한 다방 노래를 들으시면서 원하는 차를 직접 제조해 마시며 즐거운 시간을 보내심</td></tr>
<tr><td>사 진</td><td></td><td></td></tr>
<tr><td>작성자 성명</td><td colspan="2">나○○ (서명)</td></tr>
</table>

06
CHAPTER

치매노인 사례관리의 실제

제 1 절 사례 1 : 뇌졸중으로 인한 편마비와 공격성과 자학성의 치매유형으로 케어가 필요한 사례

2017년 7월부터 2022년 2월 현재까지 주야간보호기관을 이용하고 있는 김ㅇㅇ(여, 82세) 수급자는 뇌졸중으로 편마비 증세가 있으며, 조급증과 자기비하의 말과 자학적인 행동(본인의 손으로 본인 뺨을 수차례 세게 때리는 행위)을 반복하는 4등급의 어르신이다.

21명의 어르신이 아침부터 밤까지 함께 생활하는 주야간보호소에서 수급자를 자극하지 않는 환경조성과 수급자의 문제행동 시 1:1 밀착케어에 어려움이 많았다. 이에 어르신이 자신의 뺨을 수시로 때리는 자학 행동과 모든 사람에게 공격적인 언어사용을 최소화하기 위해 일관성 있는 케어환경을 조성하고 사회복지사가 보호자와의 신뢰관계 구축 등으로 상담을 통한 약물치료 개입을 시도해 보았다.

1. 사례개요

본 사례는 2015년 7월 이용 시 노인장기요양 4등급에서 2022년 2월 기준 3등급으로 상향되었지만 계속적으로 주야간보호소에서 케어하고 있다. 김○○ 수급자는 2015년 7월 초기상담 시 3년전 뇌졸중으로 편마비를 앓게 되어 팔, 다리 사용이 어려움에 따라 한방병원에서 재활치료 진행 중에 있었으며 치매와 당뇨, 고혈압 약을 복용 중이며 조급증으로 본인의 욕구가 즉시 해결되지 않을 경우 극도의 흥분상태가 되어 자기비하의 말과 자학적인 행동(본인의 손으로 본인 뺨을 수차례 세게 때리는 행위)을 반복하였다.

전반적인 인지 상태는 양호하나 상대방의 언어로부터 오는 외부자극에 민감하게 반응하며 말을 왜곡하고 부정적으로 받아들여 흥분지수가 수시로 높아지고, 그때마다 상대에게 욕을 하거나 자신의 뺨을 반복적으로 때리는 등 문제행동이 발생되어 주야간보호시설의 특성상 다른 이용자에게 자극이 될 우려가 높았다.

아울러 수급자가 편마비임에도 보호자가 케어 시 밀착케어가 잘 이루어지지 않아 수시로 얼굴과 팔, 다리 등에 멍이 들어 오는 경우가 많아 센터에서 수급자의 건강상의 특이사항으로 인지하였음을 수시로 확인시켜 드렸다. 가정 내에서의 잦은 낙상으로 머리를 꿰매야 하는 큰 사고로 이어지기도 했지만 지속적인 센터 이용에 대한 의지가 강한 편이다.

2. 표준장기요양이용계획서 내용 변화

기간 : 2017년 6월~2021년 12월

장기요양등급	수급자 희망급여 내용	발급일	비고
4등급	주・야간보호	2015. 7.	
4등급	방문요양, 주・야간보호	2017. 6.	
4등급	주・야간보호	2018. 6.	
3등급	방문요양, 주・야간보호, 노인요양시설	2019. 6.	
3등급	주・야간보호	2020. 6.	

3. 일반적 사항

<table>
<tr><td>성 명</td><td colspan="2">김OO</td><td>성 별</td><td colspan="2">여</td></tr>
<tr><td>종 교</td><td colspan="2">불교</td><td>교육정도</td><td colspan="2">중졸</td></tr>
<tr><td>보호구분
(비용)</td><td colspan="5">□ 기초생활수급권자(무료) □ 경감자, 의료비용수급권자(6%) ■ 일반(15%)</td></tr>
<tr><td>생활사
(가계도)</td><td colspan="3">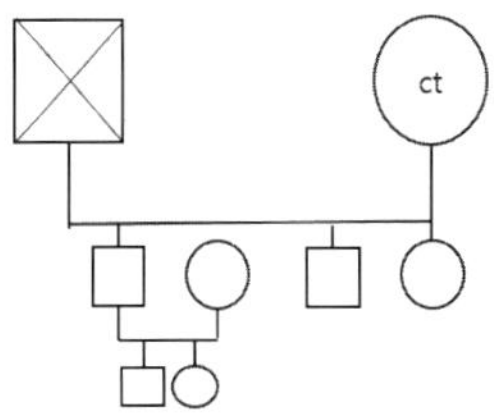
</td><td colspan="2">• 과거에는 시인으로 활동하며 시집도 내셨음
• 지병은 없었으며 3년 전 뇌졸중으로 편마비 상태
• 3년 동안 동ㅇㅇ방병원에서 침 맞고 재활치료 받았으며 현재도 진행 중</td></tr>
<tr><td>식 사</td><td colspan="5">스스로 가능하나 골고루 드시지 않고 밥만 드심</td></tr>
<tr><td rowspan="4">가족 및 환경 상태</td><td>결혼여부</td><td>■ 기혼 □ 미혼</td><td>배우자 생존여부</td><td colspan="2">□ 생존 ■ 사망</td></tr>
<tr><td>주수발자</td><td>■ 유 □ 무</td><td>주수발자와의 관계</td><td colspan="2">□ 배우자 ■ 자녀 □ 자부 □ 사위 □ 형제자매 □ 친척 □ 기타</td></tr>
<tr><td>이용구분</td><td colspan="4">■ 일반(15%) □ 감경 9% □ 감경 6% □ 기초생활수급권자</td></tr>
<tr><td>동거인</td><td colspan="4">□ 독거 □ 부부 □ 부모 ■ 자녀 □ 손자녀 □ 친척 □ 친구・이웃</td></tr>
<tr><td rowspan="3">치매정도및
문제행동</td><td colspan="5">□ 정상 ■ 경증 □ 중증</td></tr>
<tr><td rowspan="2">수면상태</td><td colspan="4">■ 정상 □ 불면 □ 밤낮의 바뀜 □ 초저녁 취침 □ 새벽기상 □ 낮잠</td></tr>
<tr><td colspan="4">◉ 1일 야간 수면시간: □ 3시간 이하 □ 4~5시간 □ 6~7시간 ■ 8시간 이상</td></tr>
<tr><td>세안, 양치</td><td colspan="5">스스로 가능</td></tr>
<tr><td>대소변조절</td><td colspan="5">스스로 가능하나 편마비로 인해 용변 후 옷을 올리는 데 어려움을 느낌</td></tr>
<tr><td>착, 탈의</td><td colspan="5">편마비로 인해 수월하지 않음</td></tr>
<tr><td>보행</td><td colspan="5">스스로 가능(현재는 보조기구 없이 보행함)</td></tr>
<tr><td>정서/심리</td><td colspan="5">□ 안정됨 □ 조금 불안정 ■ 불안정</td></tr>
<tr><td>개인성향</td><td colspan="5">□ 활발/ 적극 □ 보통 □ 다소곳/ 조용 ■ 부정적</td></tr>
<tr><td>얼굴표정</td><td colspan="5">□ 밝음 □ 어두움 ■ 우울함 □ 차분함</td></tr>
<tr><td>여가활동</td><td colspan="5">□ 스스로 가능 ■ 약간의 개입으로 가능 □ 참여 불가능</td></tr>
<tr><td rowspan="2">회 화</td><td>듣 기</td><td colspan="4">원활히 가능</td></tr>
<tr><td>말하기</td><td colspan="4">원활히 가능</td></tr>
</table>

1) 초기면접 시 개별욕구

<table>
<tr><td>특정질환 및
건강 특이사항</td><td colspan="2">• 치매, 혈압, 당뇨, 고지혈증 질환 있음
• 현재 동ㅇㅇㅇ병원에서 침 치료, 재활치료 3년째 받고 계신 중
• 뇌졸중으로 인해 편마비 있음
• 반복적으로 질문하거나 매사에 재촉하는 성향이 있으므로 유의할 것
• 배회증상 있음(상담 중 아들에게 계속 집에 가자 보채며, 언제 갈 거냐고 반복적으로 질문하는 모습 나타남)</td></tr>
<tr><td>이용자 상태</td><td colspan="2">■ 독립보행 가능 / □ 독립보행 불가능
■ 독립식사 가능 / □ 독립식사 불가능
■ 화장실 독립 이용 가능 / □ 화장실 독립 이용 불가(기저귀, 이동변기)</td></tr>
<tr><td rowspan="4">식사프로그램</td><td>주 식단</td><td>밥만 드시는 경향 있음</td></tr>
<tr><td>기피식품</td><td>해당사항 없음</td></tr>
<tr><td>선호식품</td><td>해당사항 없음</td></tr>
<tr><td>알러지식품</td><td>해당사항 없음</td></tr>
<tr><td>비상시
희망의료기관</td><td colspan="2">동ㅇㅇㅇ병원 02-320-ㅇㅇㅇㅇ</td></tr>
<tr><td>위급상황 발생 시
비상연락</td><td colspan="2">자녀(막내 아들) : 010-ㅇㅇㅇㅇ-ㅇㅇㅇㅇ</td></tr>
<tr><td>사회적·
정서적 사항</td><td colspan="2">• 외부 자극에 민감하게 반응하며 상대방의 말을 왜곡해서 부정적으로 받아들이는 경향이 있으므로 의사소통에 주의가 필요함
• 조급증으로 식사가 언제 오는지, 이불은 언제 깔아주는지 등 서두르는 편이며 원하는 바가 이루어질 때까지 같은 말을 여러 번 반복함</td></tr>
<tr><td>수급자
(보호자)
개별욕구</td><td colspan="2">• 식사를 급하게 드시므로 천천히 드실 수 있도록 지도 요청하였으며 밥을 많이 주고 반찬을 골고루 섭취할 수 있도록 케어 희망함
• 화장실 사용 시 왼쪽 팔 편마비로 인한 어려움 있으므로 부분 도움 요청함</td></tr>
<tr><td>총 평</td><td colspan="2">• 왼쪽 팔 편마비로 인해 일상생활동작 수행 부분 도움 필요하나, 대부분 스스로 가능하므로 신체기능 양호
• 경증치매로 전반적인 인지상태 양호하나, 상대방의 말을 왜곡해서 부정적으로 받아들이는 경향
• 흥분하면 욕을 하거나 자해 행동하므로 문제상황 발생 시에는 빠른 자리 이동 및 말벗으로 환기하는 등 적절한 대처가 필요
• 본인의 이야기 하는 것을 좋아하므로 말벗을 통한 정서 지원이 필요</td></tr>
</table>

2) 욕구사정

1. 신체상태(일상생활동작 수행능력) ※ 표기 : X – 완전 도움 △ – 부분 도움 ○ – 완전 자립

항목	확인	항목	확인	항목	확인
옷 벗고 입기	○	세수하기	○	양치질 하기	○
식사 하기	○	목욕하기	△	체위변경 하기	○
일어나 앉기	○	옮겨 앉기	○	방 밖으로 나오기	○
화장실 사용하기	○	대변 조절하기	○	소변 조절하기	○

판단근거 :
- 뇌졸중으로 인한 왼쪽 팔 편마비 상태로 일상생활 동작 수행능력 부분 도움으로 가능
- 화장실 이용 시 조급증으로 인해 소변이 나오는 중임에도 일어나 옷에 실수를 하므로 올바른 화장실 사용을 위한 부분 도움이 필요함

2. 질병상태 ※ 표기 : □에 ✓표 후 상세내용에 기술

질병 분류	질병명			
내분비・대사성	☑ 당뇨 □ 만성간염	□ 갑상선질환 □ 자가면역질환	□ 탈수 □ 빈혈	□ 영양상태 이상 □ 기타
소화기계	□ 위염 □ 변비	□ 위궤양 □ 간경변증	□ 십이지궤양 □ 기타	
순환기계	□ 고혈압 □ 심근경색증	□ 저혈압 ☑ 뇌혈관질환(뇌출혈)	□ 협심증 □ 기타	
근골격계	□ 관절염 □ 골다공증	□ 요통, 좌골통 □ 기타	□ 기타 척추질환	
신경계	☑ 치매 □ 두통	☑ 뇌졸중 □ 두통외 통증	□ 파킨슨병 □ 기타	
정신・행동장애	□ 신경증	□ 우울증	□ 수면장애	□기타
호흡기계	□ 폐결핵	□ 만성기관지염	□ 호흡곤란	□ 기타
눈・귀질환	□ 시각장애	□ 난청	□ 기타	
비뇨・생식기계	□ 전립선비대	☑ 요실금	□ 만성방광염	□ 기타 ( )
만성신장질환	□ 만성신부전증	□ 기타		

구분	질병명
과거병력	치매, 뇌졸중
현재병력	치매, 당뇨, 고혈압, 고지혈증

판단근거 :
- 과거 뇌졸중으로 인한 왼쪽 팔 편마비 상태로 동작에 제한이 있음
- 현재 병력은 치매, 고혈압, 당뇨가 있고 자택에서 약 복용 중이며 약물 관리 잘 되고 있음

3. 재활상태

※ 표기 : □에 ✓

확인			
□ 우측상지	☑ 좌측상지	□ 우측하지	□ 좌측하지
□ 어깨관절 (좌/우)	□ 팔꿈치관절(좌/우)	□ 손목 및 수지관절(좌/우)	□ 허리
□ 고관절 (좌/우)	□ 무릎관절(좌/우)	□ 발목관절(좌/우)	

판단근거 : 왼쪽 팔 편마비로 인해 동작이 자유롭지 못함

4. 간호처치 상태

※ 표기 : □에 ✓

확인				
□ 기관지 절개관 간호	□ 흡인	□ 산소프로그램	□ 욕창간호	□ 경관영양
□ 통증간호	□ 장루간호	□ 도뇨관리	□ 투석간호	□ 당뇨발간호
□ 상처간호				

판단근거 : 특이사항 없음

5. 인지상태(인지기능저하, 정신상태, 감정, 문제행동 등)

※ 확인된 부분 ☑표기

구분		확인
1	지남력	☑
2	기억력	☑
3	주의집중 및 계산	☑
4	언어적기능	☑
5	판단력	☑
6	편집증과 망상	☑
7	환각	☑
8	배회	☑
9	반복적인 활동	☑
10	부적절한 활동	☑
11	언어폭발	☑
12	신체적 공격 또는 폭력행위	☑
13	우울	☑
14	일반적인 불안	☑
15	혼자 남겨짐에 대한 공포	☑

판단근거 : K-MMSE(24점 경증 치매)
- 전반적인 인지상태 양호하며 주의집중 및 계산, 기억회상 부분에 저하 상태가 두드러짐
- 상대방의 언어로부터 오는 외부자극에 민감하게 반응하며 상대방의 말을 왜곡 및 부정적으로 받아들이는 경향으로 문제 상황이 초래되기도 함
- 흥분지수가 높으면 상대에게 욕을 하거나 자신의 뺨을 때리는 등 문제행동이 발생됨

6. 의사소통

※ 표기 : □에 ✓표

구분	확인	
청취 능력	□ 들리는지 판단 불능	□ 거의 들리지 않는다.
	□ 큰소리는 들을 수 있다.	□ 보통의 소리를 듣기는 하고, 못 듣기도 한다.
	☑ 정상(보청기 사용 포함)	
의사 소통	☑ 모두 이해하고 의사를 표현하다.	□ 대부분 이해하고 의사를 표현한다.
	□ 가끔 이해하고 의사를 표현한다.	□ 거의 이해하지 못하고 의사를 전달하지 못한다.
발음 능력	☑ 정확하게 발음이 가능하다.	□ 웅얼거리는 소리로만 한다.
	□ 간혹 어눌한 발음이 섞인다.	□ 전혀 발음하지 못한다.

판단근거 :
- 청력 및 발음 상태 양호
- 질문의 의도를 이해하여 답을 하는 등 전반적인 의사소통 양호하나, 상대방의 말을 스스로 왜곡해서 부정적으로 받아들이는 경향이 있으므로 불편한 상황이 초래되기도 함

7. 영양상태

※ 표기 : □에 ✓표

구분	확인					
치아상태	☑ 양호	□ 불량	□ 의치 (틀니)	□ 잔존치아 없음		
식사 시 문제점	□ 식욕저하	□ 저작곤란	□ 연하곤란	□ 소화불량	□ 구토	☑ 없음
식사형태	□ 미음	□ 죽	☑ 일반식( )	□ 당뇨식( )	□ 경관식	
도구사용	☑ 숟가락	☑ 젓가락	□ 포크숟가락	□ 사용불가		
배설양상	☑ 정상	□ 설사	□ 변비	□ 복부팽만		

판단근거 :
- 전반적인 식사상태 양호
- 식탐이 많아 식사 도중에 밥, 반찬을 더 많이 달라 요청하면 추가로 드리지만 다 못 드시고 잔반으로 남김

8. 가족 및 환경 상태

※ 표기 : □에 ✓표 ________에 기재

구분	확인		
결혼여부	☑ 기혼 □ 미혼	배우자 생존여부	□ 생존 ☑ 사망
자녀수	2남 1녀		
주수발자	☑ 유 □ 무	주수발자 연령	48세(1972년생)
주수발자 관계	□ 배우자 ☑ 자녀 □ 자부 □ 사위 □ 형제자매 □ 친척 □ 기타		
주수발자 경제상태	☑ 안정 □ 불안정 □ 연금생활 □ 생활보호		
동거인	□ 독거 □ 부부 □ 부모 ☑ 자녀 □ 손자녀 □ 친척 □ 자매가족		

판단근거 :
- 슬하에 자녀가 2남 1녀이며, 현재 둘째 아들과 함께 거주 중
- 과거 뇌졸중으로 인한 편마비가 오기 전에는 시인으로 활동하였음

9. 자원이용 욕구

※ 표기 : □에 ✓표 ______에 기재

구분	확인		
종교	□ 천주교 □ 기독교 ☑ 불교 □ 무교 □ 기타(__________)		
주 이용 의료기관	ㅇㅇ병원	전화번호	T. 1811-7755
지역사회자원	□ 급식 및 도시락배달 □ 이미용 □ 주거개선사업 ☑ 없음 □ 기타( )		

판단근거 :
종교는 기독교이며 응급상황 발생 시, 서ㅇ병원(신경과)과 세ㅇ병원(내과)으로 이송 희망함

10. 수급자 및 보호자 개별 욕구

※ 표기 : 서술형 작성

- 식사 시 급하게 드시는 경향이 있으므로 천천히 드실 수 있도록 지켜봐 달라고 요청함. 또한 밥을 많이 주고 반찬을 골고루 섭취할 수 있도록 케어 희망
- 화장실 사용 시 왼쪽 팔 편마비로 인한 어려움 있으므로 부분 도움 요청

11. 총평

※ 표기 : 서술형 작성

- 전반적인 인지 상태 양호하나 주의집중 및 계산, 기억회상 부분에 저하 상태가 두드러짐
- 상대방의 말을 왜곡하여 부정적으로 받아들이는 경향이 있으므로 이로 인해 흥분지수가 높아지지 않도록 빠른 자리 이동 및 말벗으로 환기하는 등 적절한 대처가 필요
- 조급증이 있어 식사가 언제 오는지, 이불은 언제 깔아주는지 등 매사에 서두르는 편이며 본인이 원하는 바가 이루어질 때까지 같은 말을 여러 번 반복하는 행동

4. 수급자의 문제행동 감소를 위한 사례개입 과정 기록

내용	변비 및 혈당	
20○○. 5. 25. (목)	□ 항문을 미는 힘이 없어서 대변을 본 후 항상 옷에 실수를 함. 또한 석식을 드신 후, 보호자를 기다리는 동안 집에 갈 채비를 서두르며 화내시고 소리를 지르셔서 다른 어르신들과 마찰이 많고, 혈당이 자주 높게 나오심	☑ 자주 복부마사지 및 찜질을 해드리고 집에서는 유산균 및 식이섬유 섭취를 하실 수 있도록 권장하기로 하고, 혈당은 가정에서 쌀밥 위주의 식사 및 외식을 하셔서 높기 때문에 최대한 조절을 부탁드림 ☑ 보호자에게 어르신이 6시까지 기다리시도록 충분이 설명해달라고 부탁했더니 최근 마찰이 조금씩 줄어듦
내용	자해행동	
일시	문제점	결과 및 추후계획
20○○. 5. 25. (금)	□ 자해행동으로 인해 얼굴과 몸에 상처와 멍이 끊임없이 발견되고 조급증으로 물리·운동 치료 진행 시 바로 그만하겠다고 하셔서 치료 진행이 어려움 □ 어르신이 조급증이 심해지셔서 센터에서 자해 행동의 빈도수가 증가하였고, 그로 인해 다른 어르신들이 불편해하는 상황이 자주 발생됨	☑ 자해행동으로 인해 다른 어르신들과 2차적 갈등상황이 발생하지 않도록 자주 부딪히는 두 분 어르신과 자리를 분리하기로 하고 석식 이후의 일대일 케어가 어르신을 더 조급하게 만드는 경우가 있어서 어느 정도 어르신이 혼자 스스로 하실 수 있도록 거리를 두고 케어하기로 함 ☑ 어르신 조급증과 관련하여 가정에서 약이 제대로 투약되고 있는지 확인했을 때, 보호자는 한 번도 빠짐없이 드렸다고 하셔서 어르신의 증상완화가 없기 때문에 약물 변경을 권해드리고, 어르신 상처는 입소 후 어르신 건강 체크 시 발견하여 센터에서 지속적으로 처치해 드리기로 함

내용	조급증 및 잦은 낙상	
일시	문제점	결과 및 추후계획
20○○. 5. 10. (금)	□ 주간에는 어르신이 자해 행동을 하는 빈도가 줄었으나 석식을 하고 난 후에는 자해 행동을 하는 빈도수가 증가 □ 화장실을 이용할 때 소변이 나오고 있는데도 일어나는 상황이 자주 발생하며 조급증으로 인해 양치를 단 세 번만에 끝내고 조금 더 양치하실 것을 권할 경우 흥분을 자주 함	☑ 지난 사례회의 때 석식 이후 어르신이 혼자 스스로 하실 수 있도록 거리를 두고 케어하기로 하였는데 어르신이 조급증으로 흥분 상태가 될 경우 어르신을 진정시키는 데 어려움이 발생함으로 어르신이 흥분 전에 일대일 케어를 실시 ☑ 소변 소리를 들으면서 주의를 환기시켜 어르신이 소변을 다 보신 후, 휴지를 드려 소변을 원활히 볼 수 있도록 서비스를 제공 ☑ 양치서비스의 경우 다시 권할 경우 흥분 상태에 빠짐으로 더 이상 권하지 않고 어르신이 양치를 더 할 수 있도록 옆에서 행동을 유도
	□ 최근에 가정에서 식사하고 이동할 때 낙상사고가 자주 발생하고 있음 □ 치루 시술을 하고 난 뒤부터 복부마사지를 시행하지 않으면서 배변 활동이 원활히 진행되지 않아 최근 변이 매우 딱딱한 변을 보고 있어 다시 항문이 찢어질 우려가 있음	☑ 센터를 이용하는 동안 이동하실 때 옆에서 보행보조를 실시하면서 낙상 발생하지 않도록 주의할 필요성이 있으며, 보호자와 통화하여 어르신이 외식을 하고 이동할 때 낙상이 발생하지 않도록 주의를 기울여 달라고 알려드리고자 함 ☑ 변이 딱딱해지는 것을 방지하기 위하여 어르신에게 충분히 수분을 섭취할 수 있도록 물을 주기적으로 지원
내용	높은 흥분지수로 인한 흥분도 감소 필요	
20○○. 4. 10(목)	□ 전반적으로 인지기능 양호하며 스스로 욕구표현이 가능하나, 상대방의 이야기에 쉽게 흥분하여 본인의 뺨을 꼬집고, 때리는 등 자학행동이 계속 반복 □ 어르신에게 무엇인가 권유하고 질문형으로 이야기했을 때 더욱 화를 내며 흥분하는 모습이 보임 □ 어르신의 이야기를 들어주는 것은 좋아하나, 칭찬을 해드리면 내가 나쁜 년이냐면서 화를 내심 □ 전반적으로 특이사항 없이 건강한 편이나, 양치를 너무 금방 끝내시므로 올바른 양치 관리가 필요	☑ 한 달 동안 질문이 아닌 다른 방식으로 이야기를 나눠보고 어떠한 반응을 보였는지 기록하며 가장 좋은 대화방식을 알아가 볼 것 ☑ 어르신에게 한 달간 질문형으로 이야기하지 않고 다른 방식으로 이야기를 시도해보면서 어떻게 대답을 하는지, 흥분도의 변화가 있는지 살펴보고 그 반응을 기록하기 ☑ 본인의 이야기를 들어주는 것은 좋아하므로 어르신이 이야기할 때에는 경청하며 말벗을 통해 정서적 지지해 드리기 ☑ 양치를 더 오래 하도록 권유드리면 오히려 더욱 흥분하며 급하게 닦으시므로 이야기보다는 행동으로 보여드리고 올바른 양치 방법에 대해 설명드리기

5. 개별상담 기록

상담일시	상담 내용	상담결과 및 상담자 견해
20○○. 4. 4. / (보호자)	□ 오전에 보호자가 자가송영을 실시하고 돌아가고, 어르신 바이탈 확인하던 도중 얼굴에 멍이 들어 있는 것을 확인 □ 보호자가 어르신을 모시고 가려고 방문했을 때 멍 상태 확인을 위해 상담을 실시 □ 보호자께서는 어머님이 식사하고 나오다가 넘어져서 멍이 들었다고 하고 센터 이용 시간에 관하여 문의를 드리니, 이제 병원은 가지 않고 재활 운동만 진행하기 때문에 대체적으로 같은 시간에 이용할 수 있도록 변경 가능한지 문의하여 가능하다 안내	☑ 어르신이 병원을 방문하지 않고 보호자와 재활운동 후, 센터에 방문함으로써 어르신 건강상태를 잘 관찰할 필요성 대두
20○○. 12. 12. / (수급자)	□ 센터에서 하는 프로그램이나 생활하는 것은 즐겁다고 하심. 동료 어르신들과 지내는 것에 대해서도 이야기 나눌 수 있어서 좋다고 함 □ 어르신께서 초반에는 경계를 많이 하는 모습을 보였으나, 자주 얼굴을 보고 편안한 상태에서 상담이 진행되어 먼저 적극적으로 고향은 어디인지, 무슨 띠인지 질문 □ 식사는 맛있는데 밥을 더 달라고 하면 안 준다고 하심	☑ 전반적으로 센터 생활과 프로그램에 대한 만족도는 높았으나, 밥을 더 달라고 하면 안 준다고 하신 부분은 식사 시간에 직접 확인하여 어르신께 올바른 식사 제공 서비스가 이루어지고 있는지 확인할 계획임 ☑ 어르신 식사모습 확인한 결과, 부족한 밥과 반찬을 더 달라 요청하는 등 적극적인 욕구표현이 가능하며 부족한 것은 적절히 보충해드리면서 1:1 개별식사케어 진행 ☑ 당뇨가 있으므로 적절히 양 조절하며 건강관리 병행

20○○. 12. 21. / (수급자)	□ 주말에는 무엇을 하셨는지 여쭤보니, 아들과 ○○에서 호박죽을 먹고 왔다고 하심 □ 지난번에 지나가다가 어떤 양반이 나를 밀쳤는데, 내가 미워서 그런 게 아닌 것을 알지만 욕을 들으면 속상하다 표현 □ 어르신들의 안전을 위해 화장실 안까지 직원이 들어갈 수 있다는 말씀을 드리자, 아직까진 혼자서 화장실 갈 수 있지만 이해하겠다고 대답 □ 왼손 팔 사용이 어려운 것 외에는 아픈데 없이 건강하다고 하심 □ 30년 동안 글만 쓰다 보니, 아직도 밤에 잠이 잘 오지 않는다고 해서 현재도 시를 쓰실 수 있는지 여쭤보니 이제는 귀찮아서 안 쓴다고 표현 □ 내년 소원은 막내아들 장가가는 것이라고 말씀함	☑ 상담 초반에는 어르신께서 신나게 이야기를 하였으나, 시간이 흐를수록 이제 그만 나가보겠다고 조급한 모습을 보여 더 많은 이야기를 나누기는 어려웠음 ☑ 프로그램 시간에도 적극적으로 참여하는 등 즐겁게 생활하고 계시지만, 상대방의 말에 민감하게 반응하는 특성이 있으며 흥분하면 욕을 하고 뺨을 때리는 행동을 하시므로 안정을 취하실 수 있도록 상황별 적절한 대처가 필요함 ☑ 어르신 컨디션 및 상황마다 보이는 반응이 다르므로 예측은 어려우나, 최대한 부드러운 말투로 어르신을 대하여 정서적 안정감을 유지하고 자학행동 시에는 동료 어르신들이 동요되지 않도록 빠른 개입으로 공간분리 및 산책을 통한 환기 등으로 적절히 대처하기
20○○. 5. 20. / (수급자)	□ 금일 어르신 송영 시 보호자님께서 간단하게 어르신 건강 관련 상태를 전하여 어르신 모습을 확인 후 상담 진행함 (두피쪽 꿰맨 상처와 멍든 자국이 여러 개 있었음) 〈김00 어르신 상담 10:30〉 □ 어르신께 어떻게 다치셨냐고 여쭤보니, 그제(5월 18일) 집 계단에서 감나무에 물을 주다가 넘어지셨다고 함. 아랫집 사람들이 병원에 신고했다고 하고, 덜덜 떨었다고 하심. 그리고 어제(5월 19일)는 동물원에 다녀오셨다고 하심	☑ 외상으로 인해 걸음걸이가 불편하므로 센터 내에서 이동 시 주의 깊게 살펴보도록 공유하고, 간호조무사가 보호자가 주신 약을 잘 투약할 수 있도록 조치 ☑ 최근 어르신의 행동과 관련하여 센터 내에서 문제가 생기지 않도록 보호자와 상담할 계획
20○○. 5. 20. / (보호자)	□ 어머님이 어떻게 다치셨는지 여쭤보니, 그제(5월 18일) 계단에서 넘어지셨고, 보호자가 현장에 같이 있지 않으셨다고 함 □ 저녁 식사 후 집에 모셔다 드린 후 잠시 외출한 사이에 사고가 발생했고 1층 사람들이 119에 신고해서 알게 되심 □ 병원에서 CT촬영 등 검사를 진행했지만 다른 문제는 발생되지 않았고, 뒤통수쪽 6바늘 정도 꿰맸고, 오늘(5월 20일)과 다음 주 화요일(5월 25일)에 병원 진료를 다녀오실 계획임	☑ 어르신의 건강과 행동과 관련하여 센터 내에서 문제가 생기지 않도록 보호자와 상담할 계획

6. 종합평가

- 왼쪽 팔다리 마비로 자립적인 일상생활이 원활하지 않은 어르신의 이동보조 시 가정 내에서 1 : 1 밀착 케어 부주의 상황이 자주 발생하였으며, 보호자가 집을 비울 경우 비교적 인지가 좋은 수급자가 혼자서 일상생활을 위한 이동을 하면서 크고 작은 낙상사고가 발생해 얼굴과 팔, 다리 등에 수시로 멍이 들어 어르신의 외상과 찰과상 등을 주의 깊게 수시로 살피고 보호자 확인 과정을 가져 더 큰 낙상사고로 이어지지 않도록 주의를 기울였다.
- 2017년 이용 초기에는 센터 이용시간이 6시간 전후로 짧고 한방병원 재활치료 등의 이유로 중식서비스 이용 등이 이루어지지 않아 어르신에 대한 체계적인 케어에 어려움이 많았지만, 2018년부터는 8시간 이용과 중식, 석식 서비스까지 이용하시게 되어 주수발자인 아들의 경제활동과 여가활동을 적극 지원할 수 있게 되어 분기별 보호자 간담회 등 센터 이용 전반에 높은 만족도와 참여도를 이끌어 낼 수 있었다.
- 2021년에는 보호자와의 관계 형성이 이루어진 것을 계기로 어르신 행동의 원인도 쉽게 알 수 없고, 하루하루 어르신의 행동이 달라서 진정을 시키는 방법을 알기 어렵다고 말씀드리면서 신경안정제 종류의 약을 추가로 처방받아 상황별로 투약이 가능한지 조심스럽지만 요청할 수 있을 정도로 보호자와 신뢰도가 높아졌다.
- 무엇보다도 보호자의 자가송영으로 센터에 아침, 저녁으로 방문하는 것을 적극 활용, 보호자와의 주기적인 상담을 시도하였으며, 이를 통해 보호자와 케어의 어려움 등에 대해 공감대를 형성하게 되었다. 그리고 계속 안전하게 지낼 수 있도록 많은 노력을 할 것이라고 전달하였고, 보호자도 가정에서 할 수 있는 것들(잦은 충고, 센터 이용 시 유의할 점, 신경안정제 투약)을 적극적으로 하기로 해 돌봄에 대한 관심과 협조가 원활해졌지만 지난 5년여 동안 수급자의 문제행동이 완화될 수 있는 케어방법 등을

정형화하고 적용해 가는 것은 쉽지가 않았다.

- 주야간보호센터 특성상 1 : 1 케어가 부담되고 주변의 다른 수급자들과의 공동생활로 센터 내 모든 환경이 수급자를 자극할 수 있는 환경으로 작용해 치매노인의 문제행동 완화를 위한 사례개입의 효과성 검증이 어려운 대상자이지만 3등급 수급자가 재가급여의 혜택으로 시설입소의 진입을 최대한 예방하는 데 기여하고 있는 것으로 보인다.

제 2 절 사례 2 : 결혼 초기 배우자학대로 인한 우울과 아들의 학대로 고통받는 사례

수급자는 파킨슨병, 알츠하이머와 루이소체 치매로 진단받은 후 보호자의 경제활동으로 인해 낮 시간 동안 보호 및 사회생활을 통한 치매진행을 늦추기 위하여 주 보호자인 아들이 주간보호소 이용을 의뢰한 사례이다.

수급자의 센터 생활을 관찰한 결과 치매로 인해 인지력, 기억력 등의 장애 외에도 배우자에게 오랫동안 폭력에 노출되어 우울증을 매우 심하게 앓고 계셨으며 피해 의식 등의 부정적 사고를 보이고 계심을 발견하게 되었다. 이에 인지프로그램 제공 및 정서지원 서비스를 제공하여 심리적 안정을 도울 수 있도록 지원하였다. 센터 이용 중 학대가 의심되는 정황이 포착되어 보호자와의 상담을 실시하였으며 이후 집에서 낙상이 벌어져 병원 치료를 위해 입원하게 되어 센터를 퇴소하게 되어 종결하였다.

1. 적격심사

1) 사례개요

수급자(여, 80세)는 보호자인 아들과 함께 거주하며 파킨슨병, 알츠하이머와 루이소체 치매로 5등급을 판정받았다. 결혼 후 초기부터 배우자의 지속적인 폭력에 시달렸으며 폭력을 이유로 이혼을 하였다. 이혼 후 15년이 지났지만 이로 인한 우울증으로 인해 우울증(50여 년) 약을 지속 복용하고 있다.

입소 시 이혼 후 거의 집에만 있었고 치매가 점점 심해져 주야간보호기관에 입소하게 되었으며, 보호자의 욕구는 인지프로그램을 강화해달라는 요구가 높았다. 수급자는 센터를 요양원으로 생각하여 입소 시 많이 우셨으며 집에도 못 가고 여기서 살다 죽는 거 아니냐며 매우 불안해하여, 말벗과 지지, 격려 등 지속적인 정서지원 서비스를 제공하여, 한 달 후부터는 주야간보호기관 이용에 안정적인 모습을 보였다.

이용 3개월여가 지난 후부터 이마, 양쪽 팔 안쪽으로 멍든 모습이 2회에 거쳐 관찰되어 어르신과 상담을 실시했다. 상담 내용은 새벽에 잠을 안 자고 돌아다닌다며 아들이 꼬집고 손가락으로 이마를 때렸다는 답변을 하였고 아들과 상담을 실시하였다.

아들이 주장하기로는 어머니가 다른 사람에게도 아들이 학대한다고 이야기해서 경찰서에도 4번이나 다녀왔고 이웃들이 다 알고 있는 사실이라며, 이혼 후 치매와 우울증이 너무 심해서 죽는다며 부엌칼로 본인의 배를 찌르기도 하여 집에는 가위, 칼 등 위험한 물건들은 수납장에 넣고 열쇠로 잠근다며, 어머니가 하는 이야기이지 본인은 그런 사실이 절대 없다고 답변하셨다. 차후 학대의 흔적이 보인다면 신고의무자로서 간과할 수 없는 일로 신고하겠다고 알린 후 십여 일 지나 다리가 아프다고 통증을 호소하여 신체 관찰하였으나 멍든 모습은 보이지 않았으며 보호자에게 전화하여 병원 진료를 받을 것을 권유, 진료 후 발목에 실금이 발견되어 치료를 위해 퇴소하게 되었다.

수급자의 치매 증세로 인해 정확한 상담이 이루어지지 않았으며 주 부양자인 자녀들의 상담에 의존할 수밖에 없었고 비정기적으로 발견되는 멍이 낙상이나 부딪힘에 의한 것인지, 폭력이었는지, 정확한 발생 경위를 알 수 없어 학대의 소견이라고 보는 것에도 한계가 있었다.

2) 입소신청서

○○주야간보호기관 입소 신청서

입소 대상자	성 명	성 ○ ○ (인)	등 급 (인정번호)	5등급(L**********)
	생년월일	****** – *	연락처	010–****–****
	주 소	서울시 ○○구		
	자격여부	□ 일반 ☑ 경감대상자(9%,6%) □ 국민기초생활 수급권자		
	실제 거주 상황	☑ 가정보호(구체적인 거처 : 아들과 거주) □ 병원입원(병원명 : , 위치 :) □ 타시설입소(시설명 : , 위치 :) □ 기타( )		
	성별	여	종교	무교
	특이사항	불안, 우울증으로 인해 우울증약 복용(50년 넘음)		
대리인 또는 보호자	성 명	김 ○ ○ (인)	관 계	'갑'의 (아들)
	생년월일	******	연락처	010–****–****
	주 소	서울시 ○○구		
구비서류	1. 장기요양인정서 1부 2. 표준장기요양이용계획서 1부 3. 주민등록등본(가족관계증명원) 4. 시설이용의뢰서(수급권자) 5. 건강진단서(유효기간 1년 이내)			

상기와 같이 ○○주야간보호기관에 입소를 신청합니다.

2022년 3월 8일

주보호자(신청자) 김 * * (서명/날인)

2. 사 정

1) 인테이크(Intake)

초기 면접지(Intake Sheet)

상담일	2022년 2월 24일		상담자	홍 ○ ○		알게 된 경로
보호자 성명	김 ○ ○	관계	아들	연락처	010-****-****	타 시설에서 권유
의뢰사유	☑ 수발자 경제활동 ☐ 수발자 건강악화 ☐ 수발부담 ☑ 기타					
	자녀와 거주. 아들의 경제활동으로 인해 집을 비우는 시간이 많아 치매인 어머님의 위험이 증가. 주야간보호이용을 원하게 됨					
어르신 인적사항	성 명	성 ○ ○	주민번호	******-2	연락처	010-****-****
	주 소	서울시 OO구			실제생신	주민번호와 동일
	종 교	무교	학 력	중졸	문 맹	X
	등 급	4등급	인정번호	L**********	유효기간	22.03.07.
	보호구분	☐ 수급권자 ☐ 의료급여수급권자 ☑ 차상위, 경감대상자 ☐ 일반				
	세대구분	☑ 자녀동거 ☐ 노인부부 ☐ 자녀 외(친척 등)동거 ☐ 독거 ☐ 기타				
	거주환경	☐ 자가 ☑ 전세 ☐ 월세 ☐ 영구임대 ☐ 기타				
現이용서비스	☐ 재가 ☐ 시설 ☐ 병원 ☐ 기타 ☐ 없음					
생활사	고향	경기도 수원		자녀수	1남 2녀	
	가계도	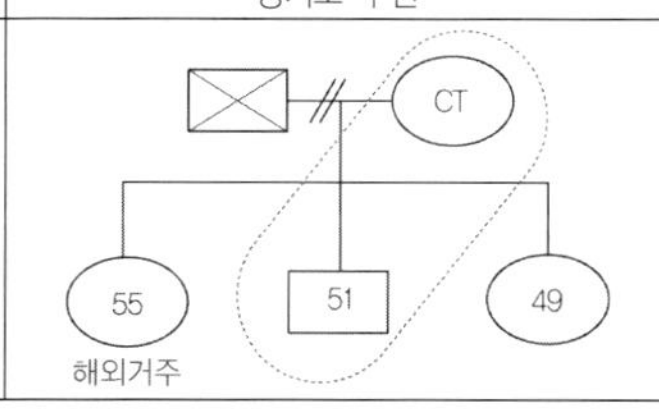		사회 관계망	서울대병원 : 신경과, 정신과, 이비인후과, 내분비과	
	주보호자가 누나, 동생과의 사이가 원만치 않으며 왕래를 하지 않고 있음					
일상생활 정도	식사	☑ 자립 ☐ 수저(젓가락) 부자유 ☐ 떠먹여 드림			치아상태	☑ 본인 치아
	세안,양치	☑ 자립 ☐ 약간도움으로 가능 ☐ 도움필요				☐ 틀니(상/하/일부)
	착, 탈의	☑ 자립 ☐ 약간도움으로 가능 ☐ 도움필요			식사종류	☑ 일반 ☐ 죽 ☐ 경관
	대소변조절	☑ 자립 ☐ 대소변 인지가능 ☐ 화장실까지 보조 ☐ 기저귀 착용				
	보행	☑ 자립보행 ☐ 약간도움으로 가능 ☐ 보장구사용 ☐ 도움필요 ☐ 불가능				
사회적 정서적 사항	정서적 상태	☑ 안정됨 ☐ 조금 불안정 ☐ 불안정				
	개인성향	☐ 활발/적극적 ☐ 보통 ☑ 다소곳/조용 ☐ 부정적임				
	얼굴표정	☑ 밝음 ☐ 가끔 웃음 ☐ 무표정 ☐ 어두움 ☐ 기타				
	여가활동	☐ 스스로 가능 ☑ 약간의 개입으로 가능 ☐ 참여 불가능				
신체기능	시력	☑ 양호 ☐ 한쪽시력약화 ☐ 양쪽시력약화 ☐ 실명 / ☐ 백내장 ☑ 녹내장(수술 이후 이상 없음)				
	청력(듣기)	☑ 가능 ☐ 큰소리로 말할 경우 가능 ☐ 불가능(최근 청력이 나빠지심)				
	언어구사	☑ 가능 ☐ 묻는 말에만 대답 가능 ☐ 묻는 말에 동문서답 ☐ 불가능				
	수면	☐ 양호 ☐ 가끔 안잠 ☐ 거의 안잠 ☑ 주, 야전도(예민)				
	식욕	☐ 과다함 ☐ 왕성함 ☐ 보통 ☑ 소식			선호음식	다 잘 드심
	영양상태	☑ 양호 ☐ 보통 ☐ 나쁨			거부음식	없음
	배변	☐ 보통 ☑ 변비 ☐ 설사를 자주 함 ☐ 변실금			배 뇨	☐ 빈뇨 ☐ 요실금

<table>
<tr><td rowspan="2">치매정도</td><td>진단유무</td><td colspan="6">☑ 유 (병명 : 파킨슨병 + 루이소체 치매, 알츠하이머치매) ☐ 무</td></tr>
<tr><td>주요증상 및 문제행동</td><td colspan="6">불안, 흥분으로 인해 약 복용 후 개선(2020년 1월)
허리디스크 수술(2번), 백내장(양쪽), 무릎(인공관절) :</td></tr>
<tr><td rowspan="5">건강상태</td><td>현재질환</td><td colspan="2">루이소체 치매, 알츠하이머 치매,
고지혈증, 우울증, 갑상선</td><td>복용 약</td><td colspan="3"></td></tr>
<tr><td>과거병력</td><td colspan="6"></td></tr>
<tr><td>욕 창</td><td>욕창경험</td><td colspan="2">☐ 있음 ☑ 없음</td><td>욕창위험</td><td colspan="2">☐ 있음 ☑ 없음</td></tr>
<tr><td>낙 상</td><td>낙상경험</td><td colspan="2">☑ 있음 ☐ 없음</td><td>낙상위험</td><td colspan="2">☑ 있음 ☐ 없음</td></tr>
<tr><td colspan="7">집에서 자다가 깨어 화장실 가다가 낙상(팔 부러짐)한 경험이 있어 주의 요함</td></tr>
<tr><td rowspan="13">기억력과 행동상의 문제측정</td><td colspan="4">질문내용</td><td>있음</td><td>때때로</td><td>없음</td></tr>
<tr><td colspan="4">1. 같은 질문을 여러 번 반복해서 한다</td><td>✓</td><td></td><td></td></tr>
<tr><td colspan="4">2. 실내, 외에서 길을 찾지 못한다. (집, 자신의 방, 화장실)</td><td></td><td>✓</td><td></td></tr>
<tr><td colspan="4">3. 혼자서 분주하거나 거의 하지 않는다.</td><td></td><td></td><td>✓</td></tr>
<tr><td colspan="4">4. 말을 많이 하거나 거의 하지 않는다.</td><td></td><td></td><td>✓</td></tr>
<tr><td colspan="4">5. 환상이나 망상같은 있지 않은 일을 보거나 듣는다.</td><td></td><td>✓</td><td></td></tr>
<tr><td colspan="4">6. 가족이나 친인척을 알아보지 못한다. (관계혼동)</td><td></td><td></td><td>✓</td></tr>
<tr><td colspan="4">7. 물건을 도둑맞았다고 한다.</td><td></td><td></td><td>✓</td></tr>
<tr><td colspan="4">8. 실금, 불결 등 개인위생에 무관심하다.</td><td></td><td></td><td>✓</td></tr>
<tr><td colspan="4">9. 사실이 아닌 것을 사실이라고 한다.</td><td></td><td></td><td>✓</td></tr>
<tr><td colspan="4">10. 최근 일을 기억하지 못한다.</td><td>✓</td><td></td><td></td></tr>
<tr><td colspan="4">11. 자꾸 밖을 나가려고 한다.</td><td></td><td>✓</td><td></td></tr>
<tr><td colspan="4">12. 과거와 현재가 뒤섞여 있다.</td><td></td><td></td><td>✓</td></tr>
<tr><td colspan="2">표준장기요양이용계획서</td><td colspan="6">☑ 반영 ☐ 변경 (횟수, 제공시간, 비용 등)</td></tr>
<tr><td rowspan="6">서비스 요청내용</td><td>일상생활영역</td><td colspan="6">내성적이고 말수가 적고 집에 있는 시간 외는 밖으로 나가길 꺼리고 친구가 없음. 이에 친구를 만들어주어 주야간보호기관을 오래 이용하였으면 함.</td></tr>
<tr><td>문제행동영역</td><td colspan="6">자식들에게 살아 있어 폐를 끼친다는 이야기를 많이 하고 살아있어서 무엇하냐는 얘기를 많이 함. 우울증약을 장기 복용하다가 3개월 전 끊었으나 현재도 우울 증상이 많이 보이고 있음</td></tr>
<tr><td>정서적 영역</td><td colspan="6">하루 종일 집에만 있고 타인과 어울리지 않아 되도록 말을 많이 시켜주었으면 함</td></tr>
<tr><td>자원이용욕구</td><td colspan="6">특별한 욕구 없으심</td></tr>
<tr><td rowspan="2">이용주기</td><td colspan="3">☑ 월 ☑ 화 ☑ 수 ☑ 목 ☑ 금</td><td colspan="3">09:15 ~ 19:10 (10시간 이상)</td></tr>
<tr><td colspan="3">☐ 토</td><td colspan="3">: ~ : (시간 이상)</td></tr>
<tr><td>상담결과</td><td colspan="7">☑ 이용절차 안내 ☑ 대기자 등록 ☐ 타 서비스 연계 ☐ 기타</td></tr>
<tr><td>총괄평가</td><td colspan="7">파킨슨병(루이소체 치매), 알츠하이머 치매 등 있음. 이에 인지프로그램을 많이 실시해달라는 요청. 어르신의 치매평가 척도에 맞는 인지 프로그램을 실시하고 우울감, 불안증상 등이 많이 나타남에 말벗, 칭찬, 격려 등 정서 지원 서비스가 필요. 문제행동(폭력, 폭언)에 특별한 증상이 없어 보임</td></tr>
</table>

2) 입소판정 기준표

<table>
<tr><td>판정기준</td><td colspan="3">■ 입소적격
① 평가점수 72점 이상 ~ 160점 미만
② 공동체 생활에 가능 정도 및 적응상태 고려하여 판정 필요
③ 시설의 케어 인력과 시설 상황 고려하여 판정 필요
④ 평가점수가 72점 미만이라고 할지라도 시설 상황 고려하여 입소심의 결의를 통해 입소 판정 가능

□ 입소부적격
① 평가점수 72점 미만(가정에서 케어 가능)
② 161점 이상~185점(일대일 집중 케어가 필요한 자로 요양원 또는 전문병원 케어 적격)
③ 점수가 72점 이상~160점 미만의 입소적격일지라도 1~2개의 문제의 정도가 심각하여 공동체 생활이 어려운 경우 사례회의 심의 결의에 의해 입소부적격 판정 가능</td></tr>
<tr><td>평가영역</td><td>평가도구 총점</td><td>평가점수
(2021. 3. 4)</td><td>비고</td></tr>
<tr><td>ADL
(일상생활수행능력)</td><td>30</td><td>7</td><td>-</td></tr>
<tr><td>IADL
(수단적일상생활수행능력)</td><td>32</td><td>20</td><td>-</td></tr>
<tr><td>건강수준</td><td>18</td><td>17</td><td>-</td></tr>
<tr><td>낙 상</td><td>28</td><td>8</td><td></td></tr>
<tr><td>욕 창</td><td>23</td><td>23</td><td></td></tr>
<tr><td>인 지</td><td>30</td><td>19</td><td></td></tr>
<tr><td>시설적응을 위한 사회성(Ⅰ)</td><td>35</td><td>9</td><td>-</td></tr>
<tr><td>시설적응을 위한 사회성(Ⅱ)</td><td>40</td><td>12</td><td>-</td></tr>
<tr><td>GDS-K
(노인우울증척도)</td><td>30</td><td>13</td><td>-</td></tr>
<tr><td>총 점</td><td>266점</td><td>128점</td><td>-</td></tr>
</table>

3) 욕구사정

욕구사정 기록지(재가용)	작성일	2022년 3월 4일
	작성자	장 ㅇ ㅇ (인)

수급자성명	성 ㅇ ㅇ	키	162cm	생년월일	19**.**.**
인정번호/등급	L********** / 5	체중	50kg	성별/연령	여/**세

1. 일반상태 ※ 표기 : ☐에 ✓표

분류		
영양	영양상태	☑ 양호 : 건강 및 섭식, 영양 등에 문제가 없는 상태 ☐ 불량 : 건강, 섭식, 영양 등에 문제가 있어 세심한 관찰이 요구 ☐ 심한 불량 : 극도의 건강, 섭식, 영양 등에 문제가 있어 치료적 처치가 필요한 상태
	식사형태	☑ 일반식 ☐ 다진식 ☐ 죽 ☐ 미음 ☐ 경관식 ☐ 기타( )
	소화상태	☑ 양호 ☐ 저작곤란 ☐ 소화불량 ☐ 오심 · 구토 ☐ 기타( )
	연하상태	☑ 양호 ☐ 가끔 사레걸림 ☐ 자주 사레걸림 ☐ 연하곤란
	구강상태	☑ 양호 ☐ 청결불량 ☐ 치아약함 ☐ 틀니 ☐ 잔존치아 없음
배설	소변상태	☑ 양호 ☐ 요실금 ☐ 배뇨곤란 ☐ 기저귀 ☐ 유치도뇨 · 방광루
	대변상태	☐ 양호 ☐ 지속적인 설사 ☑ 변비 ☐ 기저귀 ☐ 장루
보행		☑ 단독보행 ☐ 보조기사용(☐지팡이, ☐보행기, ☐휠체어) ☐ 부축도움 ☐ 보행불가능 ☐ 기타( )
치매		☑ 기억력저하 ☐ 기억력저하 + 행동변화증상 ☐ 기타( )
치매증상 (행동변화)		☐ 배회 ☑ 야간수면장애 ☐ 망상 · 환각 ☐ 폭력성 ☑ 우울 · 불안 ☐ 거부 ☐ 성적행동 ☐ 기타( )
시력상태		☑ 정상(안경 사용 포함) ☐ 1미터 정도 떨어진 글씨는 읽을 수 있다 ☐ 눈 앞에 근접한 글씨만 읽을 수 있다 ☐ 거의 보이지 않는다 ☐ 보이는지 판단 불능
청력상태		☑ 정상(보청기 사용 포함) : 난청 ☐ 가까운 곳에서 대화는 가능하나 먼곳의 말소리는 듣지 못한다 ☐ 큰소리만 들을 수 있다 ☐ 소리에 거의 반응이 없다 ☐ 들리는지 판단 불능

2. 주요질병상태 ※ 표기 : ☐에 ✓표 후 주요질병은 종합의견에 상세기술

질병 분류	질 병 명
만성질환	☐ 당뇨 ☐ 고혈압 ☐ 만성호흡기질환 ☐ 암( )
순환기계	☐ 뇌경색 ☐ 뇌출혈 ☐ 협심증 ☐ 심근경색증 ☐ 기타( )
신경계	☑ 치매 ☑ 파킨슨병 ☐ 간질 ☐ 기타( )
근골격계	☐ 관절염 ☐ 요통, 좌골통 ☐ 골절 등 후유증 ☐ 기타( )
정신 · 행동장애	☑ 우울증 ☑ 수면장애 ☐ 정신질환 ☐ 기타( )
호흡기계	☐ 호흡곤란 ☐ 결핵 ☐ 기타( )
만성신장질환	☐ 만성신부전증(☐ 복막투석, ☐ 혈액투석) ☐ 기타( )
기타 질환	☐ 알레르기(☐ 식품( ), ☐ 기타( ))
인지기능 개선제, 변비, 어지럼증 약을 복용하고 있음. 50년간 우울증 약을 복용하신 경험이 있으며 현재는 복용하지 않음. 난청으로 인하여 보청기 착용	

3. 신체상태(일상생활동작 수행능력)

※ 도움필요도 표기 : 상(전적인 도움), 중(수행도움), 하(준비・지켜보기 도움), 최하(혼자수행)

기본동작 항목		확인	일상생활동작 항목		확인	수단적 일상생활 항목		확인
1	체위변경 하기	최하	1	식사하기	최하	1	몸단장하기	중
2	일어나 앉기	최하	2	세수하기	최하	2	식사준비	중
3	일어서기	최하	3	양치질(틀니관리)	최하	3	청소하기	중
4	이동(옮겨 앉기)	최하	4	옷 벗고 입기	최하	4	빨래하기	중
5	실내보행(보장구 사용)	최하	5	화장실(이동변기) 사용	최하	5	약 챙겨먹기	중
6	휠체어 이동	최하	6	기저귀 갈기	하	6	전화 사용하기	중
7	근거리 외출하기	최하	7	목욕하기	하	7	교통수단 이용	상

모든 ADL은 스스로 수행 가능하심. IADL 중 전화사용은 스스로 전화 수・발신이 가능하시나 일부 번호만 연락 가능하심. 가사, 세탁은 스스로 수행은 가능하시나 물건사기, 식사 준비(일부) 시 도움이 필요하시어 자녀분들께서 해주심. 교통수단은 전적으로 도움을 받으시고 약을 준비해드리면 스스로 복용하심

4. 재활상태

※ 표기 : □에 ✓표

확 인	
운동장애	□ 우측상지 □ 좌측상지 □ 우측하지 □ 좌측하지
관절구축	□ 어깨관절(좌/우) □ 팔꿈치관절(좌/우) □ 손목 및 수지관절(좌/우) □ 고관절 (좌/우) □ 무릎관절(좌/우) □ 발목관절(좌/우)
보행장애	□ 지난 3개월 간 낙상 경험(□ 매일 □ 주 1회 이상 □ 월 1회 이상 □ 가끔)
	□ 걸음걸이 및 균형 (□ 서거나 걸을 때 균형을 유지하지 못함 □ 일어서거나 걸을 때 어지러움 □ 보조도구나 부축해서 걷기)

재활이 필요하신 상태가 아니심

5. 간호처치상태

※ 표기 : □에 ✓표

확 인		
호흡	□ 기관지 절개관 간호 □ 흡인 □ 산소프로그램 □ 기타( )	
영양	□ 경관영양(□비위관, □위관) □ 치료식이( ) □ 기타( )	
배설	□ 투석간호 □ 유치도뇨관 □ 단순도뇨 □ 방광루 □ 장루간호	
상처	□ 상처간호(부위 :) □ 당뇨발간호 □ 기타( )	
욕창	단계	□ 1단계 □ 2단계 □ 3단계 □ 4단계
	부위	□ 머리 □ 등 □ 어깨 □ 팔꿈치 □ 엉덩이 □ 뒤꿈치 □ 기타( )
통증	□ 암 발생부위	□ 폐 □ 위 □ 대장 □ 간 □ 전립선 □ 유방 □ 담낭 및 기타담도 □ 기타( )
	□ 일반통증부위	□ 머리 □ 상지 □ 하지 □ 허리 □ 등 □ 복부
	□ 기타	

간호처치가 필요하신 상태가 아니심.

6. 인지상태(인지기능저하, 정신상태, 감정, 문제행동 등)

※ 표기 : □에 ✓표

	구 분	확인
1	지남력 저하 (☑ 날짜·시간 ☑ 장소 □ 사람)	☑
2	기억력 저하 (☑ 단기 □ 장기)	☑
3	주의집중력 저하	□
4	계산력 저하	☑
5	판단력 저하	□
6	부적절한 옷입기 (상하의 구분 못함, 겉옷과 속옷 구분 못함 등)	□
7	망상 (부적절한 믿음, 편집증 등)	□
8	배회 (□ 밖으로 나가려 함 □ 의미 없는 서성거림 □ 길 잃음)	□
9	환각 (□ 환시 □ 환청 □ 환미 □ 환촉 □ 기타)	□
10	반복적인 행동 (물건 감추기, 짐싸기 등)	□
11	부적절한 행동 (□ 부적절한 성적 행동 □ 부적절한 일반행동)	□
12	폭력적 행동 (□ 신체적인 공격 □ 폭언 □ 도움에의 저항)	□
13	야간수면장애	☑
14	불결행동	□
15	식습관 변화 (□ 식욕 저하, □ 식욕 증가, □ 기타( ))	□
16	먹는 것이 아닌 물건을 먹음	□
17	불안 (□ 혼자 남겨짐에 대한 공포 □ 초조 ☑ 안절부절 □ 기타)	☑
18	우울 (☑ 두려움, ☑ 무기력감, □ 절망)	☑

K-MMSE(인지능력측정)측정 결과 19점으로 '확정적 치매'의 범위로 측정됨. 시간 지남력 중 요일, 계절·장소 지남력 중 장소명을 알지 못함. 기억회상 3회 중 1회, 계산력 5회 중 3회 수행함. 따라 말하기(발음 및 쓰기 등) 맞춤법을 틀림. GDS-KR(우울증 척도) 측정 결과 13점으로 우울감이 없는 것으로 나타났으나 과거 50년간 우울증 약을 복용하신 경험이 있으며 현재도 불안증(아들,딸이 나를 버린다), 강박증(손을 수시로 씻으심)이 있어 말벗이 필요하다고 판단됨

7. 의사소통

※ 표기 : □에 ✓표

구분	확 인
의사소통	☑ 모두 이해하고 의사를 표현한다. □ 대부분 이해하고 의사를 표현한다. □ 가끔 이해하고 의사를 표현한다. □ 거의 이해하지 못하고 의사를 전달하지 못한다.
발음능력	☑ 정확하게 발음이 가능하다. □ 웅얼거리는 소리로만 한다. □ 간혹 어눌한 발음이 섞인다. □ 전혀 발음하지 못한다.

난청이 있어 보청기 착용 예정, 현재 의사소통에는 크게 문제가 없음

8. 가족 및 지지체계

※ 표기 : ☐에 ✓표

구분	확 인			
동거인	☐ 독거 ☐ 배우자 ☐ 부모 ☑ 자녀 ☐ 자부, 사위 ☐ 손자녀 ☐ 친척 ☐ 친구·이웃 ☐ 기타( )			
자녀수	☐ 무 ☑ 유 (아들 1명, 딸 2명)			
주수발자	☐ 무 ☐ 유(☐ 10~20대 ☐ 30~40대 ☑ 50~60대 ☐ 70대 ☐ 80대 이상)			
	관계 ☐ 배우자 ☑ 자녀 ☐ 자부·사위 ☐ 형제자매 ☐ 친척 ☐ 기타( )			
주수발자 경제상태	☑ 안정 ☐ 불안정 ☐ 연금생활 ☐ 기초생활수급 ☐ 의료급여			
주수발자 부양부담	☑ 전혀 부담되지 않음 ☐ 아주 가끔 부담됨 ☐ 가끔 부담됨 ☐ 자주 부담됨 ☐ 항상 부담됨			
진료 병원	병원명(진료과)	서울대학교 병원	전화번호	1599-1004
	정기진료	☑ 유 ☐ 무		
약복용	☑ 있음(횟수 : (2(점심, 저녁))/일, ( )/주), 1회 약 복용 개수 : 4~9 개) ☐ 없음			
종교활동	☐ 천주교 ☐ 기독교 ☐ 불교 ☑ 기타(무교)			
지역사회자원	☐ 노인맞춤돌봄서비스 (☐ 노인돌봄기본서비스, ☐ 노인돌봄종합서비스, ☐ 단기가사서비스, ☐ 독거노인사회관계활성화, ☐ 초기독거노인자립지원) ☐ 가사간병 ☐ 재가복지 ☐ 급식 및 도시락배달 ☐ 보건소사업 ☐ 개인간병인 ☐ 산업재해 간병인 ☐ 치매안심센터 ☐ 복지관(마을회관) ☐ 노인정 ☐ 이동서비스 ☐ 종교단체 ☐ 이·미용 ☐ 주거개선사업			

슬하에 1남 2녀가 있으며 배우자와 이혼 후 독거생활을 오래하다가 최근 자녀와 동거하기 시작하며 모든 케어를 아들이 하고 있음. 첫째 딸은 해외 거주, 셋째 딸은 경상도에 거주함. ○○대학교에서 인지기능 개선제, 변비, 어지럼증 약을 처방받아 복용함

9. 주거환경상태

※ 표기 : ☐에 ✓표

구분	확 인		
난방	☑ 양호 ☐ 불량	환기	☑ 양호 ☐ 불량
문턱	☐ 양호 ☑ 불량(높음)	계단 실내	☐ 양호 ☐ 불량
		계단 실외	☑ 양호 ☐ 불량
화장실	☑ 실내 ☐ 실외	좌변기	☑ 있음 ☐ 없음
온수여부	☑ 있음 ☐ 없음	욕조여부	☐ 있음 ☑ 없음
세면대여부	☑ 있음 ☐ 없음	주방	☑ 양호 ☐ 불량

10. 이용하기를 희망하는 복지용구

☐ 이동변기	☐ 성인용보행기	☐ 안전손잡이	☐ 미끄럼방지용품
☐ 수동휠체어	☐ 전동침대	☐ 수동침대	☐ 배회감지기
☐ 경사로(☐ 실내 ☐ 실외)			

없음

11. 수급자 및 보호자 개별 욕구

구분	확 인
일상생활	☐ 개인위생(세수, 구강청결, 몸씻기 등) ☐ 식사하기(식사준비, 식사도움) ☐ 화장실이용하기(이동변기, 기저귀 교환 등) ☐ 이동도움(부축, 보행기, 휠체어 등) ☐ 산책동행 ☐ 병원진료 동행 ☐ 관공서 동행 ☐ 여가활동 동행 ☐ 청소・주변정돈 ☐ 세탁 ☐ 장보기 ☐ 기타( )
기능회복훈련	☐ 신체기능훈련(연하훈련, 관절운동, 근력운동, 팔운동, 손가락운동 등) ☐ 기본동작훈연(체위변경, 일어나 앉기, 일어서기, 서있기, 옮겨앉기, 보행 등) ☐ 일상생활동작훈련(식사동작, 양치동작, 옷갈아입기 동작, 화장실사용 등) ☑ 인지기능향상 프로그램(회상훈련, 감각활동, 작업치료 등) ☐ 사회적응훈련(대중교통이용, 문화체험, 종교활동 등) ☑ 기타(운동)
정서지원	☐ 말벗 서비스 ☐ 여가・정서프로그램(개인활동, 취미활동, 요리활동, 산책 등) ☐ 기타( )
가족수발경감	☑ 신체적 부양부담 완화 ☑ 정신적 부양부담 완화 ☐ 경제적 부양부담 완화
어르신께서 최근 들어 인지능력이 저하된 것 같아 인지강화프로그램을 많이 해주셨으면 좋겠다고 하였으며 파킨슨병이 있어 운동을 많이 시켜주었으면 하는 욕구가 있으심	

12. 종합의견

■ 표준장기이용계획서 반영(신체활동지원/ 인지활동지원/ 인지관리지원/ 기능회복훈련)

- K-MMSE(인지) 평가 점수 19점으로 '확정적 치매'의 범위로 인지강화프로그램 2단계(중상)의 서비스를 제공할 예정임
- GDS-KR(우울) 평가 점수 13점으로 점수 상으로는 우울감이 없다고 나타났으나 강박증, 불안감이 높고 과거 50년 이상 우울증 약 복용의 경험이 있어 대화 시 우울감이 나타나므로 정서적 지원을 위한 말벗 및 격려 등 정서적 지원 서비스를 해드리도록 함
- 파킨슨병으로 인하여 다리에 힘이 없고, 보호자의 요청(운동을 많이 하였으면 좋겠다)으로 인하여 근력강화를 위한 재활자전거 및 물리치료 서비스를 제공해드릴 예정이며 주야간보호기관 내 보행 지켜보며 필요시 도움 드리도록 함

4) 측정도구

ADL(일상생활 수행능력) 평가도구

성명	성 ㅇ ㅇ	평가일	입소초	20○○. ○. ○.	평가자	입소초	장 ㅇ ㅇ (인)

문항	구 분	점수	내 용	점 수 입소초
1	대소변	① ② ③ ④ ⑤	• 화장실을 완벽하게 사용할 수 있으며, 실금 현상이 전혀 없다. • 대소변을 볼 때 도움이 필요하며 가끔은 실금 현상이 있다. • 1주일에 1회 이상 수면 중 대소변을 지리기도 한다. • 1주일에 1회 이상 낮 시간에 대소변을 지리기도 한다. • 대소변을 전혀 조절하지 못한다.	1
2	식 사	① ② ③ ④ ⑤	• 도움 없이 혼자서 먹을 수 있다. • 식사중이나 특별한 음식을 먹을 때 약간의 도움이 필요하거나 식후 위생을 누군가 도와주어야 한다. • 다른 사람의 중등고의 도움을 받아 식사하며 지저분하게 식사한다. • 모든 식사를 다른 사람이 많이 도와주어야 한다. • 스스로는 식사하지 못해 다른 사람이 먹여주어야 한다.	1
3	복 장	① ② ③ ④ ⑤	• 스스로 입고 벗을 수 있으며 자신의 옷장에서 옷을 고를 수 있다. • 옷이 미리 골라져 있다면 입고 벗을 수 있다. • 미리 준비된 옷이라도 다른 사람이 약간 도와주어야 입을 수 있다. • 옷을 입을 때 많이 도와주어야 하는데, 협조할 수 있다. • 전혀 스스로는 옷을 입을 수 없으며, 다른 사람이 입혀줄 때도 있다.	2
4	개인위생 (머리빗기, 양치질,면도, 손발톱관리, 세면하기 등)	① ② ③ ④ ⑤	• 다른 사람의 도움 없이도 항상 단정하게 옷 입고 몸치장을 할 수 있다. • 적절한 몸치장을 스스로 할 수 있으나 면도 같은 것들은 도움을 필요로 한다. • 몸치장에 다른 사람들의 도움과 규칙적인 감독을 필요로 한다. • 다른 사람들이 전적으로 몸치장을 도와주어야 하는데 일단 몸치장을 한 다음에는 깨끗하게 유지할 수 있다. • 몸치장을 하고 유지하는 데 다른 사람들이 적극적으로 도와주어야 한다.	1
5	보 행 (계단, 이동)	① ② ③ ④ ⑤	• 외출하여 스스로 걸어 다닐 수 있다. • 실내와 실외에서 걸어 다닐 수 있다. • 다른 사람의 도움을 받거나 walker, wheelchair 등을 이용하여 움직일 수 있다. • 의자나 휠체어에 앉아 있을 수는 있는데 다른 사람의 도움 없이 움직일 수 없다. • 하루의 반 이상을 침대에 누운 상태로 지낸다.	1
6	목욕하기	① ② ③ ④ ⑤	• 스스로 도움 없이 목욕할 수 있다. • 탕에 들어가고 나오는 것을 도와주면 혼자 목욕할 수 있다. • 얼굴과 손은 쉽게 씻지만 몸의 나머지 부분은 씻지 않는다. • 스스로 씻지는 못하나 다른 사람들이 목욕시킬 때 협조는 할 수 있다. • 스스로 씻으려는 노력을 전혀 하지 않으며 다른 사람들이 씻어 주려해도 저항한다.	1
총점		30점	6개 항목에 대해서 0점부터 5점까지 배점 총점 : 0점(완전독립수행) ~ 30점(완전도움의존)	7
조사자소견 (☑평 가, ☐재사정)			• 대소변 : 도움 없이 스스로 대소변 수행 가능함 • 식사 : 도움 없이 스스로 식사 잘 함 • 복장 : 복장이 골라져 있으면 착·탈의가 가능함 • 개인위생 : 스스로 개인 위생 관리가 가능함 • 보행 : 스스로 보행 가능함 • 목욕 : 스스로 목욕 수행함	

IADL(수단적 일상생활 수행능력) 평가도구

성명	성 ○ ○	평가일	입소초	20○○. ○. ○.	평가자	입소초	장 ○ ○ (인)

문항	구 분	점수	내 용	점 수 입소초
1	전화사용	① ② ③ ④	• 자신이 스스로 전화번호를 눌러 전화를 거는 등 전화기를 사용한다. • 몇몇의 잘 아는 전화번호에만 전화를 건다. • 전화를 받을 수 있으나 전화를 걸지는 못한다. • 자신이 스스로는 전화를 사용하지 못한다.	2
2	물건사기	① ② ③ ④	• 모든 물건을 독자적으로 구입할 수 있다. • 제한된 수의 물건만 독자적으로 구입할 수 있다. • 어떤 물건 구입도 도와주어야만 할 수 있다. • 물건 구입을 전혀 할 수 없다.	2
3	식사준비	① ② ③ ④	• 독자적으로 실시를 계획하고 준비하고 적절하게 상을 차릴 수 있다. • 음식재료를 주면 적절하게 음식을 준비할 수 있다. • 다른 사람이 식사를 준비해 주고 상을 차려 주어야 한다. • 적용대상이 아님, 음식 준비를 해본 적이 없음	2
4	가 사	① ② ③ ④	• 가사일을 혼자 할 수 있고 때로 힘든 일인 경우는 가족의 도움을 받기도 한다. • 간단한 일을 할 수 있으나 깨끗하게 하기는 힘들어한다. • 모든 가사일에 다른 사람의 도움을 필요로 한다. • 적용대상이 아님, 가사일을 해본 적이 없음	2
5	세 탁	① ② ③ ④	• 자신의 세탁은 완벽하게 할 수 있다. • 작은 물건 예컨대 양말이나 스타킹은 세탁할 수 있다. • 모든 세탁은 다른 사람이 해주어야 한다. • 적용대상이 아님, 세탁일을 해본 적이 없음	2
6	교통수단 이 용	① ② ③ ④	• 혼자서 대중교통수단을 이용하거나 직접 운전할 수 있다. • 스스로 택시를 이용할 수 있으나 다른 교통수단을 이용하지는 못한다. • 다른 사람이 동반하거나 도와주면 대중 교통수단을 이용할 수 있다. • 다른 사람의 도움을 받아야만 택시나 다른 제한된 교통수단을 이용할 수 있다.	4
7	약물복용의 자 율 성	① ② ③ ④	• 스스로 책임지고 정확한 시간에 정확한 용량의 약을 복용할 수 있다. • 각각의 약을 미리 준비해주면 책임지고 복용할 수 있다. • 각각의 약을 준비해 주고 일러주면 혼자서 약을 복용할 수 있다. • 전적으로 다른 사람의 도움을 받아 약을 보관할 수 있다.	2
8	재산관리 능 력	① ② ③ ④	• 재산을 스스로 관리할 수 있고, 수입을 모을 수 있다. • 돈을 관리할 수 있다. • 그 날 그 날의 물건 구입은 할 수 있으나, 은행 일이나 큰돈 관리는 다른 사람의 도움을 필요로 한다. • 적용대상이 아님, 재산을 관리해본 적이 없다.	4
총 점		32점		20
조사자 소견		입소초	• 전화사용 : 스스로 전화 수・발신이 가능하나 몇몇 번호만 연락 가능함 • 물건사기, 식사준비, 가사, 세탁 : 스스로 수행은 가능하나 도움이 필요하여 아들이 해줌 • 교통수단, 재산관리 : 전적으로 도움을 받아야 함 • 약물복용 : 약을 준비해드리면 스스로 복용함	

건강수준 평가도구

성명	성 ○ ○	평가일	입소초	20○○. 3. 4.	평가자	입소초	이 ○ ○ (인)

문항	구 분	점수	내 용	점 수 입소초
1	치 매	⓪ ① ②	• 중증(moderate) : 실금현상, 의사소통 장애 실인증 • 경증(mild) : 기억력장애, self care 가능, 지남력, 방향감각 저하 • 치매증상 없음	1
2	편마비	⓪ ① ②	• 편마비로 인하여, 의료보조기구를 사용하여 앉거나 이동하기에 힘이 많이 듦 • 편마비 있고, 의료보조기구를 사용하여 앉거나 이동할 수 있음 • 편마비 없음	2
3	당 뇨	⓪ ① ②	• 당뇨로 인한 합병증 • 부종증상, 약물투여 • 당뇨 없음	2
4	심부전증	⓪ ① ②	• 혈액투석을 하고 있음 • 부종증상, 약물투여 • 심부전증 없음	2
5	관절염	⓪ ① ②	• 보행이 많이 어려움 • 계단을 오르내리기에 어려움을 느끼고, 소염제 및 약물을 복용하고 있음 • 관절염 없음	2
6	시 력	⓪ ① ②	• 신문의 큰 활자도 흐릿하게 보이지 않음 • 안경을 사용해도 잘 보이지 않음, 신문의 큰 활자만 봄 • 신문을 봄	2
7	청 력	⓪ ① ②	• 난청으로 인해 보청기를 사용해도 들리지 않음 • 큰소리로 이야기해야 하고, 보청기 사용이 생활에 도움이 됨 • 일상생활에 지장이 없음	2
8	욕 창	⓪ ① ②	• 욕창이 있다. • 지금은 욕창이 없지만, 욕창으로 고생한 적이 있다. • 욕창이 없다.	2
9	고혈압	⓪ ① ②	• 약물 복용 중이며, 과거 뇌졸중으로 쓰러진 경험이 있다. • 혈압약을 복용하고 있다. • 고혈압 없다.	2
총 점		18점		17
조사자 소견		입소초	• 일상적인 대화 가능함(난청으로 보청기착용 예정), 조용하고 산책함 • 파킨슨에 의한 루이소체 치매증상으로 약 복용(불안장애) • 수면이 주, 야가 전도되어 예민함. 빈뇨, 요실금 없음 • 본인 치아이며, 윗니 임플란트 예정 • 아들과 동거, 지팡이 사용 안 하고, 독립보행 가능 • 우울증약을 50년 넘게 복용하였으나 현재 복용하지 않음 • 복용약(변비약, 치매, 어지럼증약(댁/ 아침, 센터/ 점심, 저녁)	

낙상예방(Huhn의 낙상위험도 평가도구)

수급자 성명 : 성 ○ ○

구분	4점	3점	2점	1점	점수 입소초
연령	>90	>80	70~79	60~69	2
정신상태	혼란스러움/ 방향 감각 장애		때때로 혼란스러움/ 방향 감각 장애		0
배변	소변, 대변 실금	조절능력 있지만 도움 필요		유치도뇨관/ 인공항루	0
낙상경험	이미 세 번 이상 넘어짐		이미 한 번 또는 두 번 넘어짐		0
활동	전적으로 도움을 받음	자리에서 일어나 앉기 도움		자립/ 세면대, 화장실 이용	1
걸음걸이 및 균형	불규칙/ 불안정, 서 있을 때와 걸을 때 균형을 거의 유지하지 못함	일어서기/ 걸을 때 기립성 빈혈/ 혈액순환문제	보행장애/ 보조도구나 도움으로 걷기	독립보행/ 다리힘 없음	1
지난7일간 약복용이나 계획된 약물	3개 또는 그 이상의 약 복용	두 가지 약 복용	한 가지 약 복용		4
합계점수					8

※ 약물복용 및 고연령으로 낙상위험 높게 평가됨

※ 척도(합계점수 해석)

- 4점 이하 : 낙상위험 낮음
- 5~10점 : 낙상위험 높음
- 11점 이상 : 낙상위험 아주 높음

20○○년 ○월 ○일

(직종) 간호조무사 작성자 : 이 ○ ○ (서명)

욕창평가(Braden scale 욕창위험도 평가도구)

수급자 성명 : 성 ○ ○

구분	척도	내 용	점 수 입소초
감각 인지 정도	1. 감각 완전 제한됨 (완전히 못 느낌)	의식수준이 떨어지거나 진정/ 안정제 복용/ 투여 등으로 통증 자극에 반응이 없다(통증자극에 대해 신음하거나 주먹을 쥔다거나 할 수 없음). 신체 대부분에서 통증을 느끼지 못한다.	0
	2. 감각 매우 제한됨	통증 자극에만 반응(신음하거나 불안정한 양상으로 통증이 있음을 나타냄) 또는 신체의 1/2 이상에 통증이나 불편감을 느끼지 못한다.	0
	3. 감각 약간 제한됨	말로 지시하면 반응하지만, 체위 변경을 해달라고 하거나 불편하다고 항상 말할 수 있는 것은 아니다. 또는 사지에 통증이나 불편감을 느끼지 못한다.	0
	4. 감각 손상 없음	말로 지시하면 반응을 보이며 통증이나 불편감을 느끼고 말로 표현할 수 있다.	4
습기 여부	1. 항상 젖어있음	피부가 땀, 소변으로 항상 축축하다.	0
	2. 자주 젖어있음	늘 축축한 것은 아니지만 자주 축축해져 8시간에 한 번은 린넨을 갈아주어야 한다.	0
	3. 가끔 젖어있음	가끔 축축하다. 하루에 한 번 정도 린넨 교환이 필요하다.	0
	4. 거의 젖지 않음	피부는 보통 건조하며 린넨은 평상시대로만 교환해 주면 된다.	4
활동 상태	1. 의자에 앉아 있을 수 있음	걸을 수 없거나 걷는 능력이 상당히 제한되어 있다. 체중 부하를 할 수 없어 의자나 휠체어로 이동 시 도움을 필요로 한다.	0
	2. 의자에 앉아 있을 수 있음	걸을 수 없거나 걷는 능력이 상당히 제한되어 있다. 체중 부하를 할 수 없어 의자나 휠체어로 이동 시 도움을 필요로 한다.	0
	3. 가끔 걸을 수 있음	낮 동안에 도움을 받거나 도움 없이 매우 짧은 거리를 걸을 수 있다. 그러나 대부분의 시간은 침상이나 의자에서 보낸다.	0
	4. 자주 걸을 수 있음	적어도 하루에 두 번 방밖을 걷고, 방안은 적어도 2시간마다 걷는다.	4
움직임	1. 완전히 못 움직임	도움 없이는 신체나 사지를 전혀 움직이지 못한다.	0
	2. 매우 제한됨	신체나 사지의 체위를 가끔 조금 변경시킬 수 있지만 자주 하거나 많이 변경시키지 못한다.	0
	3. 약간 제한됨	조금이기는 하지만 혼자서 신체나 사지의 체위를 자주 변경시킨다.	0
	4. 제한 없음	도움 없이도 체위를 자주 변경시킨다.	4

구 분	척도	내 용	점수
영양 상태	1. 매우 나쁨	제공된 음식의 1/3 이하를 섭취한다. 단백질(고기나 유제품)을 하루에 2회 섭취량 이하를 먹는다. 수분을 잘 섭취하지 않는다. 유동성 영양보충액도 섭취하지 않는다. 또는 5일 이상 동안 금식상태이거나 유동식으로 유지한다.	0
	2. 부족함	제공된 음식의 1/2을 먹는다. 단백질(고기나 유제품)은 하루에 약 3회 섭취량을 먹는다. 가끔 영양보충 식이를 섭취한다. 또는 유동식이나 위관영양을 적정량 미만으로 투여받는다.	0
	3. 적당함	식사의 반 이상을 먹는다. 단백질(고기나 유제품)을 하루에 4회 섭취량을 먹는다. 가끔 식사를 거부하지만 보통 영양보충식이는 섭취한다. 또는 위관영양이나 TPN으로 대부분의 영양요구량이 충족된다.	0
	4. 양호함	대부분의 식사를 섭취하며 절대 거절하는 일이 없다. 단백질(고기나 유제품)을 하루에 4회 섭취량 이상을 먹으며 가끔 식간에도 먹는다. 영양보충 식이는 필요로 하지 않는다.	4
마찰력과 응전력	1. 문제 있음	움직이는데 중정도 이상의 많은 도움을 필요로 한다. 린넨으로 끌어당기지 않고 완전히 들어올리는 것은 불가능하다. 자주 침대나 의자에서 미끄러져 내려가 다시 제 위치로 옮기는 데 많은 도움이 필요 된다. 관절구축이나 강직, 움직임 등으로 항상 마찰이 생긴다.	0
	2. 잠정적으로 문제 있음	자유로이 움직이나 약간의 도움을 필요로 한다. 움직이는 동안 의자억제대나 린넨 또는 다른 장비에 의해 마찰이 생길 수 있다. 의자나 침대에서 대부분 좋은 체위를 유지하고 있지만 가끔은 미끄러져 내려온다.	0
	3. 문제없음	침대나 의자에서 자유로이 움직이며 움직일 때 스스로 자신을 들어 올릴 수 있을 정도로 충분한 근력이 있다. 침대나 의자에 누워 있을 때 항상 좋은 체위를 유지한다.	3
합계			23

※ 해석(Braden, 2001)

- 19~23 위험 없음
- 15~18 약간의 위험 있음
- 13~14 중간 정도의 위험 있음
- 10~12 위험이 높음
- 9 이하 위험이 매우 높음

20ㅇㅇ년 ㅇ월 ㅇ일

(직종) 간호조무사 작성자 이 ○ ○ (인)

인지기능검사(한국형 간이정신상태검사 K-MMSE)

수급자성명 : 성 ○ ○

<table>
<tr><th colspan="2" rowspan="2">항 목</th><th rowspan="2">반 응</th><th>점 수</th></tr>
<tr><th>입소초</th></tr>
<tr><td rowspan="5">시간 지남력
(3/5)</td><td>년 (1)</td><td>"2021년"이라고 답변하심</td><td>1</td></tr>
<tr><td>월 (1)</td><td>"3월"이라고 답변하심</td><td>1</td></tr>
<tr><td>일 (1)</td><td>"4일"이라고 답변하심</td><td>1</td></tr>
<tr><td>요일 (1)</td><td>"금요일"이라고 답변하심</td><td>0</td></tr>
<tr><td>계절 (1)</td><td>"겨울"이라고 답변하심</td><td>0</td></tr>
<tr><td rowspan="5">장소 지남력
(2/5)</td><td>나라 (1)</td><td>"대한민국"이라고 답변하심</td><td>1</td></tr>
<tr><td>시,도 (1)</td><td>"서울특별시"라고 답변하심</td><td>1</td></tr>
<tr><td>무엇하는 곳 (1)</td><td>"요양원"이라고 답변하심</td><td>0</td></tr>
<tr><td>현재 장소명 (1)</td><td>모른다고 하심</td><td>0</td></tr>
<tr><td>몇 층 (1)</td><td>"2층"이라고 답변하심</td><td>0</td></tr>
<tr><td rowspan="3">기억등록
(3/3)</td><td>비행기 (1)</td><td>"비행기" 따라 말씀하심</td><td>1</td></tr>
<tr><td>연필 (1)</td><td>"연필" 따라 말씀하심</td><td>1</td></tr>
<tr><td>소나무 (1)</td><td>"소나무" 따라 말씀하심</td><td>1</td></tr>
<tr><td rowspan="5">주의집중 및 계산
(3/5)</td><td>100−7 (1)</td><td>"93"이라고 답변하심</td><td>1</td></tr>
<tr><td>−7 (1)</td><td>"86"이라고 답변하심</td><td>1</td></tr>
<tr><td>−7 (1)</td><td>"77"이라고 답변하심</td><td>0</td></tr>
<tr><td>−7 (1)</td><td>"72"이라고 답변하심</td><td>1</td></tr>
<tr><td>−7 (1)</td><td>"63"이라고 답변하심</td><td>0</td></tr>
<tr><td rowspan="3">기억회상
(1/3)</td><td>비행기 (1)</td><td>"비행기" 회상하시어 답변하심</td><td>1</td></tr>
<tr><td>연필 (1)</td><td>기억하지 못하심</td><td>0</td></tr>
<tr><td>소나무 (1)</td><td>기억하지 못하심</td><td>0</td></tr>
<tr><td rowspan="6">언어 및 시공간구성
(7/9)</td><td>이름대기 (2)</td><td>"볼펜, 시계" 맞히심</td><td>2</td></tr>
<tr><td>명령시행 (3)</td><td>종이를 뒤집어서 반으로 접어주심</td><td>3</td></tr>
<tr><td>따라말하기 (1)</td><td>"백분지 불연일연"이라고 말씀하심</td><td>0</td></tr>
<tr><td>오각형 (1)</td><td>오각형 붙여서 2개 그리심</td><td>1</td></tr>
<tr><td>읽기 (1)</td><td>"오늘의 날씨는 맑습니다"라고 읽으심</td><td>1</td></tr>
<tr><td>쓰기 (1)</td><td>"오늘에 날씨는 흐리다"라고 쓰심</td><td>0</td></tr>
<tr><td colspan="3">총 점</td><td>19/30</td></tr>
<tr><td>조사자소견
(☑평 가,
☐재사정)</td><td colspan="3">• 시간 지남력 = 년, 월, 일은 정답을 말하였으나 요일, 계절은 틀림
• 장소 지남력 = 나라와 시도는 맞히셨으나 장소명은 보지 못해 모르겠다고 함
• 기억등록 및 회상 = 비행기, 연필, 시계를 말하며, 기억해 달라 한 후, 5분 후 비행기는 기억하나 연필, 소나무는 기억하지 못함.
• 주의 집중 및 계산 = 100−7 5회 중 3회 성공함.
• 언어 및 시공간 구성 = 볼펜과 시계에 대한 이름을 정확히 대답하고, 요청 이행 후 종이를 뒤집고, 반으로 접기를 시행함. 오각형을 2개 붙여서 그렸으며 "오늘의 날씨는 맑습니다." 정확히 읽음. 따라 말하기는 발음을 틀리게 말하고, 쓸 때 맞춤법을 틀림.
* 19점으로 '확정적 치매'의 범위로 나옴. 시간 및 장소 지남력, 계산력, 기억력 모두 70% 정도 수행 가능함. 시공간 구성은 전부 가능했으며 읽기는 가능하나 따라 말하기, 쓰기는 가능하지 않음. 난이도에 맞는 인지강화 프로그램 워크북을 제공해드리도록 함.</td></tr>
<tr><td colspan="4">▶ 평가 (30점 만점)
• 24점 이상 : 확정적 정상 • 20~23점 : 치매의심 • 19점 이하 : 확정적 치매
* 무학, 문맹의 경우 : 시행점수 + 4점(시간지남력(1), 주의집중력(2), 언어기능(1))
20○○년 ○월 ○일
(직종) 사회복지사 작성자 : 장 ○ ○ (인)</td></tr>
</table>

한국판 노인 우울 척도 GDS-KR

성명	성 ○ ○	평가일	입소초	2022. 2. 4.	평가자	입소초	장 ○ ○ (인)

번호	질문	배점내용	점수 입소초
1	당신은 평소 자신의 생활에 만족합니까?	① 예 / ② 아니요	0
2	당신은 활동과 흥미가 많이 저하되었습니까?	① 예 / ② 아니요	0
3	당신은 인생이 공허하다고 느낍니까?	① 예 / ② 아니요	1
4	당신은 가끔 따분합니까?	① 예 / ② 아니요	1
5	당신은 앞날에 대해서 희망적입니까?	① 예 / ② 아니요	0
6	당신은 머리 속에서 떠나지 않는 생각 때문에 괴로워합니까?	① 예 / ② 아니요	1
7	당신은 대부분의 시간을 맑은 정신으로 지냅니까?	① 예 / ② 아니요	0
8	당신은 어떤 나쁜 일이 자신에게 일어날까 봐 두렵습니까?	① 예 / ② 아니요	1
9	당신은 대부분의 시간을 행복하다고 느낍니까?	① 예 / ② 아니요	1
10	당신은 가끔 무력감을 느낍니까?	① 예 / ② 아니요	1
11	당신은 가끔 안절부절못하고 침착하지 못합니까?	① 예 / ② 아니요	1
12	당신은 밖에 나가 새로운 일을 하는 것보다 집에 있기를 더 좋아합니까?	① 예 / ② 아니요	0
13	당신은 자주 앞날에 대해 걱정합니까?	① 예 / ② 아니요	1
14	당신은 평상시보다 기억력이 더 떨어졌다고 느낍니까?	① 예 / ② 아니요	1
15	당신은 지금 살아 있다는 것이 아름답다고 생각합니까?	① 예 / ② 아니요	0
16	당신은 가끔 낙담하고 우울하다고 느낍니까?	① 예 / ② 아니요	1
17	당신은 지금 자신의 인생이 매우 가치가 없다고 느낍니까?	① 예 / ② 아니요	0
18	당신은 지난날들에 대해서 많이 걱정합니까?	① 예 / ② 아니요	0
19	당신은 인생이 매우 흥미롭다고 느낍니까?	① 예 / ② 아니요	0
20	당신은 새로운 계획을 시작하기가 어렵습니까?	① 예 / ② 아니요	1
21	당신은 활력이 충만하다고 느낍니까?	① 예 / ② 아니요	0
22	당신은 자신이 절망적인 상황에 처했다고 느낍니까?	① 예 / ② 아니요	0
23	당신은 대부분의 사람들이 당신보다 더 좋은 처지에 있다고 생각합니까?	① 예 / ② 아니요	0
24	당신은 자주 사소한 일에 마음의 동요를 느낍니까?	① 예 / ② 아니요	1
25	당신은 자주 울고 싶다고 느낍니까?	① 예 / ② 아니요	1
26	당신은 집중하는 데 어려움을 느낍니까?	① 예 / ② 아니요	0
27	당신은 아침에 일어나는 것이 즐겁습니까?	① 예 / ② 아니요	0
28	당신은 사회적인 모임을 가능한 한 피합니까?	① 예 / ② 아니요	0
29	당신은 쉽게 무엇을 결정하는 편입니까?	① 예 / ② 아니요	0
30	당신은 예전처럼 정신이 맑습니까?	① 예 / ② 아니요	0
총 점			13

※ "예=1점", "아니요=0점"으로 채점함.

(단, 1, 5, 7, 9, 15, 19, 21, 27, 29, 30 문항은 "예=0점", "아니요=1점"으로 역산하여 채점함)

※ **노인우울척도** 14~18점 : 경도의 우울증, 19~21점 : 중도의 우울증, 22점 이상 : 심도의 우울증

조사자 소견	입소초	GDS-KR 측정결과 13점으로 우울감이 없는 것으로 측정됨. 하지만 과거 50년간 우울증 약을 복용한 경험이 있으며 현재 복용하지 않음. 그동안 집에만 있어서 집에서 벗어나 밖으로 나오니 좋다고 말함. 자녀분들 걱정이 많으며 옛날에 공부를 많이 시켜주지 못해 미안하고, 엄마로서의 역할을 많이 해주지 못했다고 말함

시설적응을 위한 사회성 측정 1 (공동생활관련)

성명	성 ○ ○	평가일	입소초	2022. 3. 4.	평가자	입소초	장 ○ ○ (인)

문항	구분	점수	내 용	점 수 입소초
1	협 동	① ② ③ ④ ⑤	• 무슨 일이든지 먼저 스스로 협조하신다. • 권유를 하면 협조하신다. • 기분에 따라 협조하신다. • 협조하고자 하는 의지가 거의 없으시다. • 무감각하다.	□
2	봉 사	① ② ③ ④ ⑤	• 타인을 도와주는 일이 종종 있다. • 권유를 하면 흔쾌히 도와주신다. • 기준에 따라 도움을 주신다. • 자기가 맡은 역할을 거의 하지 않는다. • 무감각하다.	□
3	역할수행	① ② ③ ④ ⑤	• 자기 일이나 책임에 대해서 솔선하여 수행하신다. • 권유하면 수행하신다. • 기분에 따라 역할을 수행한다. • 자기가 맡은 역할을 거의 하지 않는다. • 무감각하다.	□
4	대인관계 (사귐)	① ② ③ ④ ⑤	• 시설 내 어르신들과 대화를 많이 나누신다. • 몇몇 특정한 분들과만 대화를 나누신다. • 스테이션이나 방에서 혼자 계시는 시간이 많으시다. • 다른 사람이 말을 걸어도 대화를 회피하신다. • 무감각하다.	□
5	관계형성	① ② ③ ④ ⑤	• 직원이나 외부인을 보면 항상 먼저 인사하신다. • 직원이나 외부인이 인사를 하면 함께 인사하신다. • 직원이나 외부인이 인사를 하면 함께 할 것을 권유하면 인사한다. • 직원이나 외부인이 인사해도 반응이 없다. • 무감각하다.	□
6	프로그램 수 용 (참여도)	① ② ③ ④ ⑤	• 시설 내 각종 프로그램에 적극적으로 참여하신다. • 권유를 하면 참여하신다. • 기분에 따라 참여하신다. • 프로그램에 거의 참여하지 않는다. • 무감각하다.	□
7	주위정리 정 돈	① ② ③ ④ ⑤	• 스스로 주위를 늘 깔끔하게 정리정돈 하신다. • 스스로 가끔 주위를 정리정돈 하신다. • 권유를 하면 정리정돈을 하신다. • 주위환경에 관심이 거의 없고, 오히려 어지럽힌다. • 무감각하다.	□
총 점		35점		□
조사자 의견	입소초		• 협동, 봉사, 역할수행, 프로그램 수용도, 주위정리 정돈 모두 스스로 협조함 • 직원이나 외부인이 먼저 인사하면 인사하며 특정 어르신들과만 이야기를 나눔	

시설적응을 위한 사회성 측정 2 (문제행동 관련)

성명	성 ○ ○	평가일	입소초	2022. 3. 4.	평가자	입소초	장 ○ ○ (인)

문항	구 분	점수	내 용	점 수 입소초
1	우 울	① ② ③ ④	• 없다. • 전혀 웃지 않고, 무감동한 상태 • 이유 없이 가끔 운다. • 반나절은 운다.	3
2	성적일탈	① ② ③ ④	• 없다. • 종종 음란한 눈빛을 하고 성적인 농담을 한다. • 자위행위를 한다. • 부적절한 이성과 성적 행위를 한다.	1
3	의 심	① ② ③ ④	• 없다. • 가족이나 수발자에 대한 의심을 하고, 가끔 험담을 한다. • 가족 혹은 수발자에 대한 의심으로 언어적 공격을 한다. • 가족 혹은 수발자에 대한 의심으로 케어를 거부 또는 공격한다.	1
4	망 상	① ② ③ ④	• 없다. • 자신의 망상을 타인에게 알리고 호소한다. • 현실과 괴리현상을 겪는다. • 망상과 관련된 대상에 대한 신체적 거부 및 공격을 취한다.	1
5	섭식장애	① ② ③ ④	• 없다. • 식사거부 • 계속적으로 식사를 요구하고, 도식적인 행동을 취한다. • 이식(먼지, 배설물 등)	1
6	수면장애	① ② ③ ④	• 정상적인 수면활동을 취한다. • 밤에 자주 깨어나고 쉽게 잠들지 못한다. • 낮잠이 바뀌어 밤에는 계속 깨어 활동한다. • 낮에 낮잠을 조금 자고 계속 깨어 활동한다.	1
7	뒤짐,훔침 쌓아둠	① ② ③ ④	• 없다. • 부적절한 물건을 부적절한 장소에 두었다고 지적하면 곧 시정한다. • ②와 같은 일이 1일 1~2회 있고 행동수정을 싫어한다. • ②와 같은 일이 1일 3회 이상 있고, 행동수정시 완강한 거부 혹은, 언어신체적으로 공격한다.	1
8	공 격 성	① ② ③ ④	• 없다. • 공격성을 타인에게 표출하지 않고, 벽을 두거나 바닥을 친다. • 욕설을 자주 한다. • 1일 수회 욕설을 하고, 위협적인 행동을 한다.	1
9	배 회	① ② ③ ④	• 배회증상 없다. • 낮 혹은 밤에 조금 배회한다. 말리면 곧 멈춘다. • 하루종일 배회를 하고 다른사람이 말려도 멈추지 않는다. • 하루종일 배회를 하고 다른사람이 말려도 멈추지 않는다.	1
10	언 어	① ② ③ ④	• 언어 사용 시 문제 없다. • 함구 • 언어장애로 인하여 의사소통이 어렵다. • 물건이름을 잊고 손자녀, 수발자에 대한 적절한 호칭을 잊거나 반복적으로 질문한다.	1
총 점		40점		12
조사자 소견	입소초		• 우울 : 울고 싶을 때가 종종 있다고 함 • 우울 외 성적 일탈, 망상 등 문제행동 없음	

가족관계척도

성명	성 ㅇ ㅇ	평가일	입소초	2022. 3. 4.	평가자	입소초	장 ㅇ ㅇ (인)

항상 그렇다 → 전혀 그렇지 않다 : 5 → 1점
1, 2, 4, 5, 8, 14, 15, 17, 18, 20, 21, 23 : 역점수(1→5점)

문항	문 항	항상 그렇다	자주 그렇다	때때로 그렇다	거의 그렇지 않다	전혀 그렇지 않다
1	우리 가족은 진정으로 서로를 염려하고 보살핀다.	ㅇ				
2	우리가 훌륭한 가족이라고 생각한다.	ㅇ				
3	우리 가족은 내 신경을 건드린다.					ㅇ
4	나는 진정으로 우리 가족을 소중하게 여긴다.	ㅇ				
5	나는 전적으로 우리 가족에게 의지할 수 있다.	ㅇ				
6	나는 한순간도 우리 가족과 함께 있기가 싫다.					ㅇ
7	나는 우리 가족의 일부가 아니었으면 좋겠다.					ㅇ
8	나는 우리 가족과 사이가 좋다.	ㅇ				
9	우리 가족은 자기주장이 너무 강해 많이 다툰다.					ㅇ
10	우리 가족에게는 친밀감이 없다.					ㅇ
11	우리 가족 안에서는 나는 낯선 사람같이 느껴진다.					ㅇ
12	우리 가족은 나를 이해하지 않는다.					ㅇ
13	우리 가족은 서로 너무 미워한다.					ㅇ
14	우리 가족은 서로에게 도움이 된다.	ㅇ				
15	우리 가족은 우리가 알고 있는 사람들에게 존경을 받는다.	ㅇ				
16	우리 가족에게는 마찰이 자주 일어나는 것 같다.					ㅇ
17	우리 가족은 사랑이 넘친다.	ㅇ				
18	우리 가족은 서로 잘 지낸다.	ㅇ				
19	우리 가족의 생활은 일반적으로 유쾌하지 못하다.					ㅇ
20	우리 가족은 나에게 큰 기쁨을 가져다준다.	ㅇ				
21	나는 우리 가족이 자랑스럽다.	ㅇ				
22	다른 가족들이 우리 가족보다 더 잘 지내는 것 같다.					ㅇ
23	우리 가족은 나에게 정말 위로의 근원이 된다.	ㅇ				
24	나는 우리 가족에게서 소외감을 느낀다.					ㅇ
25	우리 가족은 행복하지 못하다.					ㅇ
합 계	25점	12	0	0	0	13
조사자 소견	엄마이기 때문에 항상 진다고 말함 공부를 못 시켜서 미안하다는 말씀을 많이 하시며 자녀 걱정이 많은 부분을 차지하나 상담 시 바로 답변을 하지 않으시고 한참을 생각한 후에 답변을 하셨음					

3. 사례관리 과정

1) 입소 판정회의

사례관리 회의록

결재	담당자	시설장

서비스 (□ 문제행동 □ 5등급 ■ 입소 □ 재사정 □ 종결) 판정회의			
대상자	성 ○ ○ 어르신	담 당 요양보호사	이 ○ ○
일 시	2022. 3. 5.(금) 12:40~13:40	장 소	회의실
사례 회의 선정 이유	입소판정 사례회의를 통하여 대상자에게 필요한 맞춤 서비스를 계획하도록 함.		

* 별첨 : 입소판정 사례회의(팀별 논의사항)

대상자명	① 성 ○ ○	성 별	□ 남 ■ 여	생년월일	19**.**.**	등 급	4등급

회의내용 (논의 및 조치사항)	내용
회의내용 (논의 및 조치사항)	• 장○○ 사회복지사 : 파킨슨병, 루이소체·알츠하이머 치매 진단을 받은 후, 독거노인으로 2020년 10월 입소 문의, 주야간보호기관에 자리가 없어 방문요양센터 연계해 드려 서비스를 제공받음. 2021년 1월부터 아들과 함께 거주하며 입소 문의하심. 과거 결혼 시절 배우자의 폭력으로 인해 50년 이상 우울증 약을 복용하였으며 현재는 복용하지 않으나 대화를 나누어 보니 여전히 우울 및 불안(안절부절)증세가 매우 심하여 정서적 안정을 위해 말벗 및 격려가 필요하다고 판단 됨. 보호자께서 최근 들어 인지능력이 저하되어 인지강화프로그램을 많이 하였으면 좋겠다고 하며 파킨슨도 있어 운동을 많이 하셨으면 좋겠다고 말함 • 이○○ 간호조무사 : 체중 52.9kg, 혈압 132/79. 파킨슨을 앓고 있으며 다리에 힘이 없음. 그 외 질환으로는 난청, 변비, 어지럼증을 앓고 있음. 난청으로 인하여 보청기 착용 예정임 • 이○○ 요양보호사 : 본인 치아이며 지팡이 없이 보행은 하나 다리에 힘이 없어 보행 시 지켜볼 필요가 있다고 판단됨 • 김○○ 요양보호사 : 본인이 돈도 없고 가난하여 자식들을 많이 가르치지 못하였고 몸까지 아파서 자식들에게 폐를 끼치고 있다는 얘기를 주로 하며 눈물을 많이 보임. 또한 주야간보호기관을 요양원으로 생각하여 자식들에게 버림받았다는 생각이 강함. 이에 정서지원 서비스로 말벗 및 격려 등이 많이 필요함 • 장○○ 사회복지사 : K-MMSE(인지) 평가 시 19점으로 '확정적 치매'의 범위로 나타남. 지남력, 기억력, 계산력, 언어력 저하로 나타났지만 각 분야 별 1~2문제만 틀린 것으로 보아 현저히 저하된 것은 아닌 것으로 보임. GDS-KR(우울) 평가 시 13점으로 우울감이 없는 것으로 나타났으나 센터를 요양원으로 생각하여 자식이 버렸다며 계속 울고 계시고 불안감이 있음. 또한 기존 우울증의 경험이 있어, 대화 시 여전히 우울 및 불안 증세가 보여 정서적 지원이 필요함. 파킨슨으로 인하여 다리에 힘이 없으므로 보행 시 지켜봐야 함. 또한 보호자께서 어르신께서 운동하기를 원하여 근력강화를 위한 재활자전거 서비스 제공이 필요함

<table>
<tr><td>조치사항
(개입 및
향후방향)</td><td colspan="5">▶ 운영팀(사회복지사)
• K-MMSE(인지) 평가 결과 19점으로 '확정적 치매'의 범위로 나타남. 지남력, 기억력, 계산력, 언어력 저하로 나타났지만 각 문항별로 1~2문제만 틀려 현저한 인지기능의 저하는 아닌 것으로 판단됨. 이에 인지강화프로그램 난이도 2단계(중상)의 서비스를 제공하도록 하겠음

▶ 케어팀(간호조무사)
• 혈압 및 혈당 정상이시며 지속적인 체크와 관찰을 실시, 센터 이용 시 행동변화 관찰을 통하여 우울감이 높을 때 보호자와의 상담을 통해 약물복용을 할 수 있도록 함

▶ 케어팀(요양보호사)
• GDS-KR(우울) 평가 결과 13점으로 우울감이 없는 것으로 나타났으나 지난 50년간 우울증약 복용의 경험이 있어 대화 시 우울 및 불안(안절부절) 증세가 나타나 정서적 지원이 필요하다고 판단되어 말벗 및 격려 서비스 등 정서지원서비스를 제공하도록 하였음
• 일상생활을 혼자 스스로 수행하실 수 있으므로 옷 갈아입기 도움보다는 옷 갈아입기 지시 및 지켜보기 등 스스로 하도록 유도하여 잔존기능을 활용할 수 있도록 지원함
• 현재 보행 시 지팡이를 사용하지 않고 스스로 보행하나 파킨슨으로 인하여 다리에 힘이 없어 위태로우심. 이에 보행 시 지켜보며 필요시 도움 드리도록 하겠음. 또한 파킨슨으로 인해 보호자께서 어르신 운동을 원하시기에 근력강화를 위하여 재활자전거 및 물리치료 서비스를 제공하도록 하겠음</td></tr>
<tr><td>판정결과</td><td colspan="5">판정사유</td></tr>
<tr><td>■ 입소적격
□ 부 적 격</td><td colspan="5">주 부양자인 아들의 경제활동으로 인해 낮동안 케어해 줄 사람이 없으며 보행 및 일상생활이 스스로 가능함. 인지프로그램 및 신체프로그램의 참여를 유도하여 신체 잔존 능력의 저하를 늦추고, 우울증을 완화시키기 위하여 친구 맺기 등 타인과의 교류 및 정서적 지원 서비스를 지원, 우울증을 완화시키기 위하여 입소를 결정함.</td></tr>
<tr><td>회의일시
2021년
3월 5일(금)
(12:40~13:40)</td><td colspan="5">• 일시 : 2022년 3월 5일(금) 12:40 ~ 13:40
• 장소 : ○○주야간보호기관 회의실
• 인원 : 장○○ 외 6명
• 대상 : 입소판정 사례회의</td></tr>
<tr><td>참석 대상자</td><td>11명</td><td rowspan="8">참
석
자
서
명</td><td>소속</td><td>직위</td><td>성명(서명)</td></tr>
<tr><td>참석자</td><td>7명</td><td rowspan="7">데이
케어
센터</td><td>사회복지사</td><td>장 ○ ○</td></tr>
<tr><td>불참자</td><td>4명</td><td>사회복지사</td><td>김 ○ ○</td></tr>
<tr><td colspan="2" rowspan="5"></td><td>간호조무사</td><td>이 ○ ○</td></tr>
<tr><td>요양보호사</td><td>이 ○ ○</td></tr>
<tr><td>요양보호사</td><td>김 ○ ○</td></tr>
<tr><td>요양보호사</td><td>임 ○ ○</td></tr>
<tr><td>요양보호사</td><td>최 ○ ○</td></tr>
<tr><td>작성자</td><td colspan="5">소속 : ○○주야간보호기관 직위 : 사회복지사 성명 : 장○○ (인)</td></tr>
</table>

2) 서비스 점검

- 대 상 자 : 홍 ○ ○
- 이용기간 : 2021. 3. 8. ~ 2021. 10. 2.

<table>
<tr><th>필요영역</th><th>세부목표</th><th>필요내용</th><th>세부제공 내용</th><th>담당자 의견</th></tr>
<tr><td rowspan="4">신체활동지원</td><td rowspan="2">도움 받아 개인 위생관리</td><td>옷갈아입기 지시 및 지켜보기 도움</td><td>스스로 옷 입을 수 있도록 지시 및 적절하게 입도록 지켜보기</td><td rowspan="4">입소 후 화장실 이용 횟수가 10~15회였으나 25~30회로 늘어 병원 방문 후 약을 처방받았음. 방광기능을 잃을 수도 있어 화장실 가는 횟수를 최대한 줄여달라는 보호자의 요청으로 말벗, 안마서비스 등을 실시하여 횟수를 줄여보려고 노력하였으나 불안감 때문인지 오히려 횟수가 더 증가(40회)하였고 이에 개입횟수를 줄였더니 입소 시의 횟수로 줄었음</td></tr>
<tr><td>손발톱깎기</td><td>손톱깎기 도움 제공하여 위생 청결</td></tr>
<tr><td>이동 능력의 유지 및 낙상 예방</td><td>이동 지시 및 지켜보기</td><td>스스로 안전하게 보행하도록 지시 및 지켜보기 도움</td></tr>
<tr><td>정확한 시간 복약도움으로 건강유지</td><td>정확한 복약도움(시간, 용량, 용법 등)</td><td>약 복용 원칙 지켜 약 챙겨먹기 도움</td></tr>
<tr><td rowspan="2">인지활동지원</td><td rowspan="2">인지프로그램 제공하여 잔존능력유지 및 향상</td><td>인지활동형 프로그램 실시(인지자극활동, 일상생활 함께하기)</td><td>e-book을 활용한 인지프로그램 제공(인지활동 프로그램 2)</td><td rowspan="2">공단에서 제공하는 e-book을 활용하고 퍼즐, 책 읽기 등 어르신이 좋아하는 프로그램으로 구성하여 인지프로그램을 제공, 참여도가 높았고 수행도도 상으로 평가됨</td></tr>
<tr><td>인지기능악화 예방활동(인지활동형 프로그램 이외)</td><td>인지활동형 프로그램 이외 인지기능 향상을 위한 인지자극 프로그램, 반복훈련</td></tr>
<tr><td rowspan="2">인지관리지원</td><td rowspan="2">정서지원 프로그램(긍정적인 마음의 변화를 통한 심리적 안정감 갖기)</td><td>생활공간 내 위험요소 제거</td><td>생활공간 내의 위험한 물건 제거 등 안전 사고 예방</td><td rowspan="2">입소 후 한동안 표정의 변화가 없었고 불안감 때문인지 많이 우셨으나 차후 타 이용어르신과의 교류와 지속적인 상담을 통해 불안감이 감소되었음</td></tr>
<tr><td>관찰을 통한 행동변화 예방 및 적절한 대처</td><td>지속적 관찰을 통한 행동변화 파악 및 증상(우울, 배회 등)에 대한 적절한 대처방안 마련</td></tr>
<tr><td rowspan="4">기능회복훈련</td><td rowspan="4">신체, 인지기능 프로그램 제공을 통해 잔존기능 유지 및 향상</td><td>신체 인지기능 향상 프로그램</td><td>맨손체조, 타월체조, 운동, 발마사지, 회상훈련, 음악활동, 원예활동, 종이접기, 영화감상 등</td><td rowspan="4">수급자는 우울증으로 인해 타인과의 관계형성을 매우 어려워하여 자신의 의견을 내세워 의사소통하지 못하였으나 프로그램 참여을 통해 아주 조그만 소리부터 시작하여 직접 의사소통을 하는 것이 자연스러워졌음</td></tr>
<tr><td>신체기능의 훈련</td><td>근력강화를 위한 재활자전거, 보행연습을 통한 지구력 훈련</td></tr>
<tr><td>사회적응훈련</td><td>외부활동(대중교통 이용, 문화체험 등), 내부활동(모의시장 운영, 세상뉴스 전하기, 종교활동 등)</td></tr>
<tr><td>물리치료</td><td>온열치료, 세라젬, 적외선 치료, 재활치료, 관절가동범위운동 등</td></tr>
<tr><td>종합의견</td><td colspan="4">- 4등급 어르신으로 지남력 저하 및 단기기억장애가 진행되고 있으나 보행 및 일상생활 대부분을 스스로 수행하고 계심. 파킨슨병으로 인하여 다리에 힘이 없고 무릎의 접지름이 있어 낙상의 위험이 있으므로 센터 내 보행 시 지속적으로 지켜봄이 필요함
- 9월 30일 실시한 한국형 간이 정신상태검사(K-MMSE)에서 23점으로 '치매 의심'의 범위로 나타나 입소 초(확정적치매 19점)보다 4점이 증가하였음(경증 : 지남력, 지억력, 계산력, 언어력 저하) e-book과 개인별 맞춤형 인지(퍼즐, 책 읽기, 낱말놀이, 카드놀이 등)프로그램을 실시하여 인지기능의 유지 및 향상을 돕도록 지원함
- 지난 50년간 우울증 약 복용의 경험이 있으며 센터에서 어르신과의 대화 시 우울 및 불안(안절부절) 증세를 보이심에 정서적 지원이 필요하다고 판단되어 말벗 및 지지 도움, 격려 등 정서지원 서비스를 지속적으로 제공하여 현재는 불안한 모습을 보이지 않으심</td></tr>
</table>

3) 상담일지

개별상담일지

횟수	날짜	방법	주 제	내용 및 평가
1	3/9 (화)	상담	• 입소 후 갑자기 화를 내시고 눈물을 보임. 식사 거부	• 담당 요양보호사의 말벗(살아온 이야기, 자녀 걱정 등)이 되어 들어드리니 안정되심 • 영양식(뉴케어) 제공
2	3/18 (목)	상담	• 인지프로그램 시 자녀에게 보내는 편지를 유언장으로 작성	• 자녀에게 보내는 편지가 내용이 유언장으로 작성되어 보호자와 상담 실시. 집에서도 공부를 하는데 모든 노트의 내용이 유언장이라며 대수롭지 않게 답변
3	5/10 (월)	상담	• 화장실 이용 횟수(25~30회) 증가로 인해 병원 진료 권유	• 보호자와의 상담 실시...다니시는 병원에서는 치매 증상 중의 하나라고 해서 요실금 진료를 받지 않았다고, 집 근교의 산부인과나 내과에서 진료받아 보겠다고 답변
4	6/30 (수)	상담	• 약 복용 후 화장실 이용 문제, 손등에 멍(부딪힘 흔적) 등에 대한 상담	• 지속적인 화장실 모니터링 실시(보호자의 요청 : 진료 병원에서 방광기능이 소실되니 화장실 가는 것을 강하게 자제시켜 달라)에 따라 화장실 이용 횟수를 제한하고 정서지원서비스와 기능회복서비스를 증가함 • 새벽에 일어나 불도 안 켜고 샤워를 하시다가 여기저기 많이 부딪히신다는 답변에 화장실 문 손잡이, 샤워꼭지 등에 안전커버를 씌워주실 것을 요청드림
5	7/16 (금)	상담	• 어르신 학대정황 포착, 사진 촬영 및 상담	• 최 요양보호사 인수인계서를 읽고 어르신과 상담 실시, 가디건을 벗고 팔에 난 멍을 보고 사진을 찍음, 며칠 전에 아들이 말을 안 듣는다며 움직이지 못하게 양팔을 꽉 잡고 있다가 꼬집었다고 얘기하고 눈물을 보임. 어르신에게 무슨 말을 안 들었다고 아들이 이렇게 했느냐 물으니 기억이 안 난다고 함 • 지속적인 관찰과 주 2~3회 관찰로 신체 확인 필요
6	9/27 (월)	상담	• 어르신 학대정황 포착, 사진 촬영 및 상담	• 조 요양보호사 근무기록지를 읽고 어르신과 상담. 이마 멍든 모습과 왼쪽 팔 안쪽 멍든 모습 촬영. 새벽에 자주 일어나 나온다며 아들이 주먹으로 이마를 때렸다며 흉내를 내심. 옷을 걷고 팔을 확인. 왼쪽 팔뚝에 멍 발견
7	10/21 (목)	내방 상담	• 보호자와 상담 요청	• 어머니가 다른 사람에게도 학대받는다고 얘기해서 경찰서에도 4번이나 다녀왔고 이웃들이 다 알고 있는 사실이라며, 이혼 후 치매와 우울증이 너무 심해서 죽는다며 부엌칼로 본인의 배를 찌르기도 하여 집에는 가위, 칼 등 위험한 물건들은 수납장에 넣고 열쇠로 잠근다며, 그런 사실이 절대 없다고 답변. 차후 학대의 흔적이 보인다면 신고의무자로서 간과할 수 없는 일로 신고하겠다고 알림
8	10/27 (수)	상담	• 낙상으로 인한 퇴소	• 다리 통증 호소, 신체 관찰하였으나 멍든 모습은 보이지 않아 보호자에게 전화, 병원 진료를 받을 것을 권유. 발목에 실금이 발견되어 치료를 위해 퇴소함. 차후 치료가 끝나면 다시 센터를 이용할 의사가 있음을 밝히심

4) 서비스 평가 및 종결

(퇴소) 연계기록지

<table>
<tr><td>수급자</td><td>홍○○</td><td>성별</td><td>□ 남 ☑ 여</td><td>생년월일</td><td>○○.○○.○○</td><td>연령</td><td>만 79세</td><td>등급</td><td>4등급</td></tr>
<tr><td>주 소</td><td colspan="5">서울시 ○○구</td><td>연락처</td><td colspan="3">-</td></tr>
<tr><td>주질환</td><td colspan="2">파킨슨, 치매,
어지럼증, 우울증</td><td>보호자</td><td colspan="2">김○○</td><td>연락처</td><td colspan="3">-</td></tr>
<tr><td>제공
급여</td><td colspan="9">신체활동지원 ⇒ 입을 옷 준비,옷 갈아입기 지시 및 지켜보기 도움 (일 2회 5분),손톱깍기(주 1회/10),
이동지시 및 지켜보기(일 10회/15분), 정확한 복약도움(시간, 용량, 용법 등)(일 2회/5분)
인지활동지원 ⇒ 인지활동형 프로그램 실시/인지기능악화 예방활동(일 1회/60분)
인지관리지원 ⇒ 생활공간내 위험요소 제거/관찰을 통한 행동변화예방 및 적절한 대체(일 10회/7분)
정 서 지 원 ⇒ 말벗 및 격려 위로 등 정서적 지원(일 2회/15분)
건 강 관 리 ⇒ 투약관리지도(필요시/10분), 건강상태 관찰 및 지도(일 3회/5분)
건강교육 및 상담(필요시/10분)
기능회복훈련 ⇒ 신체인지기능향상 프로그램(일 3회/40분), 신체기능향상훈련(일 2회/30분)
사회적응훈련(주 1회/60분), 물리치료(일 2회/30분)
생활 및 환경관리 ⇒ 송영서비스(일 2회/5분), 환경관리(일 1회/10분)</td></tr>
<tr><td>현재
심신
기능
상태</td><td colspan="9">• 불안과 강박증(손을 수시로 씻고 화장지로 앉은 자리를 계속 닦음) 증상을 보이셨고 빈뇨증상으로 인해 3~5분 간격으로 화장실을 이용(25~30회)하셨으나 현재는 약 복용과 어르신·직원과의 관계 형성으로 인해 강박증 모습은 보이지 않고 화장실 이용 또한 입소 시(15~20회)의 이용 횟수로 감소되었으며 정서지원 서비스를 지속 제공하였음
• 식사를 매우 급하게 드심(입안에 음식이 가득 차 있는데도 계속 입안으로 음식으로 집어 넣으심)에 식사 시 지켜보며 천천히 드실 수 있도록 지도하고 있음
• 얼굴(이마, 볼), 팔뚝, 배, 허벅지 등 멍이 자주 발견되어 센터에서 주 3회 신체 상태를 확인하고 있음</td></tr>
<tr><td>특이
사항</td><td colspan="9">• 신체부위 : 얼굴(이마, 볼) 팔뚝, 배, 허벅지 등 멍이 자주 발견됨
(보호자와의 상담 시 새벽에 수시로 화장실을 이용, 불을 켜지 않고 이용하면서 부딪치는 경우가 매우 많다고 하심. 어르신께서도 화장실에 자주 가서 잠 자는 게 힘들다는 말씀을 하시곤 하심)</td></tr>
<tr><td>종합
소견</td><td colspan="9">• 불안과 강박증상으로 인해 지속적인 정서지원 서비스를 실시하여 어르신의 불안감을 낮춰줄 필요가 있으며 음식 섭취 시 급하게 섭취하시고 입안에 음식이 가득 차 있는데도 계속 집어 넣으심에 식사 시 지켜보기를 통한 식사지도가 필요함.
• 주 3회 신체 상태(얼굴, 팔뚝, 배, 허벅지 등) : 멍이 자주 발견)를 확인하고 특이사항 발견 시 상담 실시하고 멍 연고 도포 등 간호 처치가 필요함</td></tr>
<tr><td colspan="10">2021년 11월 15일

기관명 : ○○주야간보호기관 (직인)</td></tr>
<tr><td colspan="10">작성자 : 장 ○ ○ (인)</td></tr>
<tr><td colspan="10">보호자 : 김 ○ ○ (인)</td></tr>
</table>

제 3 절 사례 3 : 중복질환을 가진 여성 노인 사례

○○○○노인복지센터

1. 사업개시일 : 1997.01
2. 장기요양사업개시일 : 2008. 5. 27.
3. 이용연인원 : 144명(2008. 5. 27.~2022. 1. 31.)
4. 정원 : 20명

■ 중복질환(파킨슨병 및 알츠하이머병 치매)을 가진 여성 노인 사례

파킨슨 및 알츠하이머병 치매의 74세 김○○ 어르신은 78세 남편과 함께 생활하고 있으며 남편 또한 허리와 다리 수술로 인해 수급자를 케어하는 데 어려움이 있어 2016년 5월부터 주야간보호시설을 이용하기 시작하였다. 수급자의 인지기능 향상 및 신체기능회복을 위한 서비스를 요청하셨으며 이를 위해 맞춤형 인지활동 및 밀착케어를 통한 실내걷기 운동을 지원하고자 하였다. 고령의 부부세대가 겪고 있는 상황을 파악하고 사회적 자원망 연계를 모색하는 것이 필요하였다. 3등급으로 입소하여, 4등급으로 건강이 조금 좋아지는 듯 보였으나, 건강이 악화되어 2021년 2월 시설입소로 종결되었다.

1. 사례개요

김○○ 수급자는 당뇨, 고혈압, 파킨슨 및 알츠하이머병 치매로 시공간 지남력, 환청, 물건집착, 타인의심행동, 배회의 문제행동을 가지고 있으며 초기에는 보행의 어려움으로 인한 낙상 발생이 주된 호소였으나 망상, 환청이 시작되면서 밖으로 나가려는 행동을 보여 가정 내에서는 케어가 어려운 상황이 되어 주야간보호시설 이용을 의뢰하였다. 주수발자인 남편의 경우 허리 디스크 및 다리 수술을 한 상태로 수급자를 케어하기에 어려움이 있어 상담 당시 주야간보호시설 이용이 시급한 상황이었다.

2016년 9월 5일 이용을 시작하였으며 이용 당시 장기요양인정 3등급이었고 2017년 7월 14일부터 장기요양인정 4등급으로 건강이 좋아져 상향되었으나 2020년 말부터 인지기능이 저하되고 밀착케어를 통한 보행도 점차 어려워지게 되면서 시설급여로 변경하고 2021년 2월 10일까지 이용하고 요양시설로 입소하게 되면서 주야간보호시설 이용이 종결되었다.

등급	계약일자	이용개시일	이용종결일	종결사유	비고
3	2016. 9. 5.	2016. 9. 5.			
4	2017. 7. 15.	2017. 7. 15.			
4	2018. 7. 13.	2018. 7. 15.			
4	2018. 8. 14.	2018. 8. 14.	2021. 2. 10.	요양원 입소	시설급여 변경

초기 상담지(Intake Sheet)

상담일	20○○년 ○월 ○일		상담자		알게 된 경로
보호자 성명	이○○	관계	남편	연락처	010-○○○○-○○○○
					공단 안내문

의뢰사유	
	□ 수발자 경제활동 □ 수발자 건강악화 ■ 수발부담 □ 기타 (　　　　　)
	환청, 망상으로 인해 밖으로 나가려는 행동이 잦아지고 있고 제지할 수 없는 상황임

어르신 인적사항						
	성 명	김○○	생년월일	1949. ○○. ○○	연락처	-
	주 소	○○구 △△로1			실제생신	○○.○○(음)
	종 교	기독교	학 력	고졸	문 맹	-
	등 급	3	인정번호	L1606140***-100	유효기간	2016.7.15.~2017.7.14
	보호구분	■ 일반 □ 경감대상자 (　　　　　) □ 수급권자				
	세대구분	□ 자녀동거 ■ 노인부부 □ 자녀 외(친척 등)동거 □ 독거 □ 기타				
	거주유형	■ 자가 □ 전세 □ 월세 □ 영구임대 □ 기타				

現이용서비스	□ 재가 □ 시설 □ 병원 □ 기타 ■ 없음

생활사 및 가족사항

시간대별 생활상황

01	02	03	04	05	06	07	08	09	10	11	12	13	14	15	16	17	18	19	20	21	22	23	24
					기상	식사		TV	시청			점심		TV	낮잠		저녁	취침					

고향	평안남도	자녀수	3녀
가계도	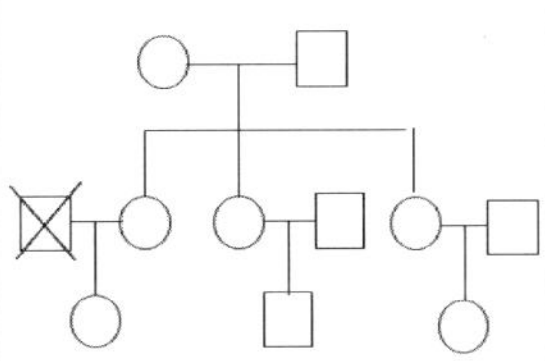	생활사	평안남도 출신으로 슬하에 딸 셋을 둠. 현재 남편과 거주 중이며 첫째, 둘째는 ○○구에 거주하고 셋째는 △△에 거주함. 첫째 딸은 사별 후 건강이 좋지 못하고 둘째는 가까이에 살며 주일마다 방문하여 가사지원을 해주고 있음 목회를 하는 셋째사위에 대한 긍지가 매우 높음

성명	관계	전화번호	생년월일	거주지	직업	동거여부
이ㅇㅇ	남편		45.ㅇㅇ.ㅇㅇ	○○동		ㅇ
이ㅇㅇ	장녀			○○동		X
이ㅇㅇ	차녀					X
이ㅇㅇ	삼녀			△△		X

치매정도 및 상태		
	진단유무	■ 유 (병명 : 알츠하이머병) □ 무
	주요증상 및 문제행동	날짜, 시간 등에 대한 인지를 하지 못함 움직이려고 하지 않아서인지 걸음걸이가 느림 환청(누가 아파서 도와주러 가야 한다, 밖에서 누가 부른다 등)

건강상태					
	현재질환	치매, 파킨슨		복용약	치매, 파킨슨, 안약
	과거병력	없음			
	욕 창	욕창경험	□ 있음 ■ 없음	욕창위험	□ 있음 ■ 없음
	낙 상	낙상경험	■ 있음 □ 없음	낙상위험	■ 있음 □ 없음
	치아상태	■ 본인치아 □ 틀니(상/하/일부)		음식	선호음식 :
	보장구	□ 지팡이 □ 워커 □ 성인용보행기			거부음식 :

<table>
<tr><td rowspan="13">기억력과 행동상의 문제측정</td><td colspan="3">질문내용</td><td>있음</td><td>때때로</td><td>없음</td></tr>
<tr><td colspan="3">1. 같은 질문을 여러 번 반복해서 한다.</td><td>✓</td><td></td><td></td></tr>
<tr><td colspan="3">2. 실내, 외에서 길을 찾지 못한다.(집, 자신의 방, 화장실)</td><td></td><td></td><td>✓</td></tr>
<tr><td colspan="3">3. 혼자서 분주하거나 거의 하지 않는다.</td><td></td><td></td><td>✓</td></tr>
<tr><td colspan="3">4. 말을 많이 하거나 거의 하지 않는다.</td><td></td><td></td><td>✓</td></tr>
<tr><td colspan="3">5. 환상이나 망상 같은 있지 않은 일을 보거나 듣는다.</td><td>✓</td><td></td><td></td></tr>
<tr><td colspan="3">6. 가족이나 친인척을 알아보지 못한다. (관계혼동)</td><td></td><td></td><td>✓</td></tr>
<tr><td colspan="3">7. 물건을 도둑맞았다고 한다.</td><td></td><td>✓</td><td></td></tr>
<tr><td colspan="3">8. 실금, 불결 등 개인위생에 무관심하다.</td><td></td><td></td><td>✓</td></tr>
<tr><td colspan="3">9. 사실이 아닌 것을 사실이라고 한다.</td><td></td><td>✓</td><td></td></tr>
<tr><td colspan="3">10. 최근 일을 기억하지 못한다.</td><td>✓</td><td></td><td></td></tr>
<tr><td colspan="3">11. 자꾸 밖을 나가려고 한다.</td><td></td><td>✓</td><td></td></tr>
<tr><td colspan="3">12. 과거와 현재가 뒤섞여 있다.</td><td></td><td>✓</td><td></td></tr>
<tr><td colspan="2">표준장기요양이용계획서</td><td colspan="5">■ 반영 □ 변경 (횟수, 제공시간, 비용 등)</td></tr>
<tr><td rowspan="6">서비스 요청내용</td><td>일상생활영역</td><td colspan="5">인지활동을 통한 인지기능 개선
파킨슨으로 인해 걸음걸이가 불안정하여 이동 시 밀착케어</td></tr>
<tr><td>문제행동영역</td><td colspan="5">환청이 들릴 경우 이상행동이 나타나므로 안정을 찾을 수 있도록 함</td></tr>
<tr><td>정서적영역</td><td colspan="5">말벗(종교활동)</td></tr>
<tr><td>자원이용욕구</td><td colspan="5">이미용</td></tr>
<tr><td rowspan="2">이용주기</td><td colspan="2">■ 월 ■ 화 ■ 수 ■ 목 ■ 금</td><td colspan="3">8:00 ~ 17:00 (8시간 이상)</td></tr>
<tr><td colspan="2">□ 토</td><td colspan="3">~</td></tr>
<tr><td>상담결과</td><td colspan="6">■ 이용절차 안내 □ 대기자 등록 □ 타 서비스 연계 □ 기타</td></tr>
<tr><td>총괄평가</td><td colspan="6">한글, 수, 색 인지활동을 비롯하여 종이접기 등 다양한 인지활동 참여를 통한 인지기능 향상을 도모하여 일상생활수행동작훈련을 통해 자립활동의 범위를 확대할 필요성이 있다.
가정내에서 움직임이 없어 다리 근력이 많이 저하되어 있고 파킨슨으로 인해 보폭이 매우 좁기 때문에 낙상예방을 위한 이동보조와 하지 근력 강화를 위한 신체활동을 유도하고자 한다.
건강상태가 좋지 않은 고령의 남편이 어르신을 케어하기에는 많은 어려움이 있어 적응기간이 끝난 후에 토요일 이용 및 야간 이용 관련정보를 알려드려 수발부담 경감을 돕도록 한다.</td></tr>
</table>

※ 인적사항

성 명	김 ○ ○	성 별	여
보호구분	일반	등 급	3등급
학 력	고졸	세대유형	부부세대
종 교	기독교	질 병	파킨슨병, 알츠하이머병 치매

※ 구성원

구분	직 책	담 당	내 용
1	요양보호사	일상생활지원	이동케어, 운동프로그램
2	간호조무사	건강 및 신체활동 지원	간호사정
3	사회복지사	외부자원 및 서비스 연계	사례관리 주 진행, 서비스 계획 및 연계
4	조리사	급간식 지원	영양상태를 고려한 식사지원
5	운전원	송영 지원	이동보조 및 차량승하차 도움

※ 초기면접

구 분		문제 및 욕구
건강상태	일상생활동작(ADL)	파킨슨으로 인한 떨림이 심하고 걸음의 보폭이 좁아 자립적인 일상생활수행이 어려움
	수단적 생활동작(IADL)	인지기능 저하 및 신체기능저하로 인해 IADL 수행이 불가능함
	질 환	파킨슨병
	치 매	알츠하이머병 치매
	우울증	없음
경제상태		일반
주거상태		자가(2층 - 외부계단을 통해 올라가야 함)
영양상태		• 주일마다 둘째딸이 밑반찬을 조리해서 방문하여 간단한 밑반찬은 남편이 조리함 • 식탐으로 인해 식사량 조절이 어려움
희망서비스		• 인지활동 - 인지기능 개선 • 신체활동 - 하지근력 강화
담당자 소견		• 기본적인 의사소통과 일상생활능력이 모두 가능하여 긴급하게 접근 · 개입이 필요한 문제는 없음 • 당뇨병과 고혈압 등 노인성질환이 있으므로 질병관리 및 지속적인 모니터링이 요구됨
기 타		• 당뇨병으로 인해 식사배달서비스에서 밑반찬서비스로의 전환을 요청 • 만성질환(당뇨)로 인한 걱정이 많으며 자기관리의 의지 보임

※ 생활사

평안남도 출신으로 슬하에 딸 셋을 두었으며 첫째 딸은 남편과 사별 후 손녀딸을 키우고 있으며 경제적으로 어려워 보호자가 받는 연금으로 생활 지원을 해주고 있고, 둘째 딸은 ○○구 ○○동에 거주하며 주일마다 어르신 댁을 방문하여 청소 및 밑반찬 조리 등 가사를 지원하고 있다. 셋째 딸은 목회를 하는 남편과 △△에 생활하고 있어 자주 왕래하지 못하지만 기독교 신자인 어르신께서 무척 자랑스러워한다.

공무원 생활과 교회에서 장로로 오랫동안 생활한 남편에 대한 신뢰가 두텁고 의지하며 생활하다 파킨슨병과 치매 증상으로 인해 주야간보호시설을 이용하다, 2021년 2월에 시설 입소를 하며 종결되었다.

2. 사정평가

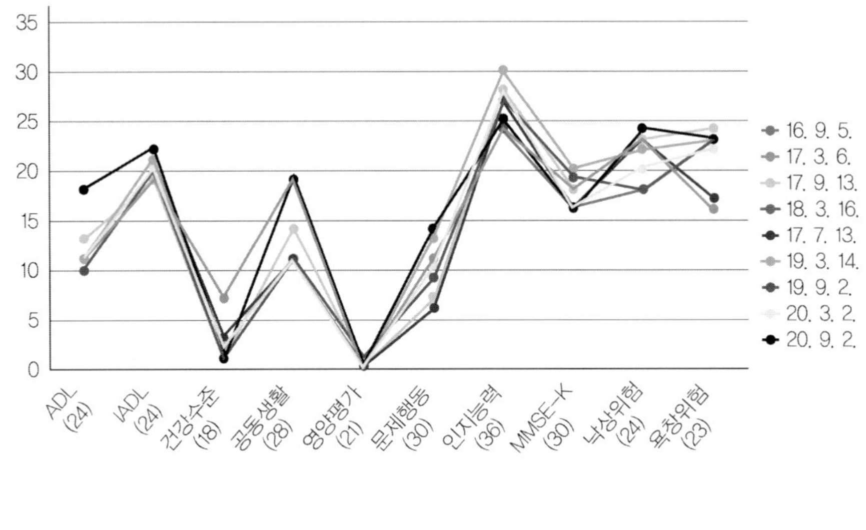

	ADL (24)	IADL (24)	건강수준 (18)	공동생활 (28)	영양평가 (21)	문제행동 (30)	인지능력 (36)	MMSE-K (30)	낙상위험 (24)	욕창위험 (23)
16. 9. 5.	11	19	7	19	0	11	24	16	18	23
17. 3. 6.	11	19	7	19	0	11	24	18	23	16
17. 9. 13.	13	19	1	14	0	7	28	18	23	24
18. 3. 16.	10	21	3	11	0	6	27	16	23	17
18. 7. 13.	10	21	3	11	0	6	27	16	23	17
19. 3. 14.	10	21	2	11	0	13	30	20	22	23
19. 9. 2.	10	20	1	11	1	9	28	19	18	23
20. 3. 2.	11	20	1	11	0	10	28	16	20	22
20. 9. 2.	18	22	1	19	0	14	25	16	24	23

처음 이용 당시에는 부축을 통한 자립보행이 가능하였으나 파킨슨으로 인한 증상이 심해지면서 보행이 불가능하고 손떨림이 심하여 식사를 비롯한 일상생활수행 및 동작수행이 더욱 어려워지게 되었으며 더불어 낙상위험도 높아지는 양상을 보였다.

문제행동 및 인지능력의 경우에는 이용 초기단계에서 좋아지는 양상을 보이기도 하였으나 치매와 파킨슨이 진행되면서 사정평가 결과가 나빠지는 것을 확인할 수 있었다.

객관적 지표를 사용하지만 주관적 평가가 더해지면서 부정확한 점수를 결과를 나타낼 수 있기 때문에 평가도구만으로 전체적인 상황을 판단하는 데 한계가 있는 것으로 보인다.

3. 사례회의

일자	선정사유	개입계획
○○년 ○월 ○일	• 물건에 대한 집착이나 타인을 의심하는 행동으로 인해 다른 어르신과의 마찰이 발생하고 욕구가 해결되지 않을 경우 화를 내며 집에 가겠다고 함 • 잠시도 쉬지 않고 배회를 하여 낙상 위험이 매우 높으나 밀착케어를 거부하고 있어 안전한 시설생활을 위한 개입방안이 필요함	• 오전에 입소할 때의 사진을 찍어 보여드리면서 상황을 인지할 수 있도록 하고 문제가 해결되지 않는 경우에는 다른 어르신에게 피해가 되지 않는 범위 내에서 주의해서 지켜보며 어르신 스스로가 확인할 수 있도록 함 • 이후에도 문제행동이 계속될 경우에는 보호자와의 전화연결을 통해 심리적 안정을 찾을 수 있도록 함 • 문제행동의 발생빈도와 시간, 개입 시 어르신의 반응 등을 관찰하고 이를 토대로 서비스 제공계획을 수립하고자 함

일자	개입결과	차기계획
○○년 ○월 ○일	• 안전이 확보된 상태에서 어르신이 스스로 활동할 수 있도록 하였더니 짧게는 30분 길게는 2시간 이상 배회하며 물건을 찾는 행동을 보임 • 이상행동의 내용이나 발현시간 등이 일정하지 않고 쉽게 안정을 찾는 경우도 있고 그렇지 않은 경우도 있어 규칙성을 찾기는 어려움 상황임 • 보호자와의 전화통화 이후에는 이상행동이 감소되지 않고 오히려 불신하며 나가겠다고 하는 모습을 보이는 경우도 많음	• 사례회의를 토대로 개입계획을 수립하고 개입하였으나 이상행동을 보이는 패턴이 불규칙하여 문제해결을 위한 명확한 답을 찾기는 어려운 상황임 • 다만, 케어자들이 교대로 여러가지 방법(찬송부르기, 산책하기, 수건개키기 등의 활동)을 적용하며 이상행동의 감소를 위한 다양한 시도를 하고 있음 • 파킨슨으로 인해 제한된 신체활동 가동범위를 늘리기 위한 신체활동을 지원하여 낙상예방을 돕고자 함 • 더불어 심리적 안정도모를 위한 말벗 도움 및 종교활동을 지원하고자 함

일자	선정사유	개입계획
○○년 ○월 ○일	• 점심시간 이후 배회증상이 심해지고 친정엄마가 돌아가셨다고 하며 집에 가시겠다는 행동이 자주 발생함 • 오후 송영시 차안에서 내리려는 행동과 자리를 이동하는 모습이 반복적으로 나타나고 있고 다른 어르신들이 위험을 호소하고 있음	• 송영 시 자리를 가장 뒷자리로 변경하고 안전벨트 잠금장치를 좌석 밑으로 고정하여 어르신이 풀지 못하도록 수리함 • 차량 운행 중 이동하는 경우 발생할 수 있는 사고와 위험에 대해 안내하고 운행 중 현재 위치, 어르신이 언제 내리는지 등을 계속 말씀드려 불안을 감소할 수 있도록 함 • 보호자님께 어르신의 문제행동이 지속될 경우 하차순서를 첫 번째로 변경하여 진행하는 방안을 계획하고 있음을 말씀드림

일자	개입결과	차기계획
○○년 ○월 ○일	• 자리배치를 변경한 후에는 차량 내 이동은 감소하였으나 옆에 있는 어르신 때문에 움직일 수 없다고 하며 몸싸움을 하심	• 가급적 옆자리에 다른 어르신과 동석하지 않도록 하며, 부득이한 경우 운전자 뒷자리에 앉게 하여 가까이에 있는 보조자가 빨리 상황을 수습할 수 있도록 함 • 운전자 및 보조자의 경우 송영 중 발생할 수 있는 사고에 대비하여 송영안전수칙을 숙지하도록 함
일자	**선정사유**	**개입계획**
○○년 ○월 ○일	• 저녁이 되면 배회가 더욱 심해져 보호자가 케어하는 데 어려움이 있다고 하면서 어르신의 컨디션을 고려하여 야간 이용 가능 여부를 문의하여 서비스 이용시간을 조정이 필요함	• 보호자께서 어르신의 체력이 염려되어 월~목요일 야간 이용을 고려하고 이를 반영하여 이용시간을 계획하고자 함 • 또한 가정과 시설 내 생활패턴을 파악하고 건강상태를 고려하여 이용시간을 점차 늘리고자 함 • 또한 배회, 집착증상에 따라 적절한 케어방법과 행동변화에 적절히 대처하고자 함(산책, 말벗, 지켜보기 등)
일자	**개입결과**	**차기계획**
○○년 ○월 ○일	• 보호자의 케어부담 경감을 위해 월~목요일 야간 이용하며 야간 1호차(19시) 송영으로 진행하였으며 다른 어르신이 귀가하실 때 집에 가겠다고 신발을 신거나 문앞에 앉아있기도 하였지만 저녁식사를 권해드리면 집에 가는 것을 잊기도 함 • 야간을 이용하면서 체력이 감소된 것은 관찰되지 않았고 보호자 또한 저녁식사준비 부담과 이상행동에 대면하는 시간이 감소하게 되어 신체적, 심리적으로 편안해지셨다고 함	• 어르신의 경우 식사량도 좋고 배회에 따른 움직임도 많은 편이기 때문에 저녁에 숙면을 취하기 위해서는 센터 내에서 많은 시간을 보내는 것이 문제행동 감소에 도움이 될 수 있으리라 봄 • 안정적으로 적응하는 부분이 확인되면 이용요일 및 시간을 늘리는 부분에 대해서 보호자와 논의하고자 함 • 야간의 경우 이용인원이 적으므로 1:1 인지활동 및 신체활동, 종교활동 참여를 유도하여 배회 횟수 및 시간 등이 감소되는지 관찰하고 다양한 서비스 지원계획을 세우고자 함
일자	**선정사유**	**개입계획**
○○년 ○월 ○일	• 예전에는 배회시간이 많아 야간 이용 후 귀가하면 숙면을 하였으나 최근에는 밤중에 배회가 심하고 밖으로 나가려는 행동이 잦아졌다고 하며 센터 내에서 수면시간 조정을 요청함	• 오전에는 눈을 뜨지 못하고 한쪽으로 몸이 기울어진 상태로 체력회복을 위해 식사전까지 2시간 정도 수면을 취할 수 있도록 하였으나 보호자 요청에 따라 수면시간을 오전 1시간으로 제한하고 건강상태에 따라 추가로 휴식을 취할 수 있도록 조정하고자 함 • 수면시간이 부족하여 여러가지 행동변화가 나타나 파트별로 관찰하고 이를 토대로 서비스 계획을 수립하고자 함

일자	개입결과	차기계획
○○년 ○월 ○일	• 수면시간을 1시간으로 제한하였으나 어르신께서 잠에서 쉽게 깨지 못하고 과격한 행동과 배회가 나타나고 낙상 위험도 증가한 것으로 보임 • 또한 가정에서도 밤에 배회와 나가려는 행동은 크게 줄지 않았다고 함	• 센터 내 수면시간과 가정 내 수면시간의 관계성이 명확하게 확인되지 않은 상황이므로 센터에 있는 동안에는 다양한 신체활동과 운동 등을 병행하고 걷기운동을 통해 하지근력을 강화하여 낙상을 예방하고자 함 • 매일 어르신의 수면 및 생활상황을 보호자에게 전달하여 가정에서 미리 대처할 수 있는 방안을 마련할 수 있도록 수시로 전화상담을 실시하여 수발부담 경감을 도모하고자 함

4. 개별 상담 기록

날짜	방법	상담내용	상담결과 및 조치 반영
○○년 ○월 ○일	대면	• 입소 첫날이어서 불안해하며 배회로 안심시키려는 요양보호사의 신체를 꼬집고 할퀴는 행동을 보임 • 파킨슨으로 인해 걸음걸이가 불안정하고 무릎을 꿇는 자세로 주저앉기도 함	• 적응 기간 동안 어르신의 생활 및 행동습관을 관찰하고 적절한 케어계획을 수립하고 수시로 보호자님과 상담하여 센터 이용이 원만하게 이루어질 수 있도록 하겠음을 말씀드림
○○년 ○월 ○일	대면	• 이용한 지 한 달 정도가 되었을 때 예전보다 표정이 밝아지신 것 같다며 좋아하심. • 다만, 집에서 밖으로 나가려는 행동이 잦고 신발을 찾으며 불안해하는 증세를 보여 어떻게 해야 하는지 물어봄	• 생각보다 적응을 잘하고 있어 다른 어르신들과 이야기를 나누기도 하고 필요한 욕구에 대해 명확하게 나타내기도 하며 비교적 안정된 생활을 하고 있음을 말씀드림 • 신발을 찾는 행동은 센터에서도 나타나고 있으며 센터의 경우 신발주머니를 만들어 드리고 들고 다니시거나 눈에 잘 띄는 곳에 올려두어 안심시켜 드리고 있으므로 가정에서도 동일한 방법을 사용하시기를 권해드림
○○년 ○월 ○일	대면	• 종종 걸음으로 걷다가 무릎으로 넘어지는 모습이 자주 관찰되어 가정 내에서는 어떤지 여쭙자 집에서도 자주 넘어지는데 요령이 생겨서 크게 다치지는 않는다고 함	• 집에서 사용하는 무릎보호대가 있으면 송영차량 편에 보내주기를 요청드림 • 낙상빈도가 증가하지 않도록 밀착케어하고 안전손잡이나 보행도구를 활용하여 이동할 수 있도록 도움을 드리고자 함

○○년 ○월 ○일	대면	• 요즘 센터에서 어떻게 지내는지 궁금하다며 방문함 • 어르신의 참여도가 높은 미술활동 프로그램에 참관하기를 권하고 참여하는 어르신의 모습을 보며 조금이나마 안심할 수 있도록 해드림	• 배회증상은 처음보다 줄었으나 폭언, 폭력적인 행동이 나타나고 있고 제재할 경우 손톱으로 긁거나 무는 행동이 나타나고 있음을 말씀드림 • 이상행동으로 인해 안정을 찾지 못하는 경우 휴게실에서 이야기를 나누거나 1:1 인지활동을 실시하며 도움을 드림을 설명함
○○년 ○월 ○일	전화	• 망상과 배회를 보이며 보호자님을 찾으며 불안해하여 보호자님께 상황을 설명하고 안심할 수 있도록 말씀 전달을 부탁드림 • 통화 후에도 불안해하면 모시러 오겠다고 하심	• 보호자님과 통화 후에도 안정을 찾지 못하였으나 차차 배회가 줄어들었음 • 따뜻한 물과 온찜질을 통해 심신의 안정을 돕고자 함
○○년 ○월 ○일	전화	• 오전에는 프로그램에 잘 참여하고 의사소통도 원활하였으나 오후가 되자 남편이 돌아가셨다며 집에 가셔야 한다고 소리를 질러 보호자님과 통화하고 잘못된 상황임을 인지할 수 있도록 함	• 남편과의 통화 이후 안정을 찾았고 추후 이상행동이 보일 경우 신속하게 보호자와 통화를 시도하여 심리적 안정을 찾을 수 있도록 하고자 함
○○년 ○월 ○일	전화	• 송영차량에서 함께 탑승한 어르신이 돈을 훔쳐갔다며 의심하고 다툼이 발생하였으며 가정 내에서도 분실의심 행동이 보이는지 여쭙자 물건을 숨기는 행동이 나타나고 있다고 함	• 4월 21일 정기검진 시에 이상행동의 내용, 발생빈도 등을 주치의와 상담하기를 권해드림
○○년 ○월 ○일	대면	• 최근 비교적 안정된 모습을 보이며 밝은 모습으로 활동하지만 가끔 신발을 찾고 손에 들고 있으려는 모습을 보임을 말씀드림 • 케어가 어려울 텐데 항상 밝은 모습으로 맞아주는 센터 직원에 대해 감사인사를 전해주심	• 치매로 인한 행동은 매일 순간마다 다른 양상을 보이며 센터에서는 여러 사람이 다양한 케어방법을 통해 케어하고 있어 큰 어려움은 없음을 말씀드림 • 보호자가 안심할 수 있도록 어르신의 변화에 대해 송영 시에 전달하고 부양자에 대한 적극적 지지를 해드림
○○년 ○월 ○일	대면	• 2층에서 올라오라는 소리가 들리는데 나가지 못하게 한다면서 불만을 토로하심	• 오전 간식을 드신 후에 2층에 올라오실 수 있음을 설명하고 안정을 도모함 • 시간이 지나자 2층에 가야 한다는 것을 기억하지 못함
○○년 ○월 ○일	대면	• 남편이 밖에서 검정색 차를 타고 있다고 하며 문을 열어달라고 소리를 치심	• 밖으로 나가 어르신이 봤다는 검정색 차에 아무도 없음을 확인시켜 드리고 5시에 집에 모셔다 드리겠다고 말씀드림
○○년 ○월 ○일	전화	• 주말 동안 센터에 가져가야 한다며 물건을 싸는 행동을 보여 다툼이 있었다고 하며 센터에서 이상행동은 없는지 문의하심	• 평소와 크게 다른 부분은 보이지 않음에 대해 말씀드리고 이상행동을 보일 경우 제재하기보다 위험하지 않은 범위 내에서 지켜보고 평소 좋아하는 찬송가를 틀어드리기를 권함

○○년 ○월 ○일	전화	• 망상증세가 심하고 배회가 잦으며 밖으로 나가려는 행동이 평소보다 더욱 심해서 보호자가 케어하는 데 많은 어려움이 있다고 함	• 센터에서도 망상, 배회 등을 보이며 다른 어르신 불안정한 걸음걸이로 인해 낙상 위험이 높아 항상 주의하며 이동을 돕고 있음을 말씀드림 • 이상행동이 지속될 경우 따뜻한 차를 제공하여 긴장된 상태를 완화하도록 돕고 성경을 읽거나 찬송을 부르며 화제 전환을 시도하고 있음을 말씀드림
○○년 ○월 ○일	전화	• 현재 거주지가 재개발이 예정되어 둘째 딸이 살고 있는 ○○역 부근으로 이사를 계획하고 있다고 하며 송영지원이 가능한지 문의함	• ○○역까지는 가능할 것으로 보이며 정확한 주소지 확인을 요청드리고 송영지원이 어려울 경우 타 기관 연계하여 서비스 이용에 차질 없도록 하겠음을 말씀드림
○○년 ○월 ○일	전화	• 이상행동이 최근 들어 심해졌고 걸음걸이가 둔해져 자주 넘어진다고 하고 센터에서의 생활은 어떤지 궁금해함	• 석양증후군을 뚜렷하게 보이며 남편이 왔다고 가야 한다고 문을 열어달라고 하는 빈도가 증가하였고 망상이나 환청을 보일 경우 직접 확인시켜 드려 상황을 스스로 인지할 수 있게 하고 있음을 말씀드림 • 파킨슨으로 인해 보폭이 좁아져 걸음걸이가 불안정하므로 밀착케어를 통해 보행도움을 드리고 있음을 설명함 • 낙상위험이 높으므로 무릎보호대를 송영편에 전달해주기를 요청드림
○○년 ○월 ○일	전화	• 5월 2일 ○○동 216-XX 202호로 이사 예정이며 서비스 가능 여부 확인 요청함	• 지속 서비스 가능함을 말씀드리고 송영코스 확인하고 시간 조정하고 연락드리기로 함
○○년 ○월 ○일	전화	• 공휴일인 6/6, 6/13에도 센터 이용을 해야 할 것 같다고 하면서 이상행동이 심한 데 맡겨놓아야 해서 미안한 마음이 든다고 함 • 자신도 허리와 다리가 좋지 못한데 체구가 있는 어르신을 제지하려면 너무 힘이 든다고 함	• 이상행동을 보일 경우 찬송을 부르거나 성경읽기를 통해 심리적 안정을 도모하고 실외산책을 통한 기분전환을 도모하고 있음을 말씀드림 • 고령의 보호자가 어르신을 케어하는 데 어려움이 있으므로 야간이용 및 토요일 이용을 안내하고 보호자의 충분한 휴식을 권해드림
○○년 ○월 ○일	전화	• 하루 종일 센터에 있는 것이 안쓰럽기는 하지만 자신이 수급자를 케어하는 데 한계가 느껴진다고 하며 주말 이용을 하겠다고 함	• 함께 가정 내에서 생활하기 위해서는 보호자의 건강 회복이 가장 중요한 부분임을 말씀드리고 불편한 마음을 갖지 않기를 전함 • 우선 주말 이용을 시작하고 추후 조정을 안내함

○○년 ○월 ○일	대면	• 걸음걸이가 둔해지면서 화장실 이용을 거부하여 소변을 지리는 경우가 발생함 • 장소에 대한 지남력이 있어 중앙현관 앞에서 소변을 보고 문제상황을 인지하지 못함 • 오전에는 배회를 하고 오후에는 체력이 소진되어 눈의 초점이 흐려지는 모습을 보임 • 가정 내에서 수면습관을 여쭙자 귀가하면 씻고 바로 주무신다고 함	• 규칙적인 화장실 이용을 권유하고 일자형 패드 사용을 병행하여 위생관리를 돕고자 함 • 센터를 이용하는 시간 중에 체력회복을 위해 1시간 이내의 수면을 취하지만 체력이 많이 소진된 상태이므로 가정 내에서도 주의 관찰이 필요함을 말씀드림
○○년 ○월 ○일	전화	• 집에서 이동하는 것을 너무 힘들어하여 아침, 저녁으로 계단을 내려올 때 무척 힘들다고 함 • 송영보조자의 도움이 있지만 다리에 힘이 없어 더 이상 걷지 못할까 봐 걱정이라고 하심	• 파킨슨병에서 보이는 떨림, 서동, 경직 등의 증세가 더욱 악화되어 보행이 불가능한 상황까지 보이게 됨 • 센터에서는 양쪽에서 밀착케어하여 안전한 이동을 돕고 걷기운동과 다리마사지기 등을 활용하여 하지근력 강화를 위한 지원을 하고 있음을 말씀드림
○○년 ○월 ○일		• 허리가 아프다고 호소하여 침대에서 온열찜질을 해드리고 상태를 관찰함	• 오전에 1시간 주무시고 난 후 컨디션은 조금 회복하였지만 인상을 찌푸리며 불편한 모습을 보임 • 이동을 최대한 자제시키고 안정을 취할 수 있도록 함
○○년 ○월 ○일	전화	• 월~목요일 야간 이용을 하고 싶다고 하고 비용을 문의하여 식사비 포함 8만 원 추가됨을 안내함	• 자녀들과 상의하신 후 이용의사를 확정지으면 송영일정을 확인해드리기로 함
○○년 ○월 ○일	전화	• 월~목요일까지 야간 이용 개시하기로 함	• 송영시간 안내하고 체력 및 감정변화에 대해 관찰하고 무리하지 않는 범위 내에서 활동을 지원함을 말씀드림
○○년 ○월 ○일	전화	• 바른 자세가 유지되지 못하고 한쪽으로 기울어지는 모습을 보이고 이동 시 낙상 위험이 증가함을 말씀드리고 가정 내에서도 밀착케어를 당부드림	• 팔걸이가 있는 의자에 앉아 바른 자세가 유지될 수 있도록 지원하고 하지근력 강화 운동을 병행하기로 함
○○년 ○월 ○일	대면	• 센터 생활에 대해 문의하여 최근에는 잠시도 가만히 앉아 있지 못하고 신발장에서 신발을 확인하고 청소를 해야 한다며 걸레를 들고 책상, 의자를 닦고 행동을 제지할 경우 화를 내며 폭언을 보이지만 제재하기보다는 안전하게 활동할 수 있도록 지켜보며 도움을 드린다고 말씀드림	• 치매로 인해 나타나는 행동은 다양하며 예측할 수 없으므로 항상 주의 관찰하며 케어하고 있음을 말씀드림

○○년 ○월 ○일	전화	• 최근 들어 대변을 보고 인지하지 못하고 다리를 전혀 떼지 못하여 걷지 못하는 빈도가 증가하여 가정 내 생활에 대해 여쭈었더니 평소와 크게 다르지 않다고 하며 어떻게 해야 하는지 물어오심	• 보호자가 케어가 어려운 상황임에도 큰 어려움없이 보호가 이루어지는 부분에 대해 지지하고 센터에서 나타나고 있는 용변관리와 인지기능 저하는 지속적으로 관찰해보기로 함 • 딸의 이름을 여쭈면 이○린 ○영, ○경 말하고 남편의 이름을 말하지만 나이와 현재 상황에 대해서는 부정확하게 답을 함
○○년 ○월 ○일		• 친정 엄마에게 가야 한다고 하면서 밖으로 나가려고 하고 공격적인 모습을 보여 화제를 전환하고자 대화를 시도하였으나 감정이 불안정한 상태여서 대화가 이루어지지 못함	• 조용한 찬송가를 틀어드려 정서적 안정을 도모하고자 함 • 거동이 불편한 상태인데도 이동을 하려고 하여 낙상이 발생하지 않도록 밀착케어를 실시함
○○년 ○월 ○일	전화	• 토요일 이용시 화장실 도움을 드리는 과정에서 속옷에 ㅇㅇ이 묻어 있어 전화를 드렸더니 집에서도 몇 번 이와 같은 증상이 있었다고 함	• 병원진료를 권해드렸더니 인ㅇ병원 산부인과에 다녀오겠다고 함
○○년 ○월 ○일	전화	• 인ㅇ병원에서 자궁경부암 검사를 하였으나 이상이 없어 세ㅇ란스 병원에 조직검사를 하러 갈 예정이며 하루 쉬겠다고 함	• 병원진료 잘 받으시길 전하고 내일 뵙기를 전함
○○년 ○월 ○일	전화	• 조직검사 결과 이상은 없다고 하며 출혈량이나 기타 이상증세를 관찰해달라고 함	• 화장실 이용 시에 관찰하고 변화상태를 수시로 알려드리기로 함
○○년 ○월 ○일	전화	• 명절을 보내고 센터에 오실 때 걸음걸이를 살펴보니 발을 전혀 들지 못하고 양쪽에서 부축하는 직원에 의해 끌려오는 듯한 모습이 보여 전화를 드림 • 명절기간 동안 어떻게 지내셨는지 여쭙자 전혀 움직이려 하지 않고 누워서만 계셨다고 하심	• 움직임이 전혀 없는 상태였기 때문에 하지근력이 더욱 좋지 않을 것으로 보이며 다리운동을 비롯하여 일상생활동작훈련을 실시하여 잔존기능을 최대한 활용할 수 있도록 지원하고자 함 • 무리가 되지 않도록 짧은 시간 운동하고 온찜질을 통해 근육이완과 통증경감을 도울 예정임을 말씀드림
○○년 ○월 ○일	전화	• 오전에는 체력저하와 피로로 인해 몸이 한쪽으로 기울고 발을 떼지 못하고 무릎이 꺾이는 모습이 나타나며 수면을 취한 후에는 배회, 폭언을 보이며 불안정한 모습을 보임 • 가정에서도 늦은 밤이나 새벽에 배회하여 보호자 또한 신체적, 정신적 어려움이 크다고 함	• 행동변화 내용과 대처방법을 관찰 기록하여 적절한 케어계획을 수립하고자 함 • 컨디션에 따라 적절히 수면을 유도하고 신체, 인지활동 참여를 적극 유도하는 것이 필요함 • 어르신께서 주야간을 이용하시는 시간에는 충분히 수면을 취하고 병원진료 등 개인활동을 즐기며 스트레스를 푸는 것이 중요함을 말씀드림

○○년 ○월 ○일	대면	• 전일 체중측정 결과 65kg이며 보행이 어려워지면서 신체활동량이 줄어들어 늘어난 것으로 보임	• 제한된 범위 내에서라도 신체활동을 유도하고 밀착케어를 통한 보행 도움과 식사량 조절을 통해 적정 체중이 유지할 수 있도록 돕고자 함
○○년 ○월 ○일	대면	• 거동이 더욱 어려워 케어에 어려움이 많다고 하고 오늘 아침에도 어르신이 다리를 들지 못하여 요양보호사가 집안에서 업고 내려왔다고 하며 미안한 마음을 나타남	• 밤새 배회하여 수면시간이 부족하고 그로 인해 아침시간에 자립보행이 더욱 어려운 상황인 것으로 보임 • 센터 내에서의 수면시간을 최소화하고 귀가 후에 가정에서 충분한 수면이 이루어질 수 있도록 시도해보기로 함 • 또한 보호자 건강이 우선시되어야 안정된 케어가 이루어짐을 말씀드리고 지지함
○○년 ○월 ○일	전화	• 예전에는 새벽에 2회 정도 소변을 봤었는데 요즘에는 스스로 욕구를 보이지 않는다고 하며 센터에서는 어떤지 물어오심	• 스스로 화장실 이용욕구를 보이지 않는 경우가 많기 때문에 1시간마다 화장실로 모시고 가서 용변을 볼 수 있도록 지원하고 있음을 말씀드림 • 취침 전 최소량의 수분섭취와 화장실 이용을 하여 수면 도중 일어나는 횟수를 줄이는 방안을 안내함
○○년 ○월 ○일	대면	• 오전 병원진료를 하면서 배회, 망상, 숙면을 취하지 못하는 부분을 이야기했으나 병원에서는 크게 달라진 것이 없다고 하며 약 처방도 기존과 동일하다고 함	• 의료적인 부분은 의사가 충분히 판단하였을 것이므로 조금 지켜보며 어르신이 편안해 하는 부분이 무엇인지 찾아보기로 함
○○년 ○월 ○일	전화	• 한쪽으로 몸이 계속 기울고 자립적으로 몸을 일으키지 못하는 상황임을 말씀드림	• 베개를 옆구리에 끼워드리고 케어자가 안전한 자세가 유지될 수 있도록 밀착케어함 • 일시적인 상황일수도 있으므로 낙상주의하며 케어하고 어르신의 신체변화를 관찰하고 보호자 상담을 진행하기로 함
○○년 ○월 ○일	전화	• 지난달 수면, 행동패턴의 변화가 크게 없으며 걸음걸이가 더욱 불안정하고 자립적인 수행이 더욱 불가능한 상황임을 말씀드림 • 11월 8일 병원진료가 있는데 딸과 함께 가지만 케어하기가 너무 힘들어 걱정이라고 하심	• 배회나 행동변화시 위험하지 않는 범위 내에서 지켜보고 스스로 안정을 찾을 수 있도록 하는 것이 필요하며 낙상에 각별히 주의하시기를 당부드림 • 행동증상의 변화는 다양한 것으로 보이며 기능저하로 인해 자립적인 생활이 불가능할 수 있으므로 딸의 도움을 받기를 권해드림
○○년 ○월 ○일	전화	• 어르신의 기능이 더욱 저하되어 자신이 케어하는 것이 불가능한 상황까지 이른 것 같다고 하면서 시설이용을 계획하고 있고 1월 7일 공단에 방문예정이라고 함	• 시설급여 변경되면 주야간보호서비스 이용이 불가하므로 미리 연락주시기를 안내함

○○년 ○월 ○일	전화	• 안쓰러운 마음이 들어 집에서 함께 생활하려고 했으나 해가 바뀌면서 보호자 체력이 더욱 좋지 않은 상태여서 더 이상 힘들 것 같다고 하면서 요양원 입소에 대해 문의함	• 법인에서 운영 중인 해○○요양원으로 거주지 부근에 위치해 있어서 방문하기 편리할 것임을 말씀드림 • 요양원에 대한 부정적 인식을 갖지 않도록 서비스를 비롯한 운영내용에 대해 설명해드리고 연계해드리기로 함 * 해○○요양원에 대기자로 등록 신청해드림
○○년 ○월 ○일	전화	• 해○○요양원에 전화를 했으나 대기가 길어져 다른 곳을 알아보신다고 함	• 기독교 신자로 종교인이 운영하며 ㅇㅇ구 내 시설을 알아보고 계셔서 안내해드리고 해ㅇ안요양원에는 대기하고 결원 발생 시 전원하기를 말씀드림
○○년 ○월 ○일	전화	• 도저히 집에서 케어할 수 없어 요양원 입소를 결정하였다고 하며 서ㅇ병원사거리에 있는 엘○요양원이 목사님이 운영하는데 나이도 지긋하고 편안해보인다고 하심 • 2월 16일 입소할 계획이며 10일까지 센터 이용하신다고 함	• 보호자님의 결정에 지지하고 어르신께서도 요양원에서 잘 지내실 수 있을 것임을 말씀드림
○○년 ○월 ○일	전화	• 어르신 개인물품 및 퇴소관련 연계기록지 작성하여 귀가하실 때 전해드리기로 함	• 다시 주야간보호서비스를 이용하게 될 경우 연락주시기를 말씀드리고 그동안 어르신과 함께 지냈던 부분에 대해 감사한 마음을 전함
○○년 ○월 ○일	전화	• 해○○요양시설에 결원이 생겨 옮기게 되었다고 하면서 거주지와 가까이에 있어 마음이 편하다고 하심	• 해○○ 입소가 결정되어 담당자 또한 기쁜 마음을 전하고 요양시설에서도 건강하게 지내시길 바라는 마음을 전함

5. 서비스 평가 및 종결

입소 당시(2016. 9. 5) 치매(알츠하이머)와 파킨슨 중복질환을 가지고 있어 치매 진행속도가 빠를 것이라고 예상하고 보호자와 초기상담 시에 신체 및 인지기능의 향상(회복)보다는 현 상태를 유지 또는 진행속도를 최대한 늦추는 것을 목표로 하여 어르신 케어계획을 수립하였다.

예상보다 어르신의 이상행동은 다양하게 자주 발생하였으며 주수발자인 보호자(남편)가 케어하는 데 많은 어려움이 있어 주간시간을 이용하다가 야간시간까지 이용을 확대하였으며 퇴소 전에는 주말까지 이용하게 되었다.

초기에는 인지활동 및 신체활동 참여하고 집중하는 모습을 보였으나 1년

여가 지나면서 환청, 망상증세를 보이면서 집중력이 낮아져 프로그램 참여가 거의 불가능하여 일대일 맞춤형 활동을 통해 짧은 시간에 걸쳐 다양한 활동에 참여할 수 있도록 하였지만 인지상태가 더욱 저하되면서 프로그램 수행이 불가능한 상황까지 이르게 되었다.

2021년 1월 초 보호자가 가정케어 불가를 선언하고 본 센터 모 법인 산하시설인 요양원 입소(보호자의 집과 근거리, 기독교에 호의적인 기관 등)를 요청하여 입소연계를 실시하였고 결원이 없는 관계로 2월 10일 인근 지역 요양원에 입소를 확정하면서 2월 10일 이용을 종결하였다.

2021년 4월경 모법인 산하시설 요양원 결원 확인에 따라 전원하여 현재까지 입소하여 생활하고 있는 것으로 확인하였다.

파킨슨과 알츠하이머 치매가 중복되는 어르신의 경우 치매진행 속도가 현저히 빠른 것으로 관찰되었고 파킨슨으로 인해 떨림, 서동(행동이 느려짐), 경직으로 인해 보행장애로 이어져 낙상위험도 또한 높게 나타나기 때문에 적절한 재활치료가 병행되어야 하며 운동장애가 진행되지 않도록 신체활동을 적극 유도해야 한다.

부록 : 치매노인 복지용구 제도

1. 치매노인 복지용구 제도란

복지용구는 65세 이상의 노인 또는 치매, 파킨슨병 등 노인성 질환을 가진 사람이 1~5등급의 장기요양보험의 등급을 받았을 경우 복지용구 급여대상자가 된다.

요양원에 입소하지 않은 재가요양 중인 대상자중 일상 생활을 영위하는데 지장이 있는 대상자에게 일상생활 또는 신체활동 지원에 필요한 용품을 지원하는 것이 복지용구 제도이다.

급여배용 본인 부담률은 일반대상자는 15%, 감경대상자는 6~9%, 기초생활수급자는 본인부담금 없이 이용이 가능하다.

복지용구 구매나 대여는 노인장기요양보험 등급을 받아 복지용구 급여확인서를 발급받은 사람만 구매나 대여가 가능하다.

등급을 받았다고 모든 품목이 구매나 대여가 되는 게 아니므로 꼭 복지용구 급여확인서가 있어야 한다.

복지용구 급여확인서에서 구매 가능한 품목과 대여 가능한 품목이 확인 가능하다.

2. 복지용구 대여란

장기요양인정서에 재가급여 또는 가족요양비 지급대상자로 표시된 경우에 한하여 복지용구 이용이 가능하다. 그리고 노인요양시설에 입소한 수급자는 복지용구를 구입하거나 대여할 수 없다.

3. 급여방식

- 구입방식 : 구입품목의 제품을 구입하여 사용하는 방식
- 대여방식 : 대여품목의 제품을 일정기간 대여하여 사용하는 방식

4. 급여비용 본인부담률

일반대상자 : 15%, 경감대상자 : 6% 또는 9%, 기초생활수급자 : 0%

① 보험료 감경대상자(보험료 순위 25% 초과 50% 이하인 자)
② 의료급여자, 차상위 감경대상자, 천재지변 등 생계곤란자, 보험료 감경대상자(보험료 순위 25% 이하인 자)

5. 급여비용 연한도액

복지용구 급여비용(본인부담금 + 공단부담금)은 구입과 대여를 합산한 금액으로 총 160만 원을 한도로 하고 있다.

* 연 한도액을 초과하는 금액은 수급자 본인이 전액 부담해야 한다.

6. 복지용구 이용 전 반드시 알아야 하는 사항

사용 가능 햇수 내 복지용구 급여기준 : 사용 가능 햇수가 정해진 품목은 재료의 재질, 형태, 기능 및 종류를 불문하고 보건복지부장관이 정한 사용 가능 햇수 내에서 품목당 1개의 제품만 이용 가능하다. 단, 성인용보행기는 최대 2개까지 사용 가능 햇수 내에서 구입할 수 있다.

복지용구를 대여하는 경우에도 각 품목당 1개 제품만 대여할 수 있으나, 사용 가능 햇수가 경과한 제품 중 제품의 외형 및 작동상태 등 최소한의 기준에 부합하는 제품은 사용 가능 햇수의 $\frac{1}{2}$의 범위 내에서 연장하여 대여할 수 있다.

7. 동일품목 및 구입가능갯수

전동침대와 수동침대는 동일품목으로 1개의 제품만 이용 가능하다. 구입 또는 대여 품목인 욕창예방매트리스의 경우 수급자는 구입 및 대여를 동시에 할 수 없다. 사용 가능 햇수가 정해지지 않은 품목 중 미끄럼방지용품,

자세변환용구, 안전손잡이, 간이변기, 요실금팬티는 수급자의 연한도액 적용 구간에 '구입가능갯수'를 초과하여 구입할 수 없다.

8. 연한도 적용구간 내 구입가능갯수

미끄럼방지양말 : 6켤레, 미끄럼방지매트 : 5개, 자세변환용구 : 5개
안전손잡이 : 10개, 간이변기 : 2개, 요실금팬티 : 4개, 경사로(실내용) : 6개

① 복지용구 종류

- 구입품목 12종(사용가능 햇수)
  - 이동변기 복지용구 : 이동변기(5년)
    화장실로 이동하기 어려운 경우 용변을 쉽고 안전하게 볼 수 있는 용품
  - 지팡이 복지용구 : 지팡이(2년)
    보행 시 도움을 얻기 위하여 짚는 지팡이
  - 욕창예방방석 복지용구 : 욕창예방방석(3년)
    장시간 휠체어 등에 앉아 있을 경우 발생할 수 있는 욕창을 예방하기 위해 깔아두는 방석
  - 자세변환용구 복지용구 : 자세변환용구
    장시간 누워있을 때 자세 및 위치변환을 보조하는 용품
  - 미끄럼방지용품 : 화장실로 이동하기 어려운 경우 용변을 쉽고 안전하게 볼 수 있는 용품
  - 안전손잡이 복지용구 : 안전손잡이
    실내에 부착하는 지지용 손잡이와 화장실 거치용 손잡이 등으로 안전 사고 예방 및 자립환경 조성을 위한 용품
  - 성인용보행기 복지용구 : 성인용보행기(5년)
    보행이 불편한 경우 실내외에서 스스로 이동할 수 있도록 보조바퀴가 달린 기구

- 목욕의자 복지용구 : 목욕의자(5년)
  편안한 목욕 및 자세유지를 돕는 목욕용 의자
- 간이변기 복지용구 : 간이변기
  와상상태, 소변조절 등이 어려운 경우 용변을 쉽고 안전하게 볼 수 있는 용품
- 요실금팬티 복지용구 : 요실금팬티
  일회용이 아닌 패드가 부착되어 세탁 후 반복사용이 가능한 일반 속옷형태의 제품
- 욕창예방매트리스 복지용구 : 욕창예방매트리스(3년)
  체중을 분산하고 통풍을 원활하게 하여 장시간 한 자세로 누워있을 경우 발생할 수 있는 욕창을 예방하기 위한 매트리스
- 경사로 복지용구 : 경사로(실내 2년, 실외 8년)
  수동휠체어 또는 성인용보행기 이용 시 안전사고 예방 및 이동경로 확보를 위한 용품

• 대여품목 8종

- 휠체어 복지용구 : 수동휠체어(5년)
  다리를 마음대로 움직일 수 없는 사람이 앉은 채로 이동할 수 있도록 바퀴를 단 의자
- 전동침대 복지용구 : 전동침대(10년)
  누운 자세에서 혼자 일어나 앉지 못하는 경우 전동으로 상반신을 일으킬 수 있는 침대
- 수동침대 복지용구 : 수동침대(10년)
  누운 자세에서 혼자 일어나 앉지 못하는 경우 수동으로 상반신을 일으킬 수 있는 침대
- 욕창예방매트리스 복지용구 : 욕창예방매트리스(3년)
  체중을 분산하고 통풍을 원활하게 하여 장시간 한 자세로 누워있을 경우 발생할 수 있는 욕창을 예방하기 위한 매트리스

- 이동욕조 복지용구 : 이동욕조(5년)
  보행이 불편할 경우 편리하게 사용하는 이동식 욕조
- 배회감지기 복지용구 : 배회감지기(5년)
  인지장애가 있는 수급자의 배회 및 실종을 예방하기 위한 용품
- 목욕리프트 복지용구 : 목욕리프트(3년)
  입욕 시 높낮이를 조절하여 안전하고 편리하게 목욕을 실시하기 위한 용품
- 경사로 복지용구 : 경사로(실내 2년, 실외 8년)
  수동휠체어 또는 성인용보행기 이용 시 안전사고 예방 및 이동경로 확보를 위한 용품

② 복지용구 연간한도액

- **연간한도액 160만 원** : 유효기간 개시일로부터 1년 동안(매년 갱신됨)
- **연간한도액 계산방법** : 복지용구비용(공단부담액 + 본인부담액)은 구입과 대여를 합산한 금액으로 총액이 160만 원을 초과하면, 초과한 금액부터는 본인이 부담하게 된다.

③ 복지용구 급여기준

사용 가능 햇수가 정해진 품목은 사용 가능 햇수 내에서 품목 당 1개의 제품만 구입 및 대여할 수 있다. (성인용보행기는 2개 가능)

연간한도액 적용기간(160만 원/1년) 중 미끄럼방지양말은 6켤레, 미끄럼방지매트·방지액은 5개, 자세변환용구는 5개, 안전손잡이는 10개, 간이변기는 2개, 요실금팬티는 4개까지만 구입 가능하다.

관련 법령에 따라, 시설급여를 이용하는 경우 복지용구 구입 및 대여가 안 된다.

관련 법령에 따라, 의료기관에 입원한 기간 동안에는 전동침대, 수동침대, 이동욕조, 목욕리프트는 대여가 안 된다.

참고문헌

권중돈(2004). 치매환자를 위한 프로그램의 실제. 현학사.

권중돈 외(2002). 치매와 가족. 학지사.

노원(전 : 중부, 북부)노인종합복지관(1991a). 치매노인 가족과 함께.

______________________________(1991b). 치매노인의 이해와 간호. 현문사.

______________________________(1993c). 치매노인과 가족의 생활실태 및 복지욕구.

______________________________(1994d). 94치매사업보고서.

______________________________(1995e). 95치매사업보고서.

______________________________(1997f). 치매노인 프로그램의 실제.

______________________________(2003g). 노인복지관의 자원봉사자 관리.

______________________________(2004h). 치메노인 프로그램의 실제 II.

대한노인정신의학회 편(2003). 한국형 치매 평가검사. 학지사.

보건복지부(2001) 치매상담 매뉴얼(상담요원용).

________(2020) 대한민국 치매현황보고서.

삼성복지재단(1996). 95 사회복지 프로그램 총서 : 치매노인 단기보호 및 가족모임 지원.

서울시 치매노인종합상담센터. 2002년 제 1기 보수교육과정 치매간호 전문인력 양성교육.

서정근 · 이상미(2004). 원예치료과정의 적용과 실제. 단국대학교출판부.

에듀윌 시사상식(2018). 2018년 8월호.

이윤로 · 김영숙(1996). 치매환자의 치료와 간호. 학서당.

이윤로 · 김영숙 · 배숙경 · 김양이(2000). 치매노인과 사회복지실천 : 데이케어 센터를 중심으로. 학지사.

이윤로 · 박종한 공저(1996). 치매의 원인과 치료. 학문사.

중앙치매센터 홈페이지.

최성혜 외(2001). 한국판 Expanded Clinical Dementia Rating(CDR)척도의 타당도. 대한신경과학회지, 19(6).

피터 V. 라빈스 저, 김성훈 역(2020). 존스홉킨스 의대교수의 치매일문일답. 지식의 날개.

한국치매협회 편(2002). 치매환자와 함께하는 작업요법. 도서출판 원.

https://blog.naver.com/esther_153/222082361827

https://cafe.daum.net/daayo/kcBw/49

https://www.amazon.in

http://www.chanjin.net/bbs/board.php?tbl=bbs24&mode=VIEW&num=375&mobile_flag=ok

https://www.nid.or.kr/info/guide_list4.aspx?gubun=0410

https://www.ninelife.ge

https://www.orientaltrading.com

저/자/약/력

사회복지법인 행복창조

사회복지사업을 수행함으로써 이 땅에 살아가는 모든 이웃에게 꿈과 사랑의 빛이 되고 지역사회의 발전과 인류의 복지증진에 기여하기 위해 설립되었다.
http://world-ch.com

■ **배숙경**

전 중앙노인보호전문기관 관장
현 사회복지법인 행복창조 수석연구원
경희대학교 공공대학원 등 겸임교수

■ **이선자**

전 강남구노인통합지원센터 소장
현 신사노인복지관/ 신명주야간보호기관 시설장

■ **박미희**

전 서울시립은평노인종합복지관 재가복지팀장
현 구산주야간보호기관 시설장

■ **임미현**

전 소규모요양시설 해피안 과장
현 행복창조노인복지센터 과장

■ **오주영**

일본사회사업대학 대학원 사회복지학과 졸업
현 사회복지법인 행복창조 법인사무국 과장

■ **감수 김현훈**

현 사회복지법인 행복창조 이사장
서울특별시사회복지협의회 회장
한양대학교 공공정책대학원 겸임교수

치매의 이해와 장기요양기관의 운영과 실제

- 주야간보호 중심(데이케어)

|**저자**| 사회복지법인 행복창조

|**1판 1쇄**| 발행 2022년 9월 20일

|**발행인**| 김동훈
|**발행처**| 공동체

|**주소**| 경기도 고양시 일산동구 호수로 358-39, 동문타워Ⅰ 905호(백석동)
|**전화**| 031)814-3000(대표)
|**팩스**| 031)814-3100
|**홈페이지**| http://www.compub.co.kr
|**전자우편**| compub@naver.com
|**출판등록**| 2005년 10월 6일
|**등록번호**| 제396-2005-36호

|**ISBN**| 979-11-6725-212-8
정가 20,000원

저자와 협의하여 인지를 생략합니다.
무단전재와 복제를 금합니다.

Memo

Memo